村上城

戦国末期の『越後国瀬波郡絵図』からは、切り立った山の斜面に柵および白塗壁の塀が設けられた要害である村上城の姿をうかがい知ることができる。臥牛山の東麓に謙信の猛攻に耐えきった総構えの土塁・堀がめぐっていたと考えられる。本庄氏の威勢がしのばれる絵図である。（上：米沢市上杉博物館所蔵、下：村上市教育員会提供）

坂戸城

標高634メートルの坂戸山に築かれた本城は、上田長尾氏の本拠であり、まさに難攻不落の要塞である。西麓には、居館の石垣（写真上）が遺されているが、長尾氏時代のものかどうかは不明。現在調査が進められており、まもなく判明するだろう。（南魚沼市教育委員会提供）

上空から見た鳥坂城・坊城館・江上館

３城は、奥山荘惣領地頭中条氏および城一族にかかわる城館群である。平安末期の城氏の鳥坂城、鎌倉後期の地頭館の坊城館、室町期の江上館、戦国期の鳥坂城、すべてを国史跡としてみることができる。(胎内市教育委員会提供)

青木城の水堀

佐渡市中央部を流れる国府川の扇状地に築かれ、湧水を利用した幅約 10メートルの水堀に囲まれている。防御性とともに用水機能が注目される。（佐渡市教育委員会提供）

羽茂城大門前

佐渡市南部に位置し、羽茂川左岸の台地上に築かれた山城。大門を登ると本城中心部の五社城にたどり着く。（佐渡市教育委員会提供）

甲信越の名城を歩く

新潟編

福原圭一・水澤幸一［編］

吉川弘文館

刊行のことば

越後国と佐渡国にあたる新潟県内にはおよそ一一六〇（越後約一〇〇〇ヵ所・佐渡約一六〇ヵ所）の中世城館があるという（『新潟県中世城館跡等分布調査報告書』一九八七年、新潟県教育委員会）。『甲信越の名城を歩く』シリーズの新潟編である本書にはこのうち特筆すべき名城五九を選んで掲載することとした。

新潟県は、三〇〇キロを超える海岸線が南北につづく細長い県であり、日本海には佐渡も控えている。こうした地理的条件から、それぞれの地域に特徴的な城館が分布するが、本書では、上越・中越・下越・佐渡、各地の特色のある名城を厳選して紹介している。国指定史跡だけでも、上杉謙信・景勝が居城とした春日山城をはじめ、鮫ヶ尾城、坂戸城、鳥坂城、江上館、坊城館、古舘館、黒川城館、平林城、村上城が取り上げられている。まさに新潟県の名城ガイドブックにふさわしい内容となったと自負している。読者のみなさんには、ぜひこの本を持って新潟県の名城を訪ねて欲しい。

中世城館を訪れる醍醐味は、そこがまさに歴史の舞台であったことであろう。この本に収められた名城を訪れて、城主（城主はわからないことが多いが）が見た風景を、名城を築くのに動員された地域の人々の熱気を、ぜひ肌で感じ取っていただきたいと思う。

とはいえ、新潟県は雪国である。近年は降らなくなったといわれるが、それでもやはり雪は多い。名城を訪ねるときには、決して無理をしないでもらいたい。上越の大間城で濡れた小枝に滑り、ひっくり返った友人は、足を骨折して救急車が来るまでの数時間動けなかったとのこと。真冬の夕方だったらと考えたら怖ろしい。読者のみなさんには、名城探訪の楽しい一日を無事に家族と共有して欲しい。本書がその手掛かりとなれば幸いである。

二〇一六年一月

福原圭一
水澤幸一

目次

越後の城と地方在番制——『越後国郡絵図』を読み解く

福原圭一

【越後国郡絵図】 国宝上杉家文書とともに米沢市上杉博物館に所蔵される『越後国郡絵図』は、越後七郡のうち頸城《くびき》と瀬波《せなみ》の二郡が残り、重要文化財に指定されている（以下、両方の絵図を示すときには『郡絵図』と表記し、『越後国頸城郡絵図』は『頸城郡』、『越後国瀬波郡絵図』は『瀬波郡』と略記する）。『頸城郡』は縦三四〇チセン×横五八六チセンで、おおよそ関川以東の新潟県上越市の範囲（板倉区を除く）が描かれ、『瀬波郡』は縦二四三チセン×横六九三チセンで、横長の画面には村上市を中心とした荒川以北の地域が収められている。

『郡絵図』の描写は非常に写実的で、戦国末期から近世初期にかけての越後の景観を実際に知ることができる希有な資料である。たとえば、いくつもの支流が集まり、蛇行・分流しながら日本海に注ぐ河川のようすは、河川改修の行なわれた現代とは違った姿を見せている。また『頸城郡』の中央には大潟が、『瀬波郡』には岩船潟が描かれているが、いずれも近世の干拓で消滅している。

【『文禄三年定納員数目録』と地方在番制】 文禄三年（一五九三）九月、上杉景勝は家中から提出させた知行定納高を基礎に、家臣団の編成を記した「分限帳《ぶげんちょう》」を作成した。これが『文禄三年定納員数目録』と呼ばれている（以下『目録』と略記）。『目録』には、伝統的な身分秩序に基づいた「越後侍中定納一紙」「五十騎衆定納之一紙」にならんで、「直嶺衆《のうみね》」以下の地方在番衆が記載されている。三頁の表は、藤木久志・伊藤正義の作成したものを参考に、『目録』から越後と佐渡の番城を書き抜いたものである。

藤木久志は、『目録』の表記の仕方から、この地方在番制には次のような二類型があると指摘した。

①城将名＋「同心」「抱」と記載され、同心のみが在番とされるもの。「侍中」に登録される有力国衆や外様を城将とし、旧来の本拠地をそのまま番城とする。同心は城将の譜代家臣である。

②番城名＋「衆」と記載され、城将と同心が列記されるもの。城将は景勝譜代の上田衆もしくは信州出身の武士で、新たに各番城へ派遣された。城将と同心衆のあいだには主従関係はみられない。

このように『目録』から読み取れる地方在番制は、上杉景勝の城郭政策を特徴づけるものであり、越後・佐渡の城を考えるうえで重要な視点となる。ここでは、『郡絵図』に描かれた番城を取り上げ、地方在番制がどのように『郡絵図』で表現されているか検討してみたい。

【直峰城と城領「直嶺分」】 頸城郡内の番城のうち、『頸城郡』の中央上部には、「直嶺之城」（直峰城）が描かれている（上越の扉図版参照）。直峰城の山頂には郭が削平され、数棟の白壁の建物が建ち並んでいるようすがうかがえる。残念ながら山城の中心が料紙の折り目にかかり、建物の大部分は擦り切れたためにはっきりと確認できない。

天正十二年（一五八四）霜月二十四日、上杉景勝は樋口《ひぐち》兼豊《かねとよ》に直峰在城を命じた。兼豊は魚沼出身の上田衆で、直江《なおえ》兼続《かねつぐ》の実父である。このとき兼豊には幾分かの知行が与えられ、郡司不入とされた。当時、在城を命ずるにあたって知行を加増することが慣例であり、兼豊の例もこれに倣ったものであろう。

『郡絵図』に描かれた村々にはさまざまな記載があり、その村を知行する領主も記されている。『頸城郡』をみると、直峰城の周囲には「直嶺分」と記載される村が三二ある。これらの知行地は「城領」と呼ばれ、その城を維持していく経費を生み出すために設定された「公領」であるとされる。『郡絵図』には樋口兼

表　越後と佐渡の番城一覧

地区	郡名	『目録』の表記	城地	城将
上越	頸城	春日山御留守居衆	春日山	黒金上野介（景信）
		（同上）	（同上）	宮島与八郎
		直嶺衆	直峰	樋口伊予守（兼豊）
		赤見外記同心八崎之城番	八崎（旗持）	赤見外記
		根知衆	根知	桜井三助（吉晴）
		糸魚川衆	糸魚川	秋山伊賀守（定綱）
中越	魚沼	坂戸衆	坂戸	深沢和泉守
		（同上）	（同上）	栗林又八郎
		直路衆	直路	長尾伊賀守
	刈羽	小国在番大国同心	小国	大国但馬守（実頼）
		西浜郷并琵琶島保	琵琶島	山本寺九郎兵衛
		安田ノ内安田同心	安田	（城将記載なし）
		安田ノ地御横目	（同上）	大野十左衛門
	山島	与板	与板	直江山城守（兼続）
		越後荻	荻	松本大炊助
	古志	栖吉衆	栖吉	（城将記載なし）
		蔵王堂衆	蔵王堂	堀川左兵衛
		栃尾衆	栃尾	清水内蔵助
下越	蒲原	山岸中務少輔同心府本之城番	麓	山岸中務少輔
		泉沢同心大無在番	大面	泉沢河内守（久秀）
		三条衆	三条	甘粕近江守（長重）
		加茂在番本庄豊後抱	加茂	本庄豊後守（顕長）
		菅名	菅名	丸田周防守（俊次）
		蒲原郡蓼沼日向守木場在番山吉玄蕃同心	木場	蓼沼日向守（友重）
		（同上）	（同上）	山吉玄蕃介（景長）
		笹岡給人衆	笹岡	今井源右衛門（国広）
		新発田衆	新発田	宮島三河守
		越後水原同心水原在番	水原	水原常陸介（親憲）
		越後下条采女同心下条在番	下条	下条采女
	瀬波	色部同心平林在番	平林	色部竜松丸
		本庄衆	本庄（村上）	春日右衛門（元忠）
		越後鮎川同心鮎川在番	鮎川	（城将記載なし）
佐渡		佐州沢根	沢根	須賀修理亮（盛能）
		佐州羽茂	羽茂	黒金安芸守（尚信）
		佐渡衆	小木	青柳隼人

豊を知行主とする村はなく、「直嶺分」は、在番にあたって兼豊が加増された知行地が元になっていると考えてよいだろう。分布状況をみてみると、直峰城を中心に広がりをみせるが、すべて五十公《いきみ》郷内に限られる（図版参照）。直峰城の同心衆および手明衆一四名の知行地もこのなかにはみられない。

【村上ようがい】『瀬波郡』の中心には番城のひとつ「村上ようがい」（村上城・口絵参照）が描かれている。『目録』は「本庄衆」と表記する。村上城の山頂部に

直峰城領の分布（「越後国頸城郡絵図」（米沢市上杉博物館蔵）に加筆）

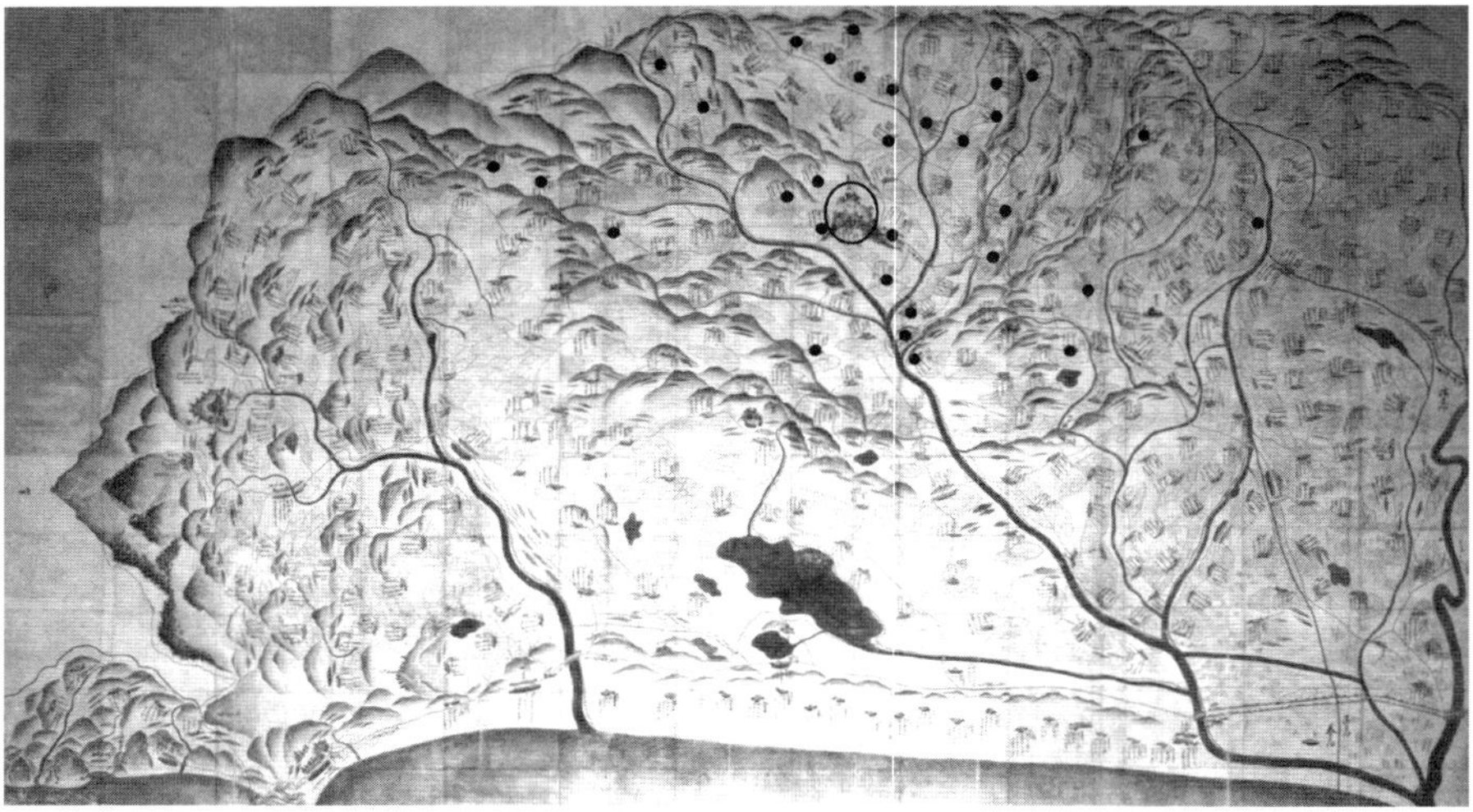

は郭が成形されて、白い築地塀が取り巻く。塀には狭間のような丸や三角形の模様もみえる。郭のなかには板葺屋根の白壁建物が何棟も立ち並んでいる。絵図の描写が実際のとおりに建物を描いたわけではないと思うが、当時の城のイメージとしてはそう遠くない姿と考えてよかろう。山麓には柵に囲まれた建物群があり、白壁や板葺屋根が山頂の建物と共通する。

村上城は、もともと国衆本庄繁長《ほんじょうしげなが》の城であったが、天正十八年（一五九〇）豊臣秀吉により本領が召し上げられたという（村上城の項を参照）。『目録』には城将として春日元忠が記載されている。

【色部氏の番城「平林」】『瀬波郡』では、色部氏の本拠は、山城の「加護山古城」と山麓の居館「平林」に分かれて表記されている（二一一頁図版参照）。「加護山古城」は削平・整地された山容のみが描かれ、建物は皆無である。絵図の当時には、すでに城の機能を停止していたと考えられよう。山麓の居館「平林」は、白い築地塀が取り巻き、なかには板葺《いたぶき》屋根の白壁建物が八棟並んでいる。

直峰城や村上城と共通する描写である。町屋や村々の家と同様に描かれる「藤懸り館《ふじがかりたて》」の建物とは表現方法が明らかに異なっており（二三一頁図版参照）、『郡絵図』のなかで、番城の建物を定型化した描写方法であると考えられる。つまり『目録』が記す「平林」とは、この山麓居館を指す可能性が高いのである。

頸城郡内の番城として「八崎之城番」（簱持城）が挙げられているが、『頸城郡』では「はたもち」と山の名を記すのみである。麓の八崎町の一角に「関所」と思われる施設があり、ここが番城「八崎」なのであろう。『目録』があえて「八崎」と記すのは、「平林」の例と同じように、山城である簱持城ではなく、麓の八崎関所を意識してのことと考えられよう（簱持城の項参照）。

「平林」周辺の知行地分布を確認すると、色部氏の単独知行地が集中している。これらの単独知行地は、色部氏の本領であったと考えられる。藤木氏の指摘する②タイプは、国衆の本拠を番城とし、譜代の家臣を同心として在番させ、所領もそのまま安堵する。『瀬波郡』にあって、「平林」の在り方はまさにその典型として表現されているといえよう。

【機能を停止した城たち】『瀬波郡』には、このほかにも、「将軍嶺」（笹平城）、「下渡か嶋古城」（下渡島城）、「ふる城」（大川城）が確認できるが、いずれも、「ふる城」「古城」という表現や山の名前で表記され、建物などがまったく描かれていない。城としての機能を停止、もしくは廃城になった姿であろうと考えられる。これは『頸城郡』でも同じで、直峰城以外の城は「古城」（顕法寺城）、「猿毛山」（猿毛城）、「はたもち」（簱持城）と、建造物が撤去された山の姿で描写されている。

こうしてみてみると、『郡絵図』が描かれた慶長初年には、多くの山城がその使命を終え、今私たちが考えるよりもかなり少ない一部の「番城」だけが山城として機能していたと考えざるをえない。『郡絵図』

には、まさに『目録』の示す地方在番制がヴィジュアルに表現されていたのである。何を契機に山城が廃されるのかは、それぞれに事情があろう。だが、少なくとも『郡絵図』には、番城以外の山城は認めないという景勝政権の意向が強く反映されているのは明らかであろう。

近年、豊臣政権における「山城停止令」が注目され、全国の山城を対象とした秀吉政権の基調政策である可能性が示唆されている。景勝の地方在番制による城郭統制政策も、この豊臣「山城停止令」の一端を占めたとみなすことはできないだろうか。今後の新潟県における城郭研究の深化を俟《ま》ちたい。

【参考文献】　藤木久志「家臣団の編成」阿部洋輔編『上杉氏の研究』（吉川弘文館、一九八五）、『吉川町史』第一巻（吉川町、一九九六）、大家健『図説中世の越後（春日山城と上杉番城）』（野島出版、一九九七）、『村上市史　通史編一　原始・古代・中世』（村上市、一九九九）、伊藤正義「破城と破却の風景―越後国「郡絵図」と中世城郭」藤木久志・伊藤正義編『城破りの考古学』（吉川弘文館、二〇〇一）、藤木久志「山城停止令の発見」同著『土一揆と城の戦国を行く』（朝日新聞社、二〇〇六）、福原圭一「『越後国郡絵図』にみる交通体系と「町」」五味文彦・小野正敏編『中世都市研究一四　開発と災害』（新人物往来社、二〇〇八）、矢田俊文・福原圭一・片桐昭彦編『上杉氏分限帳』（高志書院、二〇〇八）

新潟県の発掘された城を探る

水澤幸一

ここでは、新潟県内で発掘された城館および整備・活用状況についてふれる。なお、一島一市の佐渡市における状況は、専門員が配置された現在においてもほとんど不分明であるので、除かざるをえない。

【発掘された城館】　発掘調査が実施された城館は、管見にふれたものは四八城館である（表、なお数次の調査が行なわれているものは一件とした）。小規模な調査もあり、報告書が刊行されていないものもあるため、ある程度の内容がわかっている城館はさらに少ない。

調査は、昭和三十年代後半頃より始まるが、この頃の調査には直江津《なおえつ》の御館《おたて》や奥山荘の江上館などの調査があげられる。これらは新潟大学の井上鋭夫と学習院大学の奥田直栄に負うところが大きかった。このような状況は、昭和五十年代までつづく。その間、小木城、村松城などの調査に奥田を招いて調査が行なわれた。その間、県では、昭和四十七年（一九七二）に下田の五十嵐小文治《いがらしこぶんじ》館の調査を実施し、この段階で県史跡としていることは注目される。また、上越市では、春日山城の整備のための発掘調査を昭和五十二年度から開始していることは特筆すべきことである。なお城館遺跡に限らないが、各地で生じた発掘調査の必要時には、高校教員や在地の考古学協会員が調査に当たり、その場をしのいだ。

しかし昭和六十年代以降の大規模な開発、特に圃場《ほじょう》整備事業は、県および市町村への専従職員の採用を後押しし、昭和から平成への移り変わりの時期には、埋蔵文化財担当職員の配置が進んだ。職員として

表　発掘された越後の戦国期城館

	城　　　　館	調査原因	備　　考
	【頸城郡】		
1	春日山城（上越市中屋敷）	史跡整備	府中長尾氏・為景～景勝
2	長池山城（上越市）	開発	春日山城の支城
3	御館館（上越市五智１丁目）	開発	御館の乱
4	至徳寺館（上越市直江津駅南）	開発	守護所、迎賓館
5	木崎山城（上越市柿崎）	開発	柿崎氏居館、主郭部分は未調査
6	直嶺城（上越市安塚）	史跡整備	井戸等の調査
7	鮫ヶ尾城（新井市宮内）	史跡整備	確認調査、御館の乱、景虎自刃
8	立ノ内館（妙高市乙吉）	史跡整備	確認調査
9	坪ノ内館（妙高市長森）	開発	15～16世紀の平地館
	【古志郡・三島郡】		
10	枇杷島城（柏崎市元城町）	開発	宇佐見氏・枇杷島氏
11	甲田城（柏崎市甲田）	開発	小規模城郭
12	御館館（長岡市小国町千谷沢）	開発	15世紀主体
13	小木城（出雲崎町相田）	開発	15～16世紀の山城、居住機能あり
14	蔵王堂城（長岡市蔵王）	史跡整備	15～16世紀
15	片刈城（長岡市高頭町）	開発	全面発掘、遺物なし
16	新潟館（見附市新潟町）	開発	15世紀主体
	【魚沼郡】		
17	伊達八幡館（十日町市伊達）	開発	全面発掘され、全容が判明
18	南谷内館（十日町市土市）	開発	全面発掘されるも未報告
19	坪野館（十日町市中条）	開発	外郭の調査
20	馬場館（十日町市馬場）	開発	15世紀主体
21	水沢館（十日町市馬場）	開発	15世紀主体
22	御館館（南魚沼市九日町）	開発	15～16世紀
23	坂戸城（南魚沼市坂戸）	史跡整備	山麓部・堀の一部の確認

の調査は、それまでのどちらかといえば場当たり的な調査ではなく、開発規模に比例して面的な調査が実施されるようになったことから、中身のわかる調査になっていった。これは、各種出土遺物に対する研究が進み、時期がある程度絞り込めるようになってきた状況も大きい。

これらの調査のなかで文献資料から時期を特定できる遺跡・遺構として

	城　　館	調査原因	備　考
24	赤沢城（津南町赤沢）	開発	折れを伴う二重堀
	【蒲原郡】		
25	五十嵐小文治館（三条市飯田）	史跡整備	15 世紀主体
26	和納館（新潟市西蒲区岩室）	開発	和納氏居館、二重堀、天正年間文献
27	松村城跡（五泉市村松）	開発	菅名氏関連
28	水原館（阿賀野市水原）	開発	水原氏居館
29	堀越館（阿賀野市堀越）	開発	堀越要害、応永 30 年 1423 一括資料
30	新発田城（新発田市大手町）	開発	新発田氏の本拠、近世重なる
31	宝積寺（新発田市上三光）	開発	竹俣氏関連、菩提寺
32	三光館（新発田市三光）	開発	竹俣氏関連
33	寺内館（新発田市寺内）	開発	加地氏関連
34	箱館館（新発田市早道場）	開発	加地氏関連
35	太斎館（新発田市太斎）	開発	新発田氏関連
36	板山館（新発田市板山）	開発	竹俣氏関連
37	江上館（胎内市本郷町）	史跡整備	中条氏の 15 世紀代の本拠
38	築地館（胎内市築地）	開発	中条家ナンバー２の居館
39	高畑城（胎内市関沢）	開発	小規模山城
40	鳥坂城（胎内市古舘）	史跡整備	中条氏の戦国期の本拠
41	黒川城（胎内市古舘）	史跡整備	黒川氏山城、二重堀等の確認調査
42	黒川氏城館（胎内市古舘）	開発	16 世紀代まで続く黒川氏関連屋敷地
43	古舘館（胎内市古舘）	史跡整備	高野氏の居館 16 初頭廃絶
	【瀬波郡】		
44	馬場館（村上市馬場）	史跡整備	黒川氏関連の 15 世紀代居館
45	牧ノ目館（村上市牧目）	開発	16 世紀初頭までの色部氏本拠
46	平林城（村上市平林）	史跡整備	16 世紀末までの色部氏本拠
47	村上城（村上市）	史跡整備・開発	本庄氏本城、近世重なる
48	大館館（村上市天神岡）	開発	背後に小山を背負う方形館

は、応永三十年（一四二三）に落城記事のある阿賀野市堀越館と、永正四年（一五〇七）～七年の永正の乱にともなう上越市至徳寺館、天正七年（一五七九）御《お》館《たて》の乱関連の妙高市鮫ヶ尾城がある（水澤二〇一四）。

ちなみに平成三年（一九九一）十二月の段階で『城館遺跡出土の土器・陶磁器』（北陸中世土器研究会一九九一）に収録された城館は、

「牧目館跡」「江上館跡」「三光館跡」「宝積寺館跡」「水原館跡」「堀越館跡」「村松城跡」「五十嵐小文治館跡」「片刈城跡」「御館跡」「伊達八幡館跡」「南谷内館跡」「春日山城跡」「坪ノ内館跡」の一四城館で、昭和六十年以降の圃場整備にともなう調査が五件を占めている。

そして昭和段階では、一人春日山城だけであった史跡指定もしくは史跡整備のための確認発掘調査が、平成に入ると始まる。胎内市江上館・坊城館・鳥坂城・黒川城・古舘館を始め、村上市馬場館・村上城・平林城、南魚沼市坂戸城、妙高市鮫ヶ尾城などをあげることができる。これらについては、合併前の多市町村で同時に進んでいた確認調査が平成の合併で選択をせまられるという事態も生じているが、地域の城館の実態を明らかにし、それにもとづいて整備活用へとつなげていくうえで必要不可欠な調査である。

新潟の城館で特徴的なことは、上越、中越の戦国期の城は、居館機能が山上に上るのに対して、下越では、山麓に居館が残る形態をもつ山城が多く認められることである。

現在調査・整備が一応終了し、公開されている史跡は、上越市春日山城総構えの北端の楼門地区、胎内市江上館跡・坊城館跡、三条市五十嵐小文治館、村上市村上城（近世石垣整備）などがある。

【発掘事例】 現在、山城の構造を明らかとするための調査はほとんど実施されておらず、開発にともなって全体が調査された山城には、長池山城、甲田城、片刈城などがあるが、調査年次が古いこともあって内容がはっきりしない。史跡整備における山城の調査も多くは山麓居館の調査に集中しているかの感がある。

ここでは、いくつかの注目される城館調査をとりあげる。

【伊達八幡館】 十日町市伊達に所在した伊達八幡館は、圃場整備事業にともなって、館全域とその周辺が広く調査され、全体が判明した稀有な例である。堀に囲まれた居館と溝に囲まれた屋敷跡、堀・溝外の建物がみつかっている（第1図）。

主郭内は東西約四〇メートル・南北五〇メートルで二〇〇〇平方メートル以上を測る。南方に土橋《どばし》と門があり、西堀の北寄りと北堀のコーナー近くに木橋がかかる。建物は、中央付近を中心に掘立柱建物が一五棟確認されている。堀幅は五〜六メートルを測るが土塁《どるい》は存在していなかったと考えられている。

主郭北西に位置する屋敷跡（副郭《くるわ》）は、東西三六メートル・南北四一メートルで、約一四八〇平方メートルを測る。溝内には一一棟の建物が確認されている。

そして郭外にも多くの建物が確認されており、すべてが同時存在していたとは考え難いが、主郭の南〜西側にかけては庇《ひさし》をもつ建物が多数確認されており、その住人と主郭内などの住人との関係が問題となる。

時期的には、遺物からみて一五〜一六世紀の城館と考えられる。特に注目されるのは、主郭西堀から出土した銅製仏具である。花瓶二点・燭台《しょくだい》二点・錫杖頭《しゃくじょうがしら》一点が空堀《からぼり》底面近くから出土しており、故意に投棄されたと考えられている。出土品の多くは県指定文化財となっている。


【江上館跡】　胎内市本郷町に存在する方形城館である。詳しくは、本文によっていただきたいが、土塁の残りがよいことから昭和三十七・三十八年に奥山荘総合調査の一環として調査がなされ、平成三年からの史跡整備にともなう発掘調査をへて、平成十四年から史跡公園としてオープンしている。

本館跡の意義は、館内全体の様子が判明していること。主郭南北に折れをともなう虎口《こぐち》が形成され南北に馬出《うまだし》が付属することと、それが一五世紀後半の内に出現していること。館の周辺の家臣団屋敷や寺院、市庭などの状況が判明していること。そして現在も遺されていることである。

なお、同じ奥山荘内の古舘館（本文参照）では、土塁に折れをともなうが、これも一六世紀初頭以前の

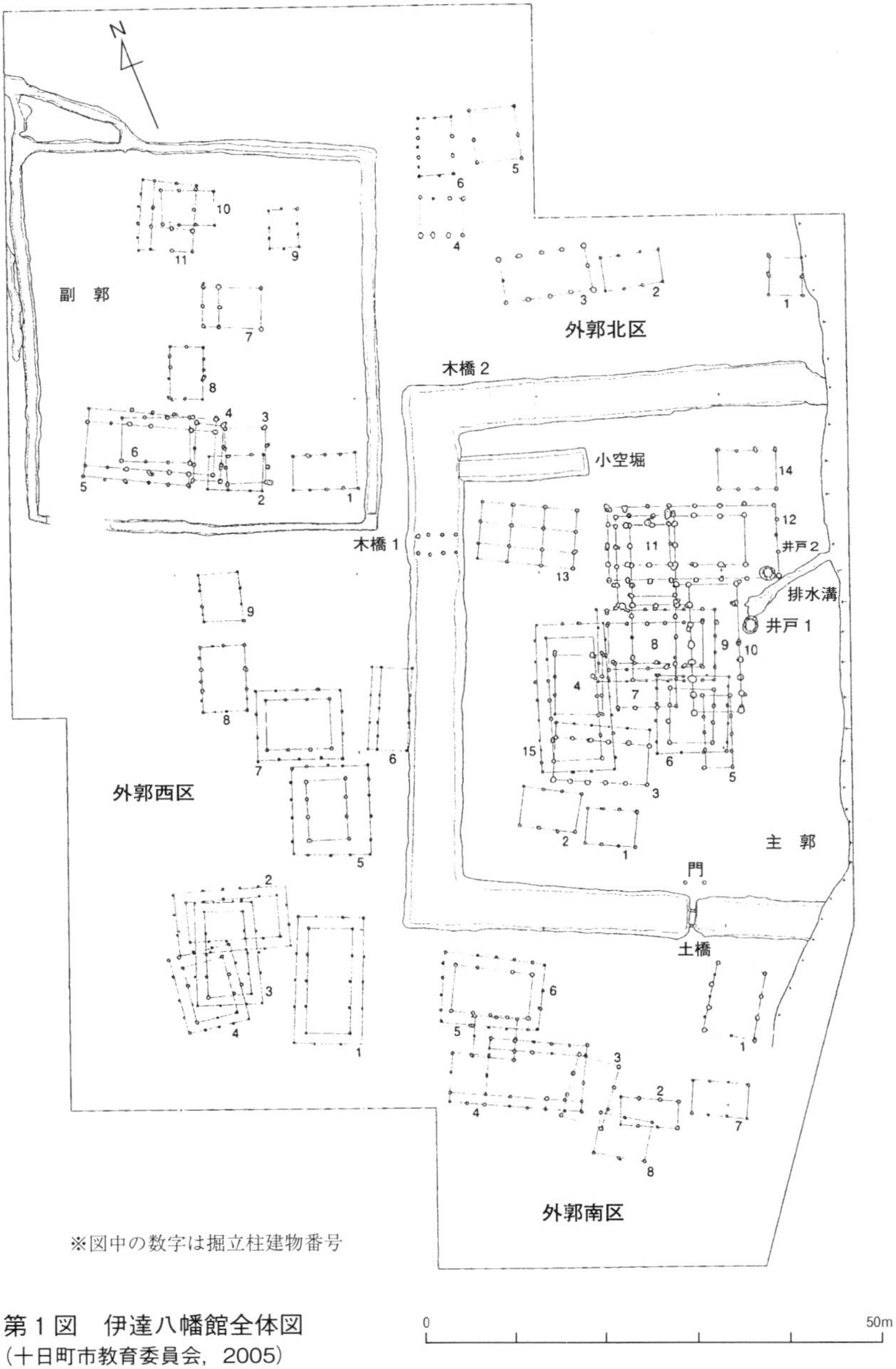

第 1 図　伊達八幡館全体図
（十日町市教育委員会，2005）

第２図　和納館全体図（岩室村教育委員会，1995）

成立である。

【和納館】 新潟市西蒲区岩室の和納館は、岩室駅東側の宅地造成にともなって調査が行なわれた。時期的には、一三世紀以降の遺物が出土しているが、一五～一六世紀の遺物が主体である。本館跡において注目されるのは、二重堀である（第２図）。県内ではほかに赤沢城（本文参照）でみつかり、類例が追加された。

【二重構造と折れを伴う塁線】 このような二重構造をもつ同時期の城館は、武蔵大堀山館跡や会津新宮城跡、越前中角館跡にもみることができる。

さらに能登御舘館跡も二重の

塁線を有しており、主郭こそ折れが認められないが、外堀には折れを設けている。また、北側と東側に附属郭を有するという構造をもっており、奥山荘の方形城館群と大堀山館跡の双方の要素が認められる。本館跡も一六世紀初頭の成立にかかるものと想定される。赤沢城は、内側の堀に折れをともなっており、類似する事例である。

さらにこれらの発展形が常陸の屋代B遺跡や武蔵菅谷館跡で、一五世紀末〜一六世紀初頭には多重の土塁や求心的なプランの完成形といえる城館が成立している。

以上のとおり、織豊系城郭に先立つ半世紀以上前の一五世紀後半〜一六世紀初頭の北陸・関東各地の平地方形城館において折れをもつ虎口構造および塁線（一五世紀末〜）が認められるということは明らかであり、重要である。

【参考文献】岩室村教育委員会『和納館遺跡発掘調査報告書』（一九九七）、十日町市教育委員会『伊達八幡館跡発掘調査報告書』（二〇〇五）、水澤幸一「戦国期武家の日常使いの貿易陶磁の実像」『国立歴史民族博物館研究報告』第一八二集（二〇一四）、水澤幸一「平地の方形城館」『中世城館の考古学』（高志書院　二〇一四）

●新潟県（上越・中越）名城マップ

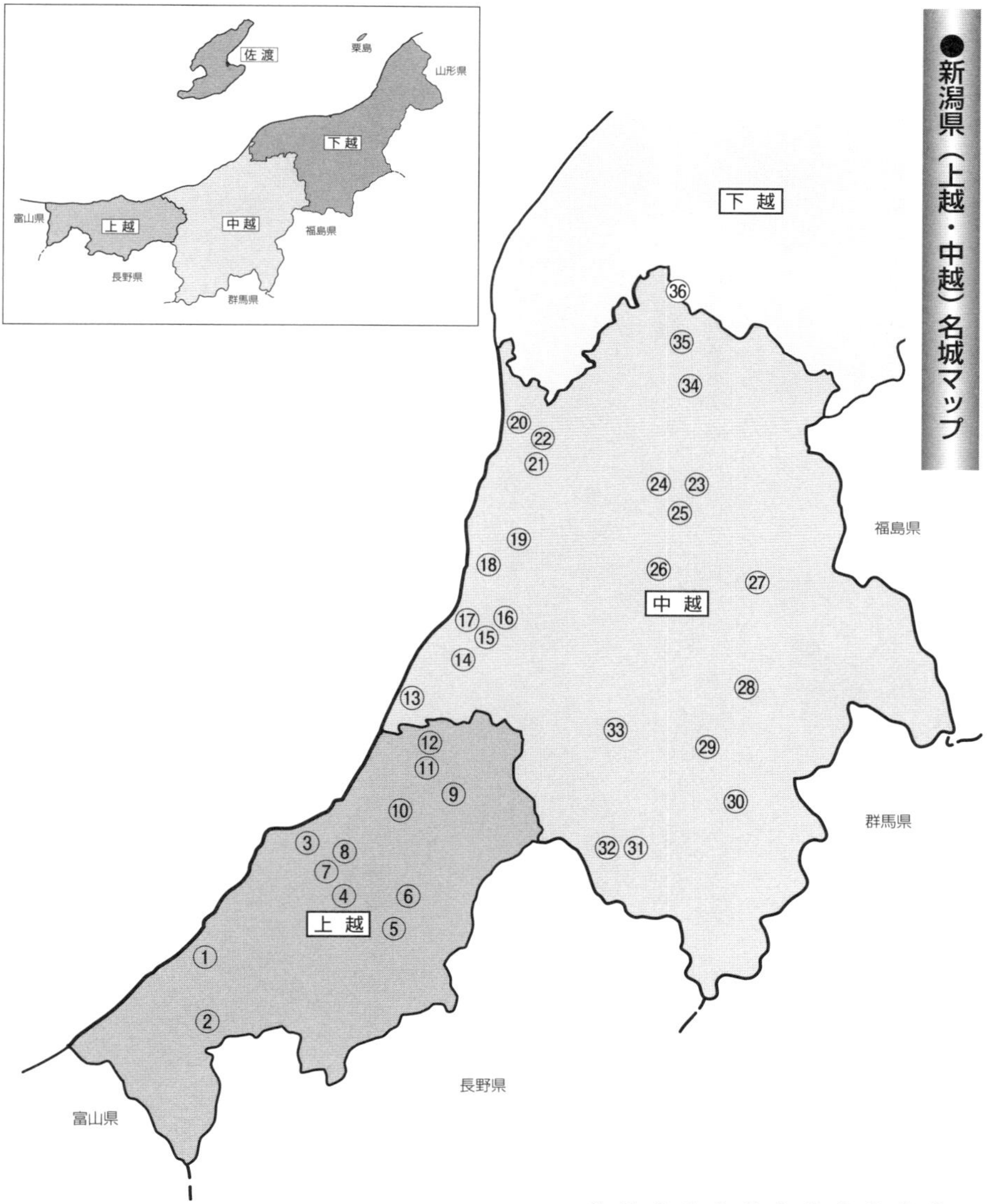

〔上越〕
①不動山城
②根知城
③春日山城
④鮫ヶ尾城
⑤妙高鳥坂城
⑥箕冠城
⑦黒田城
⑧高田城
⑨直峰城
⑩大間城
⑪顕法寺城
⑫岩手城

〔中越〕
⑬旗持城
⑭上条城
⑮安田城
⑯北条城
⑰琵琶島城
⑱赤田城
⑲小木城
⑳夏戸城
㉑与板城
㉒本与板城
㉓栃尾城
㉔蔵王堂城
㉕栖吉城
㉖稗生城
㉗下倉山城
㉘坂戸城
㉙樺沢城
㉚荒戸城
㉛赤沢城
㉜今井城
㉝琵琶懸城
㉞五十嵐館
㉟加茂城
㊱護摩堂城

●新潟県（下越・佐渡）名城マップ

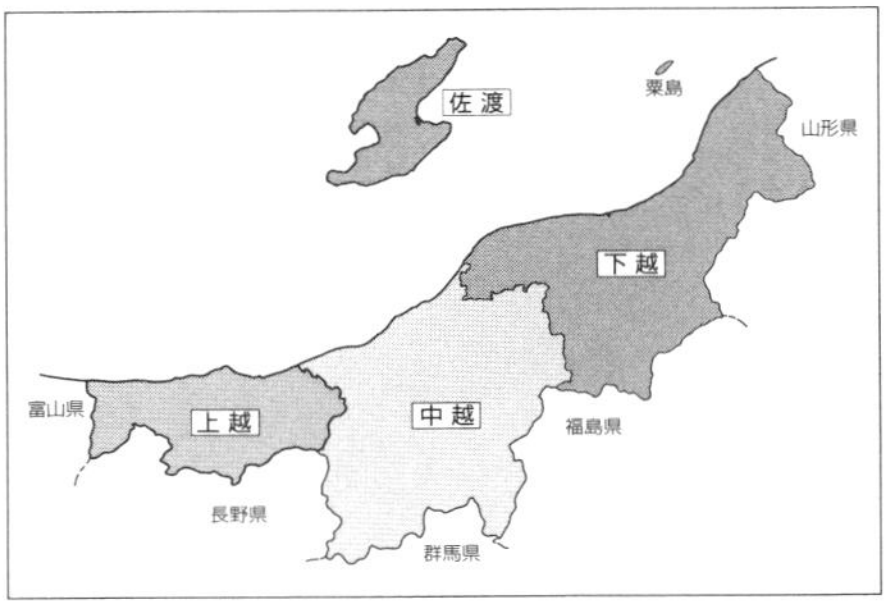

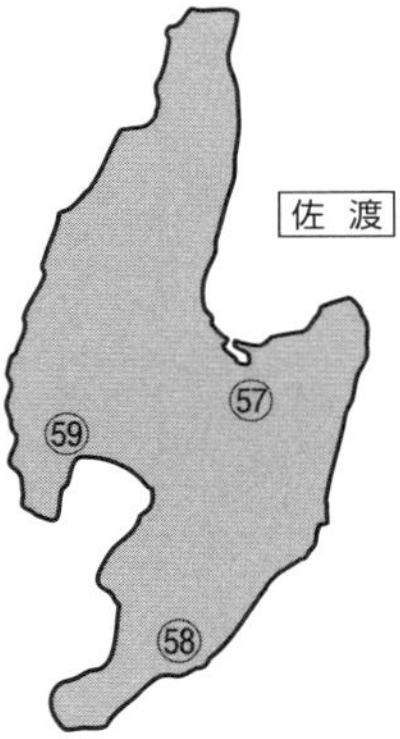

〔下越〕
37 天神山城
38 黒滝城
39 津川城
40 雷城
41 水原城
42 浦城
43 新発田城
44 五十公野城
45 竹俣城館
46 加地城
47 鳥坂城
48 江上館
49 古舘館
50 黒川城館
51 平林城
52 村上城
53 大館館
54 大葉沢城
55 猿沢城
56 大川城

〔佐渡〕
57 青木城
58 羽茂城
59 沢根城

◆上越

『越後国頸城郡絵図』の直峰城（絵図では「直嶺之城」と記される。米沢市上杉博物館所蔵）

●上杉一門山本寺氏の本拠

不動山城《ふどうやまじょう》

〔糸魚川市指定史跡〕

〔所在地〕糸魚川市越字不動淵山・字ふど山
〔比　高〕約三七〇メートル
〔分　類〕山城
〔年　代〕一四世紀？〜一六世紀
〔城　主〕山本寺朝定・定長（景定）・景長
〔交通アクセス〕北陸自動車道「能生ＩＣ」から国道八号線および県道、市道をへて、城跡登り口の駐車場まで車で約三〇分、駐車場から本丸まで徒歩約一五分。

【頸城地方西部の要衝】　頸城《くびき》地方（新潟県の南西部）の西部に位置している糸魚川市は、かつて西浜《にしはま》・沼川《ぬのかわ》と呼ばれ、越後と越中（富山県）・信濃（長野県）の境目にある。また、糸魚川市は越後府中（上越市）の後背《こうはい》にも当たる軍事交通の要衝の地であった。この要衝の早川谷に、山本寺《さんぼんじ》（三本寺）氏が本拠とした不動山城跡がある。山本寺氏は上杉一門《いちもん》として、室町時代から戦国時代にかけて上杉政権を支えて活躍した。

　不動山城跡は、越集落北北西の標高四五〇㍍の不動山にある。不動山の山頂部からは、北方眼下に日本海を収め、西方に越中、南方に信濃との境目を眺望することができる。城の南東に位置する要害《ようがい》集落は、根小屋《ねごや》地区に比定され、「御殿《ごてん》屋敷《やしき》」に城主の居館《きょかん》跡があった。御殿屋敷には、土塁《どるい》の一部が残されている。

【不動山城の構造】　不動山城は、不動山の山頂部に本丸を構え、北西に二ノ丸、西側に三ノ丸などの郭群を階段状に配置した立体的な縄張である。主郭《しゅかく》部の周囲は腰郭《こしぐるわ》で固め、要所に土塁や堀切《ほりきり》、横堀、畝状空堀《うねじょうからぼり》、竪堀《たてぼり》、石垣、虎口《こぐち》、桝《ます》形《がた》などを設けている。

　本丸は三〇〇平方㍍ほどの狭い郭のため、大型建物の配置は困難である。西側に虎口を構え、その下にある半円状の小さな郭は、外桝形と考えられる。本丸には「不動山城趾」「三本寺公歴代居城」の石碑がある。南側を除く三方を一五㍍の大切岸《おおきりぎし》とし、その下に二段の腰郭をめぐらしている。一段目の腰郭から南東へ延びた尾根には、堀切を構えて尾根を遮断し、その先にも郭や土塁などを設けている。東側の斜面には、一八条の竪堀と八条の畝状空堀を構えて、要害集落方面からの敵の侵入に備えていた。

本丸の南側は四〇～五〇㍍にもおよんだ急斜面で、要害性に富んでいる。下から見上げると壮観である。ここに一条の横堀と六条の竪堀を構え、犬倉地区の郭群とともに、集落方面からの敵の攻撃に備えていた。横堀は全長約五一㍍という大きな堀である。外側に土塁を設け、両端は竪堀となって斜面を下っている。

本丸の北西に大きく突き出した二ノ丸は、小さな段で二区画としているが、全体では二〇〇〇平方㍍近くの広さがある。ここには、いくつかの大型建物が設けられていたものと推定される。南側には直径約二㍍の井戸があり、今でも満々と水をたたえている。二ノ丸の下にある三ノ丸は、二～三㍍の段で四つに区画しているが、比較的広い空間のため、大型建物の配置は可能である。南側に井戸があり、西側の斜面に四条の竪堀を掘り込んでいる。

城の南東に位置する犬倉地区は、最上段の郭を中心として、ここから五段の腰郭を階段状に配置している。最上段の郭の西側には周りを石積みとした櫓台《やぐらだい》状の高まり、東側には狼煙《のろし》をあげたと伝えられている穴の開いた大石がある。また、三段目の腰郭の切岸には大ぶりな石を積んだ野面《のづら》積み石垣、四段目の腰郭に

●—不動山城の遠景（西側より）

●—不動山城の長大な竪堀

は底幅の広い横堀を構えている。

不動山城は、郭の大型化と防御性に富んだ横堀、厳重に構えられた竪堀、高度化した切岸、畝状空堀の配置、石垣などに戦国期山城としての特色が認められるが、越後府中の後背に当たる軍事交通の要衝に位置していたことからすれば、早い時代から山城として存在していた可能性が高い。

【特徴的な遺構】　不動山城は、それほど大きな山城ではないが、いたるところに特徴的な遺構が認められる。とくに三ヵ所に構えられた横堀と本丸の東側斜面に厳重に構えられた竪堀群、犬倉地区の石垣・石積みが注目される。

三ヵ所の横堀のうち、本丸の南東下にある横堀と犬倉地区にある横堀が大きい。本丸南東下の横堀は全長約五一メートル、犬倉地区の横堀は全長約三〇メートルである。いずれも外側に土塁をともなっているので、下から攻め上がる敵兵を矢玉《やだま》で

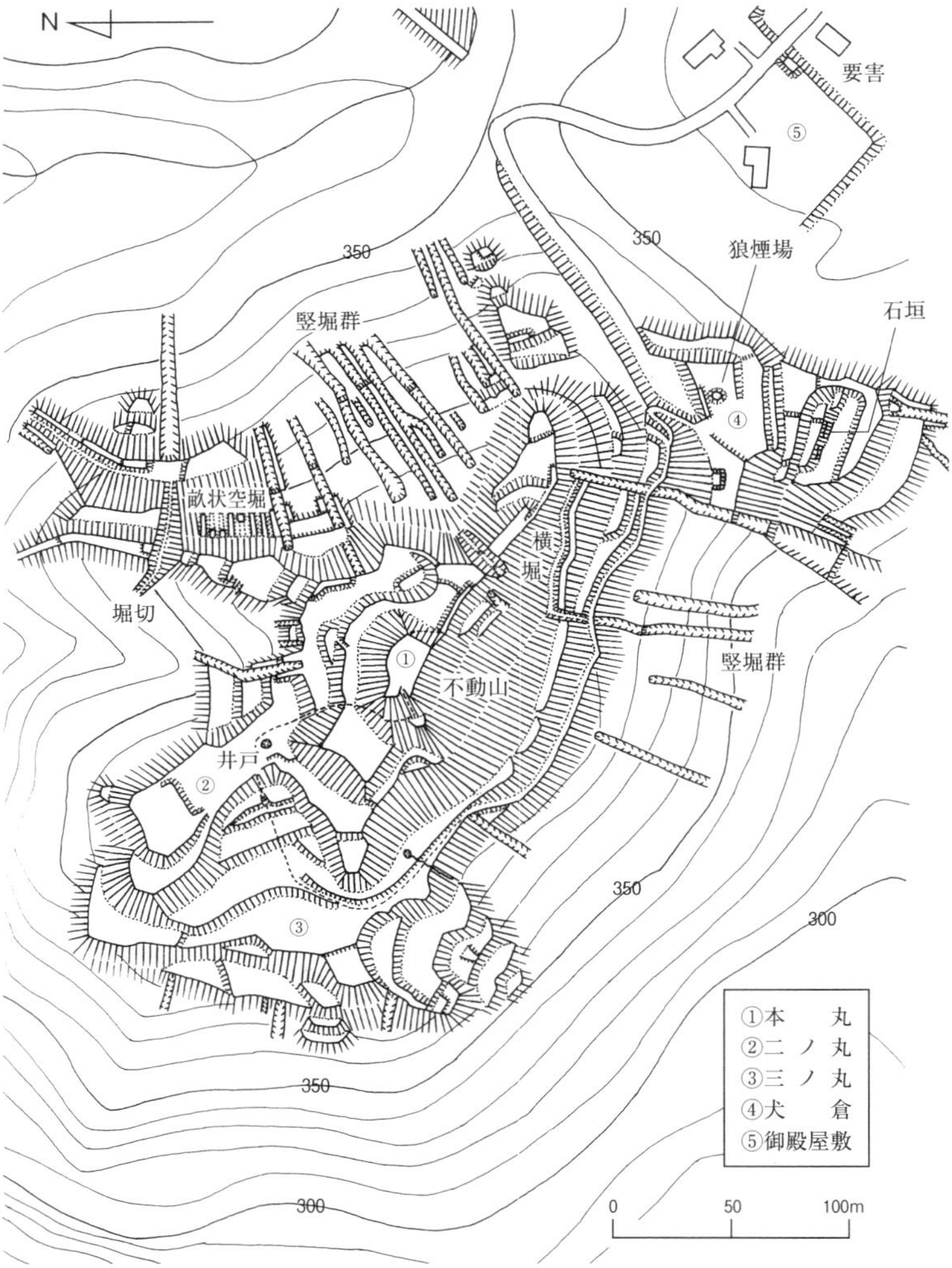

●—不動山城縄張図（調査・作図：鳴海忠夫）

射撃・撃退する陣地であったことがわかる。

竪堀は全体で三十数条設けられているが、本丸の東側斜面（一八条）と南側斜面（六条）に集中して掘り込まれている。竪堀の規模は大小さまざまであるが、最長は八〇メートルにもおよぶ大規模なものである。城の南東部に位置する御殿屋敷（居館）へは、緩やかな尾根が下っていることから、この竪堀群は横堀・犬倉地区の郭群とともに、居館・根小屋地区から主郭部への侵入をうかがう敵兵をここで阻止するために構えたのであろう。

犬倉地区には、二ヵ所に石垣・石積みがみられる。そのうち一ヵ所は、櫓台状の高まりの周囲を小ぶりな石で固めた石積みである。もう一ヵ所は、横堀の北側にある郭の切岸に大ぶりな石を約一五メートルにわたって三〜四段積んで石垣状としているが、切岸の全体にはおよんでいない。石はいずれも加工痕のない自然石で、野面積みである。

【不動山城の歴史と山本寺氏】　南北朝時代の延文四年（正平十四〈一三五九〉）頃、南朝方の上杉憲顕《のりあき》が三宝寺城を攻めている。この三宝城が不動山城だとすれば、本城は南北朝時代の前半頃に築かれ、当時北朝方に属していたことになるが、断定はできない。

室町時代に不動山城には、守護上杉房朝《ふさとも》の弟朝定《ともさだ》が送り込まれ、山本寺氏を名乗った。山本寺氏は、ここを本拠に戦国時代の後半まで上杉政権を支えた。本城は越後府中の後背に位置し、越中と信濃の境目《さかいめ》にも近いので、上杉氏にとっては重要な城の一つであった。

永禄年間（一五五八〜七〇）の後半から元亀年間（一五七〇〜七三）にかけて、武田信玄が越中諸将と手を結んで、越後への侵入を企てたので、越後と信濃・越中の国境は緊迫した。この時、城主の山本寺定長《さだなが》（景定）は、上杉謙信にしたがって各地を転戦していたので、不動山城には旗本衆《はたもとしゅう》を入れて城の守りに当らせた。厳重に構えた竪堀群と鉄砲による実戦を想定した横堀は、この時代に普請《ふしん》されたのであろう。

天正六年（一五七八）に始まった御館《おたて》の乱では、兄の定長が上杉景虎、弟の景長が上杉景勝に味方して敵対した。定長は乱の初期に戦《いくさ》に負けて出奔《しゅっぽん》したので、景長は兄定長の遺《い》領《りょう》を景勝から受け継いでいる。天正十年（一五八二）六月、景長が魚津城（富山県魚津市）で戦死したことから、この頃不動山城は廃城になったものと推定される。

【参考文献】　高橋義彦『越佐史料』巻二〜六（名著出版、一九七一）、鳴海忠夫「ふるさとの古城」『新潟県の合戦』上越編（いき出版、二〇一一）

（鳴海忠夫）

●信越境目仁科口を守った上杉氏の番城

根《ね》知《ち》城《じょう》

〔新潟県指定史跡〕

〔所在地〕糸魚川市根小屋字城山
〔比　高〕約二五〇メートル
〔分　類〕山城
〔年　代〕一四世紀？～一六世紀
〔城　主〕村上義清、仁科盛信、西方房家、桜井春吉、堀清重
〔交通アクセス〕北陸自動車道「糸魚川IC」から国道一四八号線をへて、登り口付近の駐車場まで車で約二〇分、駐車場から本丸まで徒歩約四〇分。

【信越境目仁科口の要衝】　糸魚川市の南西部に位置する根知《ねち》谷《だに》は、越後と信濃（長野県）の国境にほど近く、ここに信濃松本（松本市）へ通じた仁科口《にしなぐち》とも称せられた信州街道が開かれていた。この街道を抑えることができる要衝の地に、信越境目《さかいめ》仁科口を守った上杉氏の番城《ばんじょう》根知城がある。

根知城跡は、根小屋《ねごや》集落南方の標高三六〇㍍の城山にある。別名根小屋城ともいう。城主の居館《きょかん》跡は、北麓の勝連寺を中心とした方一〇〇㍍の区域に推定されているが、土塁《どるい》や堀などの遺構はない。南方の標高五二五・二㍍の上城山に上城山城跡、東方の栗山集落に栗山城跡がある。上城山城は、根知城の詰《つめ》ノ城《しろ》と考えられ、郭《くるわ》や堀切《ほりきり》、竪堀《たてぼり》が残されている。栗山城は館城《やかたじょう》で、郭や土塁、堀、井戸がある。やはり、根知城と一体となった城と捉えられている。

【根知城の構造】　根知城は、城山の山頂部に本丸を構え、北側へ下る尾根上に多くの郭群を階段状に配置した梯郭式縄張《ていかくしきなわばり》のプランである。要所には土塁や堀切、竪堀、石垣、土橋《どばし》、虎口《こぐち》、桝形《ますがた》などを設けている。最も下の腰郭《こしぐるわ》から本丸までの高低差は、二五〇㍍にもおよんでいる。

本丸は四〇〇平方㍍ほどの広さで、南端に土塁、北西隅に桝形を構えている。北東隅にも桝形状の掘り込みがみられるが、下る道がないので桝形かどうかは不明である。本丸からは、北側眼下に姫川と信州街道、根知谷を収めることができる。ここから北側と北西に下る尾根に多くの腰郭を配置し、西側と東側の斜面に多くの竪堀を設けている。南方の上城山

へつづく尾根には、六条の堀切を設けて尾根を遮断している。六条の堀切のうち本丸寄りの三条は、尾根を連続に掘り割った多重堀《たじゅうぼり》である。

城の中ほどにあるヒノミも、四〇〇平方メートルほどの広さがある。北側と西側に虎口を構え、東側斜面に竪堀、南側と北側に堀切を設けている。ヒノミは「火ノ見」に通じることから、狼煙《のろし》をあげた狼煙場ではないかといわれているが、狼煙台としての遺構はない。

●―根知城の遠景（北東より）

●―根知城の野面積み石垣

城の中ほどに位置する殿屋敷は、約一〇〇〇平方メートルの広さがある大きな郭で、北東隅と南東隅に虎口を構え、北側の切岸に野面積《のづらづ》み石垣がある。広い空間であることから、ここに主要な建物が建てられていたものと推定される。周りには多くの腰郭を配置して守りを強化し、南側に掘り込まれた堀切と接した地点に三条の畝状空堀《うねじょうからぼり》がある。

殿屋敷の北側に配置された練兵《れんぺい》場《じょう》は、内部を小さな段で細分化しているものの、全体では六〇〇〇〜七〇〇〇平方メートルもあり、城内では最大の郭である。極めて広い空間であることから、多くの将兵の駐屯が可能である。北側の中央部と北東に虎口構え、東側に堀切と竪堀、北側と北西へ下る尾根に堀切を設けて、敵の侵入に備えていた。北側の堀に設けられた土橋練兵場の北東虎口から城道《じょうどう》が城下の根小屋集落へ下るが、ここには二〇段ほどの腰郭群を階段状に配置して、城下《じょうか》方面からの守りを固めていた。

根知城の縄張は、七五〇×四五〇《メートル》にもおよんでおり、越後の山城の中では大規模城郭の一つに数えられている。高低差が二五〇《メートル》にもおよんだ立体的な縄張とおびただしい郭群の配置、堀切・竪堀の多用、石垣・石積みなどに戦国期山城としての特色が認められる。

【石垣と石積み】　上杉氏時代の越後の山城では、石垣・石積みをした城は極めて少ない。そのなかで、糸魚川市内の山城では、根知城や不動山城などいくつかの山城に石垣・石積みを採用しており注目される。

根知城の石垣・石積みは、殿屋敷の北側の切岸と練兵場北側壁《そくへき》と堀の斜面に石積みがある。

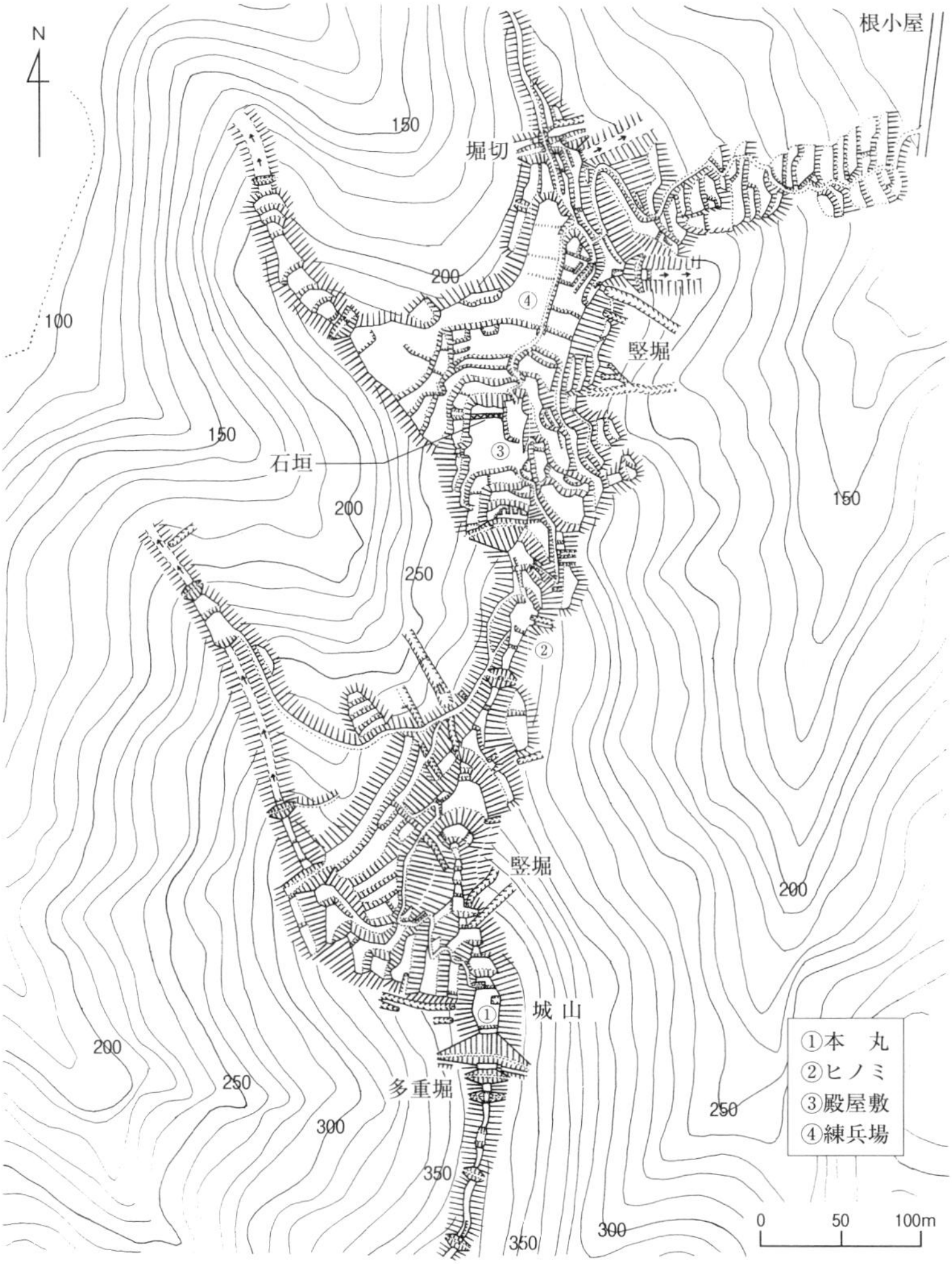

●—根知城縄張図（調査・作図：鳴海忠夫）

側の堀切斜面・土橋側壁の二ヵ所にある。殿屋敷の石垣は、下に設けられた郭との切岸に高さ約一・二メートル、長さ約二〇メートルにわたって三〜四段野面積み状に積んでいる。石の大きさは大ぶり、小ぶりとさまざまである。石の多くは加工痕のない自然石であるが、一部に割石状のものもみられる。堀切斜面と土橋側壁の石積みは、小ぶりな自然石を野面積み状に積んだものである。

このように、両者の石垣・石積みは様相を異にしている。つまり、殿屋敷の石垣は城下側に積まれていることから、村人たちに権力をみせるために築いたものと考えられる。いっぽう、堀切斜面と土橋側壁の石積みは、土砂の崩落を防ぐために積んだものと推定される。石垣は天正年間（一五七三〜九二）に発達しているが、本城の石垣・石積みは、ごく一部に限られて本格的な石垣の採用でなかったことから、それ以前の普請とも考えられる。

【根知城の歴史】 根知城の始まりは明らかでないが、信越境目という軍事交通の要衝にあったことからすれば、早くから築かれていたものと推定される。室町時代の享徳二年（一四五三）六月、守護上杉房定と長尾実景が根知口で合戦をしているので、根知城はこの頃すでに築かれていたものと考えられる。

武田信玄との抗争に敗れて越後へ亡命した信濃の国人《こくじん》村上義清は、上杉謙信から厚遇《こうぐう》され、永禄八年（一五六五）に根知城主に任じられた。永禄年間（一五五八〜七〇）の後半から元亀年間（一五七〇〜七三）にかけて、信玄が越中諸将と手を結んで、越後への侵入を企てたので、越後と信濃の国境は緊迫した。謙信は永禄十一年（一五六八）と元亀三年（一五七二）に、配下の諸将を根知城に派遣して、城の守りを固めさせている。この年代に城域の拡大など、大掛かりな城普《しろぶ》請《しん》が行なわれ、城が強化されたものと推定される。

天正六年（一五七八）に始まった御館《おたて》の乱では、当初根知城は上杉景虎方であったが、間もなく上杉景勝方が攻略したようである。乱後、景勝は根知城に武田勝頼の弟仁科盛信《にしなもりのぶ》、西方房家《にしかたふさいえ》らを在城させている。文禄三年（一五九四）の段階では、桜井晴吉《はるよし》が在番《ざいばん》していた。慶長三年（一五九八）からは、堀氏の一族堀清重《きよしげ》が在城して西浜《にしはま》一円を支配したが、その後発生した越後一揆《えちごいっき》で廃城となったといわれている。

【参考文献】高橋義彦『越佐史料』巻二〜六（名著出版、一九七一）、鳴海忠夫「ふるさとの古城」『新潟県の合戦』上越編（いき出版、二〇一二）

（鳴海忠夫）

●越後上杉氏の本拠

春日《かすが》山《やま》城《じょう》

〔国指定史跡〕

〔所在地〕上越市大豆、中屋敷、春日他
〔比　高〕一五〇メートル
〔分　類〕山城
〔年　代〕戦国時代
〔城　主〕府内長尾氏・越後上杉氏
〔交通アクセス〕えちごトキめき鉄道「春日山駅」から徒歩四五分。北陸自動車道「上越IC」から約六キロ、約一五分。

【遺構の特徴】　えちごトキめき鉄道春日山駅の改札口を出ると、ほぼ正面に台形をした山がみえる。高田平野の西縁南葉丘陵の北端に春日山城は位置する。遺構の範囲は二・五キロ四方におよび、新潟県下の城のなかでもかなり大きな部類に入ろう。城の遺構は、山頂から尾根筋を中心に築かれた山城部分と、山麓の「惣構《そうがま》え」遺構に分かれる。

　春日山城の中心となる山城部分は、標高一八〇メートルの山頂を中心に東側の小尾根に築かれた郭群、北東尾根に展開する遺構群、山頂の郭群と堀切を境に南尾根へ広がる遺構群に区分けできる。

　山頂から東側小尾根の郭群は、比較的規模の小さい郭で構成されており、築城当時からの姿を残しているとされる部分である。山頂の主郭は、たくさんの登山者が必ず訪れるために表土が流れてしまい、かなり悲惨な状況であった。数年前からの一人一袋の土をもって登山するボランティア運動が功を奏し、現在ではかなり修復されている。この郭からの眺望は優れ、日本海から頸城《くびき》平野が一望でき、信越国境の山々まで見渡すことができる。

　北東尾根と南尾根の遺構群には、大規模な郭が数多くみられる。なかでも、春日山神社から下った「御屋敷」と呼ばれる郭には、南北に内枡形《うちますがた》の虎口が残っている。春日山城には、しっかりと虎口が普請《ふしん》された郭がほとんど他に見られず、「御屋敷《おやしき》」の桝形虎口は、この郭の性格を考えるうえで注目される。必ず見学しておきたいポイントであろう。この

「御屋敷」は発掘調査が行なわれており、一六世紀後半から一七世紀初頭の井戸・竈《かまど》・建物礎石《そせき》・石敷遺構などが出土している。

●—春日山城遠景

●—復元された「監物堀」

春日山城の北側には、「愛宕谷《あたごだに》」が深く入り込んで、天然の要害となっているが、南端の南尾根遺構群には、大きな二条の堀切と巨大な土塁で守りを固めている。春日山城では、あまり土塁はみられないが、高さ一〇メートルを超える土塁が延々とつづく厳重な構えは圧巻である。

現在、春日山城へ登るには、中腹の春日山神社の脇から北東尾根を進み、山頂へ至るルートが一般的であろう。ただし、近代の公園化のため破壊された部分も多く、当時の登山ルートは明らかでない部分が多い。また、「景勝屋敷」「直江屋敷」「毘沙門堂《びしゃもんどう》」といったように、各郭には呼び名が付けられているが、これは元禄時代の絵図によるもので、戦国時代にさかのぼるものではない。

山麓の「惣構え」遺構は、「愛宕谷」から流れ出る御館《おたて》川が平野部へ流れ出る部分を総延長一・二キロの堀と土塁で仕切っている。この堀は「監物堀《けんもつぼり》」と呼ばれており、上杉景勝の会津移封《いほう》後に春日山に入った、堀秀治《ほりひではる》による普請とされている。「監物」は秀治の家老である。

発掘調査が行なわれ、平成八年（一九九六）に「春日山城史跡広場」としてオープンした。「惣構え」の土塁と堀が一部復元されている。

「惣構え」の北東端には東城砦が築かれている。昭和四十九年（一九七四）の宅地造成で消滅してしまった長池山砦とともに春日山城の北東を守備した砦群を構成する。現在は発掘調査による復元が行なわれ、小屋一棟が建てられている。

【春日山城のあけぼの】　春日山城がいつ築かれたのかを記す史料はない。春日山の名が確実な史料に現れるのは、上杉謙信の父長尾為景《ためかげ》の時代である。永正十年（一五一三）十月、守護上杉定実が春日山に「御登城」したと書かれ、この時には山城として機能していることがわかる。

高野山清浄心院《しょうじょうしんいん》に伝わる「越後過去名簿」をみると、守護所の置かれていた越後府内（府中とも）は、大永・享禄年間（一五二〇年代）から一貫して記されるが、春日山は天文五年（一五三六）になって初めて登場し、天文十五年以降は恒常的に記録される。当初山城として使われていた春日山城が、拠点城郭として整備されていくようすがうかがえよう。

【春日山城の実城】　天文十七年（一五四八）の大晦日《おおみそか》、長尾景虎（のちの上杉謙信）は、兄晴景《はるかげ》に代わり守護代として春日山城へ入った。この後、春日山は越後上杉氏の拠点として整備されていくのである。しかし、春日山城を記す文書は決して多くなく、書かれていても断片的な事柄であるため、そこから具体的な整備状況を読み取ることは難しい。

永禄七年（一五六四）には城の中心部を表す「実城《みじょう》」が見られ、春日山城がいくつかのブロックに分けられていたことが知れる。のちに謙信は実城に居住し「実城様」や「御実城」と呼ばれるようになる。

天正六年（一五七八）三月に謙信が亡くなると、実城には養子の景勝が入った。景勝は同じ養子の景虎と「御館《おたて》の乱」を争うが、最終的には勝利した。景勝ものちには「実城」を名乗るようになる。

春日山の山頂を中心としたエリアを「実城」に比定する研究も多い。だが「実城」は単に地形的な中心ではなく、謙信や景勝の屋敷が存在する、城郭として中心となる部分を示すことばである。したがって、発掘調査がほとんど行なわれていない現段階では、春日山の「実城」が実際にどの場所を示しているのかは確定できないだろう。

【「山城停止令」と春日山城】　慶長三年（一五九八）、上杉景

勝が会津へ移封になると、春日山城には越前北庄《きたのしょう》城から堀秀治が入った。のちに秀治は居城を春日山の北東、福島の地に移すが、春日山から福島への移転理由は定かではない。近年では藤木久志により、春日山廃城は「山城停止令」によるものという伝承が見直されている。

文化十二年(一七五五)、越後水原の小田島允武《おだじままさたけ》によって書かれた地誌『越後野志《えちごやし》』には、慶長十二年に徳川家康により「山城停止」が発令されたことが次のように記される。

慶長十二年、駿府《すんぷ》城造営これあり、東照神君御移住、天下一統山城停止によりて、同年堀秀治春日山城を退去し、福島城を築き移住す、

また、上越市内の浄土真宗寺院本誓《ほんせい》寺に伝えられていた『越後本誓寺由緒鑑《ゆいしょかがみ》』には「堀久太郎秀治領主の時分、山城停止にあいなり候よし」と記され、堀秀治が越後に入部すると間もなく「山城停止」の命令が出されたという。同様の記述は他の史料にも散見でき、少なくとも江戸時代の高田や直江津では、春日山城が全国的な規模の「山城停止令」によって廃城になったという認識があったことを示している。

一次史料ではまだ確認されてはいないが、とても興味深い伝承である。

【周辺施設】 春日山城史跡広場の一角には、春日山城の全貌を知ることができる全体模型が設置されている。春日山城へ登る前にご覧いただくとイメージをつかむことができてよいと思う。近くにはガイダンス施設である春日山城ものがたり館もある。

また山麓の上越市埋蔵文化財センターには、春日山城をはじめ、上越市内の遺跡から出土した遺物が展示されている。

【参考文献】『日本城郭大系七 新潟・富山・石川』(新人物往来社、一九八〇)、大家健『図説中世の越後〔春日山城と上杉番城〕』(野島出版、一九九七)、上越市史専門委員会考古部会編・上越市史叢書八『考古—中・近世資料—』(上越市、二〇〇三)、上越市史専門委員会中世史部会編・上越市史叢書九『上越の城』(上越市、二〇〇四)、山本隆志・皆川義孝「【史料紹介】高野山清浄心院蔵「越後国供養帳」」(『上越市史研究』第九号、上越市、二〇〇四)、山本隆志「【史料紹介】高野山清浄心院「越後過去名簿」(写本)」(『新潟県立歴史博物館研究紀要』第九号、新潟県立歴史博物館、二〇〇八)、藤木久志「山城停止令の発見」同著『土一揆と城の戦国を行く』(朝日新聞社、二〇〇六)

(福原圭一)

●上杉景虎が最期を迎えた山城

鮫《さめ》ヶ《が》尾《お》城《じょう》

〔国指定史跡〕

〔所在地〕妙高市大字宮内・籠町・雪森
〔比　高〕一四五メートル
〔分　類〕山城
〔年　代〕戦国時代
〔城　主〕不明
〔交通アクセス〕上信越道「上越高田IC」から県道六三号線（山麓線）を経由して妙高市方面へ約七キロ、二〇分。「新井スマートIC」からは国道一八号線および県道六三号線を直江津方面へ約四キロ、一〇分。

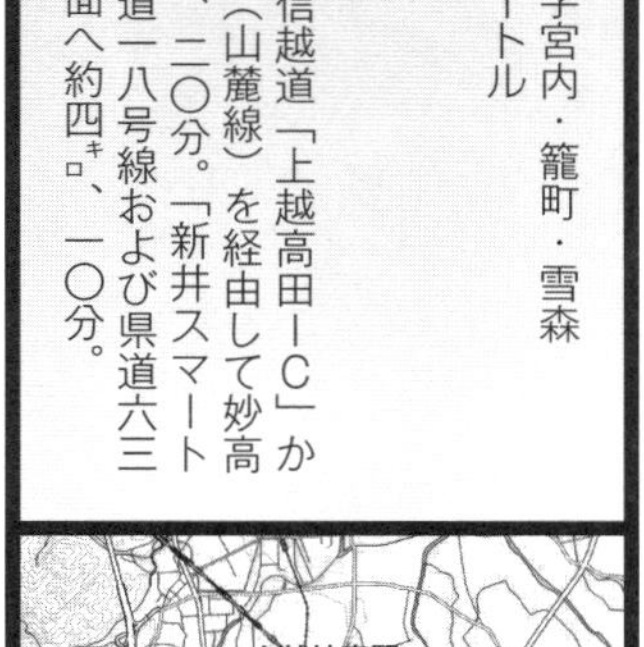

【遺構の特徴】 北陸新幹線上越妙高《みょうこう》駅から南西四キロ程の一帯は、「斐太歴史の里」として整備されている。鮫ヶ尾城は、弥生時代後期の大規模集落である斐太《ひだ》遺跡、北陸地方最大の古墳群である観音平・天神堂古墳群とともに「斐太歴史の里」の中核遺跡として位置付けられている。

　鮫ヶ尾城は、南葉山から連なる丘陵の先端部、標高一八五メートルの主郭を中心に、北側には堀切を設けて遮断線を作り、東と南の二本の尾根上には平坦地と堀切を組み合わせた遺構を展開する。これらの遺構は、城の中心である北遺構群、大手道を擁する南遺構群と東にのびる緩やかな尾根筋を加工した東遺構群の三ブロックに分けて考えることができる。

　南遺構群は、主郭の南側尾根筋に配置された郭と堀切からなる。南麓から登る大手道の急勾配《きゅうこうばい》の斜面をつづら折りに進むと、尾根の先端付近から三本の堀切が設けられ、そこからは平坦地の間を縫うように道は登っていく。

　しばらく行くと、三方を土塁《どるい》と切岸《きりぎし》で固めた郭に入る。ここで道は「コ」の字に屈曲し虎口《こぐち》を形成している。この虎口から内側が、山頂部を中心にした北遺構群である。

　山頂の主郭北側は、四本の堀切で強力な遮断線を作っている。いずれも斜面裾まで竪堀《たてぼり》として下る大きな堀切である。その堀切に挟まれた郭は、通称「西ノ丸跡」と呼ばれ、主郭に匹敵する広さを持つ。北東側には土塁が遺り、東端が切れている。この部分は虎口の可能性がある。

　主郭の南側に一段下がった郭は、面積約四九〇平方メートルで、

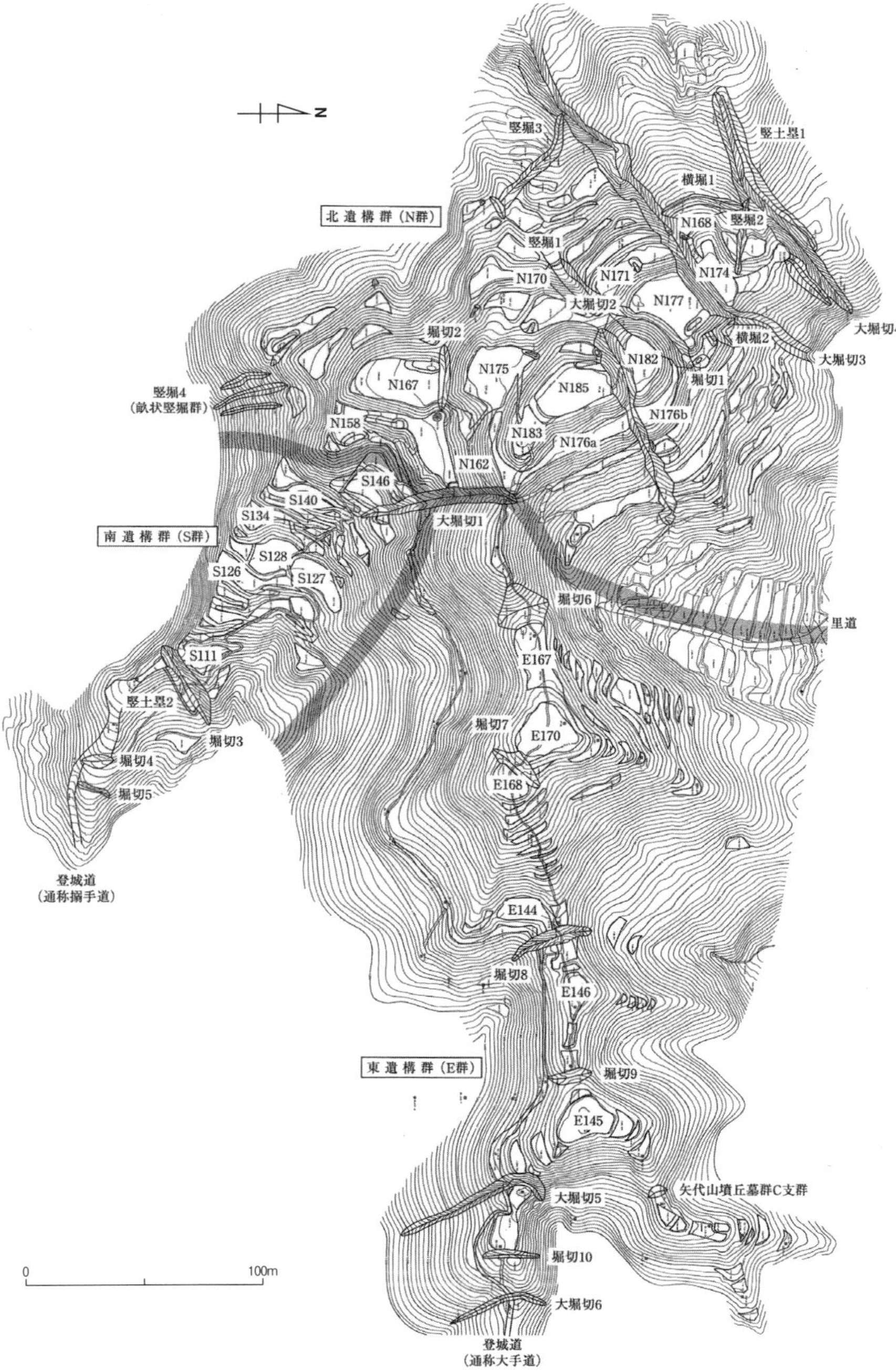

●—鮫ヶ尾城実測図（『斐太歴史の里確認調査報告書Ⅲ』より）

鮫ヶ尾城のなかでも最大級の郭の一つである。平成十七、十八年度には発掘調査が行なわれ、建物跡を構成する柱穴、溝状遺構、土坑などが検出された。建物跡は掘立柱建物で、規模は桁行《けたゆき》四間（約八・六メートル）×梁《はり》行二間（五・一メートル）と推定されている。遺物も多く、景徳鎮窯《けいとくちんよう》の青花《せいか》、青磁、白磁、瀬戸美濃、越前の甕《かめ》などの陶磁器や砥石《といし》、渡来銭などが出土している。

●—鮫ヶ尾城遠景

さらに南側の堀切を隔てた郭でも発掘調査が行なわれ、明瞭な建物跡などは検出されていないが、上段の郭と同様に陶磁器などが出土した。特筆されるのは、炭化米ブロックで、分析の結果、調理された「おにぎり」が焼けたものであることが判明した。

主郭東側の大堀切を境として、東にのびる尾根上に東遺構群が展開する。遺構は要所を大小の堀切で遮断し、尾根が分岐する地点に一定の規模を持つ郭とそれにともなう小郭を配置するという単純な構成である。

東遺構群は、一部が弥生時代の墳丘墓《ふんきゅうぼ》と重複しており、墳丘頂部を削平して郭を造成していることが、発掘調査で明らかになった。ここでも、陶磁器や炭化米ブロックが出土している。

【立ノ内館跡】 鮫ヶ尾城下の根小屋に比定されている遺跡で、地元では古くから鮫ヶ尾城将の館跡であると伝えられ、「立《たて》ノ内《うち》」の小字名《こあざ》が残る。発掘調査が行なわれているが、後世の撹乱《かくらん》のため明瞭な遺構は見つからなかった。珠洲《すず》焼の擂鉢《すりばち》や手づくねのかわらけなど、一六世紀をさかのぼる遺物が出土しており、鮫ヶ尾城よりも早い段階で館が整備されていた可能性が指摘されている。

【「御館の乱」と鮫ヶ尾城】 天正六年（一五七八）三月十三日、上杉謙信が死去すると、養子である景勝と景虎が謙信の跡目を争った。この戦いを「御館《おたて》の乱」と呼ぶ。

府内の御館を拠点とした景虎勢は、開戦当初こそ優位に立っていたが、春日山を占拠して後継者としての正当性を主張する景勝が徐々に情勢を覆していった。猿毛《さるげ》城や旗持《はたもち》城など交通の要衝が景勝方に押さえられ、年が明けた二月には、御館へ兵粮が届かないような状況であった。

行き詰った景虎は、三月十七日に御館を出て、鮫ヶ尾城に逃れた。そして、数日の攻防の後、同月二十四日、景虎は自刃して短い生涯を閉じたのである。景勝はこのときのようすを次のように記している。

> 去《さる》十七三郎一身の体にて鮫尾地へ引き退かれ候、追い討ちに過半《かはん》討ち捕り、同じく翌日彼の地へ取り詰め、今二十四午刻攻め落とし三郎切腹、そのほか南方者ども一人も洩らさず討ち果たし候、去年以来の鬱憤《うっぷん》を散《ちら》し候、定めて大慶たるべく候、

【鮫ヶ尾城の終焉】 『斐太歴史の里確認調査報告書Ⅲ』によれば、焼けた「おにぎり」をはじめ、鮫ヶ尾城で出土した陶磁器などはおしなべて熱を受けた跡があり、とくに陶磁器類は一様に細かく粉砕され、意図的に破壊されたような状況だという。出土地点も城の中心部に限らず、広範囲に分布している。しかも、火事場整理のように特定の場所に廃棄・集積されているのではなく、火災にあったそのままのようすを保っているとみられる。また、建物の切り合い関係からも、再建された痕跡はみられないという。

これらのことから、鮫ヶ尾城は広い範囲で火災にあい、そのまま城としての機能を停止したと考えられている。出土遺物が示す城の最盛期が一六世紀後半であることを思えば、それは「御館の乱」とみてよいであろう。鮫ヶ尾城は戦国末期の城の姿がそのまま残された貴重な遺構なのである。

【参考文献】『日本城郭大系七　新潟・富山・石川』（新人物往来社、一九八〇）、上越市史専門委員会中世史部会編・上越市史叢書九『上越の城』（上越市、二〇〇四）、妙高市教育委員会編『斐太歴史の里確認調査報告書Ⅲ　鮫ヶ尾城跡　立ノ内館跡』（妙高市教育委員会、二〇〇八）、太田一成・西澤睦郎編『新潟県の合戦―上越編―』（いき出版、二〇一二）

（福原圭一）

●信越境目飯山口を抑えた上杉氏の番城

妙《みょう》高《こう》鳥《とっ》坂《さか》城《じょう》

〔妙高市指定史跡〕

〔所在地〕妙高市姫川原字鳥坂山
〔比　高〕約二二〇メートル
〔分　類〕山城
〔年　代〕一二世紀?〜一六世紀
〔城　主〕伝城氏、伝桃井左京
〔交通アクセス〕上信越自動車道「中郷IC」から県道および林道をへて、高床山森林公園駐車場まで車で約二〇分、森林公園駐車場から本丸まで徒歩約一五分（林道は冬期間通行止）。

【信越境目飯山口の要衝】　越後と信濃（長野県）の境には、標高一〇〇〇メートル前後の関田《せきだ》山脈が横たわっている。関田山脈の南端にある富倉峠は、越後と信濃の境目に位置し、越後府中（上越市）と信濃飯山（飯山市）を結ぶ軍事交通の要衝であった。鳥坂城は富倉峠に約一〇キロと近接しており、信越境目《さかいめ》飯山口を抑えることができる上杉氏の番城《ばんじょう》であった。

　鳥坂城跡は、姫川原集落南方の標高三四七・五メートルの城山にある。城山からは、北方眼下に高田（頸城《くびき》）平野を収め、北北西に鮫ケ尾城跡（妙高市）を眺望することができる。南東麓の堀之内《ほりのうち》集落にある菓成寺《かじょうじ》（浄土真宗本願寺派）境内は、本城の居館《きょかん》に比定され、土塁《どるい》が現存している。

【鳥坂城の構造】　鳥坂城は、城山の頂部に本丸を構え、北東へ下る尾根上に二ノ丸・三ノ丸などの郭《くるわ》を階段状に配置した梯郭式縄張《ていかくしきなわばり》のプランである。主郭部の周囲を多くの腰郭《こしぐるわ》で固め、要所に土塁や堀切《ほりきり》、横堀、竪堀《たてぼり》、畝状空堀《うねじょうからぼり》、石積み、虎口《こぐち》、桝形《ますがた》、乱穴《らんあな》（横穴）、井戸などを設けている。

　本丸は三〇〇平方メートルほどの広さで、北東隅と南東隅に虎口を構え、西側から南側に土塁をめぐらしている。土塁の幅が広くなっていることは、その上に櫓《やぐら》を設けていた可能性が高い。土塁上には、昭和四十年（一九六五）九月に鳥坂城趾保存会が建立した「鳥坂城趾碑」がある。南西には大型の堀切（薬研堀《やげんぼり》）と畝状空堀、北側には腰郭群と畝状空堀、南側には腰郭群を厳重に配置して、本丸への侵入をうかがう敵兵に備えていた。

二ノ丸は八〇〇平方メートル近くの大きな郭で、西隅に虎口、南側の中央部に桝形、北側に土塁を構えている。二ノ丸の北直下には直径二メートルの井戸、南東下の腰郭には人頭大《じんとうだい》の自然石を二段に積んだ石積みがある。三ノ丸は六五〇平方メートルほどの広さで、二ノ丸とは堀切で区画している。南半にコ字状に土塁をめぐらし、北側と南側の斜面に畝状空堀を厳重に構えている。三ノ丸の北東下にも、大きな郭を二つ設けている。

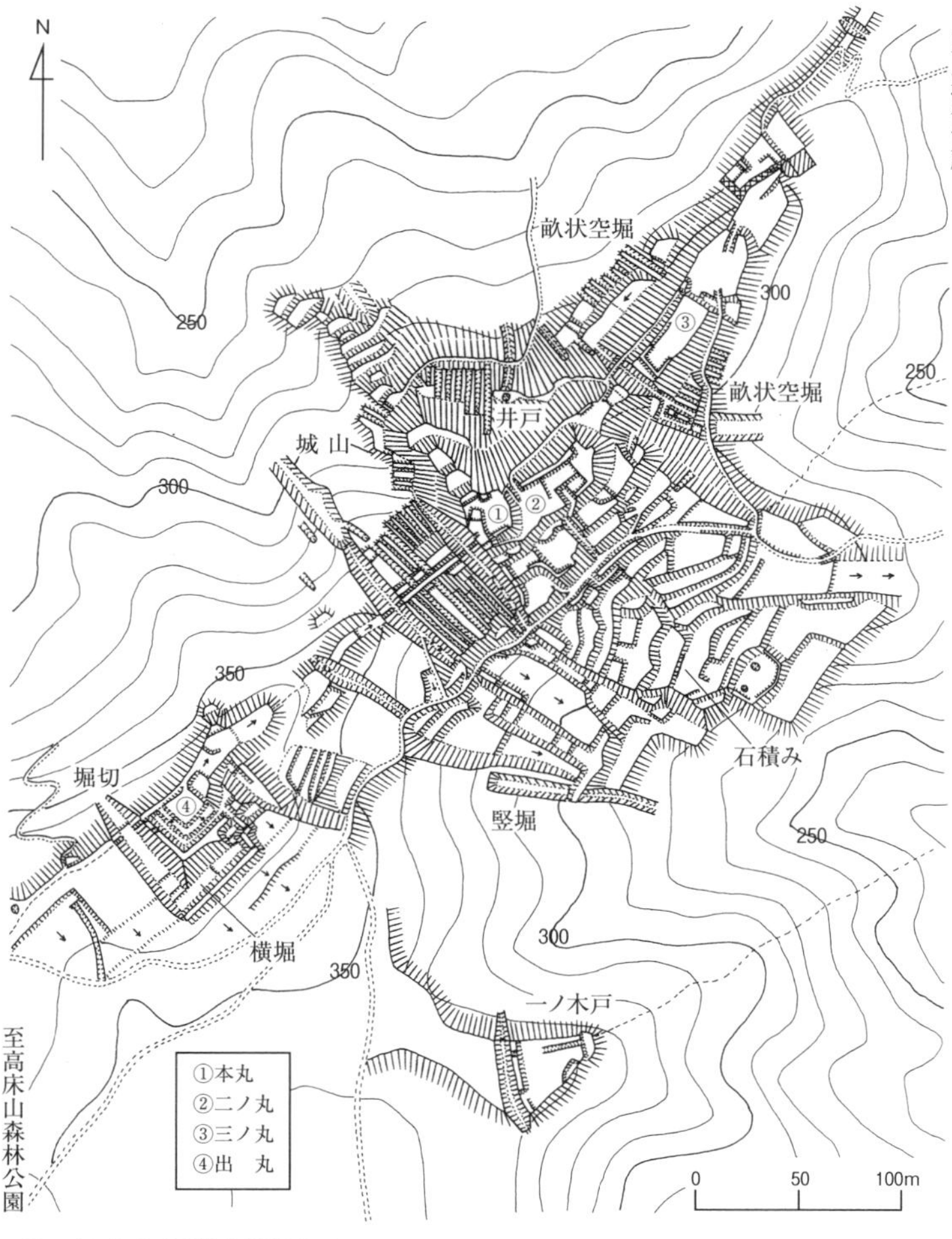

●―妙高鳥坂城縄張図（調査・作図：鳴海忠夫）

本丸南西のやや離れた場所にある出丸《でまる》は、小さな郭であるが、本城ではもっとも高い地点（標高三六〇メートル）に位置している。南西から南東にかけて横堀をL字状にめぐらし、外側に土塁を設け、土塁の北端を切って虎口としている。出丸の南西は、大規模な堀切（箱《はこ》堀《ぼり》）で尾根を断ち切り、堀の南端を東に延ばして横堀としている。この横堀は堀切と同様に底幅の広い箱堀で、東側で二ヵ所を屈折させている。外側には横堀と対応するように、横矢《よこや》土塁を築いている。

鳥坂城は、縄張が六〇〇×四〇

●—二ノ丸からみた妙高鳥坂城の本丸

●—妙高鳥坂城の横堀と土塁

〇メートルにもおよんだ大規模な山城である。横矢掛けの土塁と横堀、各郭を区画した大型堀切、南西の大型箱堀、多用した竪堀と畝状空堀、石積み、明瞭な虎口・桝形施設などに、戦国期山城としての特色が認められる。

【特徴的な遺構と普請の年代】 鳥坂城での特徴的な遺構は、大規模な縄張と多用した畝状空堀、大型堀切（薬研堀）、大型箱堀、横矢掛けの土塁・横堀である。なかでも、畝状空堀と大型箱堀、横矢土塁・横堀が注目される。

畝状空堀は、本丸から三ノ丸の周囲に四〇条ほど確認され、いずれも斜面に設けている。とくに本丸の北側から南西に厳重に配置している。畝状空堀は、越後地域にある六〇〇余りの山城のうち、約一一〇ヵ所の山城で確認されている。本城の畝状空堀は、薭生城（小千谷市）の六五条、大葉沢城（村上市）の六三条、細越城（柏崎市）の五八条、猿沢城（村上市）の五三条に次いで多い。出丸南西の底幅約一〇メートルの箱堀と東側の横矢掛けの土塁・横堀は、本丸などの主郭部周辺に設けられた土塁・堀切（薬研堀）とは様相を異にしている。

これらの防御施設には、天文年間（一五三二～五五）から永禄年間（一五五八～七〇）頃と天正年間（一五七三～九二）頃の二つの時期が認められる。天文年間末から永禄年間は、武田信玄が信濃川中島へ進出して、信越国境に大きな緊張が発生した。これにともなって、城域《じょういき》の拡大と堀切の大型化、防御性に富んだ畝状空堀の配置など、大掛かりな城普請《しろぶしん》を行なったものと推定される。

天正六年（一五七八）に始まった御館《おたて》の乱と織田信長が信濃へ進出した天正十年は、天文～永禄年間に増して信越国境が緊迫した。この時代は、鉄砲による実戦が恒常化しているので、大型箱堀、横矢掛けの土塁・横堀の採用など、城の強化を図ったのであろう。

このように、鳥坂城は戦国期山城としての特色を歴然と残し、信越境目の軍事交通の要衝であった富倉《とみくら》峠をにらんでいた。

【鳥坂城の歴史】 鳥坂城の始まりは明らかでないが、『訂正越後頸城郡誌稿』などの地誌によれば、平安時代の武将余《よ》吾将軍《ごしょうぐん》平維持《これもち》の子孫の城《じょう》氏が代々居城したと伝えられている。城氏は白河《しらかわ》荘や奥山《おくやま》荘を根拠地とし、建仁元年（一二〇一）に同名の鳥坂城（胎内市）で鎌倉幕府軍と戦って落城した、というのが定説である。つまり、本城は胎内市の鳥坂城と同名であったことから、このような伝承が生まれたものと推定される。

上杉謙信の時代には、桃井左京が居城したと伝えられている。「景勝一代略記」には、御館《おたて》の乱に上杉景虎方の城として「富坂」がみえる。富坂は鳥坂と同音であるので、鳥坂城に違いない。したがって、御館の乱のとき、鳥坂城は景虎に属していたことになる。

天正七年（一五七九）一月、片桐善左衛門が上杉景勝から「富坂之内参千疋《さんぜんひき》」をもらっていることは、景虎方であった鳥坂城将の知行《ちぎょう》地が景勝に没収され、片桐氏に与えられたことを示すと考えられるので、御館の乱が始まった比較的早い時期に、景勝方が鳥坂城を攻略したのであろう。

御館の乱で、景勝は信濃にあった上杉氏の拠点を失ったので、信越境目に位置する鳥坂城の戦略的地位は極めて高くなった。景勝はこの城に家臣を在番《ざいばん》させて、飯山口を固めたのであろう。天正十年の織田信長の信濃進出は、信越国境に極度の緊張をもたらした。つまり、鳥坂城は織田に対する上杉氏の最前線の城だったものと推定される。

【参考文献】 越後頸城郡誌稿刊行会『訂正越後頸城郡誌稿』下巻（豊島書房、一九六九）、高橋義彦『越佐史料』巻五～六（名著出版、一九七一）、鳴海忠夫「ふるさとの古城」『新潟県の合戦』上越編（いき出版、二〇一二）

（鳴海忠夫）

●上杉家重臣大熊氏の居城

箕《み》冠《かむり》城《じょう》

〔上越市指定史跡〕

〔所在地〕上越市板倉区山部字箕冠山
〔比　高〕約一八〇メートル
〔分　類〕山城
〔年　代〕一六世紀
〔城　主〕大熊政秀・朝秀
〔交通アクセス〕上信越自動車道「上越高田IC」から県道をへて、登り口の駐車場まで車で約三〇分、駐車場から本丸まで徒歩約一〇分

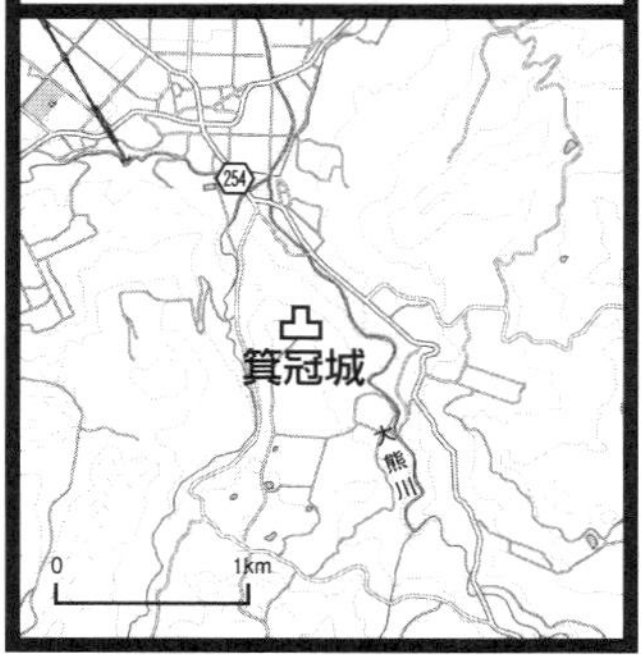

【信越境の要衝】　高田（頸城《くびき》）平野南方の信濃（長野県）境には、標高一〇〇〇メートル前後の関田《せきだ》山脈が縦走している。関田山脈には、古くから越後と信濃を結んだ関田峠や久々野峠など、多くの峠道（街道）が開かれていた。この峠道を押えることができる要衝の地に、戦国時代に守護上杉氏の段銭方《たんせんかた》（財政担当）という重職を担《にな》って活躍した大熊氏の居城箕《み》冠《かむり》城《じょう》がある。

　箕冠城跡は、山部集落南南東の標高二四二メートルの箕冠山にある。北方眼下に高田平野を収め、北西に上杉氏の居城春日山城跡（上越市）、西方に御館《おたて》の乱の天正七年（一五七九）三月二十四日に上杉景虎が自刃した鮫ヶ尾城跡（妙高市）を眺望することができる。城主の館は、当初熊川の「館《たて》ノ内《うち》」にあったが、その後山部の「たて畑」もしくは中之宮《なかのみや》の神明社《しんめいしゃ》境内に移したのではないかと考えられている。

　城跡一帯は、地元の人たちによって整備され、見学者の利便に配慮されている。北西約一・八キロには、鎌倉時代に浄土真宗を開いた親鸞聖人の資料を展示したゑしんの里記念館がある。

【箕冠城の構造】　箕冠城は、箕冠山の山頂部に本丸を構え、南側に二ノ丸と三ノ丸を配置し、その周囲におびただしい数の腰郭《こしぐるわ》をめぐらした立体的な縄張となっている。要所には土塁《どるい》や堀切《ほりきり》、横堀《よこぼり》、竪堀《たてぼり》、虎口《こぐち》、枡形《ますがた》、馬出《うまだし》、井戸などを設けている。

　本丸は一〇〇〇平方メートルもある大きな郭で、南東隅に虎口を

構え、中央部に「史蹟　箕冠城址」碑がある。虎口の前面には堀切を構え、堀切の外側には馬出郭を設けている。本丸と馬出郭は、土橋《どばし》で結ばれている。本丸と馬出郭の周囲は、幅の広い腰郭をめぐらして守りを固めていた。

●—箕冠城の遠景（北側より）

二ノ丸は本丸を取り巻いた腰郭の南側にある大きな郭で、西側部分を六㍍高くして二つに区画している。全体では二〇〇〇平方㍍以上の広さがある。南側中央部のやや東寄りに虎口を構え、腰郭との切岸《きりぎし》付け根に、外側に土塁をともなった横堀をめぐらしている。また、虎口の東側には「箕冠山城址」の碑がある。

二ノ丸の南東に配置された広い平地は、全体的な城の縄張からすれば、三ノ丸に相当する空間である。ここに湧水《わきみず》の池が二ヵ所あり、重要な場所であった。また、二ノ丸の南西下にも、「鎧《よろい》井戸《いど》」と呼ばれている井戸があり、今も満々と水をたたえている。三ノ丸の二ノ丸側を除く三方には、防御性に富んだ土塁が取り巻いている。この土塁は、ところどころで屈折させて横矢《よこや》掛《が》けとしている。

三ノ丸の南下にも広い郭を設け、三ノ丸との切岸付け根に横堀、郭の縁《へり》に土塁を築いている。土塁の西側部分は、二ヵ所を切って虎口とし、うち一ヵ所の虎口の内側を桝形としている。この郭の周囲にも、外側に土塁をともなった横堀をめぐらしている。ここから比較的緩やかな斜面が山麓へ下っていることから、城内への敵の侵入を阻止するため、土塁や横堀を徹底的に配置したのであろう。

いっぽう、本丸の北西から東側には、おびただしい数の腰郭を階段状に配置している。ここにも多くの竪堀と二ヵ所に小規模な横堀を構えて、敵の侵入に備えていた。

【特徴的な遺構】 箕冠城は大きな山城ではないが、いたるところに特徴的な遺構が認められる。とくに本丸の東側に設けられた馬出郭と三ノ丸に築かれた横矢土塁、南側の主郭部に掘り込まれた三ヵ所の横堀が注目される。

　馬出郭は、越後の山城では少数例しか確認されていないことから、注目される遺構である。形態は台形状を呈した角馬出《かくうまだし》である。横矢掛けの土塁は、三ノ丸の三方に築かれている。土塁の内側には、下の平地（三ノ丸の中心部）よりも一段高い郭を設けていることから、下から攻め上がる敵兵を射撃・撃退する陣地《じんち》だったものと考えられる。

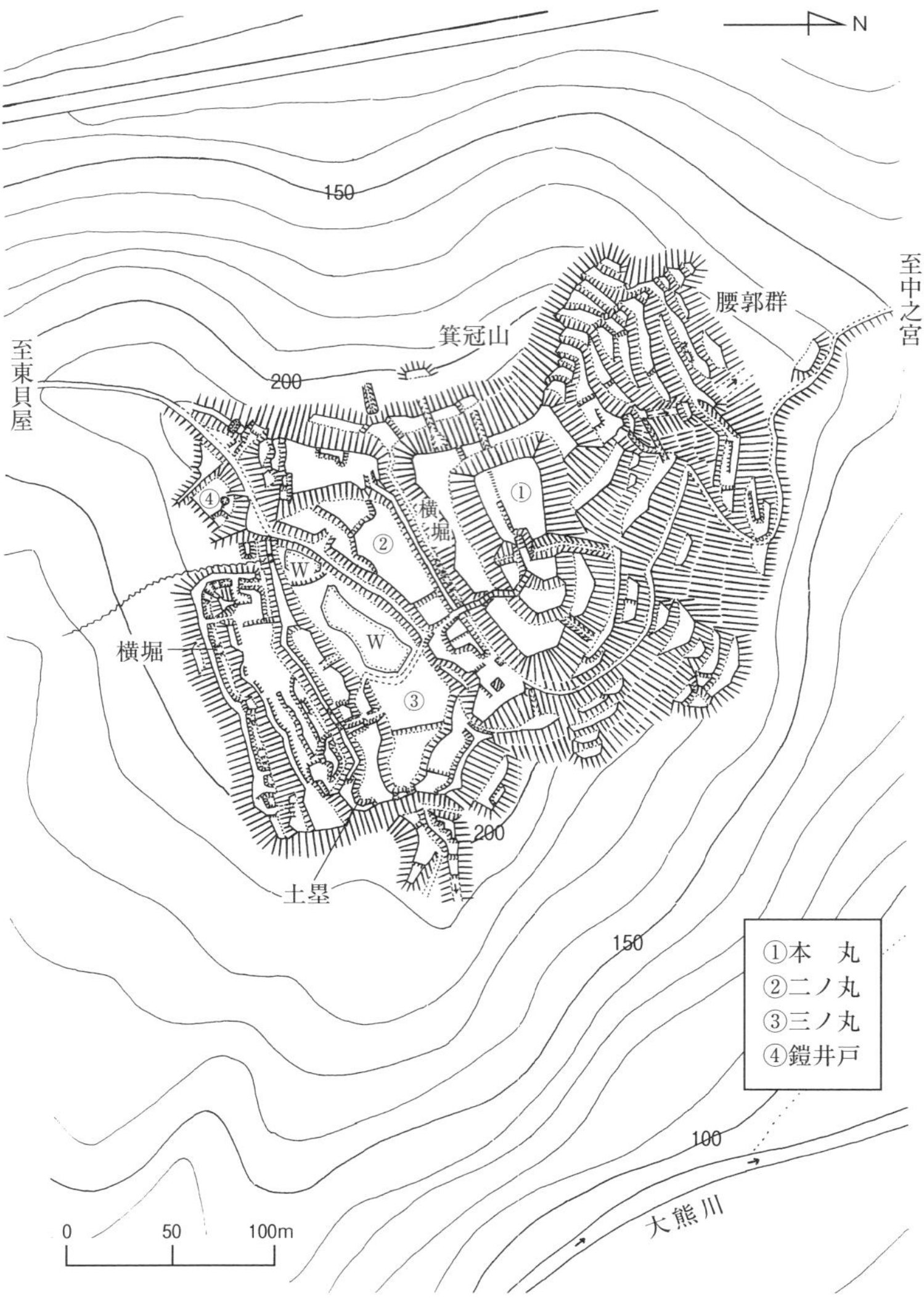

●—箕冠城縄張図（調査・作図：鳴海忠夫）

●—箕冠城の横堀と土塁（手前は土橋）

横堀は、本丸・二ノ丸間と三ノ丸の南下に配置された腰郭の切岸付け根、腰郭周囲の三ヵ所にある。いずれも、外側に土塁を築いている。本丸・二ノ丸間の横堀は、堀底に三条の畝《うね》がみられる。腰郭周囲の横堀には、四ヵ所に土橋が設けられているほか、堀底のところどころに畝が認められる。複雑な形態をした横堀である。

主郭部の南側は、比較的緩やかな斜面が山麓へ下っていることから、敵兵の城内への侵入を阻止するため、土塁や横堀を厳重、かつ徹底的に配置したのであろう。これらの遺構は、天正年間（一五七三～九二）ころの特徴を示していることから、この年代に構えられたものと考えられる。

【箕冠城主大熊氏】　大熊氏がいつから箕冠城を本拠としたかは明らかでないが、戦国時代に政秀は守護上杉氏の段銭方（財政担当）として、上杉政権を支えた。その子朝秀は、為景政権下では父政秀と同様に段銭方をつとめ、謙信時代の初期には奉行人として政権の中枢にあって活躍した。

ところが、朝秀は弘治二年（一五五六）六月に謙信が出家して高野山（和歌山県）に向かうと、同年八月に武田信玄に通じて、上杉謙信に反旗をひるがえした。朝秀は箕冠城を捨て、いったん越中（富山県）に入り、そこから越後に進攻したが、駒帰《こまがえり》（糸魚川市）で謙信に敗れた。敗れた朝秀は、甲斐（山梨県）に逃れて武田氏に仕えた。この時、箕冠城で戦いがあったのかは明らかでない。

箕冠城は、縄張から天正年間まで山城として機能していたことがうかがわれるので、大熊氏の退転以後も山城として存続し、上杉氏の家臣が在城していたものと推定される。したがって、御館《おたて》の乱では上杉景勝もしくは上杉景虎のいずれかに味方して、争乱に巻き込まれた可能性が高い。

【参考文献】　高橋義彦『越佐史料』巻三～四（名著出版、一九七一）、板倉町史編さん委員会『板倉町史』通史編（板倉町、二〇〇三）、鳴海忠夫「ふるさとの古城」『新潟県の合戦』上越編（いき出版、二〇一二）

（鳴海忠夫）

●コンパクトにまとまった縄張の城

黒田城《くろだじょう》

〔所在地〕上越市
〔比　高〕二三五メートル
〔分　類〕山城
〔年　代〕戦国時代
〔城　主〕不明
〔交通アクセス〕上信越自動車道「上越高田IC」から二キロ、約五分。

【遺構の特徴】　上信越自動車道上越高田ICの西に見える標高二八三メートルの城山山頂に位置する。上越市ガス水道局城山浄水場の脇から沢山川《さわやまがわ》沿いに進み、新潟県営高田発電所の送水管沿いに登る。城の入口に建てられた貯水タンクまでは、山城を歩き慣れた足でも三〇分近くかかる。

山頂の主郭は西・南側に低い土塁が遺る。あまり明瞭ではないが、北側の郭へ繋がる北東中央部の部分が虎口であると考えられる。

主郭に隣接する郭の北面には、堀切と四本の畝状空堀《うねじょうからぼり》が、城の北端には横堀と二本の竪堀《たてぼり》が設けられている。横堀は主郭の南東斜面にもみられる。

黒田城は、規格性の乏しい縄張《なわばり》に、横堀や畝状空堀などの新しい要素がみられることから、古い段階の城が鉄砲による戦《いくさ》が恒常化する永禄年間に改修を受けたとの説もある。永禄年間の改修が妥当であるかは措《お》くとしても、コンパクトにまとまったよい縄張の城であることは明らかであろう。

【「越後過去名簿」と黒田秀忠】　高野山清浄心院《しょうじょうしんいん》の所蔵する「越後過去名簿」は、戦国期の越後の人々が、諸国を遍歴する高野聖《こうやひじり》に依頼をした供養の集成記録である。この「過去名簿」には黒田和泉守秀忠《ひでただ》にかかわる記述が散見される。

これまで黒田秀忠は、蒲原《かんばら》郡の黒滝城主であるといわれていたが、この記録をみると、在所はすべて「春日山」と記されている。「本土寺過去帳」からも、黒田氏が守護代長尾氏被官《ひかん》であることは明らかである。

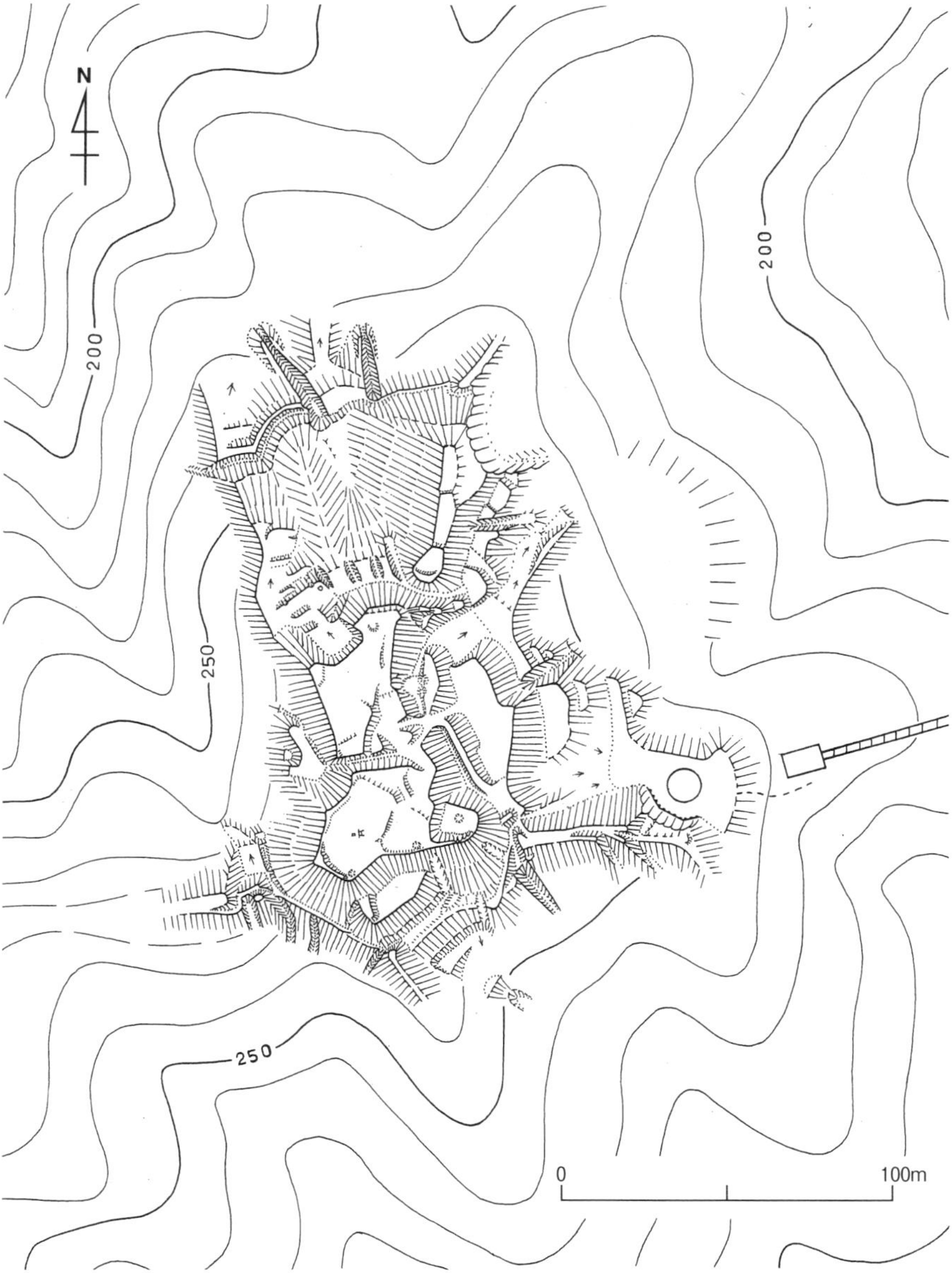

●—黒田城縄張図（調査・作図：佐藤春雄）

●—黒田城全景

また、黒田の地名が黒田城の麓にあり、黒田城と黒田氏のつながりを推測させる。黒田秀忠は天文十八年（一五四九）に長尾景虎によって滅ぼされており、城の改修はその後の上杉氏による可能性が高いであろう。

【参考文献】『日本城郭大系七　新潟・富山・石川』（新人物往来社、一九八〇）、上越市史専門委員会考古部会編・上越市史叢書八『考古―中・近世資料―』（上越市、二〇〇三）、上越市史専門委員会中世史部会編・上越市史叢書九『上越の城』（上越市、二〇〇四）、山本隆志「【史料紹介】高野山清浄心院「越後過去名簿」（写本）」（『新潟県立歴史博物館研究紀要』第九号、新潟県立歴史博物館、二〇〇八）

（福原圭一）

お城アラカルト

「御館の乱」と城

福原圭一

花《はな》か崎《さき》は要らざることに候条、無人衆にて、小要害共相《ようがいどもあい》抱《かか》え候もいかがに候あいだ、花か崎をば無用に候、九戸《くど》嶋をば持たせ然るべく候、

（景勝公御書三所収・上杉氏文書集一五四九）

これは「御館の乱」の最中に、上杉景勝が頸城《くびき》の直峰《のうみね》城将たちへ送った書状の一節である。

天正六年（一五七八）三月に上杉謙信が亡くなると、跡目《あとめ》を養子の景勝と景虎が争った「御館《おたて》の乱」と呼ぶこの戦い。景勝は春日山城を拠点に、当初は苦戦を強いられたが、翌年三月に景虎が鮫ヶ尾《さめがお》城で自刃し、最後は景勝の勝利で幕を閉じた。直峰城は、景勝の故郷である魚沼上田庄の坂戸城と春日山城を結ぶ重要なルート上に位置し、当時は景勝配下の上田衆の佐藤平左衛門尉《へいざえもんのじょう》らが守っていた。

直峰からほど近い花が崎（雁金《かりがね》城）は放棄し、九戸の要害を確保しろと命ずる景勝の真意は、人手が足りてない（無人衆）この時期に、小さな要害をいちいち守備するのではなく、拠点となる城に集中せよということであろう。

上田の坂戸城将たちへも同趣旨の命令を下している。

あそこここに地利構《かま》え持たせ、浦佐《うらさ》・六万寺《ろくまんじ》をはじめとして、地の者共に申し付くよし候、万事《ばんじ》咲止に候、大波の時は必々打ち上げべく候に、なまじいに地下人《じげにん》ばかりに持たせ、結句敵の巣にこれをなすべきこと、咲止に候、

（本間美術館所蔵文書・上杉氏文書集一五七九）

小さな城だからと村々から徴集した兵に任せた結果、敵に寝返り、足掛かりとされては元も子もないぞと戒《いまし》める。

戦国の合戦といえば、数千の軍勢が戦う姿を想像するが、この時の景勝は城を守備する兵力にも事欠くほど切羽詰まっていたのである。春日山城の支城網は一〇〇を超えて頸城郡内に広がっていたといわれるが（植木宏「解説上越の城」）、景勝が拠点とした城は実はそれほど多くはなかった。

参考 上越市史叢書9『上越の城』（上越市・二〇〇四年）

●天下普請で築かれた城

高《たか》田《だ》城《じょう》

〔新潟県指定史跡〕

〔所在地〕上越市本城町
〔比　高〕――
〔分　類〕平城
〔年　代〕慶長一九年（一六一四）～明治四年（一八七一）
〔城　主〕松平氏、酒井氏、稲葉氏、戸田氏、榊原氏
〔交通アクセス〕JR信越本線妙高はねうまライン「高田駅」下車、徒歩約二〇分。

【立地と構造】　高田城は、高田平野中央部関川《せきかわ》左岸、自然堤防の上に位置する。外堀を含めた規模は東西一二〇〇メートル、南北一〇〇〇メートル。東は関川、南は百間堀《ひゃっけんぼり》・青田川《あおたがわ》、西は青田川、北は旧関川跡に囲まれた平城である。

本丸は、東西二二五メートル、南北二二八メートルの広さをもつ。また、その周囲には高さ約一〇メートルの土塁《どるい》がめぐっている。北側と東側は堅固で、屈曲も多いが、西側は直線的で盛土も少ない。これは城下町（西側）からの景観と、関川など（東側）からの攻撃に対する防御性を意識したものと考えられている。虎口《こぐち》は西側を除く三ヵ所である。南口が大手門《おおてもん》（本城御門）にあたり、東口と北口はそれぞれ東不明門、北不明門といわれる。本丸西南隅土塁上には、基壇で東西二一メートル、南北二五メートルの三重櫓《やぐら》がある。

なお、二ノ丸には人質郭《くるわ》・武具蔵・花畑・茶屋などが、また三ノ丸には陽戦《ようせん》郭・城米蔵などがあったことが知られる。

高田城の周囲には侍屋敷が広がり、さらに足軽町、町人町、寺屋敷などが配置されていた。また城下町には、加賀国につながる加賀街道《かがかいどう》、中山道追分《なかせんどうおいわけ》から出雲崎《いずもざき》に通じる北国街道《ほっこくかいどう》が引き入れられていた。これらは江戸時代の城下町に共通してみられるものであり、高田城はその典型的なあり方を示しているといえる。

【遺構と出土遺物】　高田城については、本丸、二ノ丸、三ノ丸で発掘調査が行なわれている。本丸の調査では、礎石建物

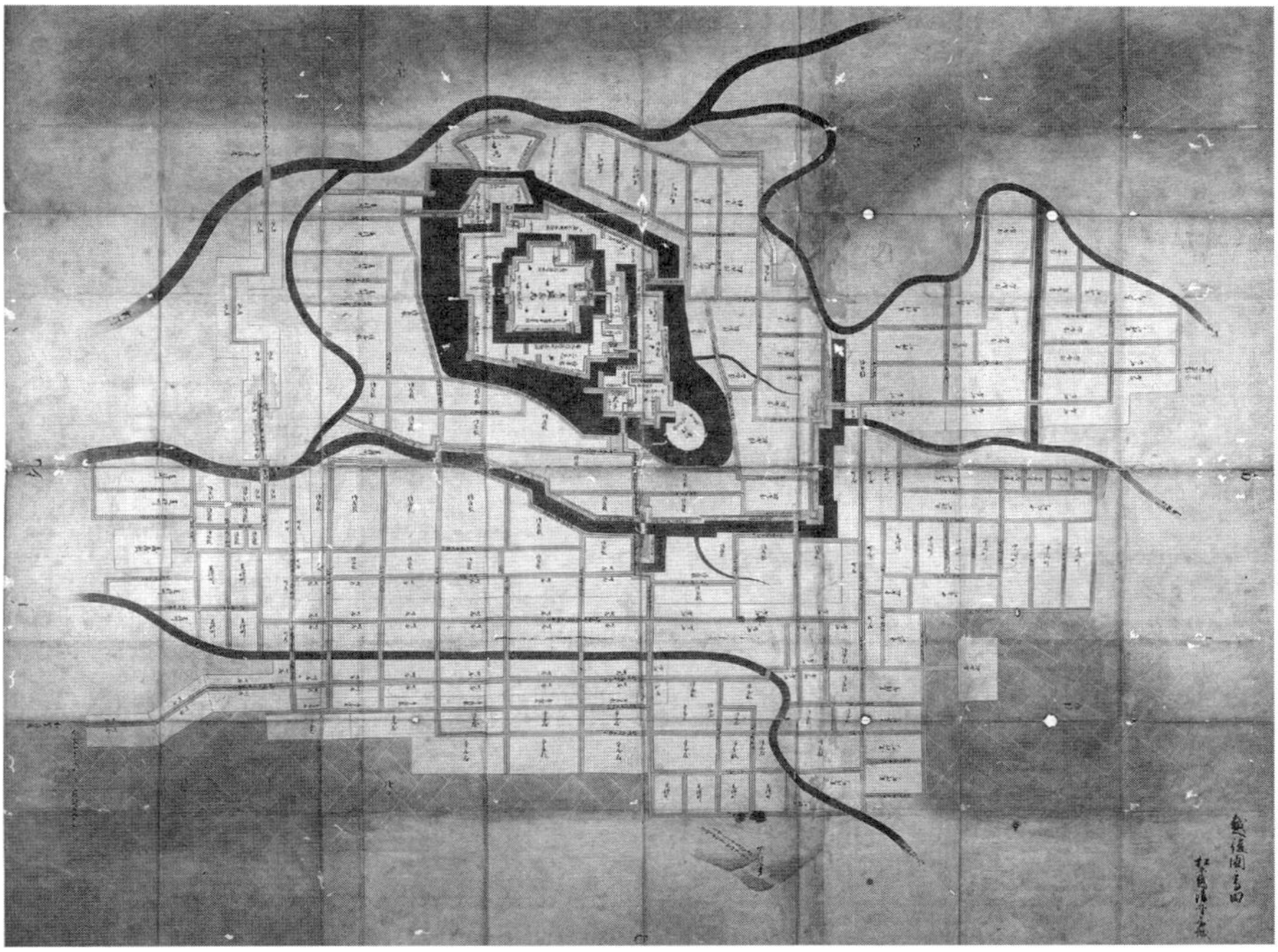

●—正保高田城絵図（上越市立高田図書館蔵）

跡、井戸、竈《かまど》などが検出されており、建物の年代は、井戸から出土した遺物などによって、一七世紀中葉から後半期のものと考えられている。三ノ丸の調査で検出された遺構は、徳川秀忠《とくがわひでただ》の娘（高田藩主松平光長《まつだいらみつなが》の母）勝姫《かつひめ》の御殿の跡である可能性が高いとされている。

遺物は、全体として一七世紀初頭から一九世紀後半までのものが出土しており、全時代を通じて上質のものや優品を多く含む肥前製品が主体といえる。肥前以外の製品の出土状況からも、高田城では一般への流入よりも早い時期に、多数の陶器などが使用されていたことがうかがわれる。なお、本丸跡からは一七世紀初頭～前半期とみられる遺物が多数出土しており、とくに古い様相を示している。

●—高田城本城御門跡出土瓦片
（上越市教育委員会蔵）

また本城御門跡からは、三《み》つ葉《ば》葵紋《あおいもん》の瓦片と考えられる遺物が検出されている。これは直系二〇センチ程度の紋をつけた鬼瓦と推定され、高田城の性格をものが

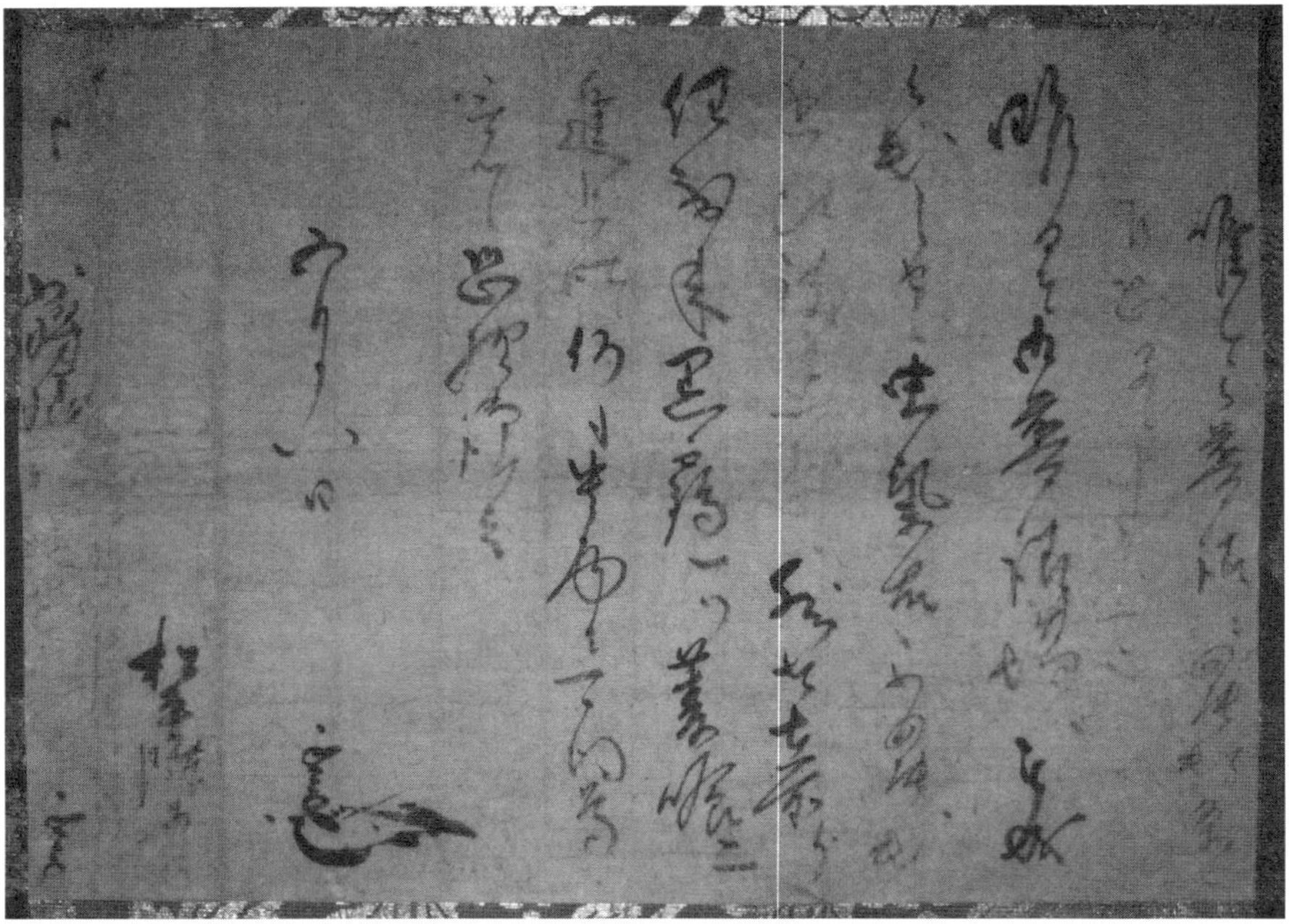

●—松平忠輝宛伊達政宗書状（渡井家所蔵）（画像提供：上越市立総合博物館）

たるものと考えられる。

【高田城の築城】　高田城は慶長十九年（一六一四）に松平忠《ただ》輝《てる》が築いた城である。忠輝は慶長十五年閏二月に福島城に入城した後、新たな城の築城を計画した。城を移した理由としては、福島の地が海辺にあって城地が狭かったこと、いっぽう高田は関川の自然堤防上の微高地を中心に、城郭の周囲を防備することができたとみられること、高田平野は計画的な城下町の形成に適し、築城を妨げるほど発達した村落もなかったことなどが考えられている。

さて、高田城は幕府による「天下普請《てんかぶしん》」（国役普請）で築城された。忠輝の舅《しゅうと》の伊達政宗を総奉行として、上杉景勝・前田利常《としつね》・真田信之《のぶゆき》ら近隣諸国の一三大名に普請役が命じられた。幕府は、国持大名の場合は大名自身が越後に出向く必要はないとしていたが、政宗のほかにも、最上家親《もがみいえちか》、仙石秀《せんごくひで》久《ひさ》、溝口宣勝《みぞぐちのぶかつ》、村上忠勝《ただかつ》らが同地に出向いていたことが知られる。この頃政宗が忠輝に送った書状も伝わっている。こうしたことから、高田城は江戸幕府の全国統制策の一環として築城されたものであったともいわれる。なお国役として行なわれた普請では、各藩から多くの人夫が高田に集まったとみられる。「異本塔寺長帳《いほんとうでらながちょう》」によれば、普請役を命じられた一人である会津の蒲生忠郷《がもうたださと》は、一日に一万人宛の役夫を負担していたという。

高田城の普請は慶長十九年（一六一四）七月五日、工期わずか約三ヵ月半で終了した。短期間で築かれたためか、土塁のみの普請で石垣はなく、また天守も造営されなかったが、越後国府の地位を継承するとともに、徳川家の権威を兼ね備えた、越後一国支配の拠点として相応しい規模のものとなった。

【城主の変遷と現在の高田城】　高田城は、築城した松平忠輝が元和二年（一六一六）に改易になり、その後酒井《さかい》家次《いえつぐ》、松平忠昌《ただまさ》、松平光長《みつなが》、稲葉《いなば》正通《まさみち》、戸田《とだ》忠真《ただざね》、松平定重《さだしげ》と城主が交替した。そして寛保元年（一七四一）、榊原康政《さかきばらやすまさ》の直系である榊原政永《まさなが》が姫路から入封すると、明治四年（一八七一）まで、榊原氏が六代にわたり約一三〇年間城主となった。

高田城は慶長十九年の築城以後も修改築が行なわれ、松平光長が上越地域を支配していた寛永元年（一六二四）～延宝七年（一六七九）までに完成したとされる。また寛文五年（一六六五）十二月二十七日には、直下型地震などの影響で本丸の櫓《やぐら》が倒壊しているが、これにさいして光長は、新たな櫓を建設するなどしている。なお、このときつくられた三重櫓は城のシンボルであったが、明治三年（一八七〇）の火災で焼失している。現在の三重櫓は、平成五年（一九九三）に発掘調査の成果などをもとに復元・再建されたものである。

現在の城跡は昭和二十九年（一九五四）に新潟県史跡に指定されており、また高田公園として多くの人々が訪れる施設となっている。

【参考文献】『日本城郭大系』第七巻（新人物往来社、一九八〇）、『上越市史叢書』八考古　中・近世資料（上越市史専門委員会考古部会、二〇〇三）、『上越市史叢書』九上越の城（上越市史中世史部会、二〇〇四）、『上越市史』通史編四　近世（上越市、二〇〇四）、新潟県立歴史博物館『越後の大名』〈展示図録〉（二〇一一）、上越市立総合博物館『越後の都高田と徳川家康の血族』〈展示図録〉（二〇一四）

（前嶋　敏）

●関東往還の要衝に築かれた城

直峰《のうみね》城《じょう》

〔新潟県指定史跡〕

〔所在地〕上越市安塚区安塚字倉刈門
〔比　高〕約二五七メートル
〔分　類〕山城
〔年　代〕一四世紀?～一七世紀初頭
〔城　主〕伝風間信昭、吉田英忠、樋口兼豊、堀光親
〔交通アクセス〕北陸自動車道「上越IC」から国道二五三号線および国道四〇三号線、林道をへて、登り口の駐車場まで車で約四〇分、駐車場から本丸まで徒歩約一五分（林道は冬期間通行止）。

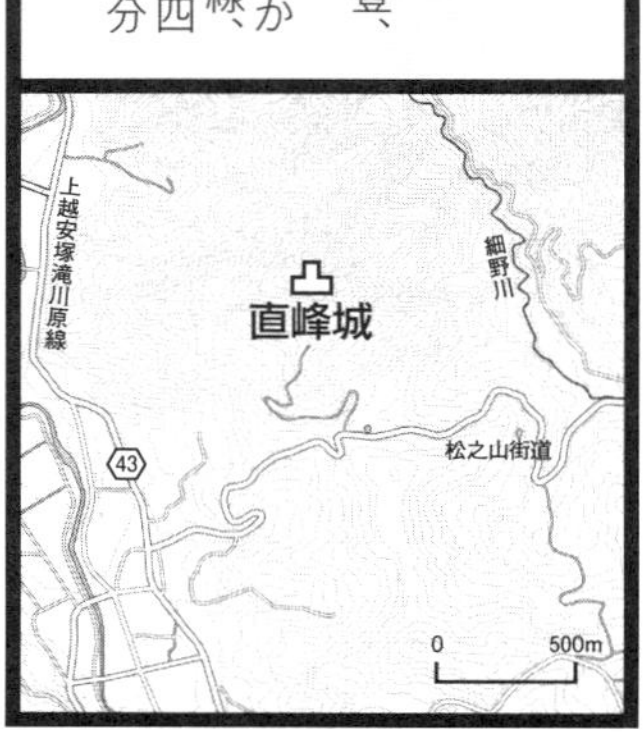

【関東往還の要衝の地】　天文二十一年（一五五二）正月、関東管領《かんとうかんれい》上杉憲政《のりまさ》は小田原城（神奈川県）主北条氏康に関東を追われて越後へ亡命した。憲政に関東回復を懇願《こんがん》された上杉謙信は、以来毎年のように関東へ出陣した。直峰城は、謙信が関東へ出陣する往還《おうかん》（街道）の要衝の地に築かれている。

直峰城跡は、安塚集落北東の標高三四四メートルの城山にある。城山からは、南方の二ツ城との間を通る関東往還を収めることができる。関東への往還には、今も石畳《いしだたみ》が残されている。南西麓の安塚集落は直峰城の城下であるが、城主の居館《きょかん》跡は確認されていない。集落内には、直峰城主の菩提寺《ぼだいじ》と伝えられている賞泉《しょうせん》寺（曹洞宗）や、上杉謙信の祈願所といわれている添景《てんけい》寺（浄土真宗大谷派）がある。

【直峰城の構造】　直峰城は、城山の山頂部に本丸を構え、ここから四方に下る尾根上に主要な郭群を階段状に配置した立体的な縄張《なわばり》を持つ。要所には土塁《どるい》や堀切《ほりきり》、竪堀《たてぼり》、土橋《どばし》、虎口《こぐち》、桝形《ますがた》、井戸を設けている。

本丸は二〇〇〇平方メートルほどもある大きな郭《くるわ》で、周りを一〇メートル前後の大切岸《おおきりぎし》とし、周囲の郭から屹立《きつりつ》させている。西隅と南隅には虎口を構え、東側へ延びた尾根を大堀切で切断している。この堀切は、北端から長大な竪堀《たてぼり》となって斜面を下っている。本丸には大正十五年（一九二六）二月十一日に建てられた「忠臣風間氏遺蹟碑」がある。

本丸の北西下には、「蔵跡（蔵屋敷）」と「曲輪井戸《くるわいど》」と呼ばれている二つの大きな郭がある。城の縄張からすれば、蔵

跡が二ノ丸、郭井戸が三ノ丸に比定される空間である。この南側斜面には、多くの腰郭《こしぐるわ》を設けており、下の腰郭に武士名を付けている。

蔵跡は南側に枡形を構え、その上に櫓台《やぐらだい》状の小さな郭を設けている。蔵跡は東側へ延びて本丸の北側を取り巻き、そこに推定樹齢八〇〇年の大欅《おおけやき》がある。以前、この付近に井戸があった。また、蔵跡から北側へ延びた尾根には、三条の堀切を設けて、尾根伝いからの敵の侵入に備えていた。

●―直峰城の遠景（南西より）

●―直峰城の本丸と忠臣風間氏遺蹟碑

蔵跡の下に配置された郭井戸は、東端に長大な竪堀、西端に土塁を構え、西側へ下る尾根に九条の堀切を設けている。

この尾根は緩やかで、敵の侵入が予想されることから、堀を厳重に構えたのであろう。九条のうち六条は、連続に掘り割った多重堀《たじゅうぼり》である。

本丸から南側へ下る尾根には、「増田五郎右衛門」「風間信濃守御館」「風間河内」など、武士名を付けた大きな郭群を配置している。風間信濃守御館は、西側に土塁を設け、東側に倉刈門《くらかりもん》という小字《こあざ》名があり、ここに重要な門があったものと推定される。

倉刈門を少し下ると、土橋が延びており、その先に観音堂跡がある。観音堂の西寄りには石祠《せきし》があり、南側には土塁が築かれている。観音堂跡の南下には、本丸と同規模の広さの郭が配置され、そこから大手《おおて》道《みち》が集落へ下っている。

直峰城の縄張は東西五五〇㍍、南北六〇〇㍍にもおよんでおり、新潟県内では有数の大規模城郭《だいきぼじょうかく》である。郭の大型化と堀切の多用（多重堀化）に戦国期山城としての特色が認められるが、軍事交通の要衝に位置していたことからすれば、早い時代に築かれた可能性が高い。

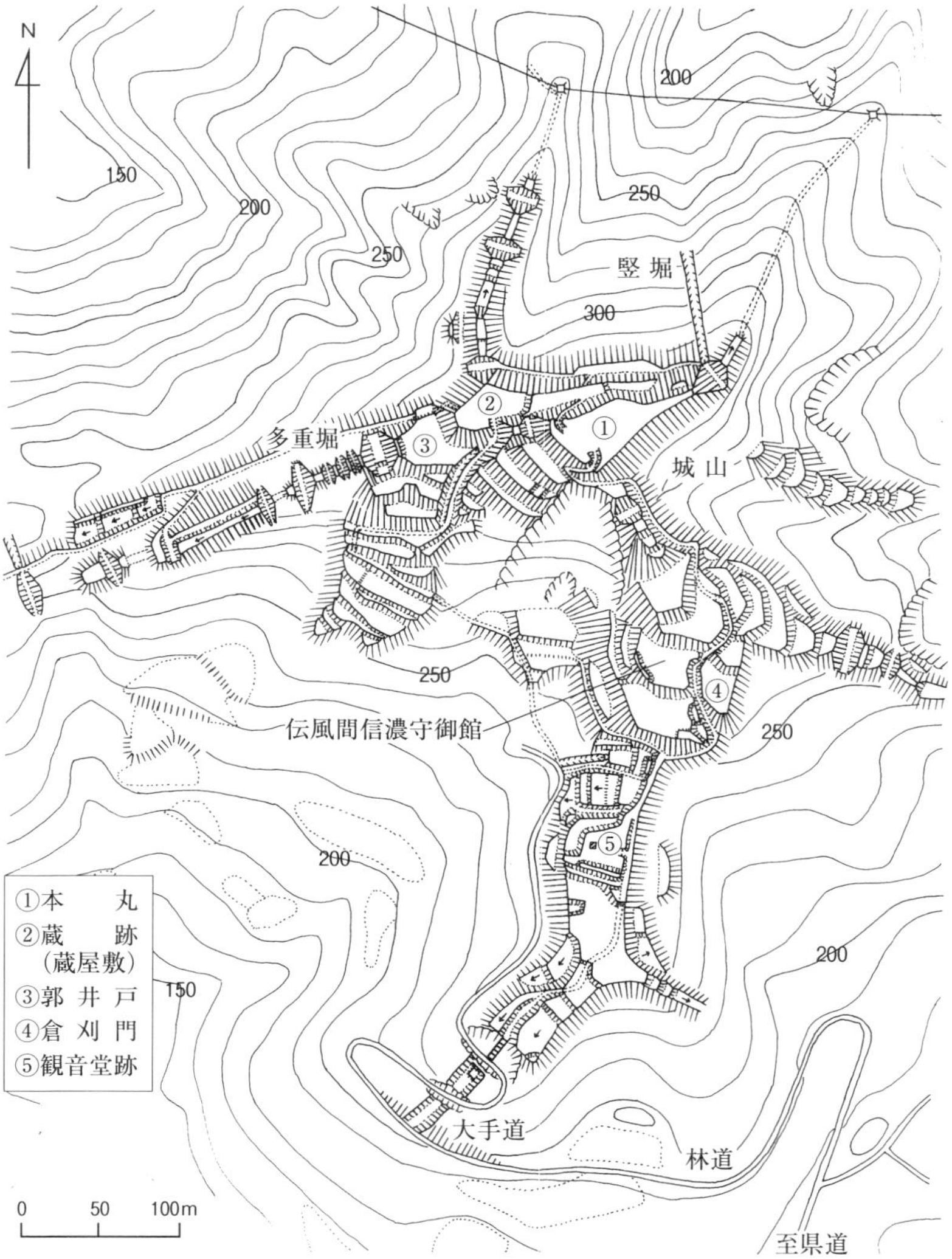

●―直峰城縄張図（調査・作図：鳴海忠夫）

【慶長絵図に描かれた直峰城】 慶長二年（一五九七）に作成された『越後国郡絵図』（米沢市立博物館所蔵）は、現在頸《くびき》城郡と瀬《せ》波《なみ》郡（のちに岩船郡と改称）を描いた二枚の絵図が残されている。「頸城郡絵図」は、頸城郡全体をあらわしたものではなく、東部のみを描いたものである。直峰城は絵図の右上に「直嶺之城」として描かれており、慶長二年には山城として存在していたことがわかる。

絵図の直峰城の部分が傷んでいるため、不明瞭な点もあるが、本丸と思われる郭をはじめとしたいくつかの郭と、本丸から一段下ったところ（蔵跡と俗称される辺り）から中腹にかけて何棟かの建物が描かれているが、塀や柵、門などはみられない。山城の右下に描かれている「安塚町」は、道の両側に五軒ずつの家が立ち並んだ町型集落であり、直峰城の城下であったことを示している。ただ、この絵図には山城と対応した城主の居館《きょかん》は描かれていない。

【直峰城の歴史と城の性格】　直峰城の始まりは明らかでないが、南北朝時代に越後南朝方として活躍した風間信濃守信昭が居城したといわれている。風間信昭は、鎌倉時代後半から乙面保《おとものほ》の村田（長岡市）を本拠とした。南北朝動乱が始まると、いち早く南朝方に味方して越後南朝軍を指揮し、越後各地を転戦して活躍した。信昭は建武年間（一三三四～三八）に本拠を村田から直峰城へ移したと伝えられている。

天文年間（一五三二～五五）頃には、吉田英忠らが在城したという。城下の賞泉寺墓地には、吉田英忠の墓と伝えられている五輪塔《ごりんとう》がある。天正六年（一五七八）三月に始まった御館《おたて》の乱の時、城は上杉景虎方が守っていたが、その後上杉景勝方が攻略したらしく、同年九月の段階では景勝方が支配していた。以後、直峰城は景勝方の拠点として、景勝の勝利に大きな役割を果たしたものと考えられる。

天正十二年（一五八四）十一月、景勝は上杉氏執政《しっせい》直江兼続の父樋口惣右衛門兼豊を直峰城将に命じた。樋口兼豊は、慶長三年（一五九八）正月の上杉氏の会津移封《いほう》まで、直峰城に在番《ざいばん》した。同年、景勝に代わって春日山城主となった堀秀治は、一門《いちもん》の堀伊賀守光親を直峰城主に命じたが、同十五年（一六一〇）の堀氏改易《かいえき》にともなって廃城となった。

直峰城は、越後府中と関東を結ぶ往還に位置している。春日山城と直峰城の距離は、直線で約二〇キロであるが、実際はそれよりも四～五キロ多くなるものと考えられる。当時、行軍《こうぐん》で一日に進む距離は二五キロほどであることから、両城間は一日の行程となる。つまり、直峰城は上杉謙信が関東出陣のとき、上杉軍の一日目の宿営地となった可能性が高い。このように、本城は関東往還の要衝に位置した上杉氏の拠点城郭であった。

【参考文献】　高橋義彦『越佐史料』巻二～五（名著出版、一九七一）、東頸城郡教育会『東頸城郡誌』（名著出版、一九八二）、鳴海忠夫「ふるさとの古城」『新潟県の合戦』上越編（いき出版、二〇一二）

（鳴海忠夫）

●複雑な遮断線を持つ城

大《おお》間《ま》城《じょう》

（所在地）上越市三和区北代・島倉
（比高）七〇メートル
（分類）山城
（年代）戦国時代
（城主）不明
（交通アクセス）北陸自動車道「上越IC」から一二キロ、約二五分。またはえちごトキめき鉄道高田駅前案内所発のくびき野バス三和区方面行（真砂・岡田線）に乗り「北代」下車。（土日・祝日・年末年始は運休。デマンド運行区間のため事前予約が必要）

【大間城の遺構】 北陸自動車道上越ICから県道四三号線に乗って東に向かい、錦交差点を過ぎて約三キロ。阿弥陀寺《あみだじ》池を目印に進むと、東頸城丘陵の西端、やや尾根状に張り出した標高九五・六メートルの小字「城山」に大間城がある。

阿弥陀寺池の築堤上を通り、西側の沢から入って尾根筋を登っていくと、一五分ほどで主郭《しゅかく》北側の郭《くるわ》に設けられた虎口《こぐち》にたどり着く。ここから主郭へは堀の土橋《どばし》を渡り、主郭南東の虎口へ回り込むように入っていくと思われるが、正確なルートはよくわからない。

山頂の主郭は、南北約三〇メートル、東西約二〇メートルの不整四辺形。高さ一・五〜三メートルの土塁《どるい》が取り巻き、北西と南東に虎口が開く。南側は二本の堀切《ほりきり》を挟み、最も広い郭が尾根の先端に向かって配置する。郭の先端は三方向に二本ずつの堀切で厳重に遮断している。

主郭の北側を南東から北西に尾根を断ち切る堀は、一五〇メートル以上の長さをもち、やや西寄りの位置で鍵型状に屈折する。この堀を中心にしてほかの堀を組み合わせ、北側尾根つづきには複雑な遮断線を形成している。この遮断線が大間城を大きく特徴づけている。

このように大間城はそれほど大規模ではないが、コンパクトにまとまった優れた縄張《なわばり》を持つ城であるといえよう。

【「御館の乱」と大間城】 大間城が歴史の舞台に現れるのは、天正六年（一五七八）三月に上杉謙信が亡くなり、その跡目を景勝と景虎が争った「御館《おたて》の乱」の最中である。

●—大間城遠景

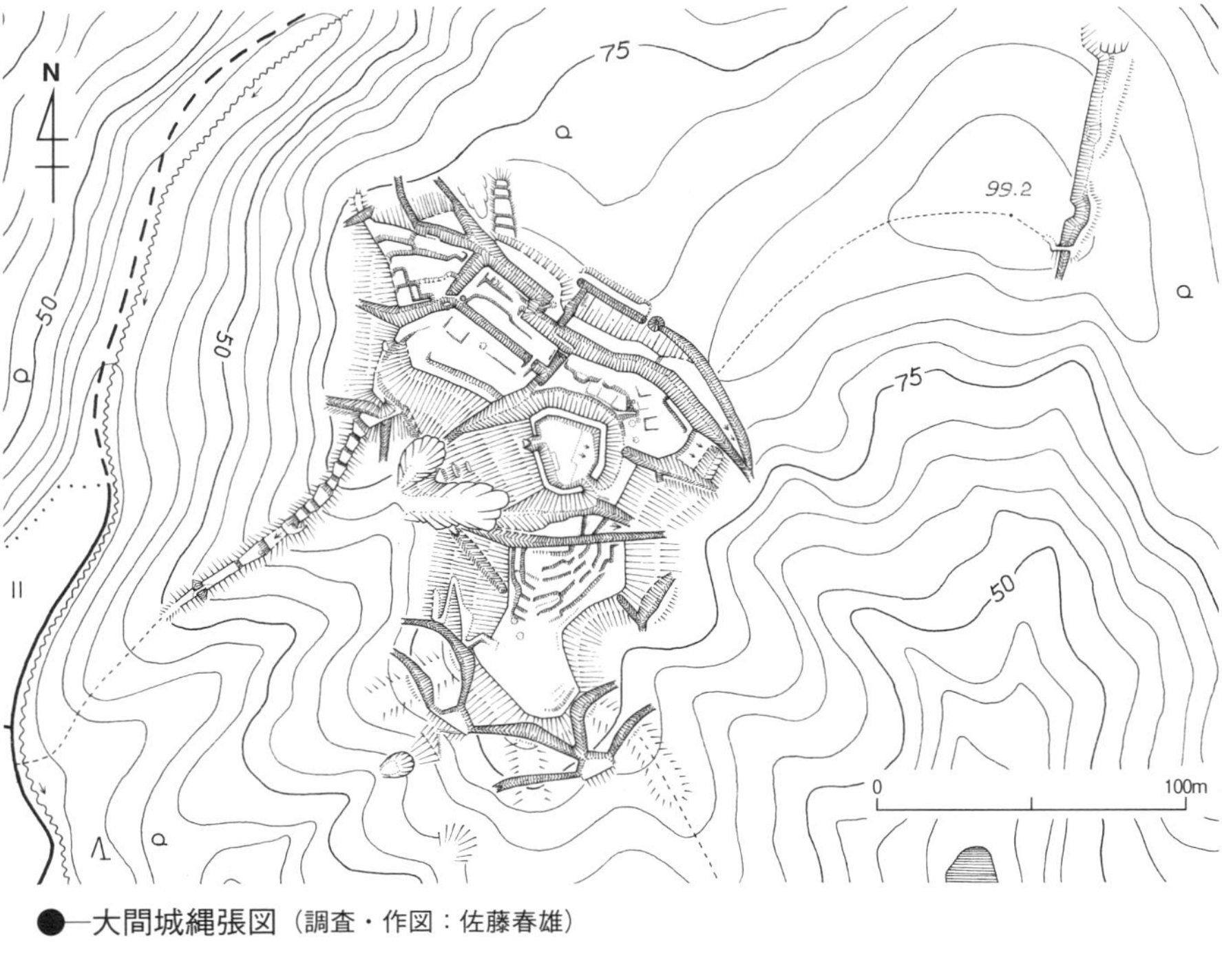

●—大間城縄張図（調査・作図：佐藤春雄）

同七年二月二十四日に景勝の側近山崎秀仙《やまざきしゅうせん》は、猿毛城を確保する柿崎家中の上野九兵衛らへあてた書状で、「錦の地さえ景勝方に属すれば、河向（関川東部）には陣を取る必要がなくなる」と記している。「錦の地」は、立地からみて大間城の可能性が高い。この直後、上野九兵衛らの交渉によって、「錦在陣衆」は人質を出して景勝に下ったが、大間城の重要性がよくわかるエピソードである。

山崎秀仙が上野九兵衛にあてた別の書状では、「御館から逃げ落ちてくる者の証言では、錦の地を通って密かに兵粮《ひょうろう》を御館へ運び入れているというから、早く応化の上まで参陣して、往復する物資をストップさせろ」と命じている。

「御館の乱」の最中、景虎方の兵粮は琵琶島城（柏崎市）から御館へ輸送されていたが、米山南麓の峠を越えて猿毛城（上越市柿崎区城ノ腰）下を通る陸路は前年の六月には景勝に抑えられており、もうひとつの輸送ルートである旗持城（柏崎市米山町）沖を船で通過する海路も、景勝方の佐野清左衛門尉の働きで機能不全に陥りつつあった。こうしたなか、錦の地を通って兵粮を輸送するルートが急浮上し、密かに使われていたようだ。

【大間城と交通路】　慶長二年（一五九七）に作成された「越後国頸城《くびき》郡絵図」は、戦国末期の関川右岸から米山にかけての頸城郡内のようすがよくわかる貴重な絵図である。

この絵図には大間城の姿はないが、近辺を通る道路が描かれている。関川に架かるおうげ橋を起点に、真砂新町—嶋倉村—直峰城下の安塚町を結び、魚沼郡から関東へ向かうルートを取る幹線道路である。前述の兵粮を運んでいた道が、この幹線道路であるかはわからないが、大間城が交通路と関わっていたことを推測させる。

大間城が景勝方に属するとともに、旗持城の働きが功を奏して、御館には完全に兵粮が届かなくなった。天正七年三月十七日、景虎は御館を捨て鮫ヶ尾城へ逃れたが、同二十四日そこで自刃し短い生涯を閉じたのである。

【参考文献】『日本城郭大系七　新潟・富山・石川』（新人物往来社、一九八〇）、上越市史専門委員会中世史部会編・上越市史叢書九『上越の城』（上越市、二〇〇四）、福原圭一「『越後国郡絵図』にみる交通体系と「町」」五味文彦・小野正敏編『中世都市研究一四　開発と災害』（新人物往来社、二〇〇八）、太田一成・西澤睦郎編『新潟県の合戦—上越編—』（いき出版、二〇一二）

（福原圭一）

●越後南朝方の軍事拠点

顕《けん》法《ぽう》寺《じ》城《じょう》

〔上越市指定史跡〕

〔所在地〕上越市吉川区顕法寺字京野
〔比　高〕約一六四メートル
〔分　類〕山城
〔年　代〕一四世紀～一六世紀
〔城　主〕伝井崎治郎右衛門、伝丸田左京
〔交通アクセス〕北陸自動車道「柿崎IC」から県道および林道をへて、登り口の駐車場まで車で約三〇分、駐車場から本丸まで徒歩約一〇分（林道は冬期間通行止）。

【頸城地方北部の要衝】　頸城《くびき》地方（新潟県の南西部）の北部は、越後府中（上越市）が置かれた上郡《かみごおり》と中郡《なかごおり》の境目に位置し、越後府中を守るうえでは重要な場所であった。上郡と中郡の境には標高九九二・六メートルの米山が聳《そび》え、米山の北西に米山峠、南東に黒岩峠という二つの街道が開かれていた。顕法寺城、越後府中を守る要衝の地であった頸城地方北部のほぼ中央部に築かれている。

顕法寺城跡は、顕法寺集落西方の標高一八二・三メートルの尾根上にある。城跡からは眼下に高田（頸城）平野北部を収め、西方に日本海、北方に米山峠と黒岩峠を眺望することができる。北東部の中腹には、諏訪神社と真言宗豊山《ぶざん》派顕法寺がある。顕法寺境内は、方約一〇〇メートル四方の広い区域である。この南側に「立《たて》ノ沢《さわ》」という小字《こあざ》名が存在していることから、館を構えるだけの広い空間がある顕法寺境内地が城主の居館《きょかん》だった可能性もある。また、北方約一・五キロの六角山《ろっかくやま》（標高一〇八メートル）には六角峰城跡（上越市吉川区）、南西の同一尾根つづきの丘陵先端部（標高一四〇メートル）には町田城跡（同）がある。

六角峰城は、文和四年（正平十〈一三五五〉）三月十二日に顕法寺を攻略された上杉・宇佐美軍が、その後立て籠もった城である。町田城は、天正六年（一五七八）に始まった御館《おたて》の乱では、上杉景虎方が立て籠もっていたが、翌七年三月七日に上杉景勝方の猿毛城（上越市柿崎区）将上野九兵衛尉《くへいのじょう》が城を攻めて攻略した。連続五条の多重堀《たじゅうぼり》と堀幅二〇メートルにもおよんだ大型堀切がある。

【顕法寺城の構造】　顕法寺城は、尾根の頂部に本丸を構え、ここから四方に下る尾根上に、郭《くるわ》群を階段状に配置した立体的な縄張である。要所には土塁《どるい》や堀切《ほりきり》、竪堀《たてぼり》、土橋《どばし》、虎口《こぐち》、桝形《ますがた》などを設けている。

本丸は三〜四メートルの切岸《きりぎし》で三つに区画しているが、全体では六〇〇平方メートルほどの広さとなる。上段の郭の北西隅には桝形虎口、中段の郭の西側には高さ二〜三メートルの土塁を約二五メートルにわたって築いている。周囲を一〇メートル以上の大切岸とし、周りに腰郭を配置して守りを固めている。

　本丸の南西は、連続三条の堀切（多重堀）を設けて尾根を切断しているが、いずれの

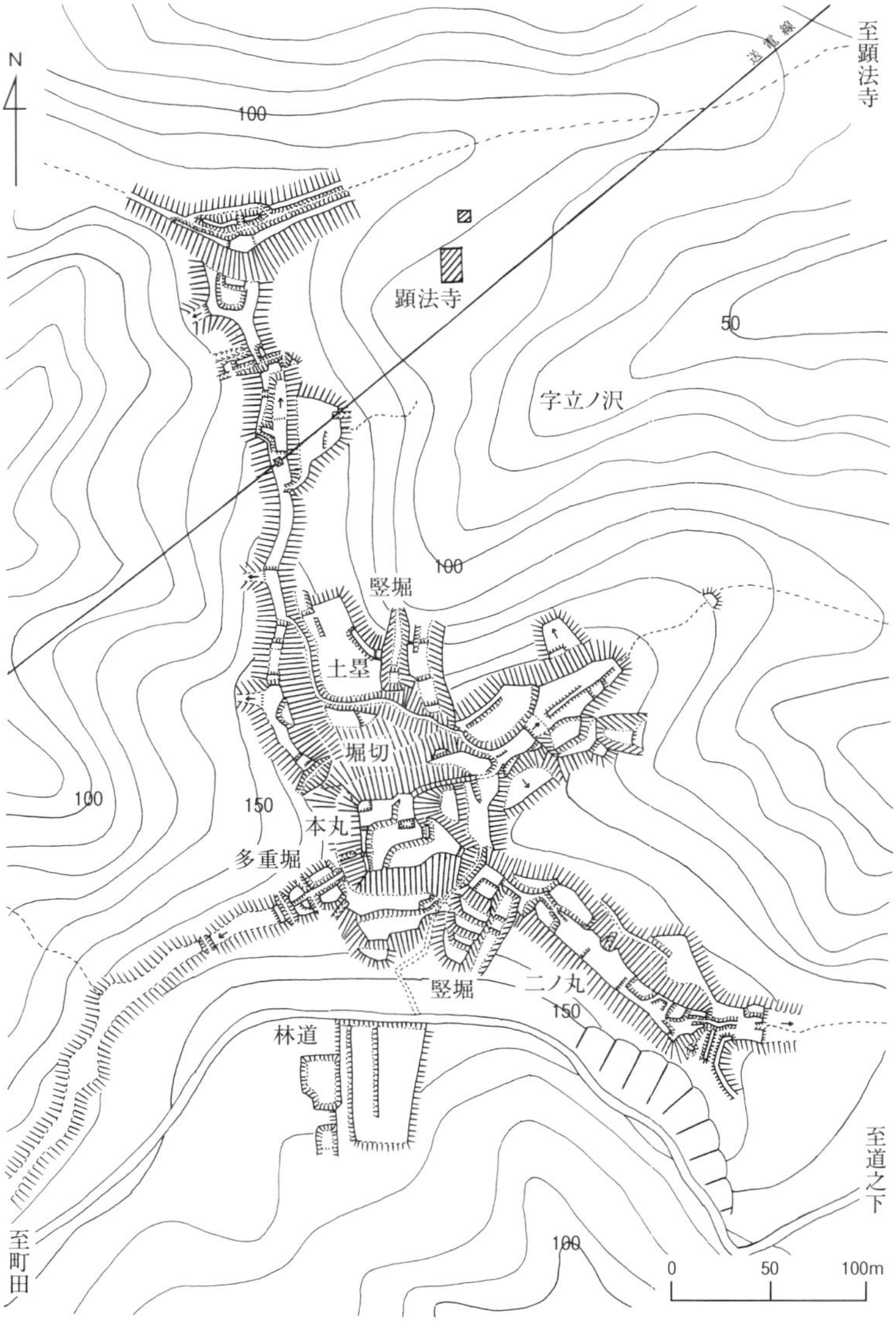

●—顕法寺城縄張図（調査・作図：鳴海忠夫）

堀切も浅くてそれほど防御性に富んでいない。ここから六〇〇メートルほど下った標高一八七メートルの尾根のピークは、狼煙場《のろしば》といわれているが、狼煙台としての遺構はない。

　南東は堀切と竪堀を設けて尾根伝いからの敵の侵入に備え、その先に本丸と同規模の広さを持つ郭がある。この郭は、本丸との位置的な関係などから、二ノ丸に比定される空間である。当該郭の西側と東側に虎口を構え、東側虎口の下に桝形がある。桝形からは東側に坂土橋が下っている。また、坂土橋の南側には連続二条の竪堀を設けている。

　本丸から北東へ下る尾根には、二つの大型郭を配置し、それぞれの郭に土塁を構えている。当該郭群は、三ノ丸に比定される空間である。また、北側へ延びた尾根にも、郭や土塁、堀切、竪堀などを設けて守りを強化していた。この北端部の一段高い地点には、櫓台《やぐらだい》状の小さな郭を配置し、ここから西方へ延びた尾根に「自害谷」の碑がある。

●―顕法寺城の本丸

●―顕法寺城の堀切

　顕法寺城は、城の縄張が五〇〇×三〇〇メートルにおよんだ比較的大きな山城である。本丸周囲の高度化《こうどか》した切岸と連続三条の多重堀、連続竪堀などに戦国期山城としての特色が認められる。とくに本丸周囲の大切岸《きりぎし》は壮観である。

【南北朝動乱の発生と上杉憲顕の越後入国】

　後醍醐《ごだいご》天皇による建武《けんむ》の新政は、建武二年（一三三五）八月に足利尊氏《たかうじ》が後醍醐天皇打倒の兵をあげると、あっけなく崩壊した。さらに翌三年（延元元）八月に尊氏が光明天皇を擁立すると、後醍醐天皇と尊氏の対立は決定的となり、後醍醐天皇の南朝と尊氏の北朝による五十有余年にわたる南北朝動乱が発生し、日本各地が戦乱に巻き込まれた。尊氏の弟足利直義《ただよし》は兄と行動をともにした。山内上杉氏の祖上杉憲顕《のりあき》は、動乱が起こると尊氏・直義兄弟に味方し、暦応四年（興国二〈一三四一〉）に越後守護職に任じられ、越後へ入国した。

【観応の擾乱と顕法寺城の戦い】　南北朝動乱の当初、兄尊氏と行動をともにしていた直義は、その後尊氏と対立した。観応元年（正平五〈一三五〇〉）、直義は南朝に下って尊氏打倒の兵をあげたため、観応の擾乱《じょうらん》が発生した。越後守護上杉憲顕は、直義に味方したことから、翌観応二年（正平六〈一三五一〉）に尊氏によって越後守護職を解任された。

文和四年（正平一〇〈一三五五〉）三月四日、南朝方の上杉憲顕・憲将父子と宇佐美一族らは、北朝方の尊氏軍打倒の兵を顕法寺城であげたが、三月十二日に尊氏方の風間《かざま》長頼《ながより》・村上隆直《たかただ》らに攻められて城を攻略された。この時、顕法寺城をめぐって、南朝軍と北朝軍との間で激しい攻城戦があったものと考えられる。顕法寺城を攻略された上杉・宇佐美軍は、城を脱出してその後北方に位置する六角峰城に立て籠もったが、この城も風間・村上軍の激しい攻撃を受け、三月二十五日に城を捨てて柿崎城（上越市柿崎区）へ退却した。柿崎城に拠った上杉・宇佐美軍は、少ない兵で風間・村上軍の猛攻を必死に防戦《ぼうせん》したが、四月十四日に柿崎城は落城した。

このように、顕法寺城は観応の擾乱のとき、越後南朝方の軍事拠点となっていた。したがって、顕法寺城は越後地域における山城の草創期であった南北朝時代に、上杉憲顕らによって築かれた可能性が高い。ただ、南北朝時代は、山城が未発達であったことから、この時代の顕法寺城は山頂部の本丸周辺だけが要害《ようがい》化《か》されていたものと推定される。

【南北朝時代以後の顕法寺城】　南北朝時代以後の顕法寺城は、史料に登場しないことから、はっきりしたことはわからない。『訂正越後頸城郡誌稿』によれば、上杉氏の家臣井崎治郎右衛門・丸田左京が居城したと伝えられていること、城の縄張からは戦国時代に城域の拡大と強化が図られていることなどから、室町〜戦国時代には上杉氏の番城《ばんじょう》として、同氏の家臣が在番していたものと考えられる。

【参考文献】越後頸城郡誌稿刊行会『訂正越後郡誌稿』下巻（豊島書房、一九六九）、高橋義彦『越佐史料』巻二（名著出版、一九七一）、鳴海忠夫「ふるさとの古城」『新潟県の合戦』上越編（いき出版、二〇一二）

（鳴海忠夫）

●国衆柿崎氏の本城

岩《いわ》手《で》城《じょう》

〔所在地〕上越市柿崎区岩手・高畑ほか
〔比　高〕八五メートル
〔分　類〕山城
〔年　代〕戦国時代
〔城　主〕柿崎氏
〔交通アクセス〕北陸自動車道「柿崎IC」から五キロ、約一〇分。バスの場合は、JR信越本線柿崎駅発の頸城観光バス黒岩行き（黒岩線・水野線）で高畑下車。土日・祝日・年末年始は運休。

【岩手城の遺構】 霊峰米山《よねやま》を水源とする柿崎川の左岸、尾神《おかみ》岳の支尾根の標高一〇九メートル地点に位置する。遺構の範囲は東西六〇〇メートル、南北四五〇メートルと新潟県内でも比較的大きな城の部類に入る。

遺構は中心部から放射状に派生する尾根に展開し、尾根筋を堀切で遮断するのが基本的な構造である。堀切《ほりきり》は三六本を数え、多くがV字型の薬研堀《やげんぼり》であるが、大手道《おおてみち》が通る両側の尾根は箱堀になっている。

城の中央部西寄りのやや大きな郭《くるわ》には、南側に平入りの虎《こ》口《ぐち》が設けられ、ここが主郭《しゅかく》と考えられる。北側に延びる二本の尾根に挟まれた谷を進む大手道は、城に入ると中腹で左右に分かれ、西に向かった道は主郭東下の堀切状になった郭を通り、まわりこむように虎口前面の馬出《うまだし》状の郭に出る。そこから坂になった土橋《どばし》を登り主郭に入って行くが、虎口の直下、南側斜面には三本の畝状竪堀《うねじょうたてぼり》が設けられ、堀切と連動して虎口を守備している。

主郭の東側には三方を堀切で囲む郭がある。標高もこの郭が一番高い位置にあり、郭へ登る道も大手道から直接分岐する一本のみで、ほかの郭とは独立している。また、北西の尾根に展開する遺構も、ほかの部分とは連続しない、出丸《でまる》のような構造になっている。

岩手城の縄張《なわばり》は、このように主郭がほかの郭に対して求心性を持っていない。独立性の高い郭が配置されるところに特徴がある。痩せ尾根を堀切で断ち切る基本構造と合わせて、

●―岩手城遠景

全体としては技巧性の低い、やや古い時代の城という印象を受ける。ただ、主郭については、虎口や畝状竪堀など新しい技術の導入も見られ、改修を受けている可能性があろう。

大手道を下ったところには「立ノ内」という字がみられる。一万平方メートル以上の広い地籍で、現況は杉林と畑地である。ここが柿崎氏の館跡と推定されるが、発掘調査などは一切行なわれておらず、確認はされていない。

【柿崎氏の領域】　慶長二年（一五九七）の「越後国頸城《くびき》郡絵図」には、関川右岸から米山にかけてのエリアが描かれ、そのなかの村々には村名や本納高《ほんのうだか》・縄ノ高（検地高）、知行主《ちぎょうぬし》の名が注記されている。

岩手城のある柿崎川流域の知行主を見てみると、「柿崎分」という注記が上流域を中心に展開することがわかる。岩手城のある岩手村も「柿崎分」である。相給地が多い頸城郡のなかで、このように単独の知行地が密集しているのはこの地域以外にはない。「柿崎」は、頸城郡を本拠とする国衆柿崎氏であり、単独知行地の分布は、この地域が柿崎氏の本領であることを示していよう。岩手城規模の縄張《なわばり》を持つ城はほかになく、岩手城が柿崎氏の本拠であると考えられる。

【米山寺館】　柿崎川対岸の河岸段丘上には、「米山寺館」と呼ばれる館跡がある。現在は県道二五号線のために南側を半

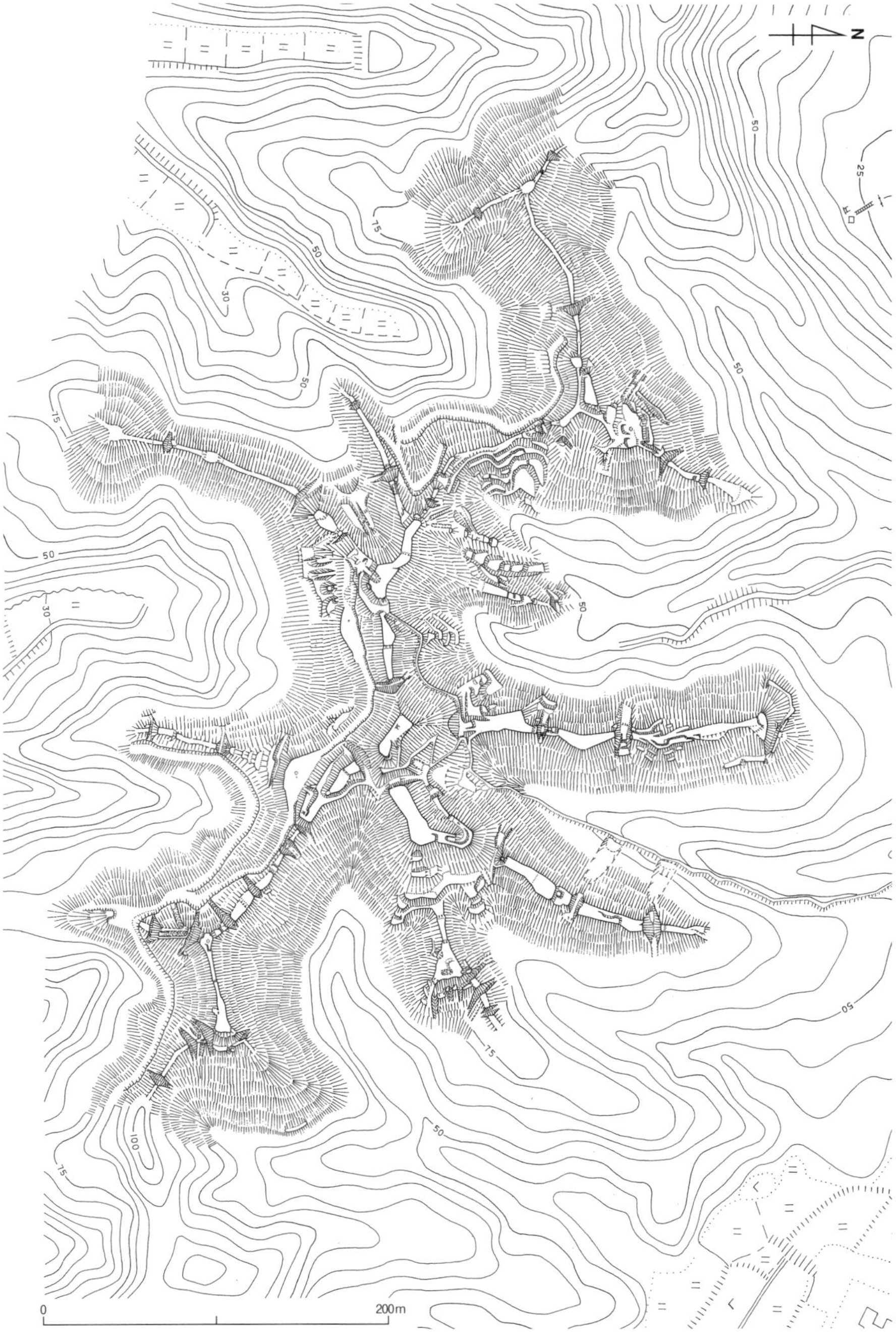

●—岩手城縄張図（調査・作図：佐藤春雄）

●—楞厳寺

分以上削られてしまい、北側に一二〇メートル、東側に七〇メートルの土塁がかろうじて残っている。東側尾根つづきを遮断する幅一二メートルの堀切も一部残存する。明治二十五年（一八九二）の地《ち》籍図《せきず》にはこの位置に台形の地割《じわり》があり、館の姿が復元できるという。「立ノ内」館跡との関係は不明であるが、規模からいって、柿崎氏家臣の館跡ではないだろうか。

【柿崎氏の菩提寺楞厳寺】 岩手城から二キロほど西へ行ったところに、曹洞宗の古刹楞厳寺《こさつりょうごんじ》がある。文亀三年（一五〇三）の建立《こんりゅう》といわれ、天文三年（一五三四）に柿崎景家が林泉寺六世の天室光育を招いて再興したといわれている。

楞厳寺には、天室光育《てんしつこういく》の書き込みがある『禅林類聚』二〇巻中一五巻ほか貴重な典籍類が所蔵され、『楞厳寺禅林記録』として新潟県の文化財に指定されている。また、江戸時代中期に建てられた本堂と山門は、国の登録有形文化財である。

【参考文献】『日本城郭大系七　新潟・富山・石川』（新人物往来社、一九八〇）、上越市史専門委員会中世史部会編・上越市史叢書九『上越の城』（上越市、二〇〇四）、福原圭一「『越後国郡絵図』にみる交通体系と「町」」五味文彦・小野正敏編『中世都市研究一四　開発と災害』（新人物往来社、二〇〇八）、福原圭一「景勝に味方した越後の「海賊」」『知っておきたい新潟県の歴史』（新潟日報事業社、二〇一〇）、太田一成・西澤睦郎編『新潟県の合戦—上越編—』（いき出版、二〇一二）

（福原圭一）

中越

栃尾城遠景（長岡市栃尾支所商工観光課提供）

●海をにらむ海賊の城

旗《はた》持《もち》城《じょう》

〔所在地〕柏崎市米山町
〔比　高〕三〇〇メートル
〔分　類〕山城
〔年　代〕戦国時代
〔城　主〕佐野清左衛門尉、蓼沼藤七郎、赤見外記
〔交通アクセス〕JR信越本線「米山駅」下車、六〇〇メートル、徒歩六分。北陸自動車道「米山IC」から登り口まで国道八号線を柏崎方面へ七キロ、約一五分。

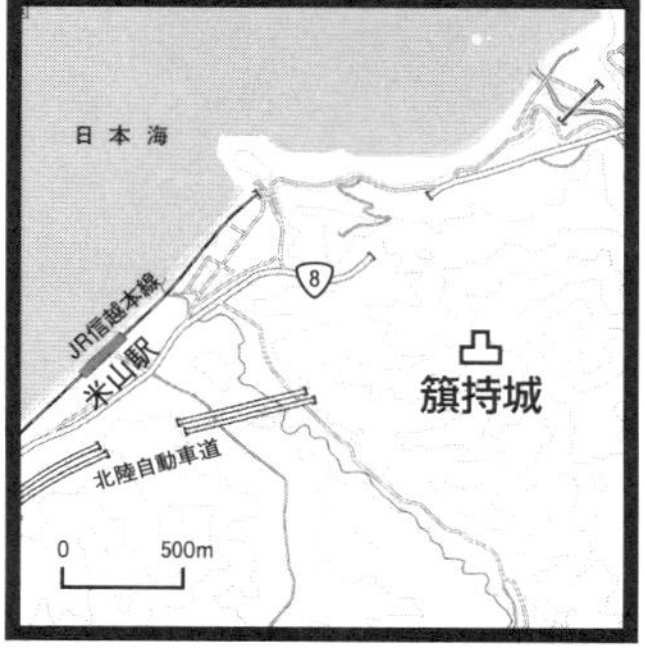

【旗持城の遺構】　北陸自動車道を柿崎ICから柏崎方面に走ると、まもなく茶碗に盛ったご飯のようなきれいな山容をした山が前方に見える。高速道路はすぐに中腹を貫く米山トンネルに入ってしまうのだが。霊峰米山の北麓、海を臨む城山に築かれたのが旗持城である。

国道八号線脇の登り口から、標高三六六・九メートルの山頂までは一・八キロ。登山道は整備されているが途中からやや急な山道となり、徒歩で一時間あまりかかる。

主郭は東西三五メートル、南北四五メートルの平行四辺形をしており、南に虎口《こぐち》を開く。北尾根は階段状に郭《くるわ》を配し、東尾根には少し下った位置に堀切《ほりきり》を設けている。南側尾根続きには、三本の堀切で遮断線を形成する。

遺構は山頂に郭と堀切を用いて展開するが、山自体が険しいため、大がかりな普請《ふしん》はみられない。むしろ、この城の特徴は遺構《いこう》よりも、ここからの見晴らしのよさにあろう。西は頸城《くびき》平野の沿岸部が眼下に一望でき、直江津《なおえつ》の町やその先の郷津まで見通せる。東に位置する柏崎の町一帯も展望できる。晴れていれば、北には日本海に浮かぶ佐渡まではっきりと見ることが可能である。

【旗持城の海賊船】　旗持城が史料に現れるのは、上杉謙信が亡くなり、その跡目を景勝と景虎が争った「御館《おたて》の乱」の末期である。天正七年（一五七九）三月、当時城将として置かれていた佐野清左衛門尉《きよさえもんのじょう》へあてて送られた上杉景勝の書状には次のように記されていた。

●—旗持城遠景

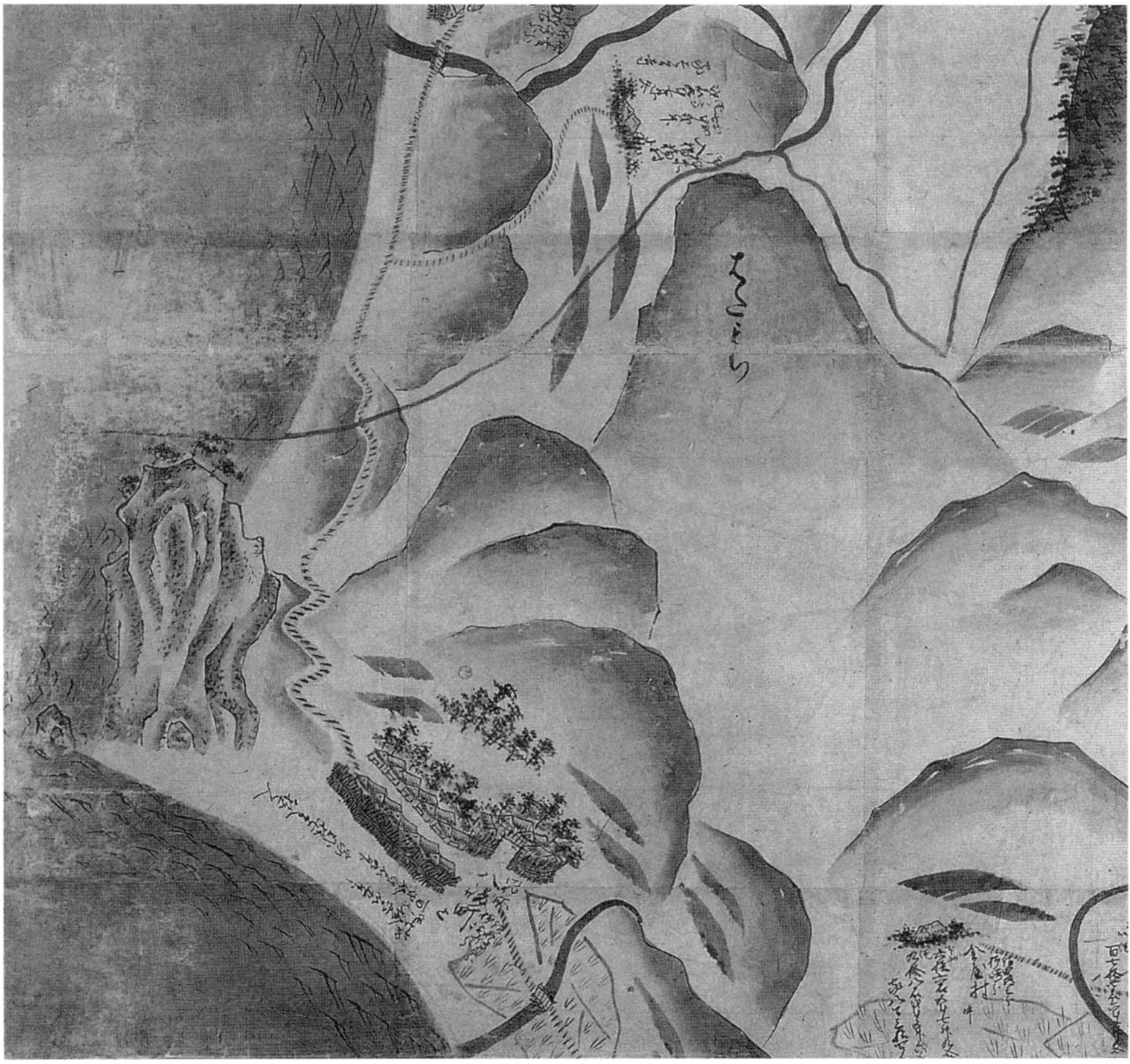

●—『越後国頸城郡絵図』の簱持城（絵図では「はたもち」と記される，米沢市上杉博物館所蔵）

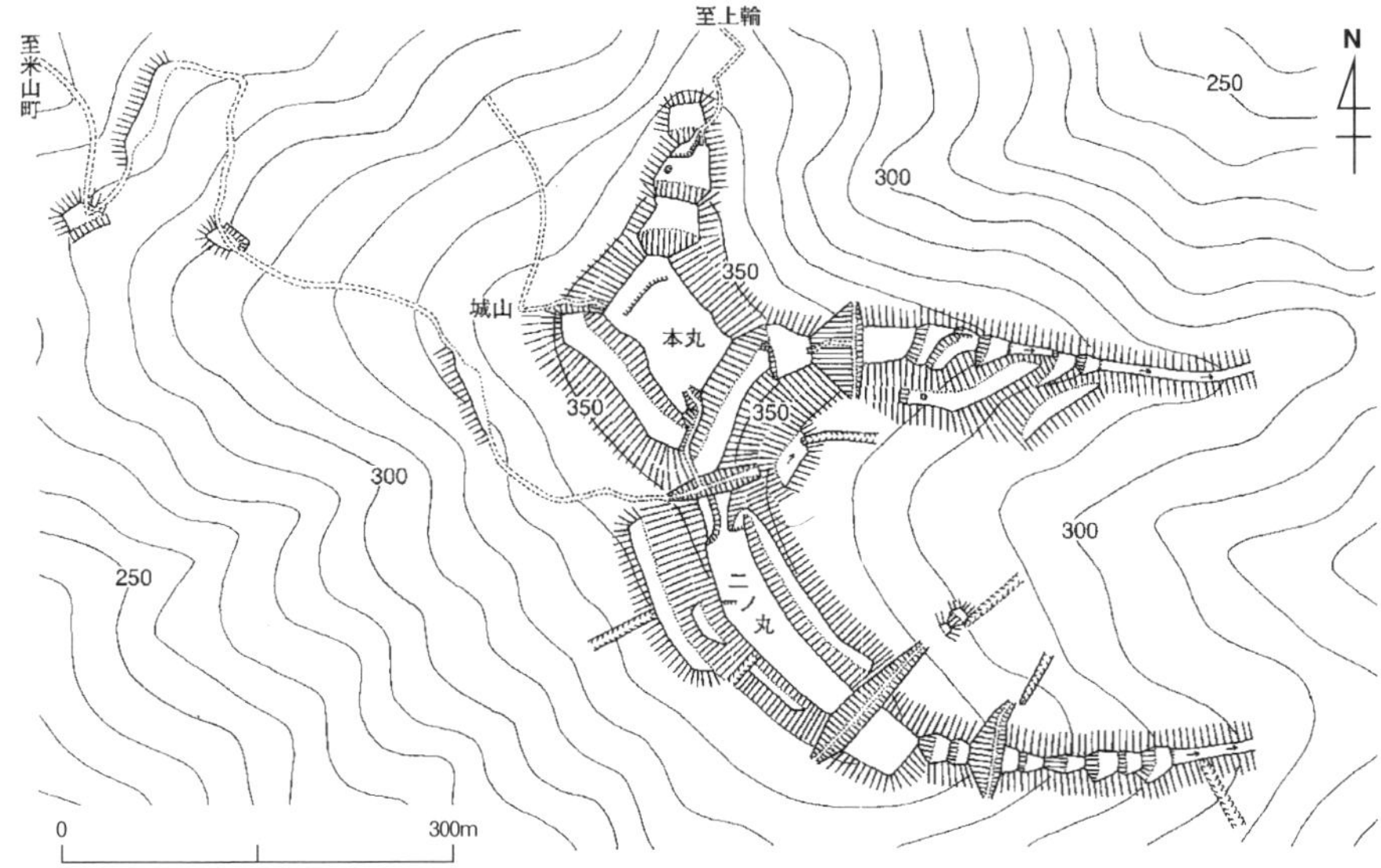

●―旗持城縄張図（調査・作図：鳴海忠夫）

琵琶島の地より館へ兵粮《ひょうろう》入れ置くところに、その地より賊舟どもを出し、方々へ押し散らし、舟どもこれを取る、殊に上乗者、その外舟頭以下数多討ち捕り、頸これまで指し登り候、誠にもって、ことごと各かせぎ比類なく候、

（新潟県立歴史博物館所蔵文書・上杉氏文書集一七八四号）

このころ、御館に籠もる景虎方の兵粮が底をつきはじめ、景虎派の拠点である琵琶島城から御館へ船で兵粮運送する計画がたてられた。佐野清左衛門尉は旗持城沖を航行する船団を襲撃し、御館へ兵粮搬入を阻止したが、この戦いで活躍したのが旗持の「賊舟」、つまり「海賊船」であった。

これ以前にも景勝は、赤田城・黒瀧城へ遣わした使者の左近司伝兵衛尉を、船で送り届けるよう佐野清左衛門尉へ依頼している。旗持城が「海賊船」を擁する海路の拠点であったことを示していよう。

【八崎関所と旗持城】 慶長二年（一五九七）に作成された「越後国頸城郡絵図」をみると、「はたもち」と記される山の麓に「八崎町」が描かれている。この町は頸城郡と刈羽郡を結ぶ幹線道路上に位置し、米山峠の登り口でもある。町に隣接して描かれている施設は、「関所」であると考えられている。天正十年（一五七八）五月二十六日、景勝は八崎を含む六ヵ所の関所にあてて、木場（新潟市）からの飛脚ふたりを通すように命じた。このころにはすでに八崎町に関所があったことがわかる。

『文禄三年定納員数目録』には、「八崎の城番」として九名の名があげられているが、「越後国頸城郡絵図」では旗持城は機能している城としては描かれていない。おそらく、この時期には旗持城は山城としての役割を終え、その機能は八崎関所に吸収されたのであろう。

【参考文献】『日本城郭大系七　新潟・富山・石川』（新人物往来社、一九八〇）、上越市史専門委員会中世史部会編・上越市史叢書九『上越の城』（上越市、二〇〇四）、福原圭一「『越後国郡絵図』にみる交通体系と「町」」五味文彦・小野正敏編『中世都市研究一四　開発と災害』（新人物往来社、二〇〇八）、福原圭一「景勝に味方した越後の「海賊」」『知っておきたい新潟県の歴史』（新潟日報事業社、二〇一〇）、太田一成・西澤睦郎編『新潟県の合戦―上越編―』（いき出版、二〇一二）

（福原圭一）

中越

●上杉氏一族の有力者、上条上杉氏の城

上《じょう》条《じょう》城《じょう》

〈所在地〉柏崎市黒滝字城
〈比　高〉約五メートル
〈分　類〉平山城
〈年　代〉一五～一六世紀
〈城　主〉上条上杉氏・村山氏
〈交通アクセス〉JR信越本線「柏崎駅」下車、野田行バス約三〇分、黒滝長泉寺バス停下車。

【城の位置】　城は、柏崎平野の南西側、鵜川《うかわ》左岸の独立丘上に立地する。北東側を鵜川、東～南東側を鵜川支流の浦の川（御殿川）が流れている。北～北西側もやや低地となっているため、おおむね三方を河川や低地で守られているといえよう。城がたつ丘陵の標高は約一五メートルで、周囲の沖積地《ちゅうせきち》とは約五メートルの比高差がある。

　また、城やその付近には、「城《じょう》」・「御殿」・「中曲輪《なかくるわ》」・「弥五郎橋」・「天守」といった城や領主に関わる地名・俗称が残されている。

【各郭にみられる遺構】　城の内部には、おもに実城・二ノ曲輪（二ノ郭《くるわ》）があり、その周囲には堀がめぐらされている。特に南～西側の堀は水田となっていることもあり、形態が明瞭である。さらに、堀の外側となるが、西側にも平坦な微高地があり、外曲輪（三ノ郭）となっていた可能性がある。

　実城は、丘陵の頂部にあたるが、約七六メートル×約六五メートルという広い平坦地となっている。南側の一部が抉り込まれた形状となっているが、これは県道工事にともなう土取りによるものという。かつては「進修館《しんしゅうかん》」という私塾や明治期の小学校などがあり、近年までは畑地となっていた。また、実城からは土器や陶磁器といった中世の遺物片が多く採集されることが知られているが、これについては後述したい。

　二ノ郭は、実城の北西側にある。約八五メートル×約六〇メートルの規模である。一部が東側にものびているため、全体としては実城の西～北側を囲むL字状となっている。実城とは坂土橋で連絡されるが、その左右には空堀《からぼり》状の窪みがある。また、北辺には高さ約一メートル、長さ約二〇メートルの土塁《どるい》がみられる。土塁は南辺にもあるが、形状はやや不明瞭である。

【城主・上条上杉氏】 上条とは、鵜河荘《うかわのしょう》上条に由来する。上条を支配した上条上杉氏（以下、「上条氏」）は、越後守護上杉房方《ふさかた（ふさまさ）》の子である上杉清方《きよかた（きよまさ）》を祖とする。清方は一五世紀前半の人物で、上杉憲実《のりざね》の弟であるが、清方は憲実から山内上杉氏の家督や関東管領《かんれい》を継承あるいは代行したとされる。また、子の房定は越後守護、房定の子の顕定《あきさだ》は関東管領である。系譜からは、上条氏の地位の高さをうかがうことができよう。そして、一六世紀前半には、上条氏が他国の領主へも実力を発揮している史料がみられるようになる。

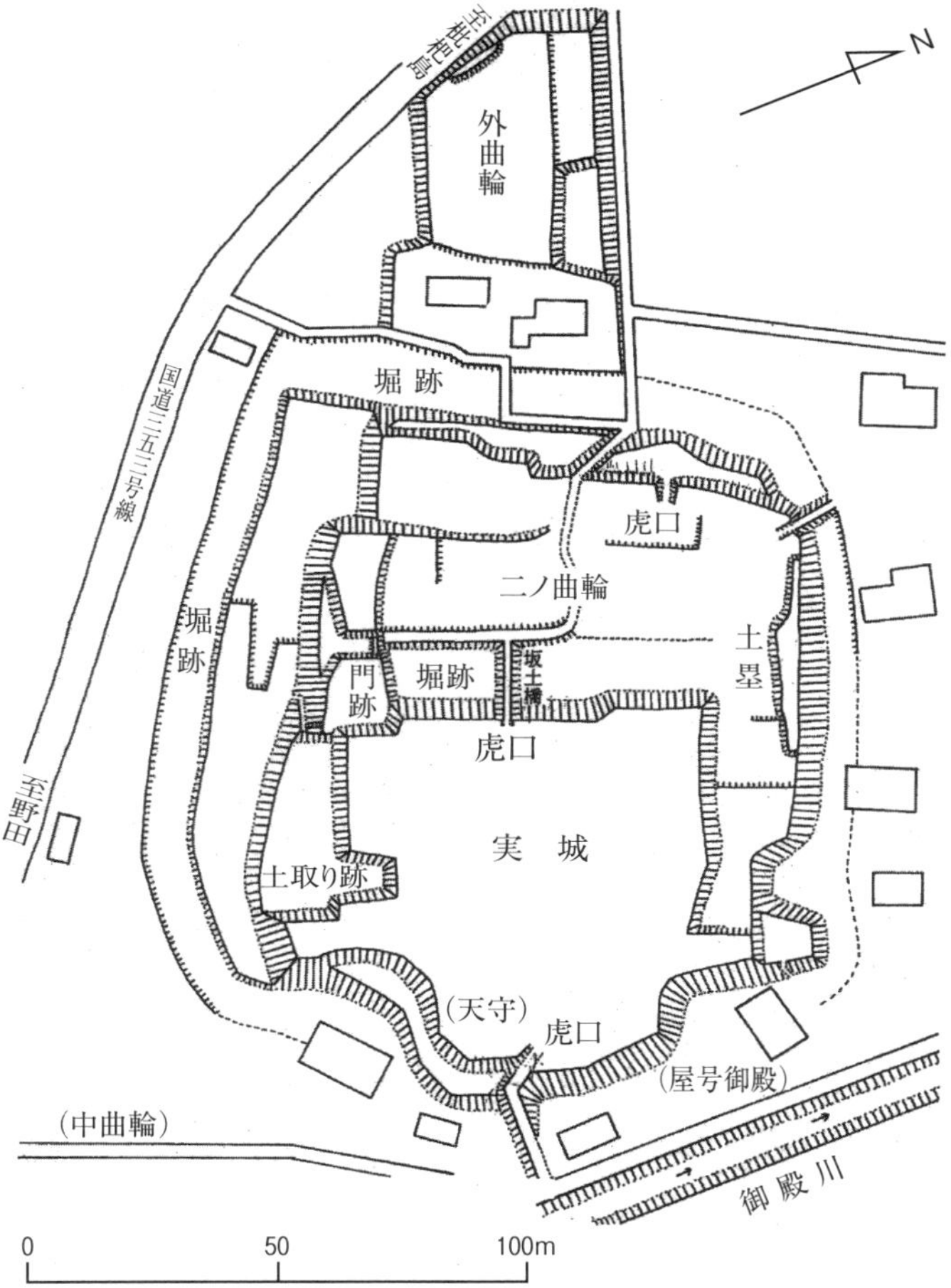

●—上条城縄張図（調査・作図：鳴海忠夫）

一五三〇年代、上条定憲と越後守護代の長尾《ながお》為景《ためかげ》との間に抗争が起きる。抗争は、はじめ為景が上杉一族や阿賀北《あがきた》衆をおさめて収束となったが（享禄《きょうろく》の乱）、定憲がふたたび挙兵し、これに上田長尾氏や阿賀北衆、国外の領主などが加わった（天文の乱）。乱は上条方が優勢であり、為景は朝廷を利用して収束を図ったが、晴景に家督を譲る結果となった。なお、毛利安田文書には、天文の乱に関して、「上

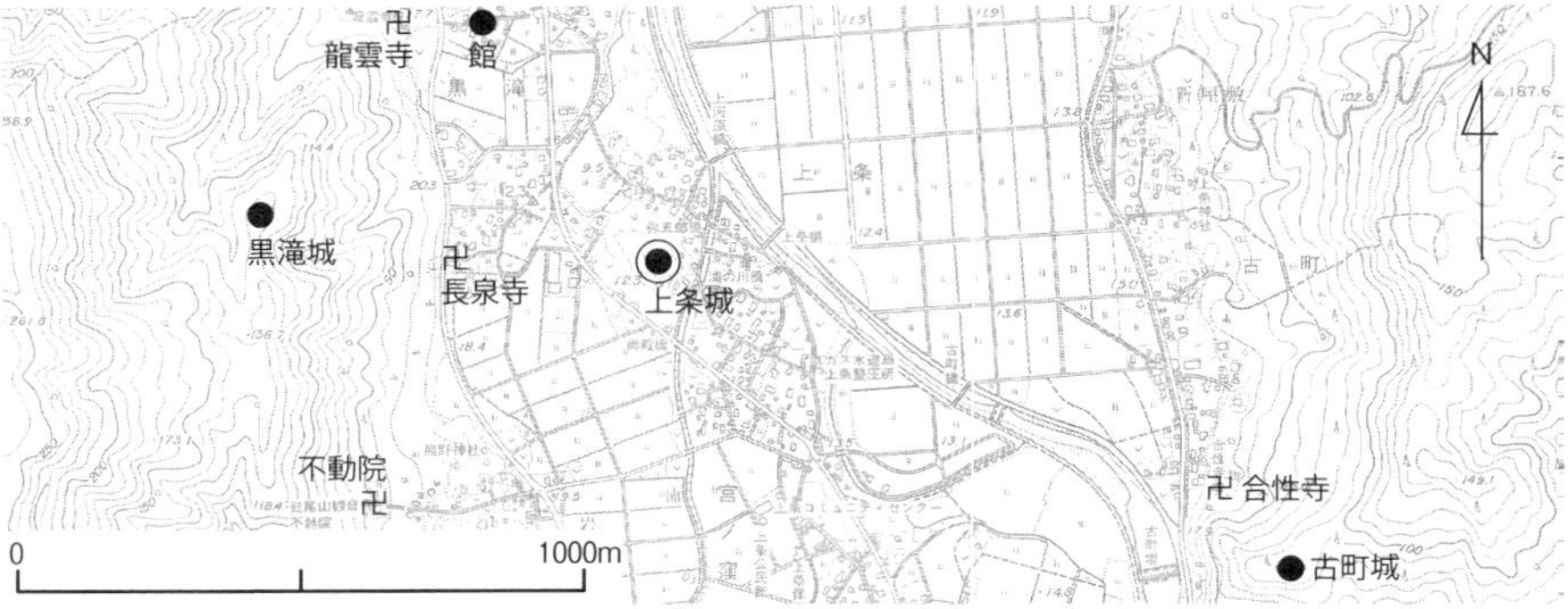

●—上条城と周辺の城館・寺院（柏崎市「柏崎全図」1991より，一部加筆）

てうのようかい（上条の要害）ニ火をつけへき由」（括弧内筆者）といった記載がある。

一五七〇年代、上条氏は上杉謙信の養子の一人とされる政繁によって継承された。謙信の後継者争いである御館《おたて》の乱（一五七八～七九）では、政繁は景勝方となったが、在地では当初景虎方だったようである。乱後、政繁は景勝政権の中枢にあったが、出奔する。上条は村山慶綱に宛行《あてが》われた。

【周辺の城・寺院】　ここで、上条城の周辺にある城や寺院にも目を向けてみたい。

上条城の西側約七〇〇㍍の丘陵に黒滝城がある。沖積地との比高が約一二〇㍍の丘陵にあり、各郭が配され、空堀《からぼり》・土橋《どばし》・土塁・井戸といった遺構《いこう》がみられる。郭群の配置と相互の連結が巧妙で、上条城と密接な関係があると評価されている。また、麓《ふもと》の集落名は「館《たて》」である。「館」を居館《きょかん》、黒滝城を要害とする組み合わせがあり、これが上条城の前身であったとする説もある。

また、上条城から南東側に一・二㌔の丘陵には古町城がある。中心となる郭は、周囲からの比高差約八〇㍍で、全体的に土塁で囲まれており、両側の尾根筋はそれぞれ堀切によって遮断されている。「遠見番城《とおみばんじょう》」と呼ばれており、上条城との関係が想定される。

寺社では、黒滝城の麓に龍雲寺《りゅううんじ》・長泉寺《ちょうせんじ》、古町城の麓に合性寺《ごうしょうじ》などがある。それぞれ中世にさかのぼる開基が伝えられているが、長泉寺は上条氏との関わりがあるとされている。また、上条城の南西側約七〇〇㍍の不動院には、木造十一面観音立像（県指定文化財）が残されている。胎内銘には、延文三年（一三五八）の年号のほか、勧進《かんじん》僧や仏師に関わる記載があり、大檀那《だんな》・檀那として五組の男女の名も記されている。上条氏以前の資料として貴重である。

【「上条城夏の陣」と出土遺物】　最後に、上条城で行なわれた「発掘調査」を紹介したい。

以前から、上条城の実城では中世の遺物が多く採集されることが知られていた。平成二十〜二十二年（二〇〇八〜一〇年）、地元コミュニティ振興協議会によって、「上条城夏の陣」が企画・開催された。これは、地域の子どもたちが地域にある遺跡の発掘調査を体験するという一年に一日行なわれた発掘調査で、柏崎市教育委員会も協力した。しかし、発掘調査とはいえ、現地表面以下に対する発掘を行なうものではない。本城跡の主郭にある四ヵ所のマウンドを発掘の対象とする。主郭は後世になって畑地となったが、このマウンドは耕作のさいに土中から現れた礫《れき》などが集積されてできたものである。遺物は、この礫に混じって発見されていた。「上条城夏の陣」では、これらの遺物を回収することを目的としている。城跡に改変を加えることなく参加者が発掘を体験し、遺物を発見することができるという、本城跡ならではの調査方法である。

発見された遺物は、合計約二〇〇〇点で、その九割以上が中世の土器や陶磁器の破片である。内容は、青磁・白磁・青花・珠洲《すず》焼・越前焼・瀬戸美濃焼・常滑《とこなめ》焼・中世土師器《はじき》・茶臼などである。時期は一四〜一六世紀にわたる。

上条城は、城主である上条氏に関する史料が残されている。また、現地では明瞭な遺構をみることができる。これに多くの遺物が加わったことにより、さらに資料が充実したものとなった。今後の研究が期待される。

【参考文献】　久我　勇『戦国の武将　上条弥五郎（身近な歴史講座）』（一九六八）、猪爪一郎・小暮　覚「黒瀧城（上條氏の主城）」『柏崎刈羽』第一四号（柏崎・刈羽郷土史研究会、一九八六）、柏崎市史編さん委員会編『柏崎市史資料集　古代中世篇　柏崎の古代中世史料』（柏崎市史編さん室、一九八七）、鳴海忠夫「柏崎市上条城跡—採集遺物の資料紹介を中心として—」『長岡郷土史』第三二号（長岡郷土史研究会、一九九五）、上越市史編さん委員会編『上越市史』通史編二中世（上越市、二〇〇四）、伊藤啓雄「焼き物で綴る上条城の歴史—『上条城夏の陣』発掘調査中間報告—」『上条上杉氏と上条城』（上条地区コミュニティセンター、二〇一〇）

（伊藤啓雄）

●長尾・上杉氏の重臣安田氏の城

安田城《やすだじょう》

〔所在地〕柏崎市大字安田
〔比　高〕三〇〜四〇メートル
〔分　類〕山城
〔年　代〕一六世紀
〔城　主〕安田毛利氏
〔交通アクセス〕ＪＲ信越本線「安田駅」下車、徒歩約二五分。

【城の位置】安田城は、鯖石《さばいし》川の左岸に位置する。黒姫山から派生する丘陵・段丘の一部から北東方向へ張り出した、標高約五〇メートルの尾根状の地形に立地している。鯖石川の対岸で、東へ約二キロの位置には、北条氏の北条城がそびえているが、安田城の城主は、北条氏と同じ越後毛利氏一族の安田氏である。

【遺構の概要】遺構《いこう》は、北東—南西方向に約三〇〇メートル、北西—南東方向に約一三〇メートルの範囲にみられる。ただし、現在の城は、四阿《あづまや》や遊具が置かれた公園となっており、進入路などが設けられている。そのため、当時の遺構を復元するにあたっては、注意が必要な部分もある。ここでは、おもな郭《くるわ》や遺構を紹介したい。

まず、北東側の麓《ふもと》は「御屋敷《おやしき》」と称され、ここから北郭と二ノ郭の間を通り、桝形《ますがた》へ至る通路が大手《おおて》とみられる。北郭は、内部に小さな郭や溝が設けられている。その北東側は、大規模な堀切《ほりきり》である。桝形の北西側は、三ノ郭となる。現在は墓地で、南端部に湧水地がある。そして、桝形の南西側には二ノ郭が広がっている。延長八〇メートル以上の平坦面であるが、

●—安田城実城

部分的に後世の造成も考えられる。

　実城は、これらの頂部にあるが、二ノ郭・三ノ郭とは一〇〜一五メートルもの比高差があり、さらに斜面の切岸《きりぎし》が防御している。東側中央が括れ、下に半円形の小さな郭がある。これが桝形となり、二ノ郭中央から実城へ登るさいの虎口《こぐち》になったとみられる。

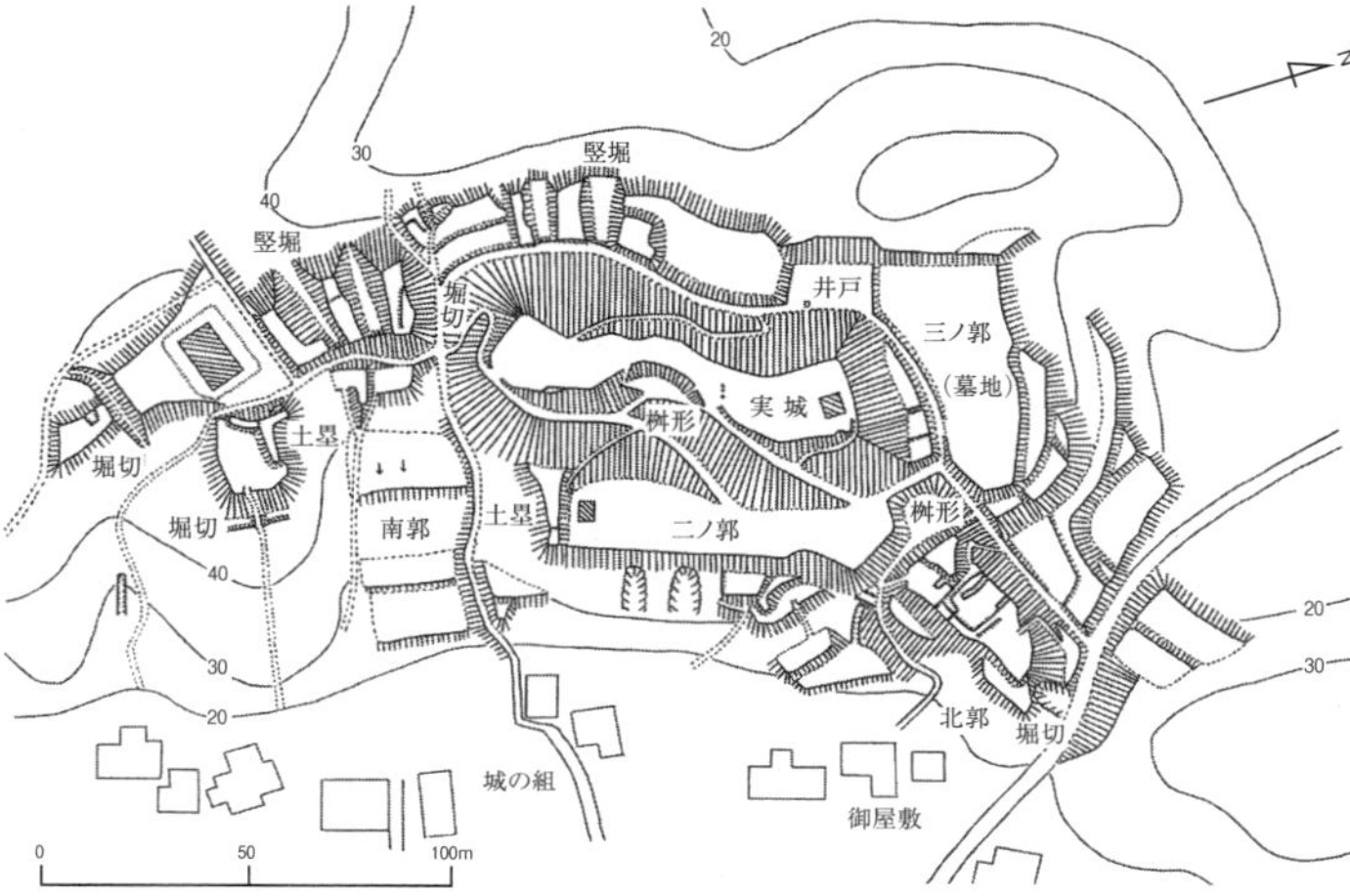

●—安田城縄張図（鳴海忠夫「越後毛利氏の城館跡」より，一部加筆）

　実城の南側は大規模な堀切で区画される。その南西側が南郭で、土塁《どるい》や竪堀《たてぼり》がある。この竪堀は、実城南西麓の竪堀とともに、越後毛利氏の城に多い畝状《うねじょう》竪堀が意識されたものとする説がある。


【城主安田氏】　安田氏は、南北朝期に毛利道幸《もうりどうこう》が「恩賞之《おんしょうの》地《ち》」として鵜河荘安田条を得たことに始まる。安田条は庶子の憲朝（朝広）に相続された。その後の安田氏には、一族の内紛や近隣との所領相論に関する史料がのこされている。

　戦国期になると、安田氏は長尾・上杉氏の政権内部にあり、各地の合戦に参加している。特に、享禄《きょうろく》・天文《てんぶん》の乱では、安田景元が長尾為景から感状《かんじょう》（論功行賞）を得ている。そして、御館《おたて》の乱では景勝方となり、本地安田他の所領が安堵されている。

　一五九八年（慶長三）、上杉氏の会津移封《いほう》にともない、安田氏もこれにしたがったので、安田城は廃城となった。子孫は引き続き米沢藩の重臣となったが、のちに出自の毛利氏を名乗っている。

【参考文献】　猪爪一郎・小暮　覚「安田城」『柏崎刈羽』第一六号（柏崎・刈羽郷土史研究会、一九八九）、柏崎市史編さん委員会編『柏崎市史』上巻（柏崎市史編さん室、一九九〇）、鳴海忠夫「越後毛利氏の城館跡—山城の縄張りを中心として—」『北陸の中世城郭』第一二号（北陸城郭研究会、二〇〇二）

（伊藤啓雄）

●越後毛利氏最大の城

北《きた》条《じょう》城《じょう》

〔柏崎市指定史跡（一部）〕

〔所在地〕柏崎市大字北条・本条
〔比　高〕約一一〇メートル
〔分　類〕山城
〔年　代〕一六世紀
〔城　主〕北条毛利氏・桐沢氏
〔交通アクセス〕JR信越本線「北条駅」下車、徒歩約三〇分。

【城の位置・規模】 北条城は、柏崎平野の南東部に位置する。鯖石《さばいし》川右岸の丘陵に立地し、付近で支流の長鳥川が合流する。城主は、越後毛利氏一族の北条氏である。

城は、標高約一四〇メートルの尾根上にあり、東西約二八〇メートル×南北約五三〇メートルの範囲にわたって遺構がみられる。越後毛利氏に関係する城としては最大であり、その主流であった北条氏の城にふさわしい規模といえる。柏崎・刈羽地域でも赤田城（刈羽村）に次ぐ大きさである。

城の麓には城下が形成され、「十日市《とうかいち》」・「道場《どうじょう》町」・「四日町」・「七日町」・「八日町」・「荒町」といった地名がのこる。寺社も多く、城へは専称寺《せんしょうじ》や普光寺《ふこうじ》付近から登っていくことができる。

【各郭群の概要】 専称寺の裏手から尾根伝いに進むと、宝《ほう》篋印塔《きょういんとう》のある墓地や小規模な空堀《からぼり》があり、林道を横断してさらに進むと、地元で「馬つなぎ場」と呼ばれている畝形竪《うねがたたて》堀《ぼり》をみつけることができる。畝形竪堀は合計一一条で、東側の六条には横堀《よこぼり》をともなうが、西側の五条には横堀がない。これが郭群《くるわぐん》の南端となり、北側の堀切で遮断されるまでの長さ約一〇〇メートルはひとつの区画（南郭）といえる。堀切《ほりきり》は土《ど》塁《るい》と組み合わされており、その手前は緩斜面となっている。

その堀切を越えると二ノ郭となる。長さは約四〇メートルで、北西側の一二〜一四メートル四方の郭を頂点とした郭群で構成されている。各郭の形状が明瞭にのこされているが、一定の平坦面がみられるため、建物があった可能性が考えられる。

●—北条城縄張図（鳴海忠夫「越後毛利氏の城館跡」より）

●—北条城から柏崎平野と日本海を望む

さらに北側の堀切を進むと、実城《みじょう》となる。実城は、長さ約一六〇メートル×最大幅二二メートルを測る。北半は南半よりも高く、頂部となる北端部には昭和三年（一九二八）の石碑「北條古城趾」がある。南半は、現在西側に樹木が少ないこともあり、鯖石川・鵜川の下流域や日本海までも見渡すことができる。柏崎平野や沿岸での動きはすぐにも把握できたことであろう。

実城の北側にも深い堀切を隔てた区画に郭群（北郭）がある。長さ八〇〜一〇〇メートルで、なかには比較的広い郭もある。さらにその北端も堀切で遮断されている。

全体の縄張をみると、一直線上に主要な郭群を配置し、四本の大きな堀切で区画していることがわかる。そして、実城を含む区画が延長の約三割を占めていること、堀切がすべて箱堀《はこぼり》で、大型化していることなどが特徴的である。堀切は上端幅一五〜二五メートル、下端幅五〜一五メートル、深さ二〜一〇メートルを測る。特に、実城北側の堀切は、実城との比高差もあって大規模なものとなっている。なお、北条城の大型化した箱堀は、鉄砲の利用を意図した形態であるとの説がある。

【越後毛利氏と北条】　ところで、北条とは佐橋荘北条に由来する。佐橋荘は、鯖石川中流域に展開した荘園で、ほかには南条があり、さらに史料には永鳥条・庄屋条・カンナウ条などもみられる。毛利氏は、創立期の鎌倉幕府で活躍した大江広元《ひろもと》の子、毛利季光《すえみつ》に始まり、相模国毛利荘（厚木市）を本貫《ほんがん》（本籍地）とする。一三世紀中頃、季光の子、経光《つねみつ》が所領のひとつであった越後国佐橋荘に移り、在地での直接支配が始まった（越後毛利氏）。そして、その一族は周辺の北条や南条のほか、石曽根・安田（鵜河荘）などをも拠点とし、勢力を拡大させていった。北条は、経光の子である基親、さらにその子である時元の系統が本拠としたようである。越後毛利氏の系譜に関しては「専称寺過去帳」などがあるものの、同時代史料が少ないため、不明な部分が多い。

【戦国期の北条毛利氏と北条城】 その後の北条毛利氏としては、「専称寺文書」（北条）や「専念寺文書」（矢田）などにのこされた寄進状や安堵《あんど》状に、輔広《すけひろ》・高広《たかひろ》・景広《かげひろ》といった人物をみることができる。

有名なのは北条高広である。高広は、永禄三年（一五六〇）前後には長尾景虎（上杉謙信）政権が発給した文書に連署していることから、政権の中枢にあったことがわかる。また、永禄五年ころからは上野国厩橋《まやばし》城にあり、以降は謙信の関東政策において活躍する。その後、永禄十年には小田原北条氏（後北条氏）に内通し、謙信に対して謀反するが、永禄十二年の越相同盟により、再び上杉氏に帰参した。

天正六年（一五七八）、御館《おたて》の乱が始まると、北条毛利氏は景虎方として奮戦している。しかし、翌天正七年（一五七九）二月、高広の子である景広は、御館で戦っていたが、深手を負って死去した。また、柏崎地域でも次第に景勝方が優勢となり、北条城近くにも戦線がおよんだ。

乱後、敗れた北条毛利氏の旧領は細分され、景勝の家臣などに分け与えられた。天正十二年（一五八四）、北条城は桐沢具繁に所領とともに宛行《あてが》われている。その後、慶長三年（一五九八）に上杉氏は会津への移封《いほう》となったが、これにともなって北条城は廃城となった。

現在、城の一部は柏崎市の史跡に指定されており、地元では「城山」と呼ばれ、親しまれている。

【参考文献】 柏崎市史編さん委員会編『柏崎市史資料集　古代中世篇　柏崎の古代中世史料』（柏崎市史編さん室、一九八七）、同編『柏崎市史』上巻（柏崎市史編さん室、一九九〇）、鳴海忠夫「越後毛利氏の城館跡―山城の縄張りを中心として―」『北陸の中世城郭』第一二号（北陸城郭研究会、二〇〇二）

（伊藤啓雄）

●川の合流点に築かれた城

琵《び》琶《わ》島《じま》城《じょう》

〔柏崎市指定史跡（一部）〕

〔所在地〕柏崎市元城町・宮場町
〔比　高〕〇～一メートル（微高地）
〔分　類〕平城
〔年　代〕一五～一六世紀
〔城　主〕宇佐美氏（近世の資料による）・桐沢氏
〔交通アクセス〕JR信越本線「柏崎駅」下車、野田行バス約二〇分、総合高校前バス停下車

【城の位置と郭の配置】　琵琶島城（枇杷嶋城）は、鵜川下流域の沖積《ちゅうせき》地に築かれた城館である。柏崎市街地から南へ約二キロの位置にあり、現在は大半が新潟県立柏崎総合高等学校（旧柏崎農業高等学校）の敷地となっている。敷地内には「宇佐美《うさみ》駿河守　枇杷嶋城址」と刻まれた石碑が立つが、その一角は柏崎市指定史跡となっている。

　鵜川の流域には、今でも旧河道がのこっているように、戦後の河川改修までは小刻みな蛇行《だこう》によって半島状の地形が生じていた。そのひとつに、南東側から流れてくる横山川（本陣川）が合流し、三つの地区が形成された。この三地区は勝島・福島・琵琶島と呼ばれるが、琵琶島城はこれらに配された郭《くるわ》によって構成されている。「上杉定勝《さだかつ》古案集」にある天正九年（一五八一）の「上杉景勝《かげかつ》朱印状」（『上越市史』別編二　二一九二）には、「実城《みじょう》」・「中城」・「其外之曲輪」・「とかまえ（外構）の家屋敷」・「戸張」・「とくるハ（外曲輪）」（括弧内筆者）といった記載がある。これらについては、「実城」（主郭）以外を現地で比定することは難しいものの、城にはいくつかの郭・施設があったことがわかる。この文書に関しては異説もあるため注意が必要であるが、いずれにしても現在では地表面で観察できる城の痕跡はない。そのため、種々の資料から各郭について紹介しておきたい。

【土塁があった主郭】　まず、主郭は旧鵜川右岸・横山川左岸の勝島に位置する。付近には「城廻り」の地名もある。周辺からは古墳時代や平安時代の土器が発見されており、以前は

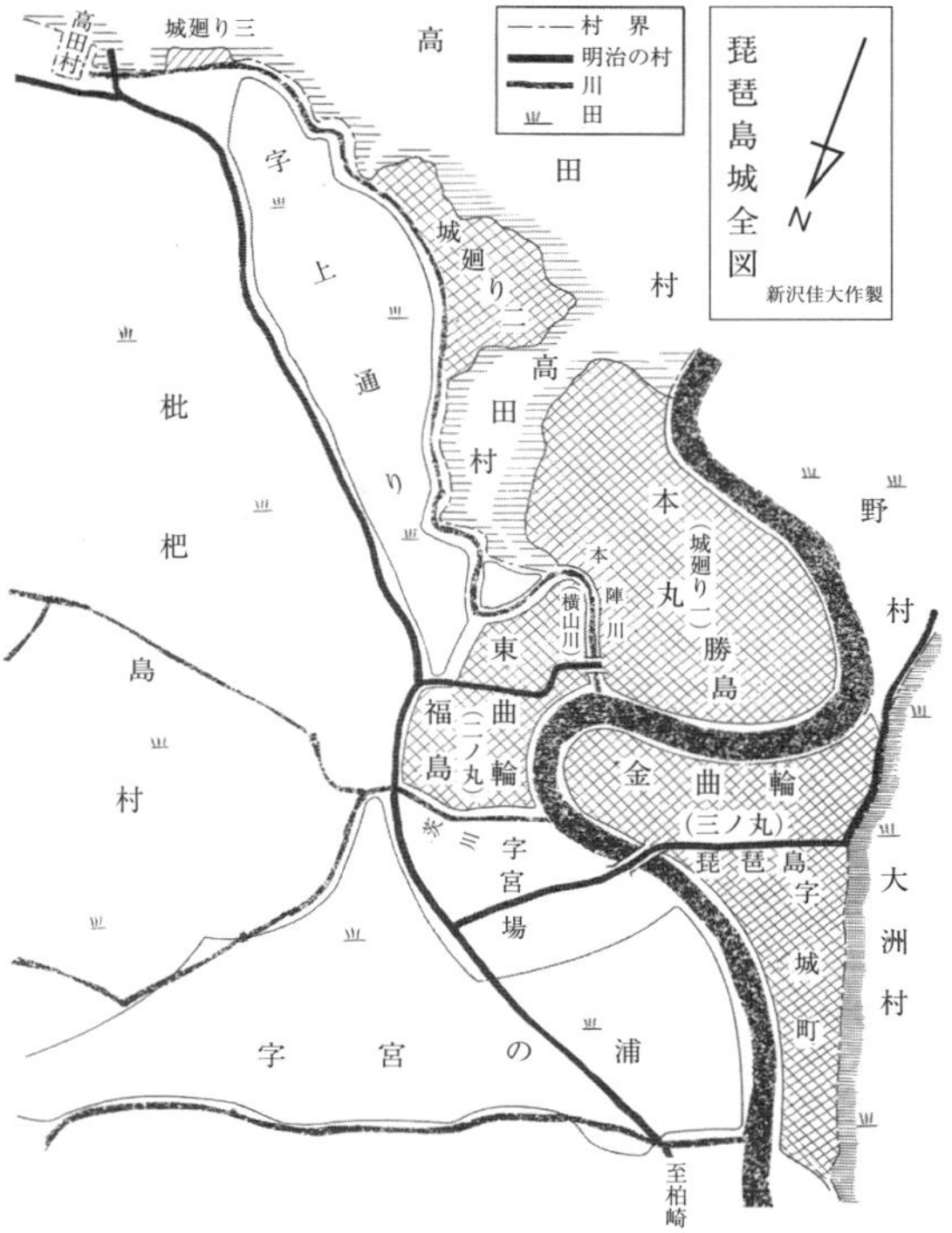

●—琵琶島城の周辺と地名（『柏崎編年史』上巻より）

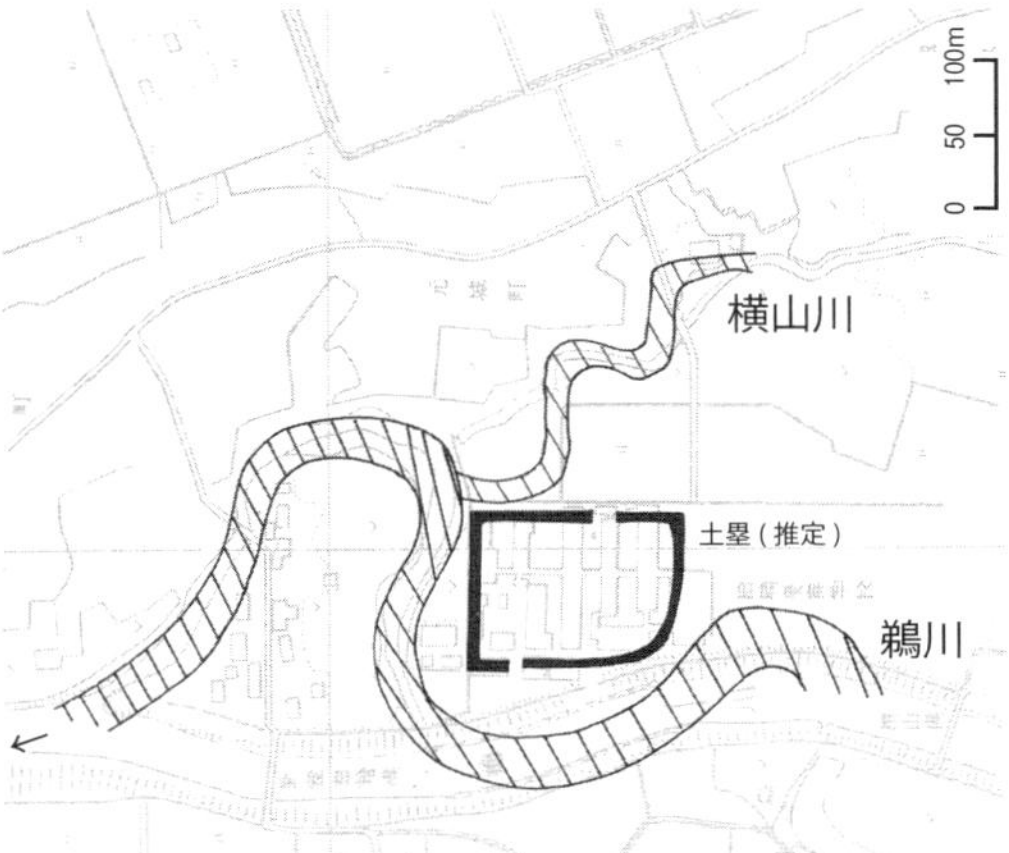

●—琵琶島城推定位置（『柏崎市史資料集』より）

城とは別に「柏崎農業高等学校々庭遺跡」とされていた。主郭は鵜川沿いに発達した自然堤防に立地していたとみられ、沖積地における微高地として、比較的安定した地形に築かれたと推測される。

現在は校舎などが建ち、すでに城の面影はないが、近世の史料に痕跡を確認できるものがある。文化四年（一八〇七）に編纂された『白川風土記』の「枇杷島村 並《ならびに》端村《はしむら》柳橋 田中」の項には、「本丸ヲ勝島二ノ丸ヲ福島三ノ丸ヲ琵琶島ト云シト也本丸東西四十間余南北六十間余西面ニ門櫓ノ跡三ケ所アリ土居ハ五間ヨリ七間程ノアト存ス」とあり、土塁《どるい》（土居）や櫓《やぐら》が存在していたことがわかる。

土塁の復元などについては、『柏崎編年史』に詳しいが、明治八・十三年（一八七五・八〇）の資料をもとに作成された鵜川神社所蔵の桑畑作方図には土塁などが描かれており、昭和二十六年（一九五一）頃にはまだのこっていたという。この桑畑作方図によれば、土塁はおおむね長方形状に配

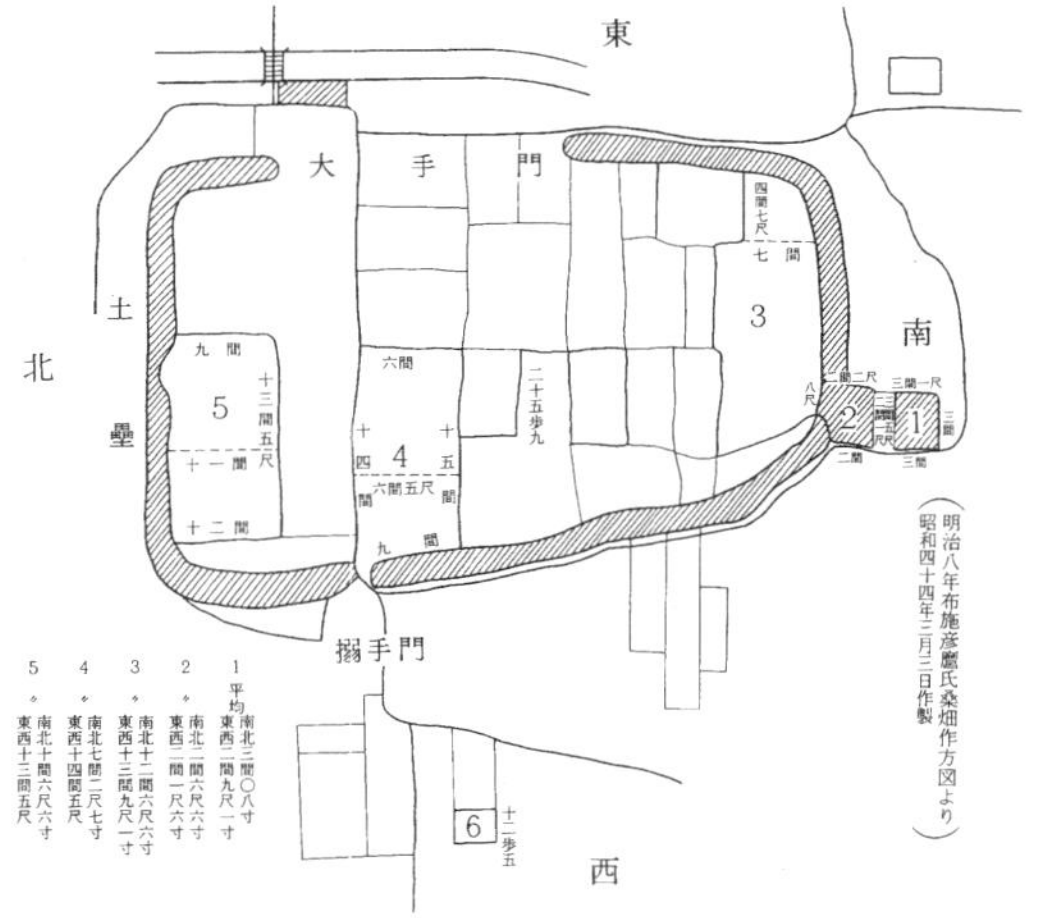

●—琵琶島城本丸の土塁跡（明治８年）『柏崎編年史』より

置されているが、南側は幅がやや狭くなっている。また、東辺中央付近には土塁がない部分があるため、大《おお》手《て》門《もん》とみられる。西辺にも北寄りの位置に土塁が途切れた部分があるので、搦《からめ》手《て》門《もん》となろう。昭和二十六年段階で土塁の高さは二〜三《メートル》、基底部の幅は四〜五《メートル》あったとされる。また、明治期には土塁の上面の幅は二《メートル》あったという。

そのいっぽうで、幕末の作成といわれる「鵜川社領琵琶嶋古城今世之略図」という絵図ものこされている（柏崎市立図書館編『琵琶島　鵜川神社―宝物―』）。「本丸」の周辺には、やはり土塁が描かれているが、前述の桑畑作方図とは相違がみられる。すなわち、東辺にある土塁の中断は共通するが、絵図では南北辺にも土塁の途切れがある。また、西辺でも土塁は途切れてはいるが、桑畑作方図とは異なり、食い違いになっている。

その他、絵図にはみられないが、桑畑作方図の土塁には、南西隅の一部に若干突出する部分がある。『白川風土記』には櫓の記載もあるように、ほかにも防御施設が備わっていたと思われる。これらについては、規模や形状など、さらに探究すべき点が多い。

【周辺の郭】　次に、福島と呼ばれる旧鵜川右岸・横山川右岸、琵琶島と呼ばれる旧鵜川左岸の状況をみてみたい。

福島には東曲輪（二ノ丸）、琵琶島には金曲輪（三ノ丸）があったとされる。また、前述の絵図には、琵琶島にもL字の土塁が描かれている。しかし、勝島と同様に、地表面からは城に関する遺構などを確認することは難しい。

平成十四年（二〇〇二）に琵琶島、平成十九年に福島の一部を対象とした発掘調査が柏崎市教育委員会によって実施された。平成十四年の調査では、柱穴・井戸・溝といった遺構や中世の遺物が多く発見されている。遺物は、一五〜一六世紀の青磁・白磁・瀬戸美濃焼・珠洲《すず》焼・越前焼などが出土しているが、なかでも手づくね成形による中世土師器《はじき》の多さが目立っている。ほかにも漆器・人形《ひとがた》などの木製品や金剛杵《こんごうしょ》もしくは金剛鈴の破片・刀剣などの金属製品も注目される。発掘調査では、豊富な遺構や遺物を確認することができた。詳細は報告書の刊行後となるが、調査地点は主郭ではないものの、これらの資料からは、居住者の地域における権威や権力を推察することができよう。

【城主と変遷】　琵琶島城の城主としては、上杉氏の重臣であった宇佐美《うさみ》氏が有名である。宇佐美氏は伊豆国を本貫《ほんがん》（本籍地）とするが、南北朝期に祐益《すけます》が越後に入部したという。宇佐美氏については近世の『北越軍記』などで活躍が知られるが、中世の資料からは、宇佐美氏の本拠は上越市柿崎区を中心とした頸北地域と考えられている。ほかに、『満済准后《まんさいじゅごう》日記』における一四三〇年代の記事から、八条上杉氏が鵜河荘三分一（比定地不詳）を領していたことがわかる。当時は有力な存在だったとみられるが、琵琶島城との関係については、今のところ同時代資料による確証は得られていない。

●—琵琶島城石碑

御館《おたて》の乱（一五七八～七九年）では、史料に琵琶島善次郎や前嶋修理亮《まえしましゅりのすけ》の名がみられ、景虎方として戦っている。しかし、琵琶島は旗持城の佐野清左衛門尉《せいざえもんのじょう》らによって景勝方へ取り込まれていったようである。琵琶島城は鵜川の河口や柏崎の湊にも近いため、物資輸送などの面でも重要な地点となっていたことが当時の文書からうかがうことができる。

乱後は桐沢具繁《きりさわともしげ》に宛行《あてが》われたが、『文禄三年定納員数目録』では琵琶島に上杉一門である山本寺九郎兵衛の名がみられる。そして、慶長三年（一五九八）、上杉氏の移封《いほう》にともなって廃城となった。

【参考文献】　新沢佳大『柏崎編年史』上巻（柏崎市教育委員会、一九七〇）、柏崎市史編さん委員会編『柏崎市史資料集　考古篇一考古資料』（柏崎市史編さん室、一九八七）、同編『柏崎市史資料集古代中世篇　柏崎の古代中世史料』（柏崎市史編さん室、一九八七）、同編『柏崎市史』上巻（柏崎市史編さん室、一九九〇）、中野純「柏崎市琵琶島城跡の調査概要」『新潟県考古学会第一五回大会　研究発表会発表要旨』（新潟県考古学会、二〇〇三）（伊藤啓雄）

●上杉家の奉行人斎藤氏の居城

赤《あか》田《だ》城《じょう》

〔刈羽村指定史跡〕

〔所在地〕刈羽村赤田町方字四十刈ほか
〔比　高〕約一五〇メートル
〔分　類〕山城
〔年　代〕一四世紀～一六世紀末
〔城　主〕斎藤頼信・昌信・定信・朝信・景信
〔交通アクセス〕北陸自動車道「西山ＩＣ」から登り口の駐車場まで車で約一〇分、駐車場から徒歩約二五分。

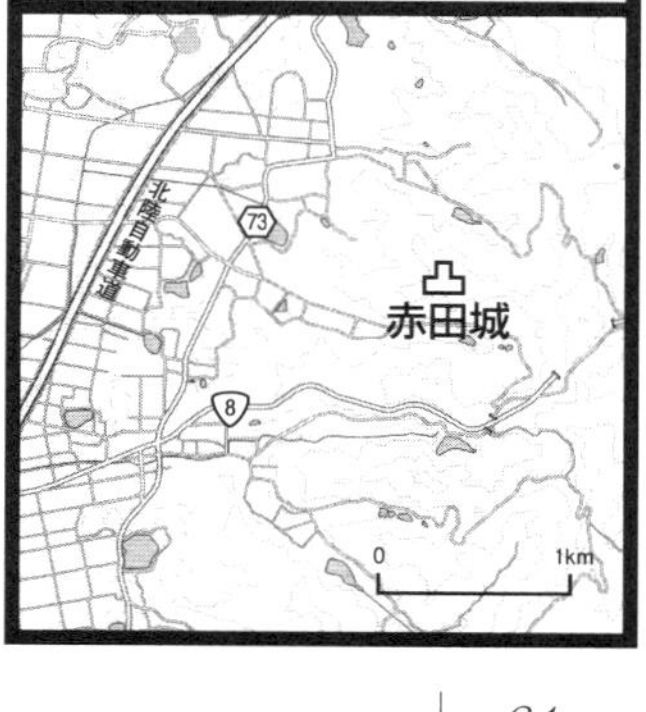

【水陸交通の要衝】　刈羽村の南西にある赤田城は、斎藤氏代々の居城である。斎藤氏は室町時代から戦国時代にかけて、上杉家の奉行人《ぶぎょうにん》として活躍した。

　赤田城跡は、赤田町方集落と赤田北方集落境の標高一六四《メートル》の城山にある。赤田町方と赤田北方の集落は、中世には一つの村であったが、近世の後半に分村した。東方には府中《ふちゅう》から刈羽地方をへて、三島・古志《こし》・魚沼地方へつづく交通の要衝《ようしょう》曽地峠《そちとうげ》、西方には物資輸送などの水運が開けていた別山川《べつやまがわ》が南流している。また、別山川沿いや曽地丘陵の西麓にも、三島・蒲原《かんばら》地方へ通じた主要な街道が存在していたものと推定されることから、当地は水陸交通の要衝にあった。

　西麓の赤田町方集落には、屋敷や町の付く地名があり、ここに城主の居館《きょかん》と城下町が存在していた。北西麓の赤田北方集落には、寛正二年（一四六一）に斎藤下野守が瑚海《ごかい》禅師を招いて建立した曹洞宗東福院《とうふくいん》や、斎藤氏が厚く信仰した赤田神社がある。また、南側の谷を隔てた標高一五二《メートル》の丘陵上には、赤田城と近似した構造を持つ赤田古城《あかだこじょう》跡がある。

【赤田城の構造】　赤田城は、城山の山頂部に本丸を構え、西側に二ノ丸、北側に三ノ丸を配置し、ここから西と北西、北東、東、南に延びた五つの尾根上を削ったり、掘り割ったりして造り出した郭《くるわ》や土塁《どるい》、堀切《ほりきり》、竪堀《たてぼり》、櫓台《やぐらだい》、虎口《こぐち》などが随所にみられ、立体的な構造となっている。郭の配置状況や城下との位置的な関係から、西側が大手《おおて》、東側が搦手《からめて》と考えられる。

本丸は大きな郭で、西側と南側、南東隅の三ヵ所に虎口を構え、北側の中央部東よりに「斎藤下野守朝信城趾」と刻まれた碑がある。碑のあるところは、周囲より一段高くなっているので、ここに櫓《やぐら》が構えられていた可能性が高い。また、本丸の中央から南にかけて、人頭大《じんとうだい》の石が一二個点在している。建物を建てるとき、礎石《そせき》に利用した石とも考えられる。

本丸の南東は、曽地峠方向に向けて細長い郭を突き出し、その先に大堀切《おおほりきり》がある。大堀切は底幅の広い箱堀で、上幅が三〇メートル近くにもおよんでおり、まさに壮観である。越後の山城では、一、二を争う大型堀切である。

二ノ丸は本丸の西側に配置され、本丸とは三メートルの切岸《きりぎし》で区画している。ここから赤田町方へ下る尾根には、三条の堀切（うち二条は箱堀《はこぼり》）を設けて守りを強化していた。三ノ丸は本丸の北側に配置され、北端に櫓台を設けている。

赤田城は東西七〇〇メートル、南北四五〇メートルにもおよぶ大規模な山城で、越後では大型山城の一つに数えられている。おびただしい郭の配置と高《こう》度化《どか》した切岸、堀切の箱堀化などに戦国期山城としての特色が認められる。

●—赤田城の本丸（正面に斎藤下野守朝信城趾碑あり）

●—赤田城三ノ丸の櫓台

【城主の居館と城下町】　赤田町方集落には、「中屋敷」「刑部《ぎょうぶ》屋敷」「櫓《やぐら》下《しも》屋敷」「上町」「中町」「下町」「裏町」「向町」といった屋敷や町の付く地名、それに浄土真宗専徳寺や弥勒寺跡、八幡神社などの寺社があり、城主の居館は専徳寺境内地と推定されている。また、集落内には短冊型《たんざくかた》の地割《じわり》が認められ、今でも農村集落とは異なった町場的な景観を醸《かも》し出している。

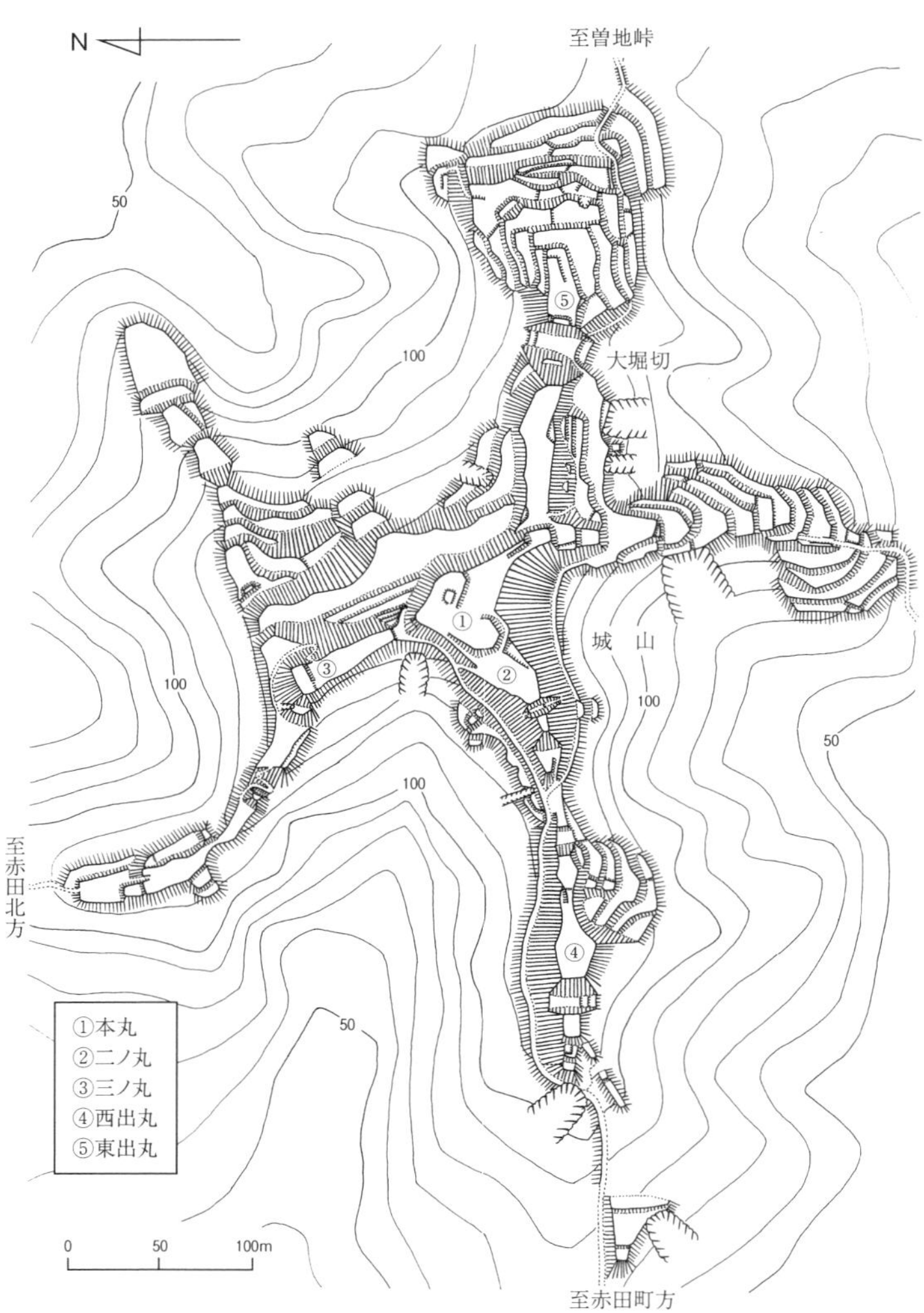

●—赤田城縄張図（調査・作図：鳴海忠夫）

【赤田城の登場】　赤田城は斎藤氏の居城として知られているが、斎藤氏以前の赤田には赤田氏がいた。赤田氏は赤田古城の城主で、これを滅ぼした斎藤下野守が新たに築いた城が赤田城だと伝えられている。赤田氏が居城したとされる古城は、赤田城と同様に戦国時代の山城と把握されるので、この点ははっきりしない。

赤田城が史料に初めて登場するのは、南北朝時代の延文五年（一三六〇）である。上杉憲顕《のりあき》は、石川妙円《みょうえん》・同光親兄弟を率いて、赤田城を攻めている。憲顕は、北朝方の足利尊氏・直義兄弟に味方して、南朝の新田氏支配の越後に攻め入り、暦応四年（一三四一）に越後守護となった。その後、尊氏と直義が対立すると、南朝に下った直義に属したため、守護職を奪われたが、貞治二年（一三六三）に尊氏に帰順《きじゅん》して、越後守護に復している。当時南朝にくみした憲顕は、南朝勢力の挽回を図るため、尊氏方の赤田城を攻めたのであろう。この時、赤田城には赤田氏が拠っていた可能性もあるが、断定はできない。

【斎藤氏の赤田支配】 赤田氏のあと、赤田を支配したのは斎藤氏であるが、入った年代は明らかでない。寛正二年に斎藤下野守が東福院を建立したということは、それ以前から斎藤氏が赤田にいたことを示している。斎藤氏の赤田入りは、主要交通路の支配と国衙領《こくがりょう》の管理、佐橋荘《さばしのしょう》を本拠に着々と周辺地域に勢力を伸ばしていた越後毛利《えちごもうり》氏、とくに北条《きたじょう》毛利氏の動向をにらんでの上杉氏による布石と考えられる。

【斎藤氏の活躍と発展】 斎藤氏は頼信—昌信—定信—朝信《とものぶ》とつづき、代々下野守を名乗っていた。室町時代に守護上杉氏の奉行人として登場し、戦国時代に守護代長尾為景が台頭すると、今度はその奉行人に名を連ねている。朝信は上杉謙信にしたがって、関東や越中（富山県）、信濃（長野県）で活躍している。天正三年（一五七五）の「上杉家軍役帳《うえすぎけぐんやくちょう》」によれば、二一三人の軍役を持つ上杉家中では大身《たいしん》の武将であった。

天正六年（一五七八）三月に上杉謙信が春日山城（上越市）で死去すると、養子の景勝と景虎で家督相続をめぐって御館《おたて》の乱が発生した。この時、朝信はいち早く景勝に味方して、景勝政権擁立のために活躍した。朝信が居城した赤田城は、直江信綱の与板城（長岡市）とともに、中越地方における対景虎方の重要な軍事拠点であった。同年五月、朝信は景虎方の本庄《ほんじょう》秀綱の攻撃で窮地に立たされていた与板城に家臣を派遣して救援し、これを撃退している。翌七年二月、景勝軍は赤田城を拠点として、景虎方が守る北条城（柏崎市）を攻撃した。朝信は、これと時を同じくして八石山地《はちこくさんち》を越え、北条一族の南条《みなみじょう》修理助の守る勝平《かつひら》城（長岡市）を攻略した。赤田城は、この朝信の時代に城域が拡大され、城普請《しろぶしん》が完成したものと考えられる。

乱後、朝信は六ヵ所を除いた刈羽郡内との大澄《おおずみ》（長岡市大積）のうち神余《かなまり》分、朝信の子乗松丸は北条景広の一跡《いっせき》を景勝から賜っている。朝信の跡を継いだ乗松丸は、のちに景信と改め、知行定納高三三六七石余の上杉家中屈指の武将となったが、慶長二年（一五九七）に伏見舟入普請役事件《ふしみふないりふしんやくじけん》に関わり、改易《かいえき》された。

【参考文献】 高橋義彦『越佐史料』巻二〜五（名著出版、一九七一）、鳴海忠夫「刈羽赤田城跡の調査」『長岡郷土史』第三十五号（長岡郷土史研究会、一九九八）

（鳴海忠夫）

●住まいする山城

小木城《おぎのじょう》

〔町指定史跡〕

〔所在地〕出雲崎町相田
〔比　高〕一五〇メートル
〔分　類〕山城
〔年　代〕一五世紀後半～一六世紀
〔城　主〕小木氏、松本氏
〔交通アクセス〕JR越後線「出雲崎駅」下車、徒歩五キロ。北陸自動車道「西山IC」から二〇分。

【小木城の立地】　小木城は、柏崎平野と越後平野を結ぶ中間の西山丘陵上（標高三四五メートル）に築かれている。山間を島崎川が越後平野へと北東へ流れ、日本海沿岸へは六〇メートル前後の海岸丘陵で隔てられている。北東には与板城・夏戸城・黒滝城・天神山城など、南西側には二田《ふただ》城・赤田城などが築かれ、重要な繋ぎの城と位置付けられている。

【小木城主】　小木（荻）氏は、南北朝期の動乱に南朝方として名前が散見されるが、南北朝以降は逼塞《ひっそく》を余儀なくされたと思われる。そして謙信の後継者争いの御館《おたて》の乱では、上杉景虎方に付いて劣勢を挽回しようとしたがかなわず、没落したようである。替わって城主となったのは、景勝方の信濃出身の松本氏であったことから、一六世紀後半に城主の交代が認められる。

【小木城の構造】　城域は、東西四〇〇メートル、南北三〇〇メートルほどを測る。最高所から延びる四方の尾根に郭《くるわ》群が配され、現在NTTの電波塔によって壊されている郭群と西側に普請《ふしん》された郭群が城の主体となる。ただし各郭は大きいものではなく、せいぜい八〇〇平方メートル程度にすぎない。南西尾根には大《おお》堀切《ほりきり》が二条切られ、大門や千貫門の地名があることからこちらが大手と考えられよう。

【発掘調査】　小木城は、昭和五十一年（一九七六）に発掘調査が実施されており、調査面積が五六〇平方メートルほどにすぎないにもかかわらず、多くの建物跡や遺物が出土した。遺構としては、地下式土倉、掘立柱建物五棟、門跡三棟な

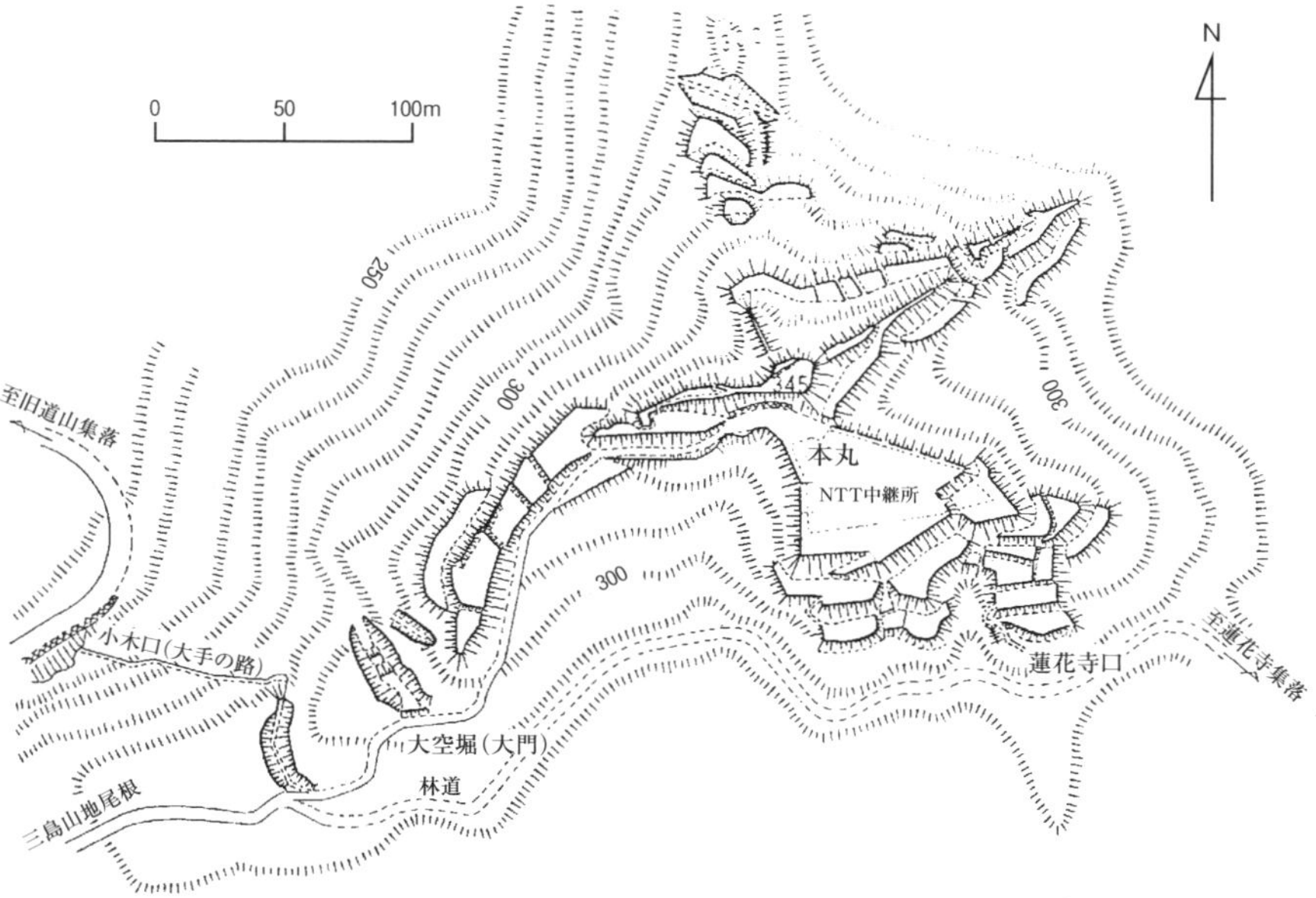

●—小木城全体図（大家，1997より）

どが確認され、三時期の変遷（一五世紀第4四半期〜一六世紀代）が考えられている。ことにⅡ期の遺構の下限は、炭化物や焼土層の存在から天正六・七年（一五七八・九）の御館の乱に比定されている。

出土遺物は、Ⅱ期終末の火災（落城）にともなったため、山城にはめずらしく多数の出土品があった。種類は、てづくね成形土器数点、珠洲《すず》陶、越前陶、瀬戸・美濃陶、貿易陶磁器、鞴羽口《ふいごはぐち》などといった焼物、茶臼や粉挽臼《こびきうす》、硯《すずり》、砥石《といし》などの石製品、釘や小札、刀子《とうす》などの鉄製品がある。

現在の目でみれば、確かに一六世紀代のものは含まれるが、天正期まで下る遺物は少なく、火災の時期は一六世紀初頭の永正期頃を想定すべきである。したがって、本城の火災痕跡は、守護代長尾為景が下剋上で守護上杉房能を切腹に追い込んだ越後永正の乱に伴うものと思われる。

【参考文献】出雲崎町教委『小木ノ城発掘調査報告書』（一九八九）、大家健『図説中世の越後』（野島出版、一九九七）（水澤幸一）

●上杉家重臣志駄氏の居城

夏《なつ》戸《ど》城《じょう》

〔長岡市指定史跡〕

〔所在地〕長岡市寺泊夏戸字川西
〔比　高〕約五〇メートル
〔分　類〕山城
〔年　代〕一五世紀～一六世紀後半
〔城　主〕志駄定重・房義・景義・春義・義時・義秀
〔交通アクセス〕JR越後線「桐原駅」下車、徒歩約三〇分。北陸自動車道「中之島見附IC」から登り口付近の駐車場まで車で約三〇分、駐車場から徒歩約一〇分

【西古志郡の要衝】　JR越後線桐原駅の西方に、標高一〇〇メートル前後の低い山並みが日本海に沿って縦走しており、この山懐《やまふところ》に抱かれるようにして長岡市寺泊夏戸の集落が展開している。集落裏の馬蹄形《ばていけい》の尾根上に、清和源氏《せいわげんじ》の流れをくみ、室町時代から戦国時代にかけて、守護上杉氏の重臣として活躍した志駄《しだ》氏の居城夏戸城がある。

夏戸城跡は、集落背後（西側）の標高六六メートルの丘陵上にある。東方眼下には、「霧原《きりはら》の里《さと》」と俗称された島崎川沿いの沖積平地を展望することができる。夏戸の集落は、中世に西古志郡《にしこしぐん》（その後「山東郡《さんとうぐん》」）に属し、夏戸城はその要衝に築かれていた。

城跡一帯は、保存会の方々によって遊歩道が整備され、いたるところに説明板や案内標識、遺構《いこう》の標柱が建てられていて、見学者の利便に配慮されている。北麓の夏戸小学校跡地には、長岡市朱鷺《とき》分散飼育センターがあり、朱鷺の生態などを学習することができる。

【夏戸城の構造】　夏戸城は、地形や遺構の配置状況などから、尾根の中央部を占める「本城地区」と西方の谷を隔てた尾根頂部にある「詰《つめ》ノ丸《まる》地区」、それに尾根南端の「寺裏地区」の三地区から構成されている。

本城地区は、俗称「城ノ腰」と呼ばれ、ここに本丸以下の主要な郭群《くるわぐん》と多くの堀切《ほりきり》が設けられている。本丸は一〇〇平方メートルほどの広い郭で、西側と東側に虎口《こぐち》を構え、北端から中央部にかけて、「廃城のときに鎧《よろい》や兜《かぶと》、不用物を埋めた」

と伝えられている四ツ塚《よつづか》がある。以前、本丸から錆《さ》びた刀や土師器《はじき》、珠洲焼《すずやき》が出土している。本丸の西側を取り巻いた広い郭は、戦《いくさ》の時に将兵が集結した武者溜《むしゃだ》まりと推定される。

また、本丸からは、「館小路《たてこうじ》」「馬道《うまみち》」という道が麓《ふもと》の城下へ下っている。館小路は大《おお》手道《てみち》、馬道は食糧などを運んだ糧道《りょうどう》と考えられる。本丸の北側にある二ノ丸は、西南隅に物見《ものみ》をした櫓台《やぐらだい》、東側に二重堀（多重堀《たじゅうほり》）を構えている。

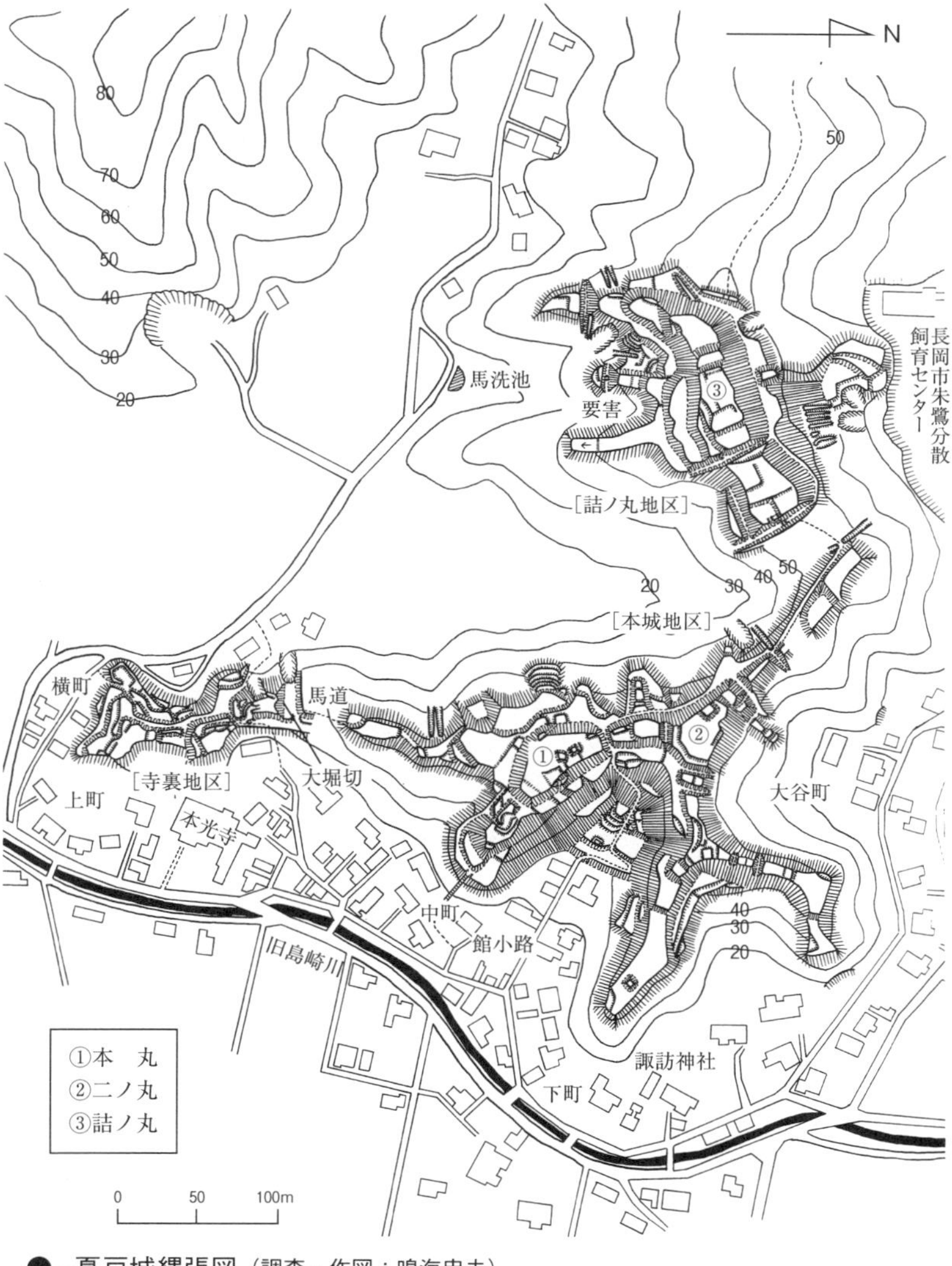

●—夏戸城縄張図（調査・作図：鳴海忠夫）

詰ノ丸地区は、俗称「要害《ようがい》」と呼ばれ、夏戸城では最も高い地点にあり、本城地区とは土橋《どばし》で結ばれている。ここに大きな郭をいくつか配置し、土塁《どるい》や堀切、横堀《よこぼり》、連続竪堀《れんぞくたてぼり》、畝状空堀《うねじょうからぼり》などを厳重に構えている。本城地区に比べると、守りをより強化した形跡が

●—夏戸城の土橋

●—夏戸城詰ノ丸の横堀と土塁

うかがわれるので、最後の戦闘場としての性格を持っていた。浄土真宗仏光寺派本光寺の裏山にある寺裏地区には、郭や土塁、堀切、枡形《ますがた》虎口がある。とくに北側の大堀切《おおほりきり》は、尾根を深く掘り割っており、防御性に富んでいる。

夏戸城は五二〇《メートル》四方におよんだ大きな山城である。主要な郭群の大型化と堀切・竪堀の多用、横堀・畝状空堀の配置などに、戦国期山城としての特色が認められる。

【城主の居館と城下町】 夏戸集落には、「館小路《たてこうじ》」「館ノ上」「上町《かみちょう》」「中町《なかちょう》」「下《しも》町《ちょう》」「横町《よこちょう》」の地名が残されており、ここに城主の居館《きょかん》と中世城下の存在が推定される。城主の居館は、集落の南側にある本光寺を中心とした区域にあったと考えられている。本光寺をはさんで、北側に下町・中町、南側に上町・横町が城を取り巻くように展開しており、一部に短冊《たんざく》型の地割《じわり》が認められることから、ここに町屋敷が存在していた可能性が高い。また、かつて集落内を流れた島崎川には、人や物資を輸送した船着き場があった。

【志駄氏の来越と夏戸築城】 志駄氏は清和源氏の一族、源為《ため》義《よし》の三男義広《よしひろ》（義憲）を祖とし、義広が常陸国《ひたちのくに》（茨城県）信《し》太荘《だのしょう》に住んだことから志駄氏を名乗った。志駄氏は、南北朝時代に越後守護となった上杉憲顕《のりあき》にしたがって越後入りしたものと考えられる。その後、応永年間（一三九四～一四二七）に上杉氏から夏戸を賜って本拠《ほんきょ》とし、集落の裏山に夏戸城を築城した。志駄氏は、守護上杉氏の直臣《じきしん》であったことから、上杉氏が越後支配を完成するために、西古志郡の要衝にあった夏戸の地に志駄氏を配したのであろう。

【志駄氏の活躍と発展】『志駄家系図』によると、六代定重《さだしげ》は、応永二十二年（一四一五）に大太刀《おおたち》（国重要文化財）を越後一之宮弥彦《やひこ》神社に奉納している。一一代房義は、享徳二年（一四五三）の西浜口《にしはまぐち》（糸魚川市）の戦いに出陣して功労があったため、守護上杉房定から感状《かんじょう》（論功行賞）を賜っている。一二代景義は、明応六年（一四九七）十二月二十一日に家督と所領地の吉竹《よしたけ》・夏戸・北曾祢《きたぞね》（以上長岡市）・夷守郷《ひなもりごう》三分一《さんぶいち》（上越市）を、その子春義に譲っている。

一三代春義は、永正四年（一五〇七）に始まった永正《えいしょう》の乱で長尾為景に味方して活躍した。永禄五年（一五六二）五月には、上杉謙信の関東出兵に従軍し、私西城《きさいじょう》（埼玉県）の攻略後、同城の城将《じょうしょう》を命じられている。夏戸城の完成年代は、戦国時代の半ば頃、春義の代と推定される。一四代義時は、与板城（長岡市）主直江酒椿斎《しゅちんさい》の娘を妻とし、永禄四年の第四次川中島合戦のとき、謙信の眼前《がんぜん》で討死した。一五代義秀は、父義時が永禄四年の川中島合戦で討死、祖父春義も同六年に亡くなったため、直江家で育てられたという。義秀も直江家から妻（景綱後室《こうしつ》の養女）をめとっている。

天正六年（一五七八）三月に上杉謙信が春日山城（上越市）で死去すると、養子の景勝と景虎で相続をめぐって争った御《お》館《たて》の乱が発生した。この時、義秀は景勝に味方した与板城主直江信綱の家臣として、与板城に立て籠もって奮戦《ふんせん》している。その後、義秀は直江兼続支配の与板衆《よいたしゅう》の筆頭として活躍し、文禄四年（一五九五）一月に庄内（山形県）の金山代官《だいかん》を命じられている。ただ、前年の文禄三年に作成された「定納員数目録」には、上杉氏の番城《ばんじょう》のなかに夏戸城の記載がないので、このころすでに夏戸城は廃城になっていたものと考えられる。慶長三年（一五九八）一月、景勝が豊臣秀吉から会津国替《くにがえ》を命じられると、義秀は酒田城（山形県酒田市）五一〇〇〇石の城代《じょうだい》となった。

【参考文献】新潟県『新潟県史』別編三（新潟県、一九八七）、鳴海忠夫「夏戸城と志駄氏」『長岡郷土史』第二六号（長岡郷土史研究会、一九八九）、寺泊町『寺泊町史』資料編一（寺泊町、一九九一）

（鳴海忠夫）

●上杉氏執政直江兼続の居城

与《よ》板《いた》城《じょう》

〔新潟県指定史跡〕

〔所在地〕長岡市与板町与板字十二谷他
〔比　高〕約九〇メートル
〔分　類〕山城
〔年　代〕一六世紀
〔城　主〕直江信綱・直江兼続
〔交通アクセス〕関越自動車道「長岡ＩＣ」から県道をへて、城跡登り口付近の駐車場まで車で約二〇分、駐車場から本丸まで徒歩約二〇分

【水上交通の要衝の地】　曽地丘陵《そちきゅうりょう》（三島丘陵）の東麓に開けた長岡市与板町は、市街地近くを黒川が北流し、市街地北端で大河信濃川に合流している。与板町は中世以来、黒川や信濃川の水運を利用して、政治や経済、水陸交通上の要衝の地として栄えてきた。

与板城跡は、与板市街地南端の標高一〇四メートルの城山《じょうやま》にある。本丸からは、東方眼下に与板市街地を展望し、市街地の東に黒川と信濃川が流れている。与板市街地には、直江家の菩提寺であった曹洞宗徳昌寺《とくしょうじ》や直江兼続《なおえかねつぐ》の事績《じせき》を紹介した兼続お船ミュージアム（長岡市与板歴史民俗資料館）がある。北方約一・八キロの本与板集落には、与板城の縄張《なわばり》と近似するもう一つの直江氏ゆかりの山城・本与板《もとよいた》城跡がある。

【与板城の構造】　与板城は、城山の北端に位置する本丸を中心として、南へ延びた尾根上に二ノ丸などの主要な郭群《くるわぐん》を一直線上に配置した連郭式縄張のプランを持つ。それぞれの郭は、堀切で区画している。本丸と二ノ丸、三ノ丸は広い空間である。本丸から北東に下った尾根にも、東郭などの大きな郭を配置している。城の規模は東西六五〇メートル、南北五五〇メートルにもおよび、新潟県内の山城のなかでは、大規模城郭の一つである。

城山の最も高いところにある本丸は、中央部に城山稲荷社、北側に樹齢四百年余といわれる「城の一本杉」、城山稲荷社の脇に「所望事信一字《のぞむところのことしんのいちじ》　慶長二年二月六日　直江山城守兼続花押」と「直江山城守旧城跡本丸」の碑がある。本

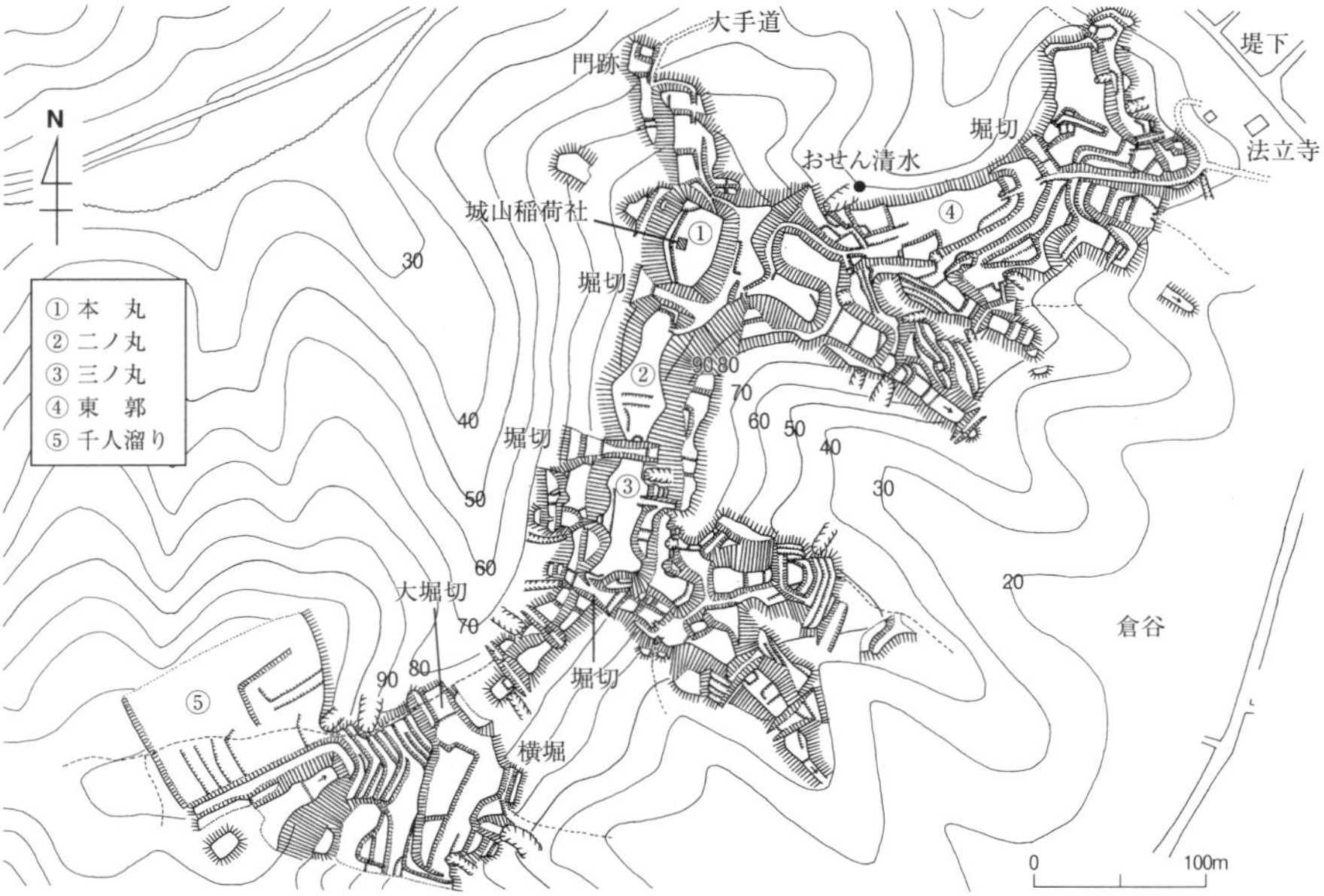

●—与板城の縄張図（調査・作図：鳴海忠夫）

丸の西側に高さ二㍍前後の土塁を築き、北西隅に虎口《こぐち》、南の二の丸側に深い堀切《ほりきり》（箱堀《はこぼり》）を掘り込んでいる。また、本丸から北麓に下る道は、途中に門の跡があり、城主居館の可能性が高い「館《たて》ノ御廊《ごろう》」や「立《たち》ヶ入《いり》」に通じているので、大手《おおて》道《みち》と推定される。

二ノ丸は、北端に鍵形状の土塁を築き、北東隅に本丸東側の腰郭《こしぐるわ》から通じた虎口を構えている。三ノ丸との間には堀切がある。三ノ丸は、東側中央部のやや北寄りに下の腰郭からの虎口を構え、その内側を桝形としている。南側にも虎口がある。三ノ丸から東南へと下る二つの小尾根には、堀切で区画した多くの郭群を配置し、山麓方向からの敵の侵入に備えていた。三ノ丸の南側は、三条の堀切で区画された櫓台状の郭を連続三ヵ所に配置し、その南西に底幅約一〇㍍の大堀切を掘り込んでいる。大堀切を越えたところには、「千人溜《せんにんだま》り」という広い平地がある。

本丸の東側は約一〇㍍の大切岸《おおきりぎし》とし、その先に城内では最大の広さのある東郭を配置し、南西隅に虎口、東側直下に横堀を構えている。北側の谷間には、「おせん清水」と呼ばれている湧き水がある。東郭の周囲には、多くの腰郭を設けて守りを固めていた。

与板城は、広範囲に縄張が展開した大規模な山城で、広

●—与板城本丸の土塁

●—与板城の堀切（箱堀）

い空間の主郭《しゅかく》群と主郭周囲の大切岸、防御性に富んだ堀切、二ヵ所に構えられた横堀などに、戦国期山城としての特色がみられる。堀切の多くは、堀幅の広い箱堀である。また、南端の千人溜りは、大堀切の外側にあって主郭部から離れていること、それに大人数を収容できる広い空間であることなどから、戦《いくさ》などの非常時に村人などの非戦闘員を避難・収容した空間とも推定される。

【城主の居館と城下町】 与板城の北麓には、館ノ御廊・立ヶ入・館ノ浦・備後《びんご》ノ小路《こうじ》・弥《や》ノ小路・竹ノ小路などの地名があり、館ノ御廊付近に城主の館が推定される。また、備後ノ小路・弥ノ小路・竹ノ小路には、家臣の屋敷や武器製造所があったと伝えられている。

　与板の町並みは、江戸時代の牧野氏のときに町造りが始まり、井伊氏の代に完成したものであるが、直江氏の時代にも、小規模ながらも城下町が形成されていた可能性が高い。

【直江氏の与板入府】 直江氏がいつ頃与板に入ったかは明らかでないが、「直江家由緒《ゆいしょ》」には、「直江者飯沼《いいぬま》家の旗下《きか》ニテ代々越後三島郡与板之城主也」とあるので、飯沼氏に従って与板に入ったものと考えられる。その時期は、昌山一徳《しょうざんいっとく》が徳昌寺を開基したと伝えられている文明十一年（一四七九）

より少し前の可能性が高い。直江氏の系譜は必ずしも明らかでないが、昌山一徳……親綱《ちかつな》―景綱《かげつな》―信綱《のぶつな》―兼続とつづく。景綱は天文年間（一五三二〜五五）に、本与板城主の飯沼氏を退治して与板の領主となった。この時、景綱が本拠としたのは与板城ではなく、与板城の北方に位置する本与板城と考えられている。

【御館の乱と与板城の攻防】 直江氏が本与板城から与板城へ本拠を移した時期は明らかでないが、景綱の跡を継いだ信綱の代と考えられる。信綱は総社《そうじゃ》（群馬県前橋市）長尾氏出身で、景綱の娘お船《せん》と結婚して直江氏を継いだ。

天正六年（一五七八）の上杉謙信急逝後の御館《おたて》の乱にさいし、信綱は上杉景勝に味方して中越地方の守りを固めた。同年五月、上杉景虎方の栃尾城主本庄秀綱《ほんじょうひでつな》が与板城に来襲したため、与板城はかなりの危機に直面したが、赤田城（刈羽村）主斎藤氏の救援で、これを撃退した。景虎方の猛攻から与板城を死守したことが、御館の乱での景勝方の勝利につながっていった。乱後、信綱は景勝政権の中枢にあったものと思われるが、天正九年九月、春日山城（上越市）内で毛利秀広《もうりひでひろ》に殺害された。

【兼続の直江氏継承と与板入城】 天正九年に信綱が春日山城内で不慮《ふりょ》の死をとげると、直江氏の断絶をうれいた景勝は、側近の兼続を直江氏に入れ、与板城主とした。兼続は、同年十月から十一月頃に与板城に入城した。この兼続の代に、与板城の整備・拡充と強化が図られたものと考えられる。

兼続は景勝の執政《しっせい》（家老）として、天正十年の織田信長方との対戦、信長死後の信濃（長野県）川中島四郡の支配、天正十五年の新発田重家《しばたしげいえ》の乱での勝利、天正十七年の佐渡平定などの難関を処理した。また、配下の与板衆《よいたしゅう》を指揮して、領内の検地を行なうとともに、蔵入地《くらいれち》の管理や知行《ちぎょう》編成なども行なった。

このように、兼続は内政・外交ともにすぐれた手腕を発揮し、領国統治にあたった。景勝政権の中越地方支配の拠点・与板城の完成は、この兼続の時である。与板城は、慶長三年（一五九八）一月の景勝会津移封にともなって廃城となった。

【参考文献】 与板町『与板町史』資料編上巻（一九九三）、鳴海忠夫「直江氏の居城　与板城跡について」『長岡郷土史』第四五号（長岡郷土史研究会、二〇〇八）

（鳴海忠夫）

●もう一つの直江氏ゆかりの城

本《もと》与《よ》板《いた》城《じょう》

〔新潟県指定史跡〕

〔所在地〕長岡市与板町本与板字荻岩井
〔比　高〕約八〇メートル
〔分　類〕山城
〔年　代〕一四世紀？〜一六世紀
〔城　主〕伝籠沢入道・飯沼氏・直江景綱
〔交通アクセス〕関越自動車道「長岡ＩＣ」から県道・林道をへて、城跡登り口まで車で約二五分、城跡登り口から本丸まで徒歩約五分（登り口には、普通車二〜三台の駐車スペース有、林道は冬期間通交止）

【水陸交通の要衝の地】　長岡市与板町の北方に位置し、曽地《そち》丘陵《きゅうりょう》（三島丘陵）の東麓に開けた本与板集落は、東側に古くから水上交通が発達していたと推定される信濃川が流れている。また、背後の丘陵上には、信濃川流域と島崎川流域・日本海沿岸をつないだいくつかの峠道《とうげみち》が存在しており、本与板集落は水陸交通の要衝にあった。

本与板城跡は、本与板集落西南の標高九八メートルの丘陵上にある。集落内には「御館《おたて》」という屋号の家があり、この付近に城主の居館が推定される。近年、この付近に「お船《せん》の方生誕御館跡」の石碑が建立された。南方約一・八キロの丘陵上には、上杉景勝《うえすぎかげかつ》の執政《しっせい》（家老）であった直江兼続《なおえかねつぐ》の居城・与板城跡がある。

【本与板城の構造】　本与板城は、俗称「城《じょう》」と呼ばれる丘陵上の本城《ほんじょう》地区と、本城地区から東方に突き出した丘陵先端部にある砦地区から構成されている。全体的な縄張《なわばり》や城下との位置的な関係などから、東側が大手、西側が搦手《からめて》と考えられる。

本城地区はＬ字状の尾根を利用して、本丸以下の郭群《くるわぐん》と土塁《どるい》、堀切、竪堀《たてぼり》、虎口《こぐち》などを設けている。本丸の西側は、二ノ丸・三ノ丸・西郭などの主要な郭を一直線上に配置している。本丸東側は、櫓台《やぐらだい》状の二つの小さな郭と、その下に二つの大きな郭を設けている。本丸の南側には、南郭がある。主要な郭には土塁を築き、各郭を堀切と切岸《きりぎし》で区画している。また、本丸などの周囲には、幅の広い腰郭《こしぐるわ》をめぐら

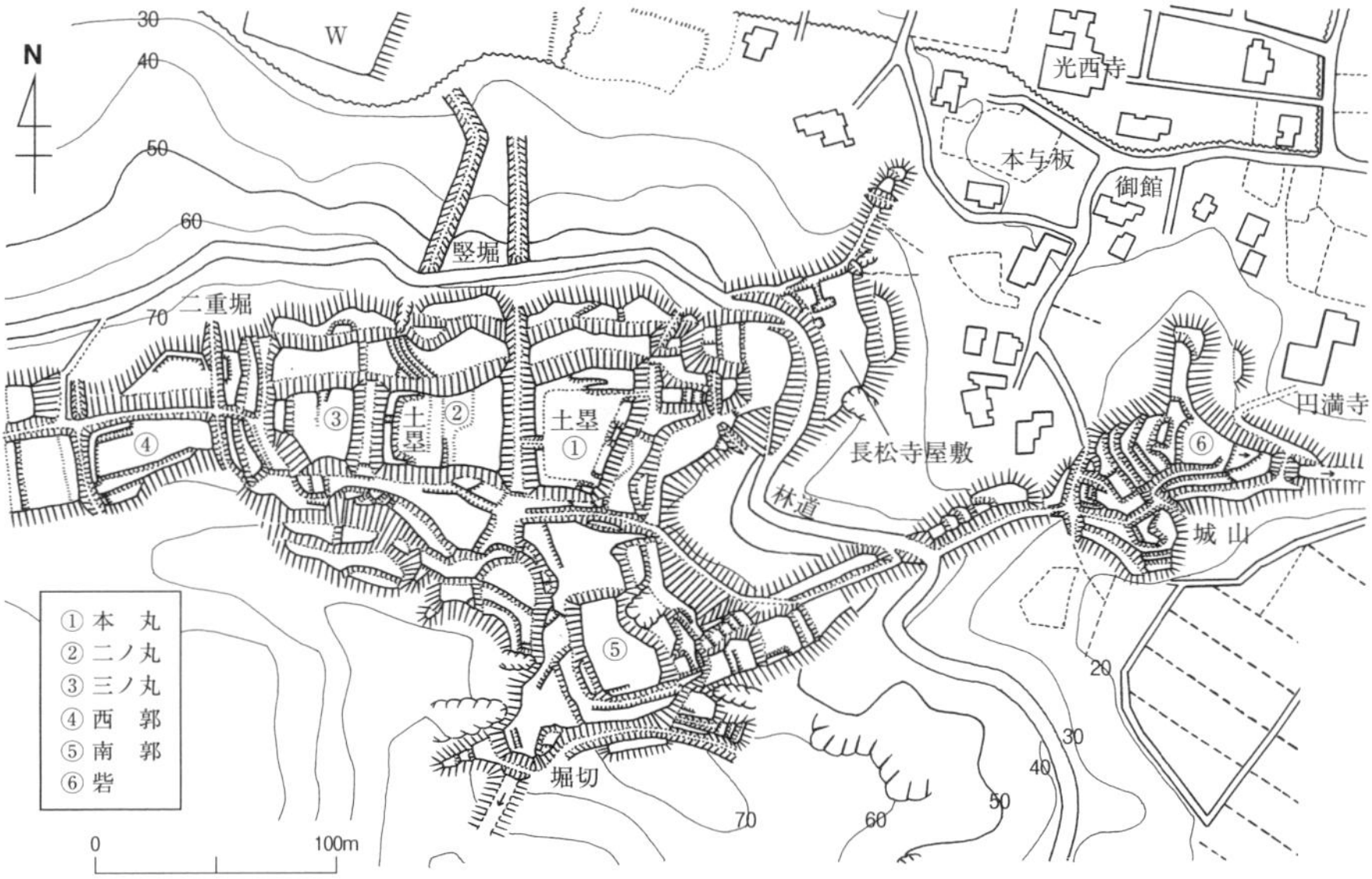

●—本与板城の縄張図（調査・作図：鳴海忠夫）

して、守りをより強化していた。

本丸は一五〇〇平方メートルもある大きな郭で、ここに「本与板城跡」などの碑がある。北側と東側、東南の三ヵ所に土塁、北東と東南の二ヵ所に出入口としての虎口がある。この土塁は、かつて本丸の全周をめぐっていたが、第二次世界大戦ころ、本丸を畑とするためにくずしたといわれている。北側の土塁は、中ほどが東西に掘り割られている。明治戊辰《ぼしん》戦争《せんそう》のときに陣地《じんち》として使われた痕跡である。本丸は広い空間であることから、ここには多くの建物や施設が設けられていたものと推定される。

二ノ丸は、本丸と同規模の空間（約一五〇〇平方メートル）で、西端にコの字状に土塁を築いている。本丸と同様に広い空間であることから、ここにも主要な建物や施設の存在が推定される。二ノ丸の西側にある三ノ丸は、西端に土塁を築き、北側の中央部付近に虎口を構えている。三ノ丸の先には、大規模な土塁が築かれている。その前後に堀切が掘り込まれて二《に》重堀《じゅうぼり》としている。また、土塁の中央部が切れていることは、ここに門（搦手門《からめてもん》）が構えられていた可能性が高い。二重堀の外側にある西郭は、俗称「お花畑」と呼ばれ、北側から西側にかけてL字状に土を築いている。

南郭は、五メートルほどの切岸で二つに区画されている。本丸寄りの北側の郭は、本丸の南直下に位置し、城の出入口にも近いことから、いざという時に兵が集結した武者溜《むしゃだま》りとも推定される。南側の郭は、本丸とともに大手である城下方面からの敵の侵入に備えていた。

本城地区の東方に張り出した砦地区は、頂部に櫓台状の小さな郭を設け、その周囲に多くの腰郭を桟敷状に配置している。西側は尾根伝いに本城地区に通じ、東側に一条の堀切がある。砦地区は本城地区と一体をなし、本城地区の前衛《ぜんえい》と城下《じょうか》の守備に当たっていた。

本与板城は砦地区を含めると、東西五〇〇メートル、南北二五〇メートルにもおよんだ大きな山城である。本丸以下の主郭群を一直線上に配置した連郭式《れんかくしき》縄張で、郭の大型化と土塁の多用、堀切の箱堀化、二重堀の配置などに戦国期山城としての特色がみられる。

●—本丸にある本与板城趾碑

●—本与板城の堀切（箱堀）

【本与板城の始まり】 本与板城は、いつ頃、誰によって築かれたのであろうか。明治年間に編さんされた『温古《おんこ》の栞《しおり》』には、「建武年中に籠沢入道《こもりざわにゅうどう》が初めてここに築城して住居した」と記されていて、その草創を南北朝時代とするが、これは何を根拠にまとめたものかはっきりせず、かつ史料的価値に乏しいため確証はない。

【上杉氏重臣飯沼氏】 室町時代に本与板城には、守護上杉氏の重臣飯沼《いいぬま》氏が居城したといわれている。飯沼氏の来歴は明らかでないが、室町時代の中頃に守護上杉氏に従って越後に入国し、上杉氏から本与板城主に任じられたものと推定される。

飯沼氏が歴史の舞台に登場するのは、宝徳二年（一四五〇）の「和田黒川文書」で、このなかに飯沼頼泰《よりやす》がみえる。文明年間（一四六九～八七）の「長尾・飯沼氏等知行検地帳」には、高波保《たかなみのほ》に多くの所領を有する飯沼遠江守《とおとうみのかみ》・同弾正《だんじょう》左《さ》衛門尉《えもんのじょう》が登場し、古志郡や三島郡に強大な勢力を持っていた。その後、永正十一年（一五一四）一月に、坂戸城下六日市（南魚沼市）で長尾房長と戦って敗北した。以後、飯沼氏は歴史上から姿を消した。

ただ、「直江家由緒《ゆいしょ》」などによれば、天文二十一年（一五五二）もしくは天文二十二年に直江景綱《かげつな》は、上杉謙信の命で飯沼頼清《よりきよ》を退治し、その一跡《いっせき》を賜ったという。これが事実だとすれば、飯沼氏は永正十一年以降も命脈《めいみゃく》を保っていたことになる。

【直江景綱の本与板入城】　天文年間に飯沼氏を滅ぼした直江景綱は、飯沼氏に代わって本与板城へ入城した。景綱は、本与板城を本拠に与板を支配した。謙信の代には、奉行人《ぶぎょうにん》として上杉政権の中核を担《にな》っていた。天正三年（一五七五）の「上杉家軍役帳《うえすぎけぐんやくちょう》」によれば、景綱は三〇五人の軍役を負担する上杉家中《かちゅう》では大身《たいしん》の武将であった。この景綱の時代に、本与板城の整備と強化が図られたものと思われる。

その後、直江氏は本拠を本与板城から与板城に移したものと考えられる。時代が変化する中で、拠点城郭《きょてんじょうかく》を移動することは、戦国領主の間でよくみられることである。その時期は、景綱の跡を継いだ信綱《のぶつな》の時代の可能性が高い。

ところで、本与板城と与板城は、城の規模にやや違いがみられるものの、いずれも連郭式の縄張で近似し、郭の大型化と堀切の箱堀化、多重堀《たじゅうぼり》の配置などに共通性が認められる。二つの山城の縄張には、時間的な差異がほとんどなく、同時期に存在していたものと推定される。つまり、直江氏が本与板城から与板城に本拠を移したのちも、本与板城は直江氏によって戦国時代の後半まで維持されていたものと考えられる。

【参考文献】　高橋義彦『越佐史料』巻三～五（名著出版、一九七二）、与板町『与板町史』資料編上巻・通史編上巻（一九九三・一九九九）

（鳴海忠夫）

●上杉謙信旗揚げの城

栃《とち》尾《お》城《じょう》

〔新潟県指定史跡〕

〔所在地〕長岡市栃尾大野町・栃尾町甲字水ノ手
〔比　高〕約一五七メートル
〔分　類〕山城
〔年　代〕一四世紀後半?〜一七世紀初頭
〔城　主〕伝芳賀禅可・本庄実乃・本庄秀綱・清水内蔵助・神子田政友
〔交通アクセス〕関越自動車道「長岡IC」から国道八号線・国道三五一号線をへて、城跡登り口まで車で約三〇分、登り口から本丸まで徒歩約二五分（登り口付近に長岡市栃尾支所の駐車場有）

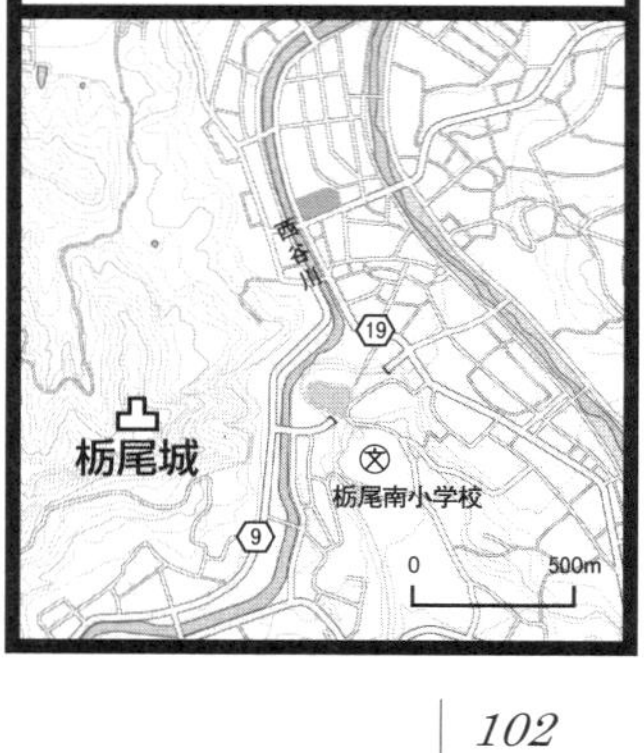

【高波保支配の要衝の地】　長岡市の北東部に位置する栃尾地域は、守門岳《すもんだけ》と東山丘陵にはさまれた刈谷田川《かりやたがわ》上流の盆地にあり、中世には高波保《たかなみのほ》と呼ばれる国衙《こくが》領であった。高波保は、室町・戦国時代に守護領として古志長尾《こしながお》氏が支配していた。栃尾城は、高波保を支配できる要衝の地に築かれている。

栃尾城跡は、大野町一丁目北北西の標高二二七・七メートルの鶴城山《かくじょうざん》にある。鶴が舞ったような形をしているので、別名「舞鶴城《まいづるじょう》」ともいう。東方眼下に栃尾市街地と刈谷田川を眺望することができる。南南東の大野町一丁目は栃尾城の根小《ねご》屋《や》と推定され、「館屋敷《たてやしき》」「佐々木館」「勘定蔵《かんじょうぐら》」などの地名が遺されている。また、東方の西谷川を隔てた秋葉山麓には、上杉謙信（長尾景虎）が創建したと伝えられている曹洞宗常安寺《じょうあんじ》がある。

【栃尾城の構造】　栃尾城は、鶴城山の山頂部に本丸を構え、北側に松ノ丸、三ノ丸、五島丸《ごとうまる》、南側に二ノ丸、二ノ丸の西側に中ノ丸、琵琶丸《びわまる》、馬繋《うまつな》ぎ場、狼煙台《のろしだい》など、主要な郭をL字状に配置している。また、北東の中腹には千人溜《せんにんだま》りや馬場といった大きな郭、山麓近くには金井郭と後藤郭という人名を付けた郭を設けている。また、要所には土塁《どるい》や堀切、竪《たて》堀《ぼり》、石垣、土橋《どばし》、虎口《こぐち》、桝形《ますがた》などを構えている。山頂部の本丸から最も下の郭までの高低差は、一三〇メートルにもおよび、立体的な縄張《なわばり》となっている。

本丸は弓なり状の細長い郭で、東側と西側は垂直に削り出した大切岸《おおきりぎし》としている。とくに東側の切岸は五〇《メートル》近くもあり、壮観である。南側に虎口を構え、そこから延びた土橋状の尾根で二ノ丸と連結している。北側は二重堀で松ノ丸と区画している。本丸の西側切岸には、二ヵ所に野面積《のづらづ》み状の石垣が認められる。この石垣は、長い間の崩落で大半が失われてしまったが、かつては本丸を全周していたものと推定される。

松ノ丸は内部を小さな段で二区画とし、ここから東直下に位置する千人溜りの間に一〇段の腰郭《こしぐるわ》を設けている。三ノ丸は一部が傾斜する不整地な郭であるが、尾根上の郭群の中では最も広い面積がある。松ノ丸と三ノ丸を区画した堀切は、全長三〇〇《メートル》にもおよんだ長大《ちょうだい》な堀である。また、堀の北側に沿って土塁を築いている。

本丸の南側に配置された二ノ丸は、小さな段で三つに区画され、南眼下に根小屋と推定される大野の集落を眺望することができる。北東へ下る尾根上には、腰郭を階段状に設け、その北直下に「金銘《きんめい》

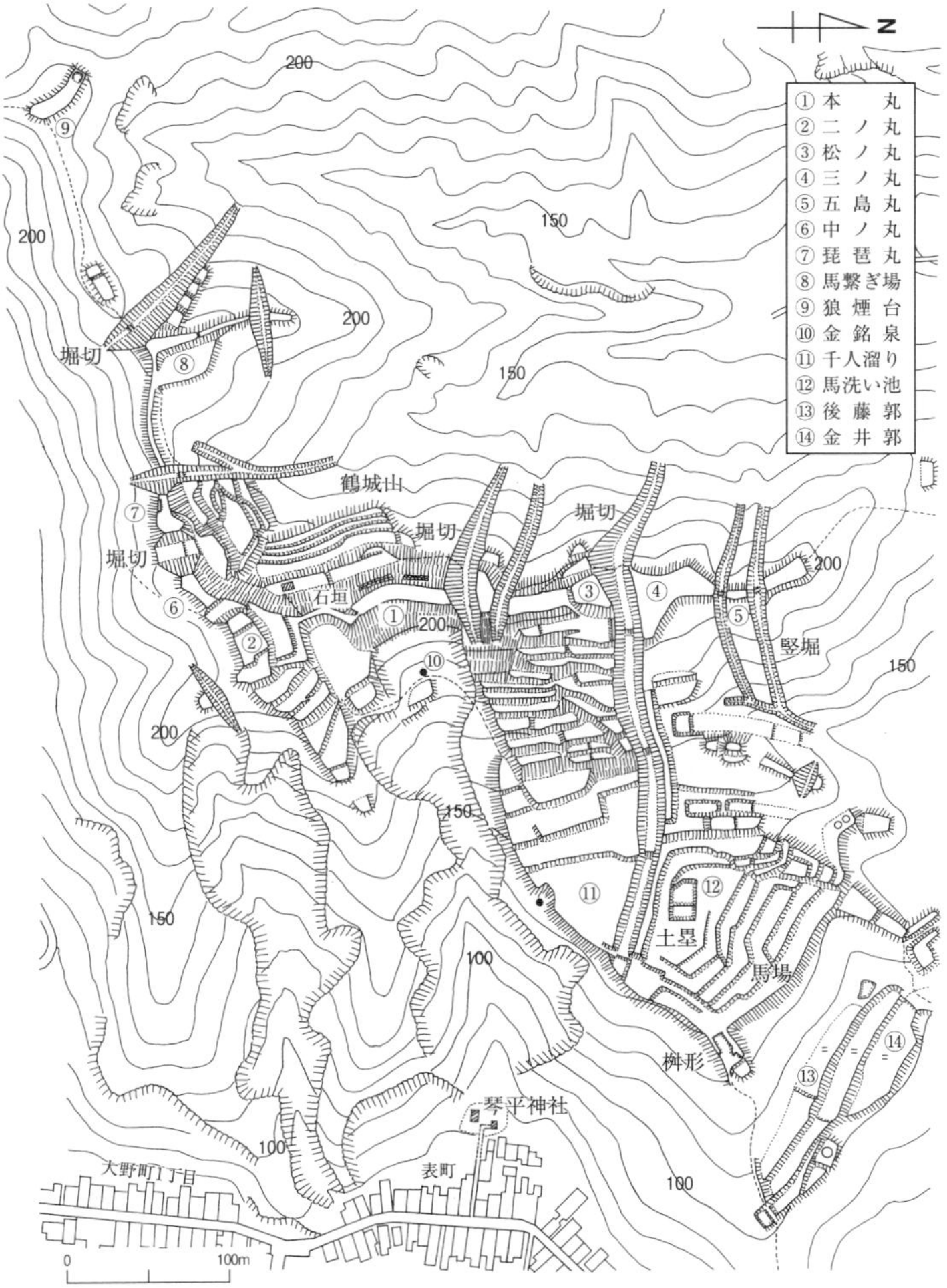

●—栃尾城の縄張図（調査・作図：鳴海忠夫）

●―栃尾城の野面積み石垣

●―栃尾城の堀切（箱堀）

泉《せん》」と呼ばれる湧水があり、重要な水源の一つであった。中ノ丸は二の丸の西側にあり、二ノ丸とは箱堀《はこぼり》状の浅い堀切で区画している。

　中ノ丸の西側には、大型の箱堀を隔てて琵琶丸がある。琵琶丸は、琵琶の形に似ていることから名付けられたという。この先にある馬繋ぎ場は、土塁と堀切で厳重に守られている。最西端の狼煙台は、標高二三〇・六メートルと本城では最も高いところにある。北端にある三方を低い土塁で囲んだ五×四メートルの窪みは、狼煙台の可能性が高い。

　本丸北東の中腹にある千人溜りは、本城では最大の郭で、二〜三メートルの段で四つに区画している。千人溜りの北側にある馬場も大きな郭で、南西隅に馬洗い場と呼ばれる窪地があり、馬を洗ったところと伝えられている。この北東隅に虎口を構え、その外側に土塁で守られた枡形を構えている。馬場の下には、後藤郭・金井郭という人名を付けた郭がある。

　栃尾城の縄張は東西八五〇メートル、南北四五〇メートルにもおよんでおり、新潟県内では有数の大規模城郭である。計画的に配置された郭群と高度化した切岸、大型堀切、堀切の一部箱堀化、本丸側壁《そくへき》の石垣、狼煙台状の施設などに戦国期山城としての特色が認められる。

【栃尾城の始まり】　栃尾城は、南北朝時代の一時期（一四世紀後半頃）に越後守護《えちごしゅご》となった宇都宮氏綱《うつのみやうじつな》の家臣、芳賀禅可《はがぜんか》が築いたと伝えられている。室町時代には、古志郡司《ぐんじ》として古志郡の統治にあたった古志長尾氏が支配していた。古志長尾氏は、上田長尾氏（南魚沼市の坂戸城を本拠とした長尾一族）や下田長尾氏（三条市の高城を本拠とした長尾一族）に対抗するため、栃尾城に一族または家臣を入れて守らせていたものと考えられる。

【上杉謙信の入城と旗揚げ】 天文十二年（一五四三）八月、上杉謙信《うえすぎけんしん》（長尾景虎）一四歳のとき、中越地方の平定と古志長尾氏継承のため栃尾城へ入城した。この時、栃尾城には本庄実乃《ほんじょうさねより》が在城していた。ここで中越地方を平定した謙信は、天文十七年に栃尾城から春日山城（上越市）に入り、兄晴景に代わって長尾氏を継いだ。謙信は名実ともに越後の国主となったのである。栃尾城は、まさしく上杉謙信旗揚《はたあ》げの城であった。謙信擁立に奔走した本庄実乃は、謙信が春日山城主となると、その奉行人《ぶぎょうにん》となった。

【御館の乱と栃尾城の攻防】 天正六年（一五七八）に始まった御館《おたて》の乱のとき、栃尾城には実乃の子と思われる本庄秀綱《ひでつな》が居城していた。秀綱は上杉景虎に味方して、景勝方の直江信綱《のぶつな》の守る与板城（長岡市）を攻撃するなど、目覚ましい働きをしたが、栃尾城は天正八年四月に景勝軍に攻められて落城した。秀綱は城を脱出して、会津方面へ逃亡したという。

この時、景勝から内田伝之丞《うちだでんのじょう》らに宛てた書状に、「祢小屋《ねごや》までことごと放火して、巣城《すじょう》ばかりにした」「根小屋まで押しつめて放火した」「二十二日の早朝、根小屋へ押し寄せて放火し、巣城ばかりにした」「二十二日、宿城《しゅくじょう》を破り、数多く討ち捕らえ、中城《ちゅうじょう》まで放火した」など、栃尾城をめぐる激しい攻防が生々しく書かれている。これらの書状によれば、四月二十二日に根小屋が攻略されているので、その後いく日もたたないうちに栃尾城は落城したものと考えられる。

景勝は栃尾城の攻略後、安部弐介《あべにすけ》らの上田衆を在番《ざいばん》させて、城の守りを固めている。文禄三年（一五九四）の段階では、清水内蔵助《くらのすけ》が城将であった。

【神子田氏の入城と廃城】 慶長三年（一五九八）正月、上杉景勝に代わって春日山城主となった堀秀治《ほりひではる》は、神子田長門守《みこだながとのかみ》政友《まさとも》を栃尾城主に命じ、栃尾の支配にあたらせた。慶長十五年の堀家取りつぶしで廃城となった。

【参考文献】 高橋義彦『越佐史料』巻三～六（名著出版、一九七一）、栃尾市史編集委員会『栃尾市史』上巻（栃尾市役所、一九七七）、鳴海忠夫「ふるさとの山城」『新潟県の合戦』長岡・柏崎編（いき出版、二〇一一）

（鳴海忠夫）

●水上交通の要衝に築かれた平城

蔵《ざ》王《おう》堂《どう》城《じょう》

〔長岡市指定史跡〕

〔所在地〕長岡市西蔵王他
〔比　高〕約二メートル
〔分　類〕平城
〔年　代〕一四世紀〜一七世紀初頭
〔城　主〕長尾景春、丸田定俊、堀川左兵衛、堀親良、堀直竒
〔交通アクセス〕JR信越線「北長岡駅」下車、徒歩約一五分。

【水上交通の要衝】　長岡市街地の北西部に位置する蔵王《ざおう》は、西側に信濃川が流れ、古くから信濃川の両岸を結ぶ渡しのほか、信濃川に開かれた舟運の河港《かわみなと》として栄え、水上交通の要衝にあった。また、蔵王は長岡のルーツでもある。

蔵王堂城跡は、JR長岡駅の北北西約二・二キロで、信濃川右岸の標高二二メートルの沖積《ちゅうせき》地にある。現在本丸には天台宗安禅寺、二ノ丸には金峯《きんぷ》神社がある。安禅寺は元蔵王権現の別当《べっとう》である。金峯神社は、金山毘古命・又倉大神を祭神とし、元蔵王権現《ざおうごんげん》と称していた。

【蔵王堂城の構造】　蔵王堂城は、蔵王堂城絵図（安禅寺所蔵）によると、中央に本丸、東側に二ノ丸、西側に三ノ丸を配置したL字状の構造で、周囲に土塁《どるい》（二ノ丸・三ノ丸は一部）と堀をめぐらしていた。本丸の西と東、二ノ丸の北と西、南、三ノ丸の南に門を構えていた。二ノ丸の西にある枡形門《ますがたもん》が大手門《おおてもん》と推定される。本丸の南東角には、隅櫓《すみやぐら》があった。

城跡は、宅地化や工場建設などで土塁《どるい》は崩され、堀は埋められたため、現在本丸の北側と南側に土塁の一部、東側から南側の一部に堀が残されているにすぎない。本丸は北側に残されている土塁から、約一〇〇メートル四方の空間と考えられる。本丸をめぐった堀は、東側に約一〇〇メートル、南側に約五〇メートル残されている。堀幅は約一九メートルである。本丸に堀直竒《なおより》の銅像、土塁上に「蔵王城趾」の碑がある。また、大型の南北朝時代の宝篋印塔《ほうきょういんとう》がある。

【蔵王堂築城と南北朝動乱】　蔵王堂城の築かれた年代は明ら

●—蔵王堂城の堀（右が本丸，左が二ノ丸）

かでないが、南北朝時代の興国四年（康永二年〈一三四三〉）に蔵王堂が登場することから、この頃すでに築かれていたものと考えられる。この段階では、南朝方の拠点であった。

正平七年（一三五二）八月、南朝方の方切《かたぎり》氏らが守る蔵王堂城に、北朝方の池氏らが押し寄せて合戦となった。方切氏らは敗れて蔵王堂城を退いた。翌正平八年、北朝方の羽黒《はぐろ》義成は、乙面《おとも》（出雲崎町）などでの南朝軍との合戦に勝利したのち、十一月十三日に蔵王堂城に入った。義成は、正平十年四月二日に陣ヶ峰（加茂市）で南朝軍を破り、三日に蔵王堂に入った。七日には大嶋荘平方原《おおじまのしょうひらがたはら》（長岡市）で、宗《むね》良《よし》親王軍と戦っている。

【古志長尾氏の入城】 越後南朝方の敗退後、守護上杉氏は守護代長尾一族の長尾景春を蔵王堂城主とし、古志郡の守りを固めさせた。景春は古志長尾《こしながお》氏の祖である。その後、古志長尾氏は、室町時代の末もしくは戦国時代の初め頃、本拠を栖《す》吉城《よしじょう》（長岡市）へ移したものと考えられる。蔵王堂城は、その後もしばらくの間、古志長尾氏が保持したものと推定される。上条《じょうじょう》の乱の天文四年（一五三五）、上田長尾《うえだながお》氏の房長は、長尾為景方の古志長尾氏が守る蔵王堂城攻略のため、蔵王堂口まで進撃している。

【古志長尾氏以後の城主】 古志長尾氏のあと、蔵王堂城には丸田周防守定俊が入城した。定俊は御館《おたて》の乱で上杉景虎に味方したため、天正七年（一五七九）に上杉景勝方に攻められて降伏した。乱後、景勝は蔵王堂城に蔵王堂衆《ざおうどうしゅう》をいれて古志郡の支配に当らせた。文禄三年（一五九四）の段階では、信濃出身の堀川左兵衛が城将であった。

慶長三年（一五九八）四月、春日山城主となった堀秀治は、弟親良《ちかよし》を蔵王堂城主とした。慶長十五年二月、福島城（上越市）主の堀忠俊が一族間の内紛で徳川家康に改易されると、蔵王堂城には松平忠輝の家臣山田隼人正勝重《はやとのかみかつしげ》が入った。元和二年（一六一六）、高田城主松平忠輝が徳川秀忠に改易されると、堀直寄が蔵王堂城主となった。直寄は蔵王堂城に入ると、新城《しんじょう》（長岡城）の築城を始めた。新城はほぼ完成したが、直寄はここに入ることなく、元和四年に村上城主となって移封したため、蔵王堂城は廃城となった。

【参考文献】 高橋義彦『越佐史料』巻二～六（名著出版、一九七一）

（鳴海忠夫）

●長尾一門古志長尾氏の居城

栖《す》吉《よし》城《じょう》

〔新潟県指定史跡〕

〔所在地〕長岡市栖吉町字金松・字出来坊
〔比　高〕約二四〇メートル
〔分　類〕山城
〔年　代〕一五世紀末?〜一六世紀末
〔城　主〕長尾孝景・長尾房景・長尾景信・河田長親・河田岩鶴丸他
〔交通アクセス〕関越自動車道「長岡IC」から国道八号線をへて、城跡登り口まで車で約一五分、登り口から本丸まで徒歩約三〇分（登り口付近に二〜三台の駐車スペース有）

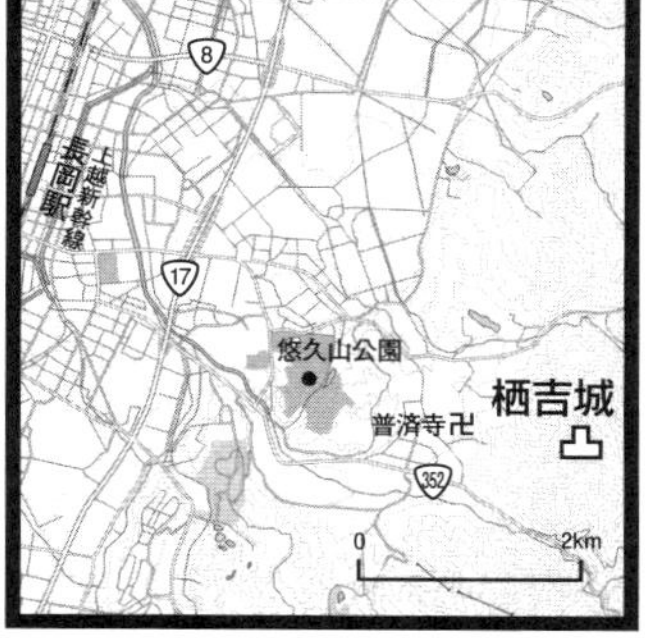

【古志郡支配の要地】 東山丘陵の西麓に開けた栖吉《すよし》集落は、古志郡（長岡市と見附市・小千谷市の一部）のほぼ中央部に位置し、戦国時代に越後守護上杉氏が古志郡を支配するには重要な地であった。栖吉集落背後の丘陵上に、上杉氏の代官《だいかん》として古志郡を支配した古志長尾《こしながお》氏（栖吉長尾氏ともいう）の居城・栖吉城がある。

栖吉城跡は、栖吉集落東方の標高三二八メートルの城山《しろやま》にある。別名「栖吉鎧山城《よろいやまじょう》」ともいう。城山からは、西方に大河信濃川と水上交通の要衝として栄えた蔵王《ざおう》を展望することができる。西麓の栖吉集落は栖吉城の城下町で、「館《たて》ノ越《こし》」「館上《たちあが》り」「中町」「原町」「一木戸《いちのきど》」など、城主の館と城下町にちなむ地名が残されている。また、集落の北端には、中世からの法灯を伝える曹洞宗普済寺《ふさいじ》がある。

【栖吉城の構造】 栖吉城は、城山の山頂部に本丸を構え、南西に二ノ丸と三ノ丸、南東の古城《こじょう》（姫城）に詰《つめ》ノ丸《まる》を配置している。周囲には幅の広い腰郭《こしぐるわ》をめぐらし、要所に土塁《どるい》や堀切《ほりきり》、横堀、竪堀《たてぼり》、畝状空堀《うねじょうからぼり》、虎口《こぐち》、桝形《ますがた》、石積《いしづ》み、乱穴《らんあな》（横穴）などを設けている。

本丸は一八〇〇平方メートルほどの広い郭で、西側に虎口とその下に桝形を構えている。桝形の周囲は横堀が取り巻いているが、南西の一部を掘り残して二ノ丸への通路としている。二ノ丸は本丸の西側から南側にかけてL字状に配置され、西側区域の北端を出隅《でずみ》状に大きく突き出し、本丸との切岸《きりぎし》付け根に横堀、南西に桝形を構えている。横堀の北側は折歪《おりひず》みとし

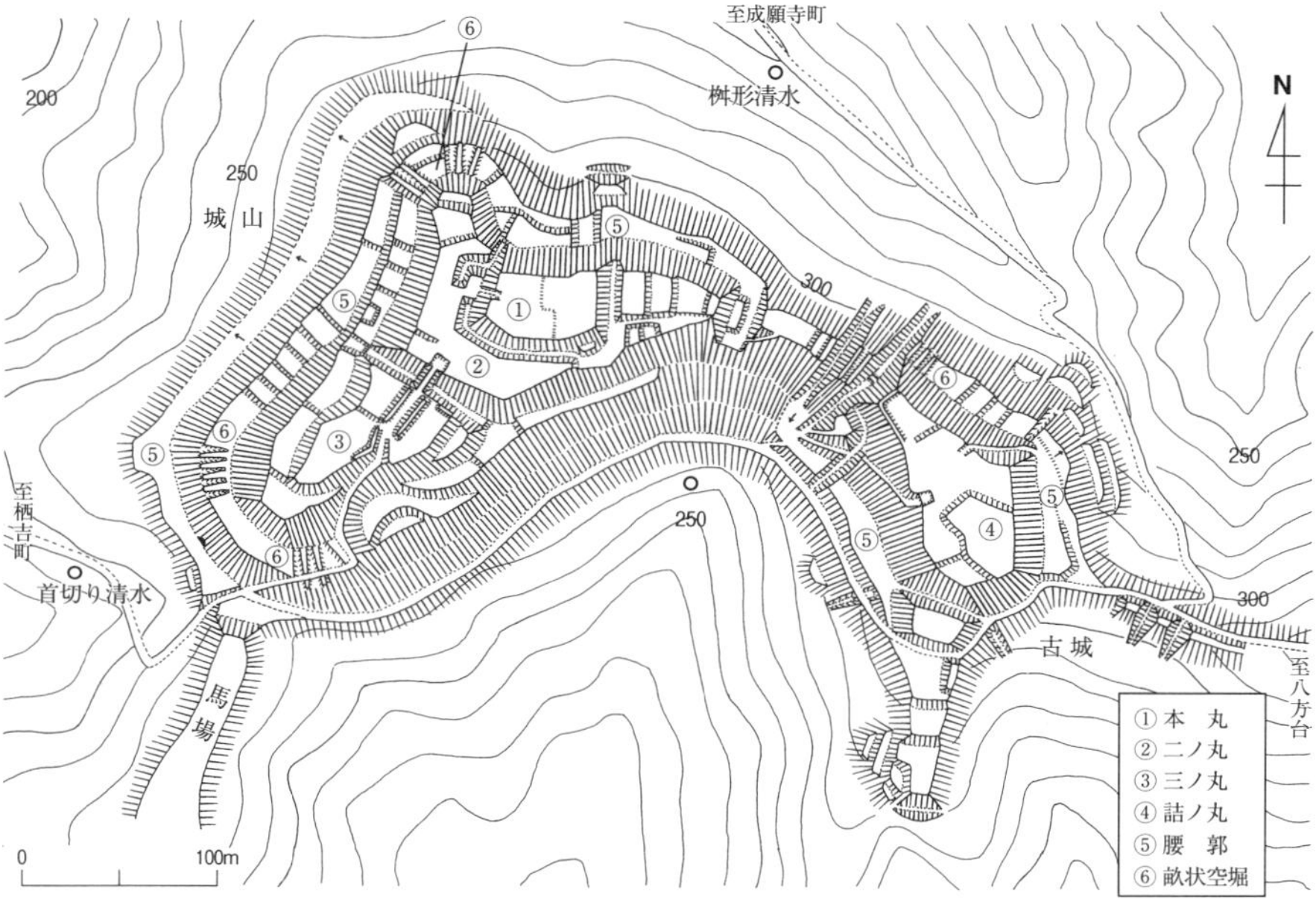

●―栖吉城の縄張図（調査・作図：鳴海忠夫）

ている。二ノ丸と三ノ丸は堀切で区画されているが、土橋《どばし》で結ばれている。

三ノ丸も大きな郭で、南側に虎口、中ほどに両側を土塁で固めた通路がある。土塁の側壁《そくへき》には、自然石を積んだ石積みがみられる。本丸から三ノ丸の周囲には、発達した腰郭と三ヵ所に畝状空堀を設けて主郭部《しゅかくぶ》を保護していた。また、腰郭の一部にも石積みがある。

本丸の南東にある詰ノ丸は、三〇〇〇平方メートルもある大型の郭で、二メートル前後の切岸で二つに区画している。本丸との間に連続に尾根を掘り割った多重堀《たじゅうぼり》、東側の八方台とつづく尾根にも二重堀《にじゅうぼり》を設けている。北西部に土塁を築き、西側に桝形、東側に虎口を構えている。周囲は幅の広い腰郭で固め、要所に堀切や竪堀、畝状空堀を設けて守りを強化していた。

栖吉城は東西五五〇メートル、南北三八〇メートルにもおよんだ大規模な山城である。計画的に配置された郭群と郭の大型化、主要な郭を全周した腰郭、二ヵ所の多重堀、折歪みの工法をもつ横堀、四ヵ所に配置された畝状空堀、発達した虎口・桝形施設などは、天文年間（一五三二～五五）から天正年間（一五七三～九二）頃までの特徴を示している。

【古志長尾氏と栖吉城の築城】　栖吉城は、越後長尾一族の古

●—栖吉城の遠景（南側より）

●—栖吉城の横堀

志長尾氏の居城である。古志長尾氏は「長尾氏系譜」によると、長尾景恒《かげつね》の子景春《かげはる》に始まり、宗景《むねかげ》—四郎左衛門《しろうざえもん》入道《にゅうどう》—孝景《たかかげ》—房景《ふさかげ》—景信《かげのぶ》とつづく。景春は蔵王堂豊前守《ぶぜんのかみ》とも称していたので、当初蔵王堂城（長岡市）を本拠にしていたようである。その後、孝景の代の室町時代の末か戦国時代の初め頃、蔵王堂から栖吉に拠点を移し、栖吉城を築いたものと考えられる。古志長尾氏は、栖吉城を本拠に古志郡司《ぐんじ》（代官）として古志郡の支配にあたった。

景信は、永禄二年（一五五九）の「侍《さむらい》衆《しゅう》太刀《たち》之次第《のしだい》」に直太刀《じきたち》の衆として、長尾一門《いちもん》の筆頭に名を連ねている。栖吉城の完成は、この景信の時代であろう。永禄四年三月に長尾景虎（以下「上杉謙信」とする）は、鎌倉の鶴岡八幡宮で上杉憲政《のりまさ》から上杉姓を賜ると、景信にも上杉姓を名乗らせ上杉一門とした。景信は春日山に出仕し、謙信の側近となった。

永禄十一年八月に武田信玄が北信濃へ侵攻してきたので、謙信は景信らを飯山城（長野県飯山市）救援のため、関山城（妙高市）に派遣した。天正六年（一五七八）に始まった御館《おたて》の乱《らん》では、上杉景虎に味方して活躍したが、同年六月の居多浜《こたがはま》（上越市）の戦いで戦死した。

【河田長親の古志長尾氏継承】　河田長親《かわだながちか》は、近江国守山（滋

賀県守山市）の出身で、永禄二年（一五五九）に上杉謙信が上洛《じょうらく》したさいに見出《みいだ》し、春日山に連れてきて側近とした。

前述のように、古志長尾の景信は、永禄四年に上杉一門となって春日山に移ったことから、謙信は長親に古志長尾氏の名跡《みょうせき》を与えて栖吉城主とした。そのため、古志長尾氏の家臣団は、景信配下の古志衆《こししゅう》と長親配下の栖吉衆《すよししゅう》に分割された。長親が古志長尾氏を継いだ年は、長親が謙信の名代《みょうだい》として、永禄五年五月三日に椿沢寺《ちんたくじ》（見附市）領を守護不入《しゅごふにゅう》の地《ち》としているので、永禄四年から永禄五年四月ころまでの間と考えられる。

長親は、永禄十一年に北陸で強大な勢力を誇っていた一向一揆《いっこういっき》との戦いのため、栖吉衆を引き連れて越中（富山県）に出陣《しゅつじん》、翌十二年には魚津城（富山県魚津市）将となった。その後も越中に在番《ざいばん》した。長親は、天正九年（一五八一）に越中松倉城（魚津市）で病死した。長親亡き後《あと》、古志長尾氏はその子岩鶴丸が継いだ。

【御館の乱と栖吉城の攻防】 天正六年三月に上杉謙信が春日山城で死去すると、養子の景勝と景虎の間で、その後継をめぐって御館の乱が発生した。長親は魚津城に在番していたが、景勝に味方した。ただ、越後に残って栖吉城を守っていた栖吉衆の立場は微妙であった。長親の意に反して、栖吉衆は景虎に与《くみ》した。その理由は、周辺の城の多くが景虎方であったことや、景虎方の中心人物で、乱の当初は有利に戦況を展開させていた栃尾城主の本庄秀綱《ほんじょうひでつな》からの強い働きかけがあったことなどが考えられる。

天正八年四月ころ、景勝方は景虎方の守る栖吉城を攻撃した。江戸時代の延宝五年（一六七七）に作成された上杉家臣の由緒書には、城を守る景虎方と攻める景勝方との攻防が生々しく書かれている。由緒書によれば、当時栖吉城は「栖吉鎧山城」と呼ばれ、城には実城《みじょう》（本丸）や小実城《こみじょう》、二ノ《にの》郭《くるわ》（二ノ丸）という郭があった。

景勝方は大手（表側）と搦手《からめて》（裏側）から攻撃を仕掛け、小実城と二ノ郭を占領した。実城を守っていた長島右衛門は、景勝方に降伏を申し入れて城を明け渡したが、その夜成敗《せいばい》されている。御館の乱後、栖吉城には左近寺伝兵衛・長尾紀伊守らの栖吉衆が在番したが、慶長三年（一五九八）の上杉氏の会津移封にともなって廃城となった。

【参考文献】 長岡市『長岡市史』資料編二・通史編上巻（一九九三・一九九六）、田中洋史「栖吉城の攻防」『新潟県の合戦』長岡・柏崎編（いき出版、二〇一一）

（鳴海忠夫）

●畝状空堀をめぐらした平子氏の居城

薭生城《ひうじょう》

〔小千谷市指定史跡〕

〔所在地〕小千谷市薭生字城ノ腰
〔比　高〕約二〇〇メートル
〔分　類〕山城
〔年　代〕一五世紀～一六世紀後半
〔城　主〕平子政重、平子朝政、平子房政、平子房長
〔交通アクセス〕JR上越線「小千谷駅」下車、徒歩約一時間。関越自動車道「小千谷IC」から登り口の駐車場まで車で約一五分、駐車場から徒歩約三〇分。

【水陸交通の要衝】　小千谷市街地の東方に位置する薭生城《ひう》は、室町時代から戦国時代にかけて、上杉家の奉行人《ぶぎょうにん》として活躍した平子《たいらこ》（大楽）氏の居城である。

薭生城跡は、JR上越線小千谷駅北東の標高二六〇㍍の城山にある。別名冬村城《ふゆむらじょう》ともいう。城山は西方眼下に小千谷市街地と大河信濃川を展望し、関東へ通じた三国街道《みくにかいどう》と刈羽《かりわ》・頸城《くびき》方面へ通じた脇街道の分岐点、信濃川の船着き場を見下ろすことができる水陸交通の要衝《ようしょう》にあった。

北西麓の薭生集落内には、「殿入沢《とのいりさわ》」「城殿川《じょうどのがわ》」「城町《じょうまち》」「高立《たかだて》」「上殿《うわいどん》」「山下」「坊屋敷」という地名が残されており、この付近に城主の居館《きょかん》と城下が推定される。殿入沢には、平子氏の菩提寺《ぼだいじ》と伝えられている真言宗智山派極楽寺がある。

【薭生城の構造】　薭生城は、主として三つの郭《くるわ》から構成されている。城山頂部に本丸を構え、西側に二段の腰郭《こしぐるわ》、西南に堀切《ほりきり》を隔てて、二ノ丸と三ノ丸をほぼ一直線上に配置している。本丸の北側は、全長八〇～一二〇㍍にもおよんだ連続三条の大型の堀切で尾根を遮断している。ここから尾根伝いに北側へ下る道が、居館・城下への大手道《おおてみち》と推定される。二ノ丸と三ノ丸には、堀切とともに城を守る重要な防御施設の一つであった土塁《どるい》が築かれている。ほかの三方へと延びた尾根にも、それぞれ二～三条の堀切を設けて、尾根伝いからの敵の侵入に備えていた。本丸から三ノ丸間の堀切を除いては、連続的に尾根を掘り割った多重堀《たじゅうぼり》である。

本丸と二ノ丸の周囲には、おびただしい数の畝状空堀《うねじょうからぼり》を針鼠《はりねずみ》のようにめぐらして、より守りを固めていた。また、南側の斜面には、乱穴《らんあな》と呼ばれる横穴がある。

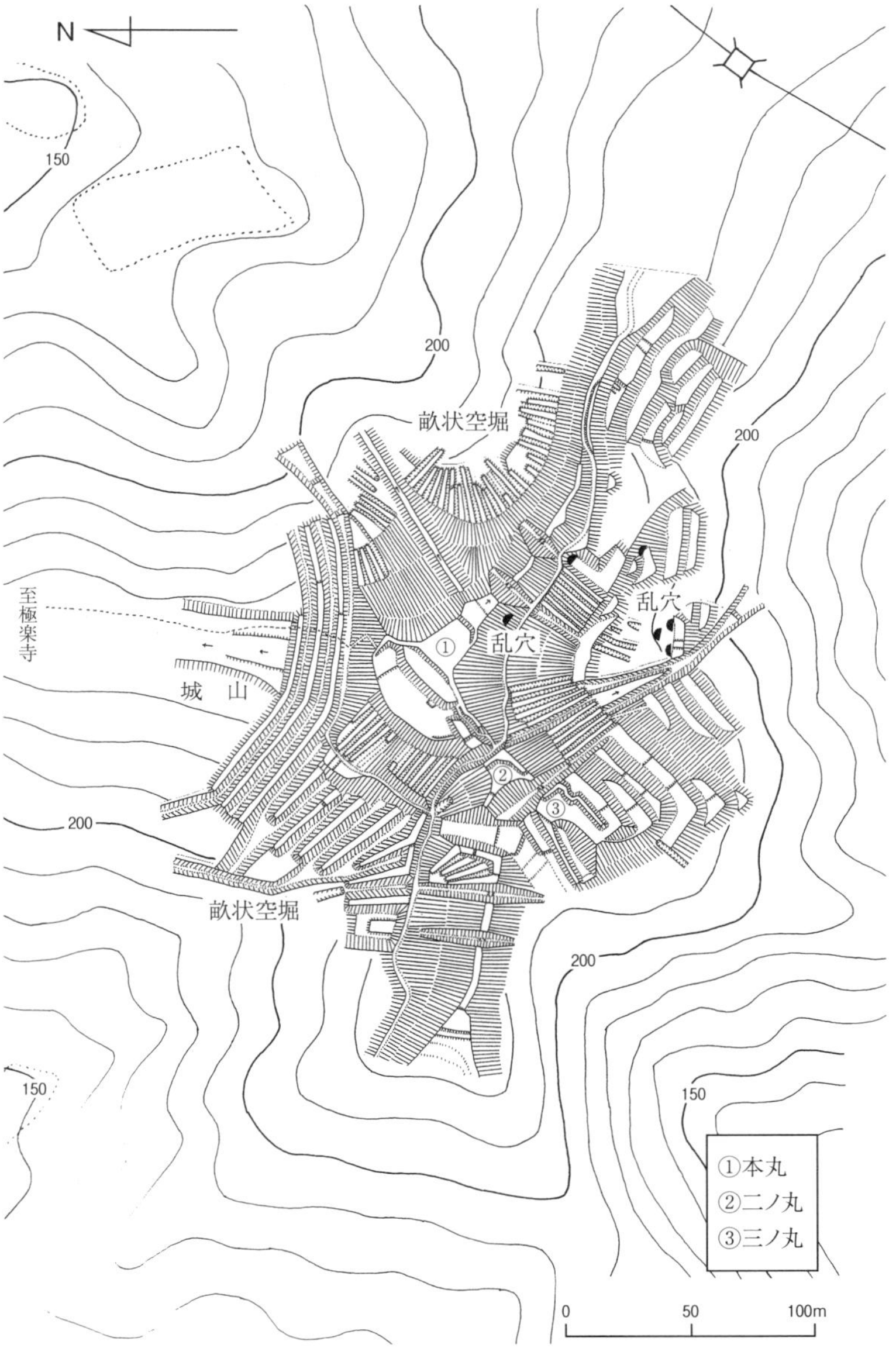

●―蒋生城縄張図（調査・作図：鳴海忠夫）

【張りめぐらした畝状空堀】 斜面に土塁と空堀を交互に並べた畝状空堀は、その形が畑の畝に似ていることから名付けられた。畝形竪堀《うねがたたてぼり》・畝形阻塞《そさい》・連珠塞《れんじゅさい》・馬隠《うまかく》しとも呼ばれている。斜面をかけ上がって郭内へ肉薄する敵兵を阻害《そがい》し、撃退する施設である。このような防御施設は、越後地域にある六〇〇余りの山城のうち、約一一〇ヵ所の山城で確認されているが、佐渡地域の山城にはない。

薭生城では、本丸と二ノ丸の周囲に六五条ほどが確認され、いずれも斜面に設けられている。とくに本丸のほぼ全周に張りめぐらしており、全方向からの攻撃を意識した厳重な構えである。本丸西側のものは、小平地をはさんで上下二段とした特異なものである。本丸西側下段の七条と南側の一〇条、二ノ丸南東の四条の規模が大きい。最も大きいものは、土塁の長さ四〇メートル、堀の深さ三メートルである。

●—薭生城の堀切

●—薭生城の乱穴

【乱 穴】 乱穴と呼ばれる横穴は、六〜七ヵ所にあるが、いずれも土砂崩落でかなり埋まっている。なかでも、本丸の南東斜面にあるものが最も大きく、高さ一・五メートル、幅三メートル、奥行き一・五メートルである。乱穴は戦《いくさ》のときに人が隠れた穴と伝えられているが、多くは城内に設けられているので、人が隠れるには不向きである。横穴は夏でも涼しく、四季を問わず一定の温度を保つことから、食糧などを貯蔵した穴の可能性が高い。越後地域にある山城の四〇ヵ所ほどで確認され、とくに刈羽・魚沼地方の山城に多くみられる。

【薭生氏と南北朝動乱】 薭生城は平子氏の山城として知られ

ているが、平子氏以前の薭生《ひう》には薭生氏がいた。薭生通高は、南北朝時代に越後北朝《えちごほくちょう》方として活躍している。観応二年（一三五一）の足利尊氏と足利直義の対立では、越後守護職を取り上げられた上杉憲顕《のりあき》に味方せず、新守護となった宇《う》都宮《つのみや》氏綱に属した。その後、上杉憲顕が越後守護に復権すると、宇都宮氏綱は勢力を衰退させた。薭生氏は、これにともなって滅亡したようである。

　薭生城の築城年代を示す史料がないことや、城の構造からも薭生氏の時代に築かれたことを裏付けることができないが、薭生氏が北朝方として活躍していること、本城が南北朝期山城の特徴の一つでもある標高の高い山頂部に立地していることなどから、南北朝時代に築かれた可能性は否定できない。もしこの時代に築かれたとすれば、山頂部付近だけを要《よう》害化《がいか》していたものと推定される。

【平子氏の入城】　薭生氏の滅亡後、薭生に入ったのが平子（大楽）氏である。「平子系図」によれば、政重—朝政—房政—房長とつづく。平子氏は室町時代から戦国時代にかけて、上杉家の奉行人として越後府中《ふちゅう》（上越市）に居館（小字大楽館）を構えていた。この平子氏の時代に順次城域を拡大・整備したものと考えられるが、室町時代にはそれほど大掛かりな城普請《しろぶしん》はなかったようである。その後、戦国時代に突入して緊張が高まるなかで、平子氏は恒常的《こうじょうてき》な軍事施設としての城造りを本格的に行なったものと考えられる。

　平子氏の周辺に緊張が発生したのは、永正四年（一五〇七）からの永正《えいしょう》の乱と天文二年（一五三三）からの上条《じょうじょう》の再乱、天文十九年（一五五〇）から翌二十年かけての上杉謙信と長尾政景との抗争、天正六年（一五七八）からの御館《おたて》の乱である。とくに謙信と政景の抗争では、房長は宇佐美《うさみ》定満とともに政景から離反して謙信についたので、大きな危機に直面した。この時、房長は政景方からの攻撃を想定して大掛かりな普請を行ない、畝状空堀などの防御施設を厳重に構えたものと考えられる。また、『温古《おんこ》の栞《しおり》』によれば、平子氏は天文二十一年に曽根氏の拠った時水城（小千谷市）を攻め落とし、御館の乱では上杉景虎に味方して敗れたと伝えられている。御館の乱後、薭生城は廃城になったものと思われる。

　慶長五年（一六〇〇）の越後一揆《えちごいっき》では、上杉方の五智院海《ごちいんかい》竜《りゅう》をはじめとした一揆勢が薭生古城《こじょう》に立て籠もり、同年八月一日、薭生古城から堀秀治の家臣小倉正熙《まさひろ》が守っていた下倉山城（魚沼市）を急襲して、城を攻め落とした。

【参考文献】小千谷市史編さん委員会『小千谷市史』上巻（小千谷市、一九六七）、鳴海忠夫「ふるさとの山城」『新潟県の合戦』小千谷・十日町・魚沼編（いき出版、二〇〇九）

（鳴海忠夫）

●軍事交通の要衝に築かれた上杉氏の番城

下《した》倉《くら》山《やま》城《じょう》

〔新潟県指定史跡〕

〔所在地〕魚沼市下倉字滝沢
〔比　高〕約一四〇メートル
〔分　類〕山城
〔年　代〕一六世紀
〔城　主〕福王寺孝重、福王寺重綱、佐藤平左衛門、小倉政煕ほか
〔交通アクセス〕ＪＲ上越線「堀之内駅」下車、徒歩約一時間。関越自動車道「小出ＩＣ」から登り口まで車で約一〇分、登り口から徒歩約二五分。

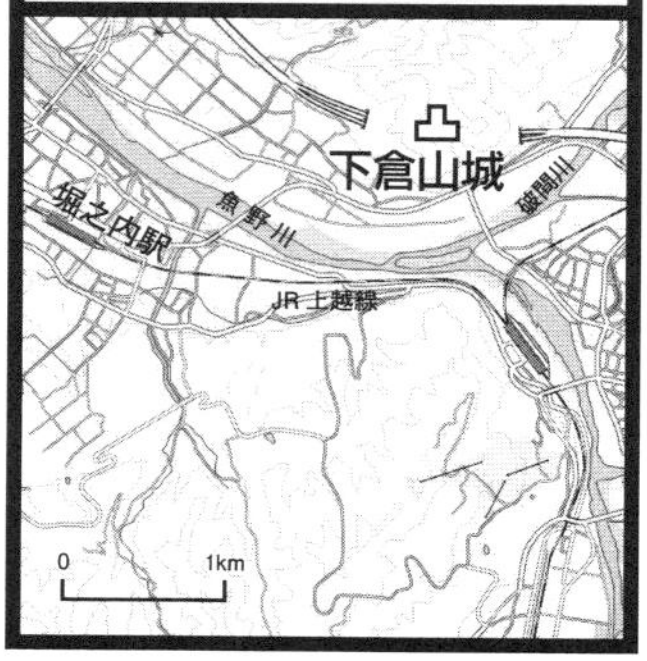

【軍事交通の要衝】　魚沼市の北部、魚野川と破間川《あぶるまがわ》の合流する地点は、関東と南会津への街道が交差し、魚野川・破間川には物資などを運んだ水運が開けていた。下倉山城は、この水陸交通路を支配できる、政治・経済・軍事交通の要衝に築かれた上杉氏の番城《ばんじょう》であった。

　下倉山城跡は、下倉集落西方の標高二二九㍍の権現山《ごんげんやま》にある。中世の史料には、「下倉山城」のほか、「下蔵山城」「下倉城」「下蔵ノ城」ともみえる。城主の居館《きょかん》は、東方の破間川右岸の段丘上にある真言宗竜泉寺境内に比定されている。

【下倉城の構造】　下倉山城は、権現山々頂部の「天上之台《てんじょうのだい》」を頂点として、南側と東南へ下る尾根上に郭《くるわ》や土塁《どるい》、堀切《ほりきり》、虎口《こぐち》、桝形《ますがた》、井戸などを設けている。天上之台から最も下の郭までの高低差は一三〇㍍にもおよび、立体的な構造となっている。

　天上之台直下の「実城之平《みのきのたいら》」が本丸で、その下に二ノ丸と三ノ丸を配置している。本丸の東寄りに井戸、西南に虎口、東南に外桝形状の小さな郭がある。これらの主郭群《しゅかくぐん》を守るように、両側に「石落《いしお》とし土居《どい》」と呼ばれる土塁を築き、南側の突端部に物見台《ものみだい》状の郭を配置している。天上之台は物見台、この西側に二条の堀切を掘り込んで尾根を遮断している。天上之台の東側は、「遠見之平《とおみのたいら》」を頂点として、ここから麓近くにかけて多くの腰郭群《こしぐるわぐん》を階段状に設けている。

　下倉山城はそれほど大きな山城ではないが、立体的な郭群の配置と主郭群の両翼に築かれた土塁などに、戦国期山城と

しての特色が認められる。

【城をめぐる合戦】　下倉山城は、政治・経済・軍事交通の要衝にあることから、戦国時代に府中《ふちゅう》長尾氏と上田《うえだ》長尾氏、古志《こし》長尾氏の係争地となった。このため、永正《えいしょう》の乱や上条《じょうじょう》の再乱、御館《おたて》の乱といった越後の覇権《はけん》を争った争乱には必ず巻き込まれ、城をめぐって激しい軍事衝突が繰り返された。

永正（一五〇四～二一）頃から、守護代長尾為景の家臣福王寺《ふくおうじ》氏が城主として城を守っていた。天文二年（一五三三）に起こった上条の再乱では、為景方の福王寺孝重は上田長尾氏の房長の猛攻を受けながらもこれを撃退した。天文十九年からの上杉謙信と長尾政景との抗争では、翌二十年五月に政景方の穴沢長勝《あなざわながかつ》らに城を攻められたが、重綱はこれを退けている。

天正六年（一五七八）三月に発生した御館の乱の当初は、上杉景勝方の佐藤平左衛門が城将として城を守っていたが、同年十月に上杉景虎方の金子大学助《だいがくのすけ》らが攻略した。天正八年には景勝方が奪回している。乱後、景勝方の諸士が在番《ざいばん》した。

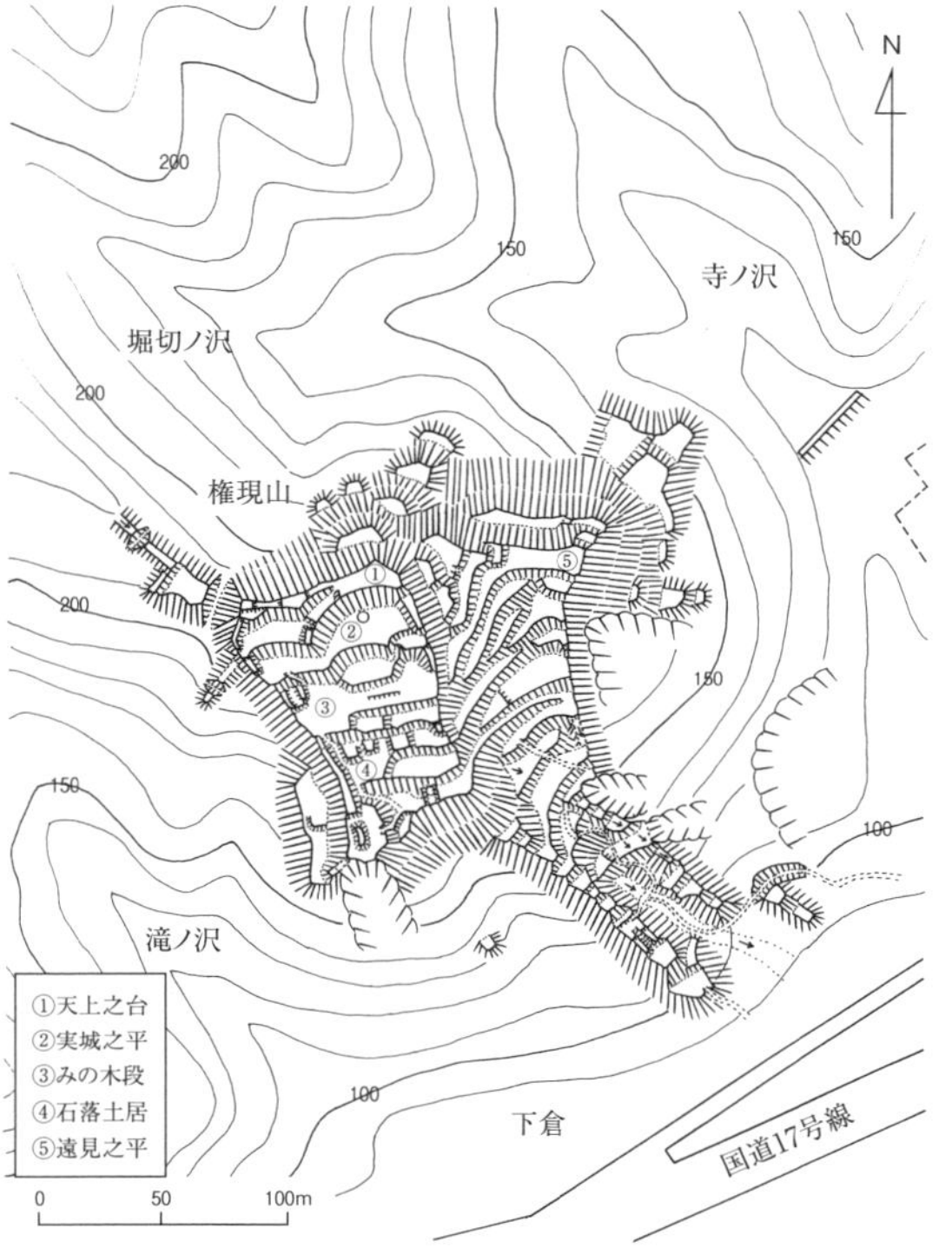

●—下倉山城縄張図（調査・作図：鳴海忠夫）

【越後一揆で落城】　慶長三年（一五九八）一月に上杉景勝が会津国替えになると、四月に堀秀治の家臣小倉主膳正煕《しゅぜんまさひろ》が八〇〇〇石で下倉山城に入城した。慶長五年の越後一揆《えちごいっき》では、上杉方の五智院海竜《ごちいんかいりゅう》らの一揆軍に攻められ、正煕は討死、城は落城した。その後、坂戸城主の堀直寄《なおより》が城を奪回した。

【参考文献】伊藤正一「下倉城」『図説中世城郭事典』第二巻（新人物往来社、一九八七）、鳴海忠夫「ふるさとの山城」『新潟県の合戦』小千谷・十日町・魚沼編（いき出版、二〇〇九）

（鳴海忠夫）

●上田荘を治めた上田長尾氏の本拠

坂《さか》戸《と》城《じょう》

〔国指定史跡〕

〔所在地〕南魚沼市坂戸字坂戸山
〔比　高〕約四七〇メートル
〔分　類〕山城
〔年　代〕一四世紀～一七世紀初頭
〔城　主〕長尾房景、長尾政景、堀直竒他
〔交通アクセス〕JR上越線「六日町駅」下車、徒歩約一時間一五分。関越自動車道「六日町IC」から登り口の駐車場まで車で約一〇分、駐車場から徒歩約一時間。

【上田荘支配の本拠】　上田荘《うえだのしょう》を支配した上田長尾氏は、房景・政景の代に周辺地域に勢力を伸ばし、たびたび府中長尾氏の為景や上杉謙信と対立した。上田長尾氏が本拠としたのが、坂戸城である。

　坂戸城跡は、坂戸集落東方の標高六三四メートルの坂戸山にある。新潟県内でも一、二を争う高所に立地し、麓《ふもと》から見上げると威圧《いあつ》感を感じる。まさに難攻不落《なんこうふらく》の要塞《ようさい》である。坂戸山からは、西方眼下に魚野川を収め、上田荘の大半と藪上郷《やぶかみごう》の南部を眺望することができる。西麓には直江兼続公伝世館、南西麓には上田長尾氏史跡公園がある。城の南方約三・三キロの雲洞集落には、景勝・兼続が学問を学んだと伝えられている曹洞宗雲洞庵がある。

【坂戸城の構造】　坂戸城は、坂戸山に本城《ほんじょう》、西麓に居館《きょかん》・武家屋敷を中心とした城下を配置した越後では有数の大規模城郭である。坂戸山頂部の本丸を中心として、南北に延びた尾根に約一キロにわたって郭《くるわ》を配置し、要所に土塁《どるい》や堀切《ほりきり》、横堀《よこぼり》、竪堀《たてぼり》、畝状空堀《うねじょうからぼり》、石垣、土橋《どばし》、虎口《こぐち》、桝形《ますがた》を設けている。

　本丸は二〇メートル四方で、北西隅に虎口、南側に櫓台《やぐらだい》を設け、北側から東側にかけて腰郭《こしぐるわ》が取り巻いている。現在、櫓台の上には富士権現がある。南東に二重堀《にじゅうぼり》を設け、そこから城道《じょうどう》が東側へ下るが、途中で消滅している。腰郭と城道の切岸《きりぎし》斜面の二カ所に、野面積《のづらづ》み石垣がある。本丸の南東にある「小城」は、眺望に勝れていることから狼煙台《のろしだい》といわれている。最南端の「大城」は、城では最大の郭で、北側と南東隅に虎口、中央に土塁、南東部に櫓台状の高まりがある。本丸の北側にある「広瀬郭」は、二ノ丸に相当し、本丸側の切岸斜面に野面積みの石垣がある。広瀬郭の名称は、永正九年（一五一二）の坂戸城普請《ぶしん》のとき、長尾房長から本丸の普請を命じられた穴沢氏らの広瀬衆《ひろせしゅう》にちなむ名称という。

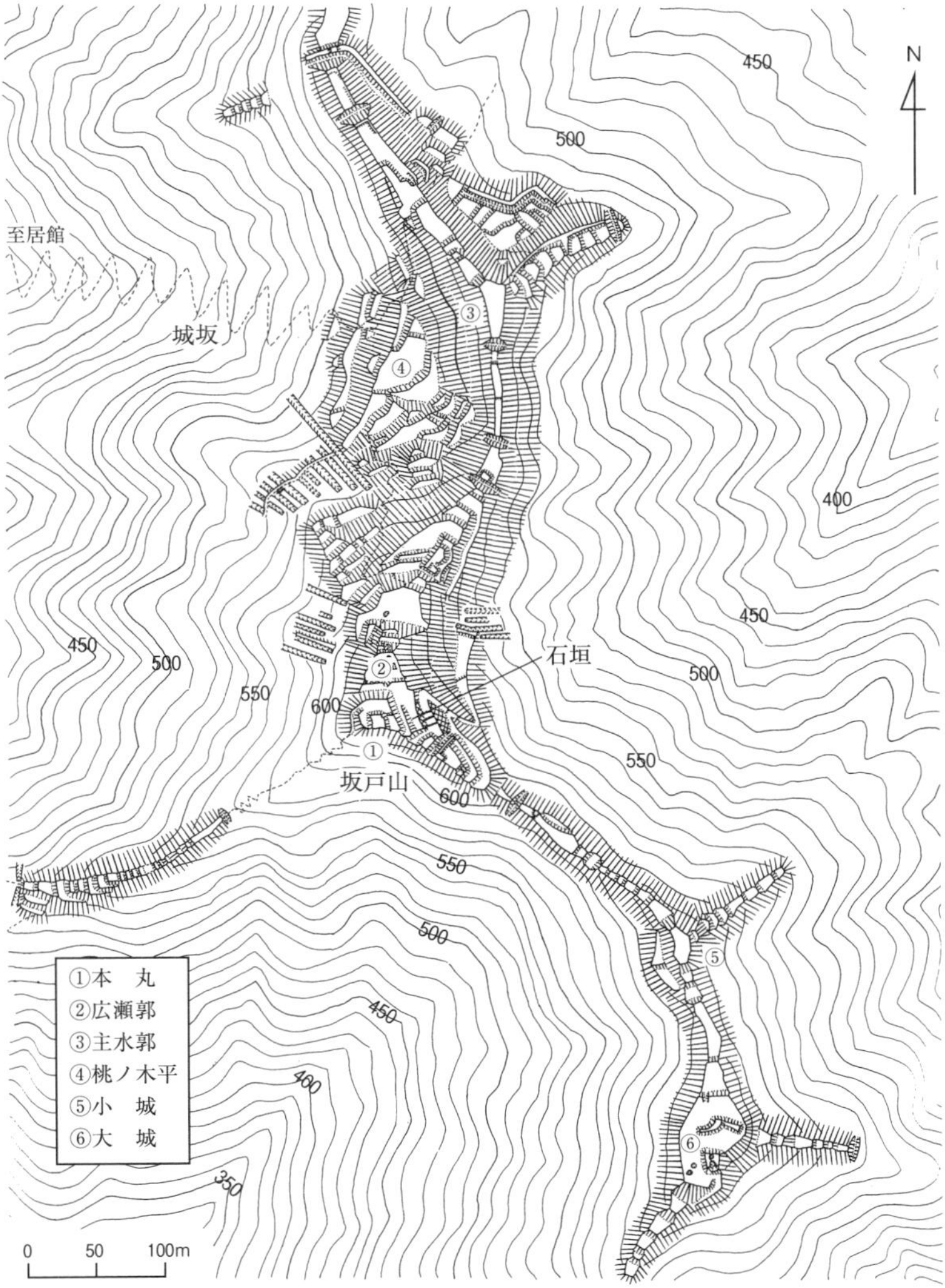

●—坂戸城縄張図（調査・作図：鳴海忠夫）

広瀬郭の下に配置された三ノ丸は、東西の両斜面に畝状空堀もしくは連続竪堀《れんぞくたてぼり》を構えている。

「主水郭《もんど》」は城の北部では要となる郭で、北東下に全長七〇メートルにもおよんだ横矢《よこや》の土塁を築き、その内側を横堀としている。また、城の北端には、堀切から連続した横堀を掘り込んでいる。主水郭南西下の「桃ノ木平」は、南側に豊かな湧水があり、城では重要な場所であった。北西に虎口を設け、ここから城道（城坂）が城主居館へ下っている。

【城主の居館と城下】「御館《おたて》」と呼ばれる城主の居館《きょかん》は、坂戸城の西麓にある。規模は方約一一〇《メートル》で、西側に野面積み石垣、北側と東側の二方に土塁・堀をめぐらしている。虎口は西側と北側、東側の三方に構え、西側が正門、東側が裏門である。館の内部は小さな段で細分化しており、発掘調査の結果、居住痕は確認されなかった。

館の西側一は、武家屋敷と町屋敷などから構成された城下と推定され、外側に堀と魚野川がある。つまり、城下を堀や川を防御ラインとした総構《そうがま》えの構造であった可能性が高い。

【坂戸城の築城と城をめぐる合戦】坂戸城の築城年代は明らかでないが、『太平記《たいへいき》』に観応三年（一三五二）に新田義宗が「栽田山《うえだやま》ト信濃路ニ厳ク関ヲ居ラレタリ」とある。延文五年（一三六〇）に上杉憲顕が上田城を攻撃している。この栽田山・上田城が坂戸山だとすると、南北朝時代に築かれたことになる。

永正九年（一五一二）一月、坂戸城際《しろぎわ》で上杉定実方の長尾房景と長尾為景方の合戦があり、坂戸城は危機に直面した。このため、その直後に房景が本格的な城造りを行なったものと考えられる。この時、天上《てんじょう》から五段の郭が造られ、堀切や木戸《きど》、塀《べい》、小屋、櫓、柵《さく》などの整備が図られたという。

●—坂戸城の遠景（魚野川の川岸より）

●—坂戸城居館の石垣

天文年間（一五三二～五五）の長尾房長と為景、長尾政景と上杉謙信の抗争では、坂戸城の周辺で合戦が行われている。御館《おたて》の乱の天正六年（一五七八）九月頃、上杉景虎支援のため、上田荘に侵攻した北条の軍勢は、上杉景勝方が守っていた樺沢城を占領し、ここを拠点に再三景勝方の坂戸城を攻撃した。この時、麓の宿城《しゅくじろ》が破られたが、山城は深沢利重らの上田衆が堅く守っている。文禄三年（一五九四）の段階では、坂戸衆（上田衆）の深沢和泉守らが在番していた。

慶長三年（一五九八）四月に堀秀治の家臣堀直寄《なおより》が入城したが、慶長十五年二月の信濃飯山移封で廃城となった。

【坂戸城の発展】坂戸城は険《けわ》しい高所《こうしょ》に築かれ、広範囲に城の縄張が展開した大規模な山城で、畝状空堀と連続竪堀、折歪みの土塁と横堀、石垣に大きな特色が認められるが、それぞれ築かれた年代が異なるようである。

上田長尾氏が本格的な城造りを行なった永正年間（一五〇四～二一）頃は、坂戸山々頂部周辺に城が構えられていただけだったが、天文年間に入って坂戸城周辺の緊張が高まると、大城や桃ノ木平周辺の郭群の造成、三ノ丸の両斜面と桃ノ木平南側の畝状空堀の普請《ふしん》など、順次城域の拡大と強化を図ったものと考えられる。天正年間の御館の乱は、最大の危機に直面したので、主水郭群の造成と横矢の土塁・横堀の普請などを行なったものと推定される。また、山城の整備とともに、城下の整備も図ったのであろう。

【本格的な石垣の出現】坂戸城には本丸の東側と北側、麓の居館に石垣がある。本丸東側の石垣は、腰郭と城道をはさんだ切岸《きりぎし》の二ヵ所にみられる。切石《きりいし》と割石《わりいし》、自然石が混在した野面積みで、角石《すみいし》は算木積《さんぎづ》み（おもに隅角の重要な部分に、直方体の石を交互に組み合わせて積む石の積み方）である。北側は広瀬郭との切岸に野面積み石垣がある。切石はなく、割石と自然石が混在している。居館の石垣は西側にだけ設けられており、正門をはさんで、北側に約五二メートル、南側に約二二メートル築かれている。野面積みで、やや反りを持たせている。切石と割石、自然石が混在し、角石は算木積みである。

越後の城では、数十ヵ所の城に石積み施設が認められるが、いずれも石垣と呼べるようなものでないことから、坂戸城の石垣普請は越後の城での本格的な石垣の出現といえる。本丸の石垣は上杉氏時代の天正年間頃、居館の石垣は堀氏時代の慶長年間頃の普請と考えられる。

【参考文献】高橋義彦『越佐史料』巻一～六（名著出版、一九七一）、鳴海忠夫『ふるさとの山城』『新潟県の合戦』小千谷・十日町・魚沼編（いき出版、二〇〇九）

（鳴海忠夫）

●横堀を張りめぐらした山城

樺沢城《かばのさわじょう》

〔新潟県指定史跡〕

〔所在地〕南魚沼市樺野沢字城山他
〔比　高〕約九〇メートル
〔分　類〕山城
〔年　代〕一六世紀
〔城　主〕栗林政頼他
〔交通アクセス〕ＪＲ上越線「大沢駅」下車、徒歩約四〇分。関越自動車道「石打ＩＣ」から駐車場まで車で約一〇分、駐車場から徒歩約二〇分。

【関東往還の要衝】　樺沢城のある樺野沢集落は、中世に越後《えちご》府中《ふちゅう》から栃窪《とちくぼ》峠・大沢峠をへて、上田荘《うえだのしょう》に至り、ここから三国峠もしくは清水峠を通って、関東へ通じた往還《おうかん》の分岐点に当る軍事交通の要衝にあった。上杉景勝は、弘治元年（一五五五）に樺野沢で生まれたと伝えられている。

樺沢城跡は、樺野沢集落西方の標高三〇〇《メートル》の城山にある。城主の居館《きょかん》は、東麓の「御屋敷《おやしき》」にあった。城の北麓にある臨済宗龍沢寺は、上田長尾氏との関係が深く、永禄十年（一五六七）に仙桃院《せんとういん》が景勝のため、同寺に文殊菩薩《もんじゅぼさつ》を寄進したという。また、龍沢寺《りゅうたくじ》には、上杉謙信が天正五年（一五七七）に門前五軒の諸役《しょやく》を免除した「上杉謙信朱印状」がある。

なお、平成二十三年（二〇一一）七月の豪雨で、城跡一帯に大規模な土砂崩れ被害が発生した。現在復旧工事中のため、城跡の多くは立ち入り禁止であるが、本丸までは見学可能である。

【樺沢城の構造】　樺沢城は、城山の山頂部に本丸を構え、東側に二ノ丸と三ノ丸、南東に出丸《でまる》を配置し、それぞれの郭《くるわ》を堀切《ほりきり》で区画している。主郭部《しゅかくぶ》の周囲には、多くの腰郭《こしぐるわ》を配置し、要所に土塁《どるい》や堀切《ほりきり》、横堀《よこぼり》、竪堀《たてぼり》、石積《いしづ》み、虎口《こぐち》、桝形《ますがた》などを設けている。とくに、横堀が顕著に発達している。

本丸は、全長七五《メートル》ほどの細長い郭で、周囲に腰郭をめぐらし、東側と北端部に虎口を設けている。東側の腰郭には、虎口と桝形を構え、切岸《きりぎし》斜面の一部に石積みが認められる。本丸をめぐった腰郭から北東部に少し突き出た地点には、土塁で守られた複雑な形態の虎口と四周を横堀と竪堀で囲んだ馬出郭《うまだしくるわ》がある。馬出郭の南西隅から南側の土塁に土橋《どばし》が延びている。本丸の南西部は、尾根を連続六条掘り割った多《た》重堀《じゅうほり》と、尾根の両斜面に竪堀群を掘り込んで、尾根続きを遮断している。この多重堀と竪堀群は、当初畝状空堀《うねじょうからぼり》であったものが、その後堀切・竪堀に拡大・強化したような形跡がうかがわれる。

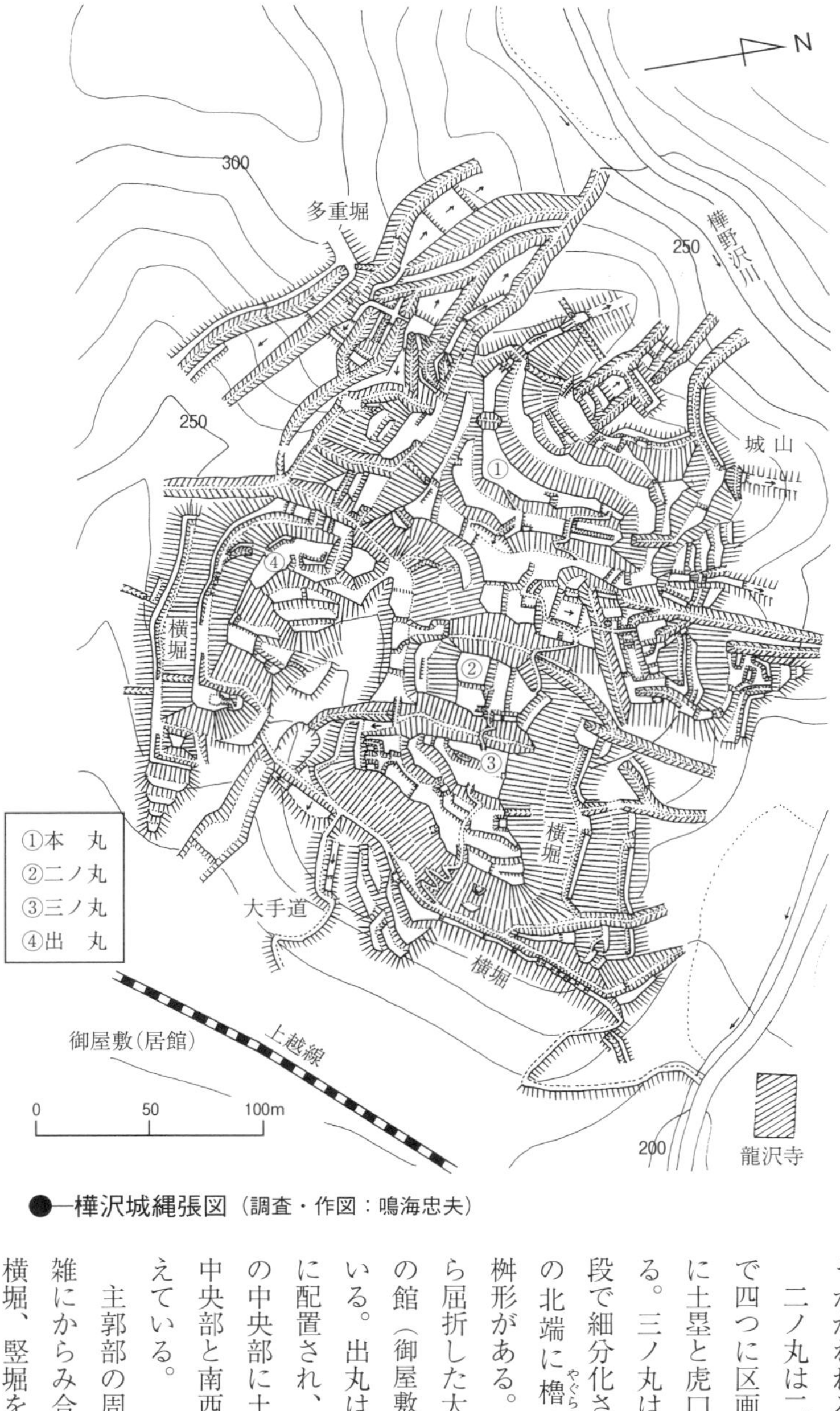

●—樺沢城縄張図（調査・作図：鳴海忠夫）

二ノ丸は二メートル前後の段で四つに区画され、東側に土塁と虎口を設けている。三ノ丸は二〜三メートルの段で細分化され、中央部の北端に櫓台《やぐらだい》、南西に桝形がある。この桝形から屈折した大手道が東麓の館（御屋敷）へ下っている。出丸は本丸の南東に配置され、北東と西側の中央部に土塁、東側の中央部と南西に虎口を構えている。

主郭部の周囲には、複雑にからみ合った堀切と横堀、竪堀を厳重に設け

●—樺沢城の本丸

●—樺沢城の横堀

ている。これらの防御施設は、尾根伝いと麓からの攻撃を想定した配置であるが、とくに麓《ふもと》からの攻撃を意識して構えたものである。堀切は本丸の南西部、竪堀は本丸から三ノ丸の西側と北側斜面に多く設けられている。横堀は本丸の西側と二ノ丸・三ノ丸の北側、三ノ丸の東側、出丸の南側が顕著で、二の丸・三ノ丸の北側と出丸の南側は二段構えである。いずれの横堀も、外側に低い土塁を築いている。

【多重堀と横堀】　越後の山城は、堀切と畝状空堀が発達しているのに対して、土塁と横堀が未発達である。つまり、本丸南西の関東方向の尾根上に掘り込まれた多重堀と竪堀群は、天正六年（一五七八）三月に起こった御館《おたて》の乱の初期、景虎支援のため、越後への侵攻が予想された北条氏の軍勢に備えて、景勝軍が普請《ふしん》、強化したものと考えられる。

いっぽう、二重、三重にめぐらした横堀は、越後の山城ではほかに類例が余りないことから、同年八月に樺沢城を占領した北条軍の手によるものと考えられる。横堀の深さが五〇センチから一メートルほどであることは、麓から城内へ攻め上がる敵兵を堀内から射撃する陣地《じんち》であったことを示している。

【城主の居館と城下町】 東麓の樺野沢集落から南側の大沢集落にかけて、御屋敷・元《もと》屋敷《やしき》・中《なか》屋敷・下《しも》屋敷・黒金《くろがね》屋敷・小泉屋敷・宮島屋敷・鷹匠《たかしょう》屋敷・本倉屋敷・古町・桜町・町屋敷・馬場・的場《まとば》などの地名がある。

御屋敷は城主の居館である。黒金屋敷・宮島屋敷などは、樺野沢に在地した上田長尾家臣の屋敷と思われる。古町・桜町・町屋敷には、職人・商人が住んでいたものと推定される。また、多くの寺社もあったようである。これらの地名から、ここには城主の館を中心として、武家《ぶけ》屋敷と町《まち》屋敷、寺社《じしゃ》などから構成された城下町が展開していたものと考えられる。

【城主栗林氏】 上田長尾氏は、上田荘内の要衝にあった樺沢城に家臣の栗林《くりばやし》氏を入れて、領内の支配に当らせた。栗林氏は信濃（長野県）栗林郷の出身で、享禄年間（一五二八～三二）頃上田長尾氏に属したという。栗林氏は頼長―頼忠―政頼―久頼とつづく。政頼は御館の乱のとき坂戸城将で、坂戸城に立て籠もって奮戦し、景虎支援の北条軍の猛攻から城を堅守している。

【城をめぐる合戦】 天正六年九月頃、景虎救援のため、三国峠を越えて越後に侵攻した北条氏照《うじてる》を総大将とする北条軍は、樺沢城を猛攻した。北条軍の越後侵攻には、越後の地利を知った景虎方の北条高広《きたじょうたかひろ》が先導した。城は上田衆らの景勝軍が守っていたが、防戦むなしく北条軍に攻略された。

樺沢城を占領した北条軍は、以後ここを拠点に坂戸城（南魚沼市）や板木城（同）、浦佐城（同）など、景勝方の諸城を攻撃した。しかし、坂戸城は容易に攻略できず、十月初旬ころ、城に北条高広と河田重親を残して、いったん関東に引きあげた。

翌天正七年二月三日、景勝軍は樺沢城を攻撃し、二・三之廻輪《くるわ》（二ノ丸・三ノ丸）まで焼き払って巣城《すじょう》（本丸）ばかりにした。同日、城に拠っていた北条方の長尾景憲は、志をひるがえして城を出て景勝に服したことと、景勝軍による激しい攻撃などで、この日景勝方が樺沢城を奪回したようである。樺沢城は、御館の乱後もしばらくの間、上杉氏の番城《ばんじょう》として有力家臣が在番《ざいばん》したものと思われる。

【参考文献】伊藤正一「樺沢城」『図説中世城郭事典』第二巻（新人物往来社、一九八七）、塩澤町『塩澤町史』資料編上巻（塩澤町、一九九七）、鳴海忠夫「ふるさとの古城」『新潟県の合戦』小千谷・十日町・魚沼編（いき出版、二〇〇九）

（鳴海忠夫）

●御館の乱時に築かれた関越境目の城

荒《あら》戸《と》城《じょう》

〔新潟県指定史跡〕

〔所在地〕湯沢町神立字神山他
〔比　高〕約二〇〇メートル
〔分　類〕山城
〔年　代〕一六世紀後半
〔城　主〕登坂安忠ほか
〔交通アクセス〕関越自動車道「湯沢IC」から登り口の駐車場まで車で約一〇分、駐車場から徒歩約一〇分。

【関越境目の要衝】　三国《みくに》峠と清水峠は、越後と関東を結ぶ交通の要衝で、関越の境目《さかいめ》に位置していたことから、軍事戦略のうえでも重要な場所であった。とくに天正年間の御館《おたて》の乱と、その後の織田信長との抗争では、関越国境に極度の緊張状態が発生している。荒戸城は直路《じきろ》城（南魚沼市）とともに、上杉氏にとって関越境目を守る重要な城であった。

　荒戸城跡は、神立芝原《かんだつしばはら》集落西南の標高七九〇メートルの山頂部にある。史料には「荒砥城」ともみえる。城の北直下には交通の要衝芝原峠があり、西麓を越後と関東を結ぶ三国街道が通っている。荒戸城は御館の乱のときに築かれ、規模は小さいが保存状態がよく、文献史料からも築城年代や築城者、築城目的、歴代守備者《れきだいしゅびしゃ》などを追究することができる山城である。

　西方の八木沢集落には、江戸時代に口留番所《くちどめばんしょ》が置かれていた。南方の関越境に位置する浅貝《あさがい》集落には、浅貝寄居《よりい》城跡がある。浅貝寄居城は、上杉謙信が元亀二年（一五七一）五月に大石芳綱と栗林政頼に命じて築かせた城で、謙信関東出陣の宿所《しゅくしょ》と考えられる。

【荒戸城の構造】　荒戸城は、山頂部に本丸を構え、北側に二ノ丸、西側に三ノ丸、南東に腰郭《こしぐるわ》を配置し、要所に土塁《どるい》や堀切《ほりきり》、横堀《よこぼり》、竪堀《たてぼり》、虎口《こぐち》、桝形《ますがた》、馬出《うまだし》、土橋《どばし》、井戸、各郭間をつないだ斜路《しゃろ》（道）を設けている。本丸は広く、東側を中心とした三方に高さ約二メートルの土塁が半周し、北東と南側に虎口を構えている。北東の虎口からは二ノ丸、南側の虎口からは三ノ丸へ斜路が下っており、二ノ丸側の斜路は二ヵ所で屈折させている。土塁の南端が広くなっているので、この上に櫓《やぐら》が設けられていたものと推定される。

二ノ丸は本丸の北側から東側にかけて展開し、北東隅に馬出からの虎口を構え、二ノ丸と馬出は土橋で結ばれている。虎口の内側には内桝形《うちますがた》を設けている。馬出は三方を堀で囲み、ここから大手道《おおてみち》が三国街道へ下っている。三ノ丸は西側中央部に虎口を構え、その下に堀で囲まれた外枡形《そとますがた》があり、そこから搦手道《からめてみち》が下っている。二ノ丸と三ノ丸の内側に内桝形状の窪みがみられる。二ノ丸と三ノ丸の下には、外側に低い土塁をともなった横堀を掘り込んでいる。二ノ丸側の横堀は全長約三六メートル、三ノ丸側の横堀は全長約九〇メートルである。三ノ丸側の堀底には、五条ほどの畝状《うねじょう》の高まりが認められる。この横堀は、緩やかな尾根が下る三国街道方面からの攻撃に備えて構えられたものである。

荒戸城は一五〇メートル四方の範囲内に収まる小規模な山城であるが、計画的に配置された郭群や発達した虎口、桝形、馬出、一部に折れがみられる土塁と横堀などに、大きな特色が認められる。これらの各種施設を徹底的に配置した構造は、天正前期に築かれた山城としての姿をよくあらわしている。

●―荒戸城の馬出

●―荒戸城の横堀

【荒戸城の築城】 天正六年(一五七八)三月、上杉謙信が春日山城(上越市)で死去すると、養子の上田《うえだ》長尾《ながお》氏出身の景勝と北条氏出身の景虎の間で、その相続をめぐって争った御館の乱が発生した。

景虎は争いが起きると、兄の北条氏政に応援を頼んだので、北条氏は三国峠越から越後への侵攻をうかがっていた。いっぽう、景勝は越後への侵攻が予想された北条氏の軍勢を防ぐため、同年六月二十七日に上田衆の登坂安忠らに荒戸山に新城の築城を命じた。これを受けて、上田荘《うえだのしょう》内の武士や地下《ちげ》人《にん》を総動員して造られたのが荒戸城である。

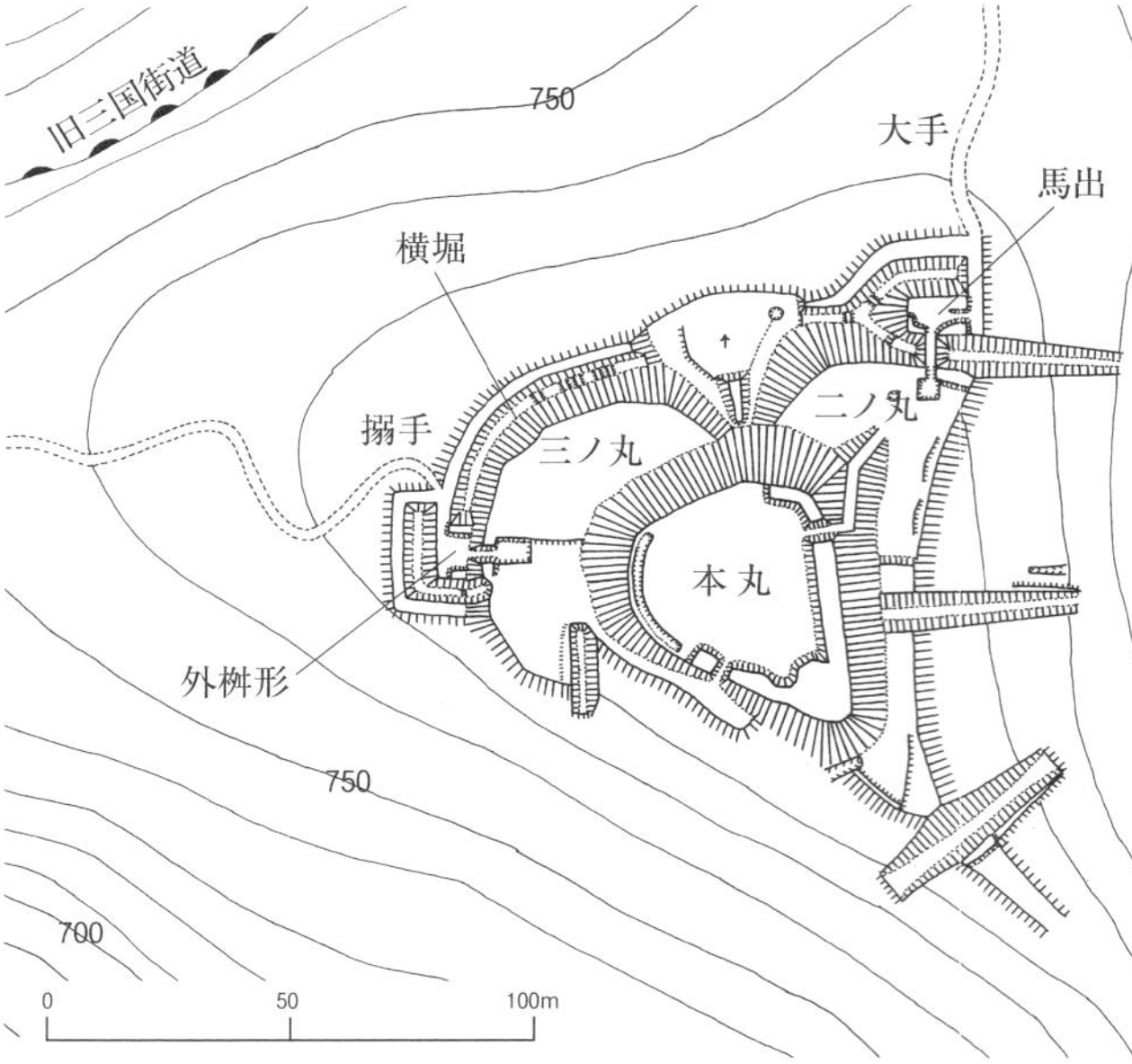

●—荒戸城縄張図（調査・作図：鳴海忠夫）

景勝は七月十二日に深沢利重と登坂《のぼりさか》安忠に対して、樺沢城（南魚沼市）以外の小屋構《こやがま》えを廃止し、兵力を荒戸・直路の両城に集中するように命じていることから、このころ荒戸城の普請《ふしん》が完成したようである。つまり、荒戸城は極めて短期間で完成したことになる。

【城をめぐる合戦】天正六年九月頃、北条氏照《うじてる》を総大将とする北条氏の軍勢は、三国峠を越えて上田荘内に侵入して、樺沢城を占領した。この時、途中に当たる荒戸城の動きは明らかでないが、北条氏の大軍の前に防戦むなしく、一気に破られたものと思われる。以後、北条軍は樺沢城を拠点として、景勝方の守る坂戸城（南魚沼市）や寺尾之小屋（同）、板木城（同）、蒲沢城（同）などを攻撃した。しかし、北条軍は坂戸城を容易に攻略できず、十月初旬頃、樺沢城に北条《きたじょう》高広と河田重親を残していったん関東へ引き揚げた。

翌七年二月三日、景勝軍は樺沢城を攻撃し、二・三ノ郭まで焼き払って巣城《すじょう》（本丸）ばかりにした。二月八日に景勝は、坂戸城守将《しゅしょう》の深沢利重に対し、小平尾城《おびろを》（魚沼市）と下倉城（同）の救援のため、荒戸・直路両城申し合わせて駆けつけるよう命じているので、この頃景勝軍が荒戸城と樺沢城を奪回したものと推定され、北条軍は関東へ退却した。二月二十三日に景勝は、北条軍の再攻に備えて、利重らに荒戸城と坂戸城、直路城の守備を厳重にするように命じている。

天正八年三月二十五日、中・下越地方で抵抗していた景虎方に呼応して、ふたたび北条氏の軍勢が上田荘に侵攻してきた。そして荒戸城を急襲して、数百人を討ち捕らえた。この時、荒戸城将樋口某《なにがし》（主水助か）が討死した。この攻防で、荒戸城は北条軍に攻略されたものと考えられるが、間もなく奪回したらしく、五月十八日に大関親憲・深沢利重らに関東境目を守るように命じている。乱後は上田衆を在番《ざいばん》させて、北条氏や織田氏らの侵攻に備えている。

【城から関所へ、そして廃城】　天正十二年二月十一日、景勝は栗林政頼を郡司《ぐんじ》に任じるとともに荒戸城在城を命じ、あわせて荒戸関《あらとせき》の管理を委ね、関税《かんぜい》の徴収をさせた。このことは、荒戸城が山城から関所《せきしょ》へ移行する過程を示すものであるが、当時はいまだ山城としての機能を失っていないと思われる。

文禄三年（一五九四）の「定納員数目録」には、上杉氏の番城《ばんじょう》のなかに荒戸城の記載がない。上田荘内では坂戸城と直路城の二城のみで、樺沢城も番城にはなっていない。この時代は、景勝政権が信濃四郡や出羽庄内三郡、佐渡をも手中におさめ、上杉領国を確定させた時期でもある。これにともなって番城《ばんじょう》が整備され、多くの城が破却《はきゃく》されている。つまり、この時期に荒戸城は完全に関所へ移行し、城としての機能を失っていたものと考えられる。

慶長三年（一五九八）一月に景勝が会津国替《くにがえ》となり、新たに堀秀治が春日山城へ入城した。秀治は上田荘支配の拠点であった坂戸城に堀直寄《なおより》を入れた。慶長五年、会津から上杉氏の家臣が越後へ侵入し、堀氏の諸城を攻撃した越後一揆《えちごいっき》が発生した。関越国境に近い三俣古城《みつまたこじょう》には、上杉方が立て籠もって直寄の守る坂戸城を攻撃した。この三俣古城は『南魚沼郡誌』によれば、神立集落と三俣集落境の山上にあったとされるので、荒戸城を指すものと考えられる。つまり、越後一揆では、すでに古城となっていた荒戸城がふたたび使われたようである。

【参考文献】高橋義彦『越佐史料』巻五（名著出版、一九七一）、米沢温古会『上杉家御年譜』二（米沢温古会、一九七七）、新潟県『新潟県史』資料編五・別編三（新潟県、一九八四・八七）、伊藤正一「荒戸城」『図説中世城郭事典』第二巻（新人物往来社、一九八七）、鳴海忠夫「新潟県湯沢町荒戸城跡について」『北陸の中世城郭』第九号（北陸城郭研究会、一九九九）

（鳴海忠夫）

●折れをもつ二重堀の城館

赤《あか》沢《ざわ》城《じょう》

〔町指定史跡〕

〔所在地〕津南町赤沢
〔比　高〕約二〇〇メートル
〔分　類〕平地居館
〔年　代〕一五世紀後半～一六世紀初頭
〔城　主〕
〔交通アクセス〕ＪＲ飯山線「津南駅」下車、徒歩五キロ

【赤沢城の概要】　赤沢城は、赤沢大地先端の河岸段丘の先端に築かれており、調査以前は、先端の一三〇メートル長・二〇メートル幅の大堀切によって区画された小規模な山城（郭内一五〇〇平方メートル）と考えられてきた。しかし平成二十五年（二〇一三）度に実施された発掘調査によって、南方の田の下から七〇メートル四方ほどの方形城館が姿を現した。さらにその西側にも堀で区切られた別の区画が存在していたことも判明しており、赤沢の地に大規模な城郭遺構が存在していたことが明らかとなった。現在整理作業が行なわれている途中であるため、あくまでも現状報告というかたちではあるが、ここに紹介する。

居館《きょかん》部分は、二重の堀に囲まれており、内側の堀の幅約五メートル、外側の堀幅約三メートルで、内側の堀は南東隅と北西隅を屈曲させている。このうち前者では、堀に張出を設けており、橋の存在が想定されている。そして内堀の内側には幅五メートルほどの無遺構部分があり、土塁《どるい》をともなっていたと考えられる。なお、北側の土塁は一部遺存しており、その北側の大堀切《ほりきり》に接している。また内堀は西側で途切れて土橋《どばし》となっており、土塁に挟まれた郭《くるわ》内には門が数回にわたって建て直されている。郭内の建物は、二〇棟以上が確認されており、数時期にわたる変遷が認められる。現在のところ遺物の下限は、瀬戸《せと》美濃大窯一段階の製品であり、本遺構群は一六世紀初頭を下限とするものと考えられる。

【今井城との関係】　赤沢城が発掘調査の結果、一六世紀初頭頃までの遺構であることが判明したことから、その折れをと

もなう堀や橋台といった構造を引き継ぎ、さらに連続竪堀を付加した今井城は、赤沢城よりも新しく戦国後期に築城されたものと考えられる。両城は、眼下を通る善光寺街道を監視するのにうってつけの立地であり、地域の拠点城郭として築かれたものと思われる。

【参考文献】津南町教育委員会『新潟・津南町・赤沢城跡』『文化財発掘出土情報』（二〇一四）、水澤幸一「平地の方形城館」『中世城館の考古学』（高志書院、二〇一四）

（水澤幸一）

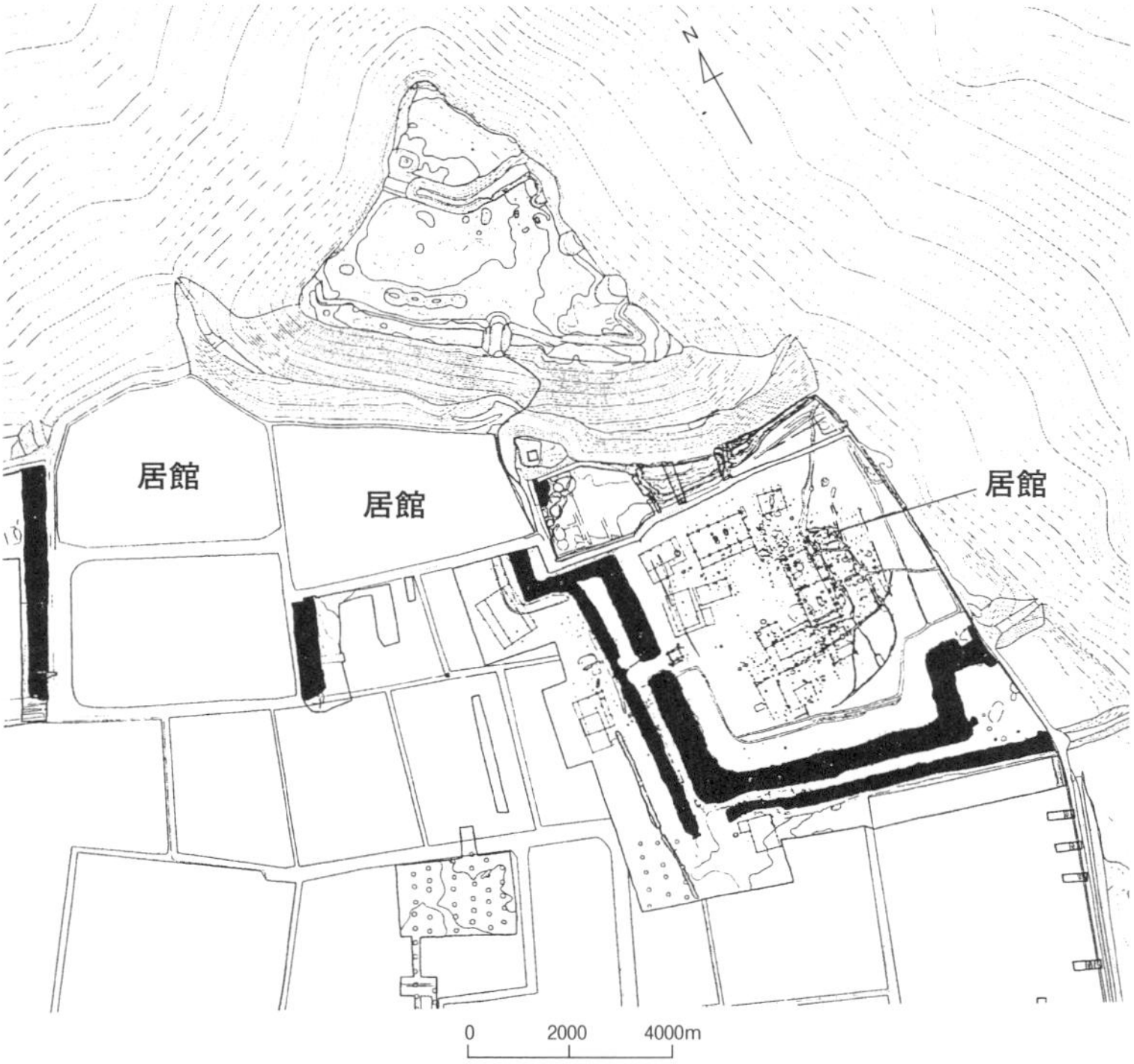

●—赤沢城発掘全体図（津南町教育委員会提供）

●—赤沢城から眼下の信濃川・街道をみる

●信越国境を抑えた境目の城

今《いま》井《い》城《じょう》

〔新潟県指定史跡〕

〔所在地〕津南町上郷大井平字平城
〔比　高〕約一八〇メートル
〔分　類〕山城
〔年　代〕一六世紀
〔城　主〕伝金子次郎右衛門
〔交通アクセス〕JR飯山線「足滝駅」下車、徒歩約一時間。関越自動車道「越後川口IC」から城跡前の駐車場まで車で約一時間一〇分、駐車場から徒歩約二分。

【段丘上に築かれた山城】　中世の山城は、丘陵・山地に築かれるのが一般的であるが、十日町《とおかまち》市から中魚沼《なかうおぬま》郡津南《つなん》町にかけての信濃川右岸の段丘上《だんきゅうじょう》には、いくつかの山城が段丘の先端部に築かれている。その代表的な山城が今井城である。

今井城跡は、信越国境にほど近い上郷大井平集落東南東の標高四三〇メートルの河岸段丘先端部にある。北方眼下に善光寺街道と信濃川を見下ろすことができる。越後と信濃を結んだ善光寺街道は、近世では北国脇往還《ほっこくわきおうかん》と呼ばれ、信濃川の両岸に沿って東通りと西通りの二つの街道からなっていた。当地は信濃川の南岸に開かれた東通りの街道筋に当たる。東通りの街道は、城の真下を通って大門川の谷を隔てた東方の赤沢《あかさわ》平《だいら》へ上がるが、今井城はこの街道と信濃川の水運を監視できる要衝にある。

【今井城の構造】　今井城は、主として二つの郭《くるわ》から構成されている。段丘先端部に本丸を構え、堀を隔てた南側に二ノ丸を配置している。本丸は三角形状の郭で、二ノ丸とは堀切《ほりきり》で区画している。北側に二重堀《にじゅうぼり》、東側斜面に畝状空堀《うねじょうからぼり》と竪《たて》堀《ぼり》、南側に高さ三・五〜四メートルの土塁を築いている。畝状空堀は二三条ほど確認されるが、両端の各一条となかほどの三条を除けば不明瞭であり、壊されたような形跡《けいせき》が認められる。土塁《どるい》はなかほどが切れて虎口《こぐち》となる。本丸・二ノ丸間の堀切は、全長約八六メートル、上幅約三〇メートル、底幅一〇〜二〇メートル、深さ五〜八メートルという大規模な箱堀《はこぼり》で、堀底に堀を二分する仕切《しき》り土塁を設けている。

二ノ丸は大きな郭で、一・五〜二メートルの段で東西二区画とし、西側の区域を俗称「馬場《ばば》」と呼んでいる。東側から南側に土塁を築き、北側中央部のやや東寄りに、本丸の虎口と対応した橋台《きょうだい》を堀の中に突き出している。この橋台から本丸虎口へは、木橋を架けて行き来したものと考えられる。塁線《るいせん》は北側と東側、西側が直線的であるのに対して、南側はなかほどで大きく屈折して横矢《よこや》としている。南側の土塁はこれにともなって屈折し、西寄りに虎口を設けている。

南側の堀切も規模の大きい堀で、城内と城外を区画している。この堀は二ノ丸南側の塁線と対応して、なかほどで大きく屈折して横矢となる。全長約一三三メートルで、堀の形態は箱堀である。堀が屈折した外側、二ノ丸虎口の対岸に四方を堀で囲んだ馬出《うまだし》郭がある。

今井城は大きな城ではないが、大規模な土塁と堀、横矢掛けの屈折した堀、東側斜面に配置された畝状空堀、長大な竪堀、出入口に設けられた馬出郭、堀の中に突き出した橋台など、特徴的な遺構《いこう》がみられる。これらの遺構は、いずれも戦国時代半ば以降の特徴を示している。

●—今井城本丸の土塁（中央に虎口がある）

●—今井城の堀切（屈折させて横矢としている）

【特徴的な馬出郭】 堀外の二ノ丸虎口と対応した地点に設けられた馬出は、八・五×八メートルのほぼ正方形の郭である。四方は堀に囲まれているが、南東隅の一部を掘り残して城外からの通路（土橋《どばし》）としている。堀が屈折した部分に設けられているので、曲尺《かね》馬出《うまだし》と呼ばれるものである。一般的な馬出は、城内側にも土橋を設けているが、本城では土橋が設けられていないので、本丸・二ノ丸間と同様、二ノ丸虎口とは木橋を架けて連絡したのであろう。新潟県内に所在する中世城館のなかで、馬出施設を備えた城は極めて少ないことから、特徴的な遺構といえ

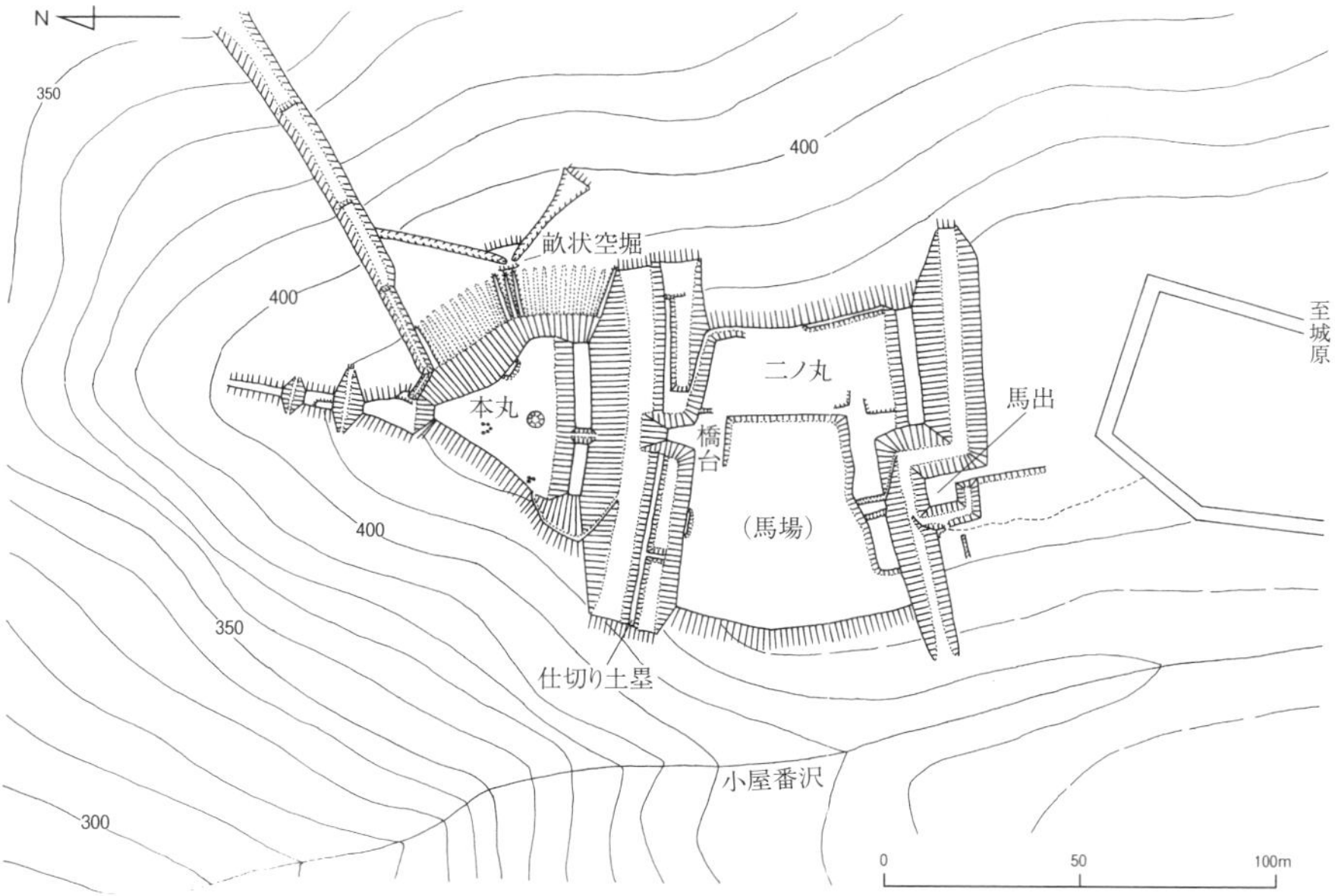

●―今井城縄張図（調査・作図：鳴海忠夫）

る。

【信越境目の城として上杉氏が築城】　このように、今井城は戦国期城郭としての特徴的な遺構を多く残しながらも、近世以降のいくつかの地誌類《ちしるい》に、御館《おたて》の乱の頃に金子次郎右衛門が居城したと伝えられているだけで、築城年代や築城者、変遷など、城の歴史は明らかでない。

今井城は、越後と信濃の境から約二・五キロというまさに国《こく》境境目《きょうさかいめ》にあり、眼下に越後と信濃を結んだ善光寺街道と信濃川の水運を支配できる要衝《ようしょう》の地に築かれている。城の構造には戦国期山城としての特色が認められる。つまり、本城はこれらの立地条件と戦国争乱期《せんごくそうらんき》という特有の時代背景のなかで、越後を支配した上杉氏の軍事戦略の必要性から、上杉氏が信越国境を守備する境目の城として築いたものと考えられる。

信濃からの街道は、城の真下を通って赤沢平に上がり、赤沢の村をへて十日町《とうかまち》・小千谷《おじや》方面へつづいていた。城の主な防御施設《ぼうぎょしせつ》を街道に面した北側から東側と段丘つづきとなる南側に集中させていることは、この街道を強く意識した構造であったことがわかる。また、山城としての今井城に対応した城主居館《じょうしゅきょかん》の存在を確認できないことも、この城が単なる地《ち》縁的《えんてき》な在地《ざいち》領主《りょうしゅ》保持の要害《ようがい》ではなく、上杉氏の番城《ばんじょう》としての性格と機能を備えた城であったことを示している。

ところで、今井城の築城以前は、赤沢平北端に位置し、今井城と近似した構造を備えた赤沢城が信越国境境目の城として機能していたものと考えられる。赤沢城が国境を守備する最前線と想定すると、信濃方面から敵が侵入したとき、主戦《しゅせん》は赤沢平に上がってからとなるので、境目を防衛するにはすぐれた場所とはいえない。そこには、敵兵が赤沢平に上がる前にせん滅する軍事上の必要性が存在していた。今井城築城の目的は、これらのことを踏まえたうえで、さらに信濃寄りの地点に上杉氏が新城《しんじょう》を築いたものと考えられる。

【信越国境に緊張が発生】 戦国時代に今井城のある信越国境に緊張が起きたのは、永正六年（一五〇九）の永正《えいしょう》の乱と天文年間末以降の武田信玄の北信濃侵攻、天正六年（一五七八）の御館の乱である。信玄の北信濃侵攻と御館の乱は、より一層緊張が高まった年代である。とくに信玄の北信濃侵攻による村上義清の越後亡命は、上杉謙信と信玄の対決を生じさせ、以後五回にわたる信濃川中島での合戦へ発展した。つまり、今井城の築城は、信玄の北信濃侵攻が始まった天文年間（一五三二〜五五）末頃の可能性が高い。

御館の乱初期には、上杉景虎支援の武田勢が信濃から越後への侵攻をうかがっており、天正六年九月に上杉景勝と武田勝頼が講和するまで、信越国境に緊張がつづいた。この時、武田勢の侵入を防ぐため、景勝配下の小森沢《こもりざわ》政秀と金子次郎左衛門尉が、妻有を拠点に目覚ましい働きをしている。

この金子次郎左衛門尉《さえもんのじょう》は、今井城主と伝えられている金子次郎右衛門と同一人物と推定され、のちに琵琶掛《びわがけ》城（十日町市）将となった。御館の乱の初期、政秀と次郎左衛門尉は行動をともにしており、妻有が主たる行動範囲であったことから、この二人が信越境目にある今井城に在番《ざいばん》していた可能性が高い。これが地誌類に伝えられている金子次郎右衛門の今井城主説につながったのであろう。

このように、今井城は戦国時代の天文年間末頃に築かれ、いくたびかの争乱のなかで城の強化が図られ、御館の乱後もしばらくの間信越国境を警備する境目の番城として、上杉氏が保持したものと考えられる。城の最終年代は、織田信長が死去したことで景勝が信濃川中島四郡を領有し、信越国境から緊張が遠ざかった天正十年（一五八二）からそう遠くない時期と推定される。

【参考文献】 丸山克己「津南町城館跡調査報告(二)」『津南町史編集史料』第一〇集（津南町史編集委員会、一九八二）、鳴海忠夫「新潟県津南町今井城跡の縄張り」『北陸の中世城郭』第一〇号（北陸城郭研究会、二〇〇〇）

（鳴海忠夫）

●越後唯一丸馬出を構えた館城

琵《び》琶《わ》懸《がけ》城《じょう》

〔所在地〕十日町市城之古字原
〔比　高〕約一三メートル
〔分　類〕館城
〔年　代〕一四世紀？～一六世紀後半
〔城　主〕伝羽川刑部、金子次郎右衛門家忠
〔交通アクセス〕JR飯山線「十日町駅」下車、徒歩約三〇分。

【信濃川渡河地点の要衝】　上杉謙信《けんしん》が関東出陣に利用した往還《おうかん》は、春日山城（上越市）から直峰城（上越市安塚区）・犬伏城（十日町市）をへて信濃川を渡り、栃窪《とちくぼ》峠を越えて上田《うえだの》荘《しょう》（南魚沼市）に至る街道である。犬伏城と上田荘の間には信濃川が流れ、信濃川に渡河《とか》地点があった。

　琵琶懸城跡は、城之古《じょうのこし》集落西はずれの標高一四〇メートルの河岸段丘先端部にある。西方眼下に信濃川の渡河地点を見下ろすことができる。また、当地で関東への街道と信濃からの善《ぜん》光寺街道《こうじかいどう》が交わることから、水陸交通の要衝にあった。東南の麻畑集落北側の丘陵上には、多重堀《たじゅうぼり》と畝状空堀《うねじょうからぼり》を構えた戦国期の山城秋葉山城跡（十日町市指定史跡）があり、琵琶懸城の要害城とみる向きもあるが、両城は二・六キロもの隔たりがあることから疑問である。また、北東約七キロの丘陵上には、南北朝時代に越後南朝方として活躍した大井田氏の居城大井田城跡（新潟県指定史跡）がある。

【琵琶懸城の構造】　琵琶懸城は、規模の大きい館城《やかたじろ》で、土《ど》塁《るい》と堀《ほり》で区画した四つの郭《くるわ》から構成されている。南端に本丸を構え、東側に東郭、北側に二ノ丸と三ノ丸を配置している。本丸は北側から東側を高さ二～二・五メートルの土塁で囲み、東郭・二ノ丸とは堀で区画している。東側土塁の南寄りに虎《こ》口《ぐち》、北西隅に内桝形状《うちますがた》の掘り込みがある。段丘崖《だんきゅうがけ》となった南側は、信濃川の浸食《しんしょく》で土砂がかなり崩落した様子がうかがわれるので、かつては倍ほどの広さがあったものと推定され、ここにも土塁をめぐらしていたものと推定される。

東郭は本丸の前面に配置されており、東側に虎口、外側の堀を越えた地点に堀で囲まれた半円状の丸馬出《まるうまだし》がある。本丸と同様、南側は信濃川の浸食でかなり崩落している。二ノ丸と三ノ丸は広い空間で、三ノ丸の北側と南東隅に虎口を設けている。南東隅虎口の外側に外桝形状のテラスがある。二ノ丸と三ノ丸を区画した堀は、現在埋め立てられて〇・五《メートル》ほどに浅くなっているが、西端崖面の観察から約三《メートル》の深さがあったことがわかる。この堀は、二カ所で屈折させて横矢《よこや》としている。三ノ丸の北端には、観音堂がある。

●—琵琶懸城の遠景（信濃川の川岸より）

●—琵琶懸城本丸の土塁

　東郭と二ノ丸、三ノ丸の東側から北側にかけて、高さ二〜二・五《メートル》の土塁、その外側に堀幅五〜一五《メートル》、全長二五〇《メートル》近くにもおよんだ堀が取り巻いている。現在、堀の一部は水堀《みずぼり》となっているが、堀外から三ノ丸へ入る道によって水が堰き止められたもので、当時

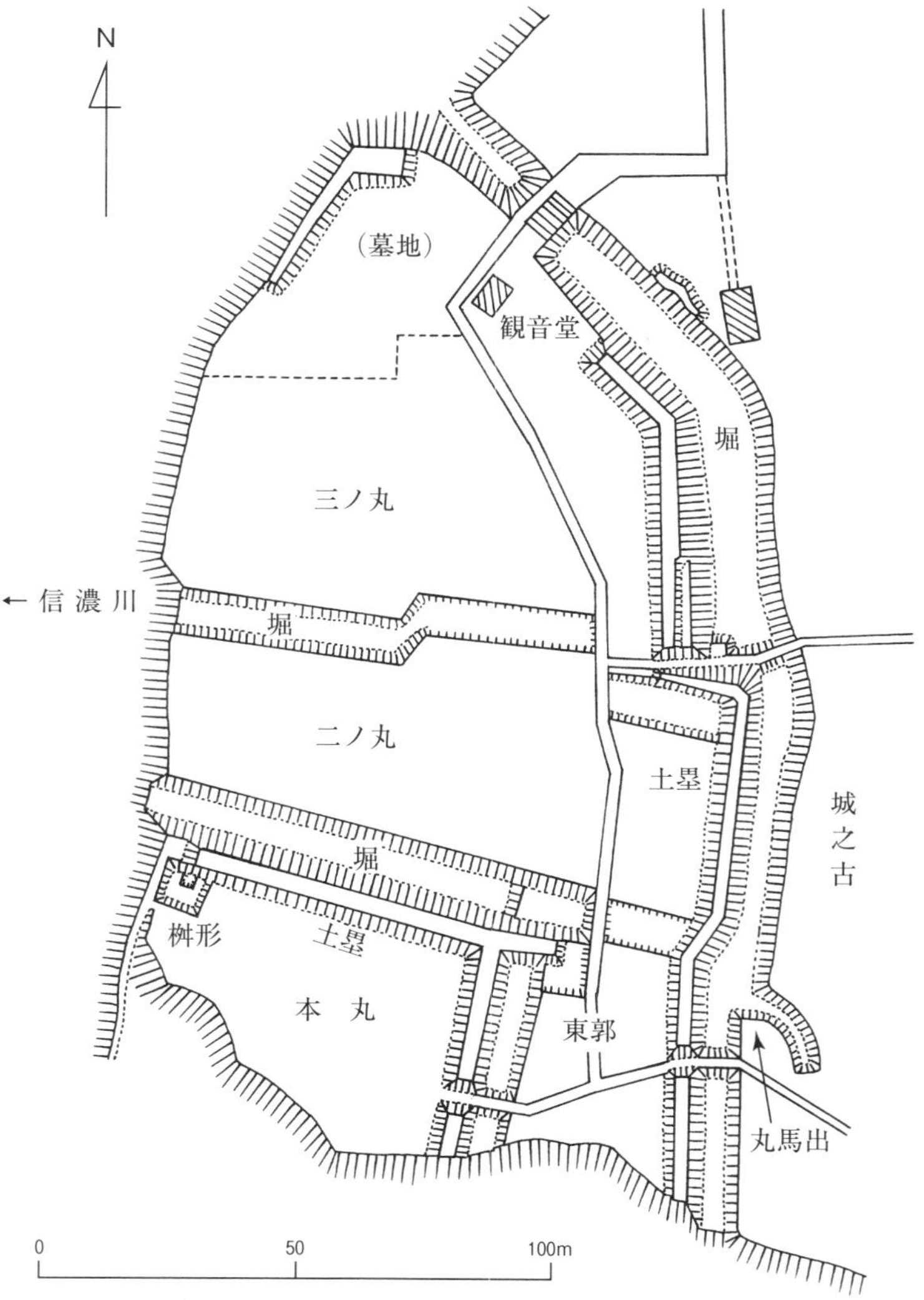

●—琵琶懸城縄張図（調査・作図：鳴海忠夫）

は堀全体が空堀《からぼり》であったものと考えられる。この土塁・堀は、二ヵ所で屈折させて横矢としている。また、三ノ丸西側の段丘縁の一部に土塁（現在、土塁上は墓地に利用されている）がみられることは、かつて城全体に土塁をめぐらしていたものと推定される。

琵琶懸城は、横矢掛けとしての大規模な土塁と堀、半円状の堀をめぐらした丸馬出などに、大きな特色がみられる。なかでも、丸馬出は上杉氏が支配した越後の城では確認されていない特異な施設である。これらの遺構は、いずれも戦国時代後半の特徴であることから、この時代に完成したことがうかがわれる。その時期はというと、信越国境に緊張が高まった天正年間（一五七三〜九二）の御館《おたて》の乱頃の可能性が高い。また、主要な街道と信濃川の渡河地点を支配できるという、水陸交通の要衝に築かれていることは、在地領主の城というよりも、上杉氏の番城《ばんじょう》としての性格と機能を持った城と考えられる。

【特徴的な丸馬出】 東郭の堀外に設けられた丸馬出は、二〇×一〇《メートル》ほどの空間で、東郭の虎口へ土橋《どばし》が延びている。この丸馬出を取り巻いた堀は、現在北側の半分ほどしか残されていないが、明治年間の地籍図《ちせきず》（土地更正図《とちこうせいず》）から、馬出全体をめぐっていたことが確認されている。新潟県内の城では、いくつかの城に角馬出《かくうまだし》は確認されているが、丸馬出を設けた城は唯一琵琶懸城だけである。丸馬出は、武田氏関連の城によくみられる施設で、武田氏の築城法として捉えられており、同氏が支配した地域の城に多くみられる。

天正六年（一五七八）三月に始まった御館の乱の初期には、上杉景虎支援の武田勢が信濃から越後への侵攻をうかがっていた。同年九月、上杉景勝と和睦した武田勝頼は、景勝支援のために家臣を妻有郷《つまりごう》に派遣した。武田軍の妻有郷での拠点は明らかでないが、水陸交通の要衝と妻有郷の中心部に位置し、多くの将兵が駐屯できる琵琶懸城こそが、その拠点だった可能性が高い。つまり、琵琶懸城の丸馬出は、このとき武田軍によって普請《ふしん》されたものとも推定される。

【琵琶懸城の城主】 琵琶懸城は、信濃川の渡河地点を見下ろす段丘先端部に造られた館城である。『中魚沼郡誌』によれば、琵琶懸城には南北朝時代に羽川《はねがわ》刑部が居城したと伝えられている。南北朝時代の妻有郷は、大井田城（十日町市）を本拠とした大井田経隆《つねたか》・氏経《うじつね》父子らの越後南朝方の支配するところであった。羽川刑部も南朝方の武士であったことから、この時代に羽川氏によって築かれたことも考えられるが、断定はできない。

上杉家の「御《ご》家《か》中《ちゅう》諸《しょ》士《し》略《りゃく》系譜《けいふ》」の金子次郎右衛門家忠の項に、「越後之内琵琶掛之城ニ被差置」とあり、天正年間に金子次郎右衛門が琵琶懸城に在城していたことが記されている。次郎右衛門は、上杉謙信死後の天正六年三月に始まった御館の乱では、小森沢《こもりざわ》政秀と行動をともにし、妻有郷で目覚ましい働きをしている。乱後、景勝から琵琶懸城の城将《じょうしょう》を命じられ、同城に在番《ざいばん》したものと思われる。また、次郎右衛門は、今井城（津南町）に居城したとも伝えられている。

【参考文献】 中魚沼郡教育会『中魚沼郡誌』（名著出版、一九七三復刻）、米沢温古会『上杉家御年譜』二十四（米沢温古会、一九八六）、十日町市史編さん委員会『十日町市史』資料編三（十日町市役所、一九九二）

（鳴海忠夫）

●国人領主五十嵐氏の居館

五十嵐館《いからしやかた》

〔新潟県指定史跡〕

〔所在地〕三条市飯田字館ノ前
〔比　高〕約一メートル
〔分　類〕館
〔年　代〕一三世紀～一六世紀後半
〔城　主〕五十嵐小文治
〔交通アクセス〕関越自動車道「三条燕ＩＣ」から車で約二〇分

【五十嵐保支配の要衝】　五十嵐（小文治《こぶんじ》）館は、鎌倉時代以来、飯田を本拠として、五十嵐川右岸の一部を支配した国人《こくじん》領主《りょうしゅ》五十嵐氏の居館《きょかん》である。五十嵐氏の惣領《そうりょう》は、代々小文《こぶん》治《じ》（小豊治）を名乗っていた。五十嵐川の流域は、下田郷《しただごう》とも呼ばれているが、中世に五十嵐保《いからしのほ》と称された国衙領《こくがりょう》であった。

五十嵐館跡は、飯田集落西はずれの標高三七～三八メートルの五十嵐川右岸の段丘上にある。館の西方には五十嵐川が流れ、三条方面へ舟運が通じていた。また、五十嵐川に沿って、奥会津地方（福島県）へ通じた八十里越《はちじゅうりご》えの街道が開かれており、当地は水陸交通の要衝にあった。

館の東側には、「馬場」「町裏」「小路」などの地名が残されており、ここに小規模ながらも中世城下が存在していた可能性が高い。北方約三五〇メートルの段丘上には、有事のさいに籠城する要害飯田城跡がある。飯田城の本丸には、延喜式内《えんぎしきない》社《しゃ》と伝えられている五十嵐神社がある。祭神は垂仁《すじん》天皇の子五十帯日子命《いかたらしひこのみこと》という。また、東南東約六キロの標高三七〇メートルの高城山には、下田長尾氏が居城した高城跡がある。

【五十嵐館の構造】　五十嵐館は、周囲に土塁《どるい》と堀をめぐらした東西約八〇メートル、南北約九五メートルの規模を持つ方形単郭式《ほうけいたんかくしき》の館である。新潟県内に所在する中世の館としては、比較的規模が大きい。

館の内部は東西約六〇メートル、南北約七〇メートルで、ここに城主の主殿《しゅでん》や小屋など、いくつかの建物が建てられていた。土塁は四周をめぐり、北東隅を屈折させて横矢掛《よこやが》けとし、土塁上の角には櫓《やぐら》が設けられていたものと推定される。横矢掛けの土塁は、天正年間（一五七三〜九二）ころの特徴を示している。周囲をめぐった堀は、幅一〇㍍前後の防御性に富んだ堀である。虎口《こぐち》は西側中央部のやや北寄りに構えられ、外側に桝形《ますがた》状の張出部を設けている。発掘調査の結果、外桝形状の張出部には、四柱門が確認されている。四柱門から館の外へは、木橋が架けられていたものと推定される。

●―五十嵐館の全景

●―五十嵐館の土塁と堀

【発掘調査と出土遺物】　五十嵐館は、農地基盤整備計画にともなう県営圃場整備事業に先立って、昭和四十七年（一九七二）に当時の下田村（現三条市）教育委員会が緊急発掘調査を実施した。その結果、館の保存が決定し、昭和四十八年三月に新潟県の史跡に指定された。その後、昭和四十九年に史跡整備にともない第二次発掘調査が行なわれた。

二回にわたる発掘調査の結果、館の周囲からは館をめぐった土塁と堀、土塁に開かれた虎口（四柱門）、館の内部からは礎石《そせき》を用いた小屋と溜池《ためいけ》などが検出されたほか、珠洲《すず》焼や越前焼、瀬戸・美濃焼、中世土師器《ちゅうせいはじき》（カワラケ）、青磁、白磁、青花《せいか》（染付《そめつけ》）などの陶磁器類、それに鋏《はさみ》やカンザシ、釘《くぎ》などの金属類、漆器や札《ふだ》、箸《はし》などの木製品、硯《すずり》や砥石《といし》などの石製品、古銭（北宋銭）など、豊富な遺物《いぶつ》が出土した。

出土した中世の陶磁器類は、一三〜一六世紀までのものであることから、約四世紀の長きにわたって営まれた館と推定され、歴史上に登場する五十嵐氏の年代とほぼ一致することが明らかとなった。その後、発掘調査結果をもとに館が復元された。出土した遺物や四柱門復元模型は、ウエルネスしただ内にある下田郷土資料館に展示・公開されている。

【館の要害飯田城】　飯田城は五十嵐館に居住した五十嵐氏が、有事のさいに備えて保有した要害である。飯田城跡は、飯田集落の中央部に突出した標高五〇メートルの段丘上にあり、現在城跡一帯は五十嵐神社の境内地となっている。

飯田城は本丸を中心として、西側に二ノ丸以下の郭《くるわ》群を階段状に配置し、東側の段丘つづきを堀切《ほりきり》で遮断した梯郭式《ていかくしき》のプランである。本丸は広く、郭の塁線《るいせん》を所どころで屈折させて横矢《よこや》としている。中央部に鎮座している五十嵐神社は、明治八年（一八七五）に北側から現在地に移転したといわれている。二ノ丸には、後述する五十嵐小文治《こぶんじ》が館の庭から力だめしに投げた石がはまり込んだと伝えられている大杉が聳《そび》えていたが、枯れたため伐採され、石がはまり込んだ部分が堂内に保存されている。三ノ丸も広い郭で、やはり塁線の一部を屈折させて横矢としている。本丸と三ノ丸は広い空間であることから、大型建物の配置が可能である。

本丸の東側には、高さ約三メートルの土塁が築かれている。この土塁は、横矢とするために所どころで屈折させている。外側の堀切も、これに対応して屈折している。土塁の中央部には橋台《はしだい》と思われる突出部、堀を越えた地点にも郭状の平地と浅い溝が掘り込まれている。横矢の土塁に館との共通性が認められる。

飯田城は小さな山城ではあるが横矢の土塁・堀切に、戦国時代後半の天正年間（一五七三〜九二）頃の特色が認められ、この年代に城が強化されたことがうかがわれる。

【五十嵐保へ入部】　五十嵐川流域に展開した下田郷には、古くから五十嵐小文治吉辰《よしたつ》の伝説が伝えられている。小文治吉辰の父は、吉ヶ平雨生ヶ池《あまをがいけ》に棲む竜神《りゅうじん》の化身で、母は笠掘の甚右衛門の娘という。小文治が館の前から投げた人頭大《じんとうだい》の石が、三五〇メートル離れた現五十嵐神社の大杉の幹にめり込んだと伝えられている。超人的な英雄と伝えられている五十嵐小文治吉辰は、農業技術などを伝えた下田郷開拓の祖ともいわれている。

小文治吉辰の伝説は別として、五十嵐氏は早くから歴史上に登場する。鎌倉時代の建保元年（一二一三）の三浦和田氏と北条氏の抗争（和田合戦）のときに五十嵐小文治、朝廷と鎌倉幕府との間で起こった争乱、承久三年の承久《じょうきゅう》の乱に五十嵐党、延応元年に五十嵐小豊治太郎惟重《これしげ》がみえる。五十嵐氏は、鎌倉幕府の御家人《ごけにん》であった。これらの点と館から出土した一三世紀代の陶磁器などから、五十嵐氏は鎌倉時代に五十嵐保の地頭職《じとうしき》を賜わって入部したものと考えられよう。

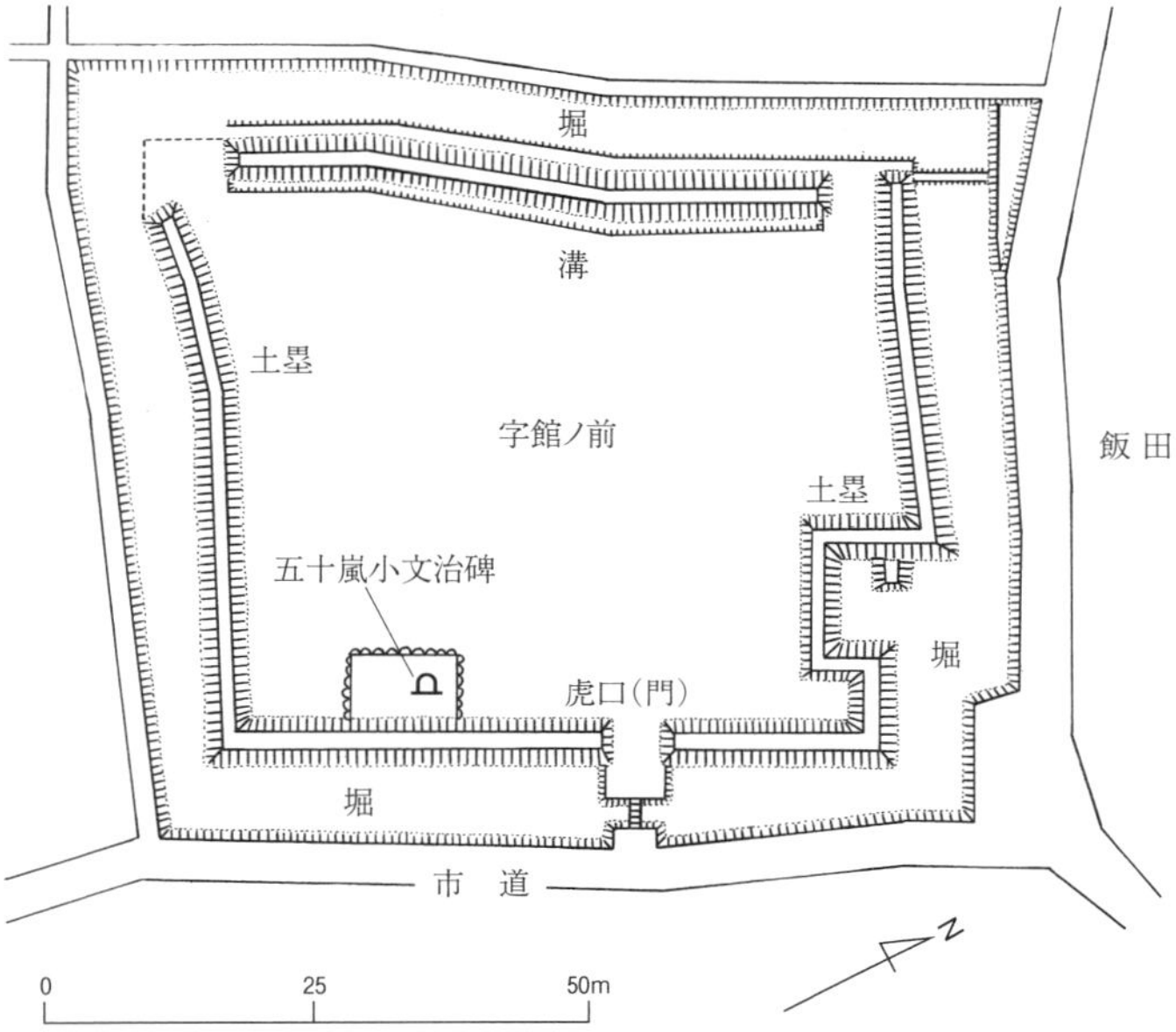

●―五十嵐館縄張図（調査・作図：鳴海忠夫）

【五十嵐氏の発展】　南北朝時代の文和元年（正平七年〈一三五二〉）に五十嵐文四・文五、室町時代の文明六年（一四七四）に五十嵐小文治家忠、同末年頃に五十嵐豊後入道、戦国時代の永正六年（一五〇九）に五十嵐小文四友常・五十嵐八郎・五十嵐但馬守、永正十七年に五十嵐豊六が登場する。また、天正年間（一五七三～九二）の御館《おたて》の乱では、五十嵐氏は景虎に味方したらしく、五十嵐式部・五十嵐与二郎がみえる。

　このように、五十嵐氏は鎌倉時代から戦国時代までの四〇〇年近くの間、歴史上に登場する。文献史料には、小文治・小豊治・小文四がみえることから、小文治（小豊治）を名乗ったものが、代々五十嵐氏の惣領を継承したものと考えられる。五十嵐氏の惣領であった小文治は、普段五十嵐館に居住し、背後の段丘上にいざという時に立て籠もる要害（山城）、飯田城を築いたものと考えられる。

　五十嵐氏が下田郷（五十嵐保）から姿を消した年代は、天正六年（一五七八）三月に上杉謙信が春日山城（上越市）で死去したのち、その相続をめぐって養子の景勝と景虎で争った御館の乱ころと推定されるが、明らかなものではない。

【参考文献】　金子拓男『五十嵐小文治館発掘調査報告書』（下田村教育委員会、一九七三）、金子拓男「五十嵐館」『日本城郭大系』七（新人物往来社、一九八〇）

（鳴海忠夫）

●青海荘支配の要衝に築かれた山城

加茂城《かもじょう》

〔加茂市指定史跡〕

〔所在地〕加茂市加茂字要害他
〔比　高〕約八四メートル
〔分　類〕山城
〔年　代〕一四世紀?～一六世紀末
〔城　主〕伝早部甚甫守、本庄豊後他
〔交通アクセス〕JR信越本線「加茂駅」下車、徒歩約三〇分。北陸自動車道「三条燕IC」から青海神社前駐車場まで車で約二〇分、駐車場から徒歩約二〇分

【青海荘支配の要衝】　中世の青海荘《おうみのしょう》は、現在の加茂市を中心とした地域に展開していたものと考えられている。加茂市街地の裏山にある加茂城は、青海荘を支配することができる要衝に築かれている。

加茂城跡は、JR信越本線加茂駅の南東、標高一〇四メートルの要害山《ようがいさん》にある。北側には加茂川が悠々と西流し、丘陵の西側と加茂川に沿って主要な交通路が開かれていた。加茂城の北麓には、城下の存在を示す「根子屋《ねごや》」と「根古屋《ねごや》」の小字《こあざ》があるが、城主の居館《きょかん》跡は確認されていない。

北西の丘陵中腹に延喜式内社と伝えられている青海神社、西側の尾根続きに剣ヶ峰城跡と尾振山《おふるやま》(城山)城跡、西側直下の谷に曹洞宗耕泰寺《こうたいじ》がある。青海神社の一帯には、郭《くるわ》状の平地が数多く展開していて、城構《しろがま》えの造りとなっている。中世に社領を守るため、武装《ぶそう》していた可能性が高い。その裏山にある剣ヶ峰城は、青海神社がいざの時に備えて保有した要《よう》害《がい》とも推定される。耕泰寺は、加茂城主宇佐美平六が創建したと伝えられている。

【加茂城の構造】　加茂城は、要害山々頂部に本丸を構え、東側と西側、南側、北側に下る四つの尾根上を削ったり、掘り割ったりして造り出した郭や堀切《ほりきり》、竪堀《たてぼり》、虎口《こぐち》、桝形《ますがた》、土坑《どこう》(穴)などが随所にみられ、立体的な構造となっている。郭の配置状況と城下との位置的な関係から、北側が大手《おおて》、南側が搦手《からめて》と考えられる。

本丸から東側と北側、南側へ下る尾根が城の中枢部で、本

丸の東直下に二ノ丸、二ノ丸の先に三ノ丸を配置している。また、本丸の北と南にも主要な郭群を一直線上に設けている。

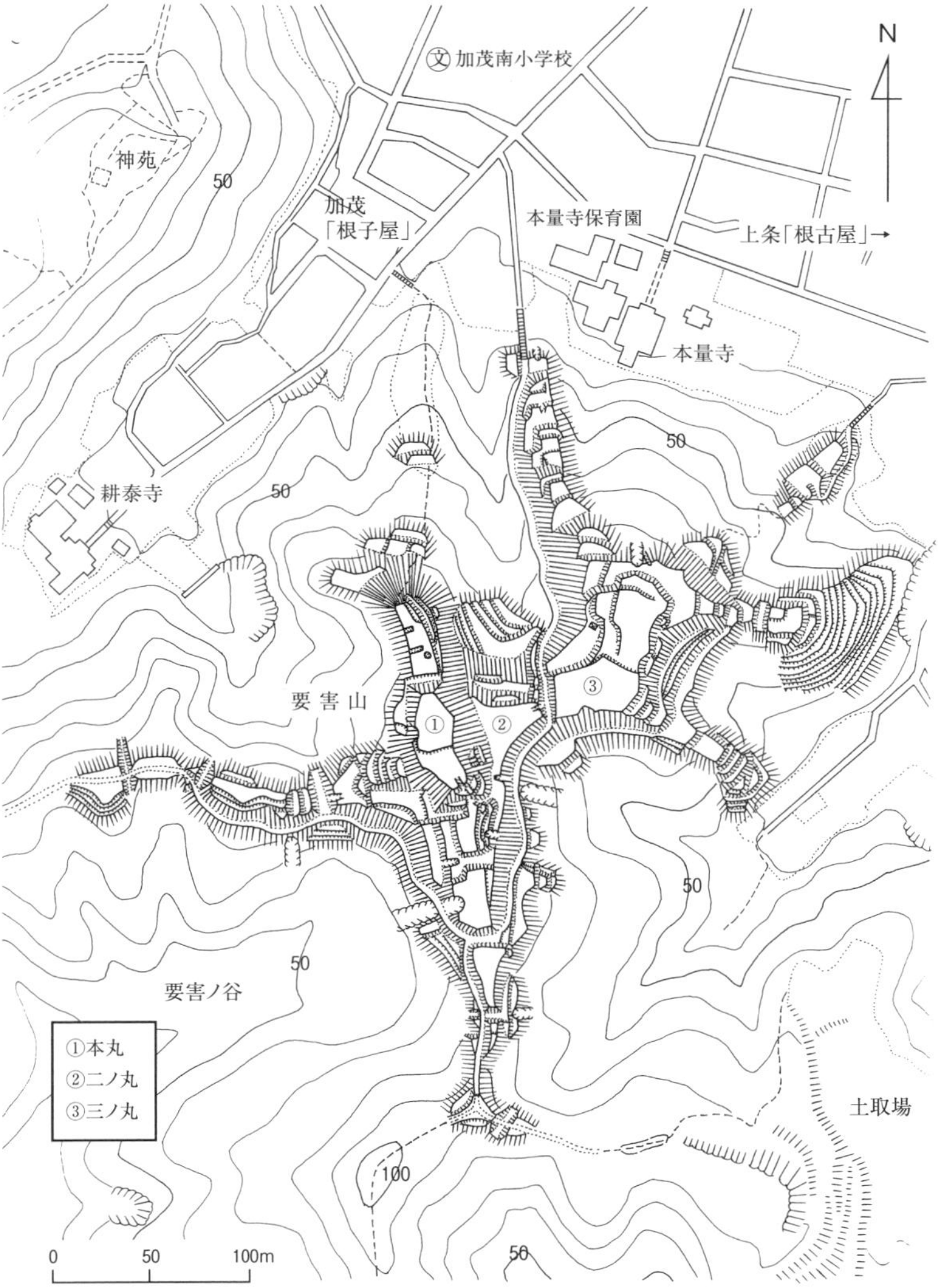

●―加茂城縄張図（調査・作図：鳴海忠夫）

本丸は広い郭で、周囲よりひときわ高く屹立《きつりつ》している。本丸周囲の切岸《きりぎし》は、一〇《メートル》にもおよんでいる。内部を小さな段で二区画とし、北側の西隅に神明社がある。西側の中央部と南側に虎口を構えている。南側虎口の前には、外桝形状の小さな郭がある。本丸北側の郭は、北側に虎口、南端の本丸との切岸付け根に堀切を設けている。郭の上面には、二条の溝が掘り込まれている。

二ノ丸は三角形状の郭で、東側に虎口を構え、本丸とは切岸、三ノ丸とは堀切で区画している。三ノ丸はL字状に屈折し、内部を小さな段で数区画としているが、全体の面積は二〇〇〇平方メートル以上という広い空間である。北側の腰郭《こしぐるわ》には稲荷社、三ノ丸の北と北東、東、南東へ下る四つの尾根には、多くの腰郭を階段状に配置し、山麓からの敵の攻撃に備えていた。

本丸の南側には、三つの郭を一直線上に配置し、それぞれの郭を堀切（箱堀《はこぼり》）で区画している。北郭の北西隅に桝形を構えている。中郭は大きな郭で、郭の塁線《るいせん》を屈折させている。南郭は三角形状の郭である。当該郭群は、本丸以下の主郭群《しゅかくぐん》と同様に重要な空間で、南方の尾根伝いからの敵の侵入に備えていた。

●—加茂城本丸の虎口（手前に外桝形あり）

いっぽう、西側の剣ヶ峰城へつづく尾根には、多くの郭と三条の堀切を設けている。

【特徴的な遺構】 加茂城は、比較的大きな山城である。郭の大型化と堀切の箱堀化、明瞭な虎口・桝形施設に戦国期山城としての特色が認められる。とくに郭の大型化と堀切の箱堀化が注目される。

郭の大型化は、戦《いくさ》のときに大人数が籠城《ろうじょう》することができるので、それぞれの郭に大型建物《おおがたたてもの》が建てられていた可能性が高い。なかでも三ノ丸は広大で、居館的な様相を呈している。堀切一〇条のうち、八条が底幅の広い箱堀である。戦国時代の後半には、大規模な戦闘や鉄砲などの武器の進化にともなって、広い堀幅を確保できる堀切の箱堀化が図られている。

これらの遺構は、天正年間（一五七三〜九二）頃に普請《ふしん》されたものと考えられる。とくに天正六年に始まった御館《おたて》の乱が、その時期の可能性が高い。

【採集遺物】 加茂城跡から、和鏡《わきょう》一点と珠洲焼《すずやき》一点、青花《せいか》（染付）一点が採集されている。和鏡は州浜松竹双雀鏡《すはましょうちくそうじゃくきょう》で、昭和三十年（一九五五）に吉田亀吉氏が本丸から採集した。径一一・二センチ、重さ二九九・五グラムで、白銅質《はくどうしつ》を呈している。一四世紀前半頃の製品と考えられる。珠洲焼は壺の胴部片で

●—加茂城出土の州浜松竹双雀鏡
（加茂市民俗資料館所蔵）

一五世紀代、青花（染付）は皿の口縁部片で、一五世紀後半から一六世紀前半のものである。青花は二次焼成《にじしょうせい》を受けたらしく、内外面の釉《ゆう》が溶けて気泡状を呈している。

【城の始まりと城をめぐる合戦】加茂城は、戦国時代後半の元亀元年（一五七〇）に早部《はやべ》甚甫守《じんぼのかみ》が砦を築き、以来長尾加賀守、本庄備前守、宇佐美《うさみ》平六、栗山大学、和田清八、小田切主膳、下越左京まで八人が居住したと伝えられている。しかし、本丸から一四世紀前半ころの和鏡が採集されていることは、築かれた年代が南北朝時代までさかのぼる可能性を示唆している。

加茂城が史料に登場するのは、天正六年（一五七八）三月に上杉謙信が春日山城（上越市）で死去したのち、その相続をめぐって養子の景勝と景虎で争った御館の乱である。この時の加茂城将名は明らかでないが、景虎に属していた。天正八年四月、景勝方の菅名《すがな》綱輔は、加茂城に近接した加茂山（青海神社の裏山一帯の総称）に取り詰めて陣を敷き、ここを拠点に景虎方の立て籠もる加茂城を攻撃した。城を守る景虎方と攻める景勝方との間で、激しい攻城戦があったものと推定される。

文禄三年（一五九四）の段階では、上杉氏の番城《ばんじょう》の一つで、本庄豊後抱《かかえ》として太田源五左衛門らが在番《ざいばん》していた。在番衆は、青海荘中心部の支配にあたっていたものと考えられる。慶長三年（一五九八）、上杉氏の会津国替《くにがえ》にともなって廃城となった。慶長五年の越後一揆《えちごいっき》では、上杉方の一揆勢が古城《こじょう》となっていた加茂城に陣取り、堀氏と対決している。

【参考文献】高橋義彦『越佐史料』巻五（名著出版、一九七一）、鳴海忠夫「加茂要害山城跡採集の染付皿について」『加茂郷土誌』第二五号（加茂郷土調査研究会、二〇〇三）、加茂市史編集委員会『加茂市史』資料編一（加茂市、二〇〇五）

（鳴海忠夫）

●蒲原地方南部の大規模城郭

護《ご》摩《ま》堂《どう》城《じょう》

〔田上町指定史跡〕

〔所在地〕田上町田上字護摩堂乙他
〔比　高〕約二六〇メートル
〔分　類〕山城
〔年　代〕一四世紀？〜一六世紀後半
〔城　主〕平賀氏、甘糟景継他
〔交通アクセス〕ＪＲ信越本線「田上駅」下車、徒歩約四五分。北陸自動車道「三条燕ＩＣ」から登り口の駐車場まで車で約三〇分、駐車場から徒歩約三〇分。

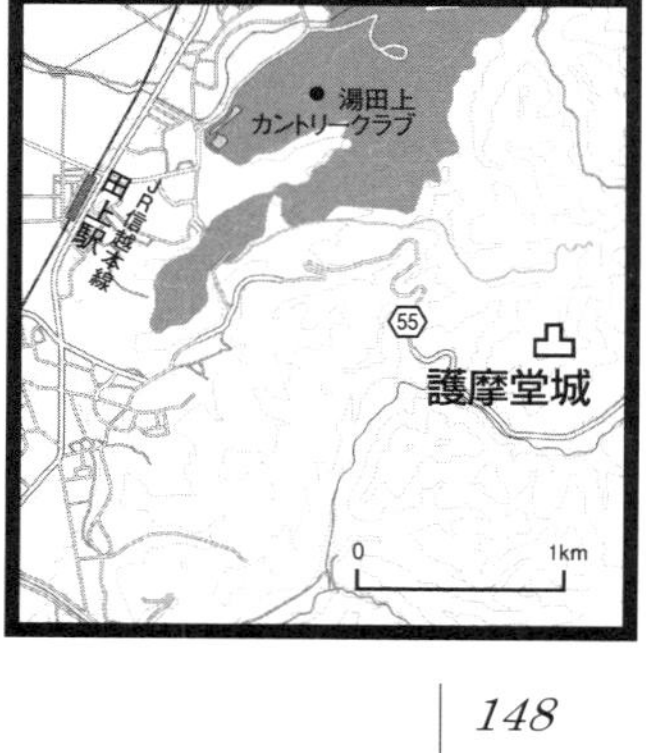

【軍事交通の要衝】　護摩堂城のある護摩堂山は、西方に弥彦山と日本海、佐渡、北方に日本海の要港蒲原津《かんばらのつ》（新潟市）、東方に菅名荘《すがなのしょう》（五泉市）と会津の国境地帯を展望することができる軍事交通の要衝《ようしょう》にあった。

護摩堂城跡は、ＪＲ信越線田上駅の東方、新津丘陵上の標高二七一メートルの護摩堂山にある。城跡には多くのアジサイが植栽され、「アジサイ公園」として知られている。西方の尾根突端部付近には支城と伝えられる谷砦《たにとりで》跡、その南麓には護摩堂城主平賀《ひらが》氏ゆかりの真言宗東龍寺《とうりゅうじ》がある。東龍寺には、平賀宝山の墓（田上町指定史跡）と位牌《いはい》がある。

【護摩堂城の構造】　護摩堂城は、護摩堂山の山頂部に本丸を構え、ここから北と南へ延びた新津《にいつ》丘陵の主稜部《しゅりょうぶ》、それに西方へ下る三本の支尾根《しおね》に郭《くるわ》や土塁《どるい》、堀切《ほりきり》、横堀《よこぼり》、竪堀《たてぼり》、石《いし》積み、虎口《こぐち》、桝形《ますがた》、土橋《どばし》、井戸などを設け、その構造は立体的である。城の縄張は六〇〇×四〇〇メートルにもおよんでおり、蒲原《かんばら》地方南部では大規模城郭の一つである。

本丸から北側へ延びた尾根が城の中枢部で、本丸の下に蔵屋敷・新津郭など、主要な郭を配置している。本丸は広く、東側に土塁と櫓台《やぐらだい》を築き、南側に二重堀を掘り込んでいる。新津郭は、二段に区画されているが、全長一六〇メートルという大きな郭で、北側に二条の堀切がある。本丸との位置的な関係から、蔵屋敷が二ノ丸、新津郭が三ノ丸に比定される。本丸の南側は三角点のある尾根頂部まで緩やかに尾根が上り、この間に郭や堀切、竪堀を設けているが、郭の配置は緩慢であ

●—護摩堂城本丸の土塁

●—護摩堂城主 平賀宝山の墓（東龍寺墓地）

る。

本丸から新津郭までの西側斜面には、多くの腰郭《こしぐるわ》を設けている。本丸西側直下の腰郭には横堀や土塁、蔀《しとみ》を設けた桝形、竪堀状の掘り込みなど、特徴的な施設が集中的に配置されている。また、所どころに清水の湧水があり、山城に不可欠な水便がよい。腰郭群は、本丸などの主郭部《しゅかくぶ》と一体となった空間で、尾根伝いから主郭部へ肉薄する敵兵を阻止するための重要な防御陣地であった。

主郭部から西方へ下る三本の支尾根のうち、北支尾根の突端部には、虎口の内側に蔀土塁を築いている。中支尾根は、三〇〇《メートル》にわたって延々と郭を連ねており、やや手の込んだ造りとなっている。なかほどに大型の堀切を掘り込み、要所に土塁を築いている。ここから城下へと下るルートが大手道《おおてみち》と推定される。南支尾根は、郭を階段状に配置している。この西直下の姥懐《うばふところ》という谷には、谷底の平地を利用して、郭や土塁、横堀、竪堀、虎口を設けている。

【特徴的な遺構】　護摩堂城には、横堀や蔀土塁・石塁、石積みなど、特徴的な遺構が残されている。本丸の西側直下にある横堀は、全長約六〇《メートル》で、四カ所を屈折させて横矢《よこや》としている。断面形態は底幅の広い箱堀《はこぼり》で、外側に高い土塁を築いている。姥懐の横堀は、土塁と小さな郭をはさんでF字状となった特異なもので、総延長約四五メートルである。

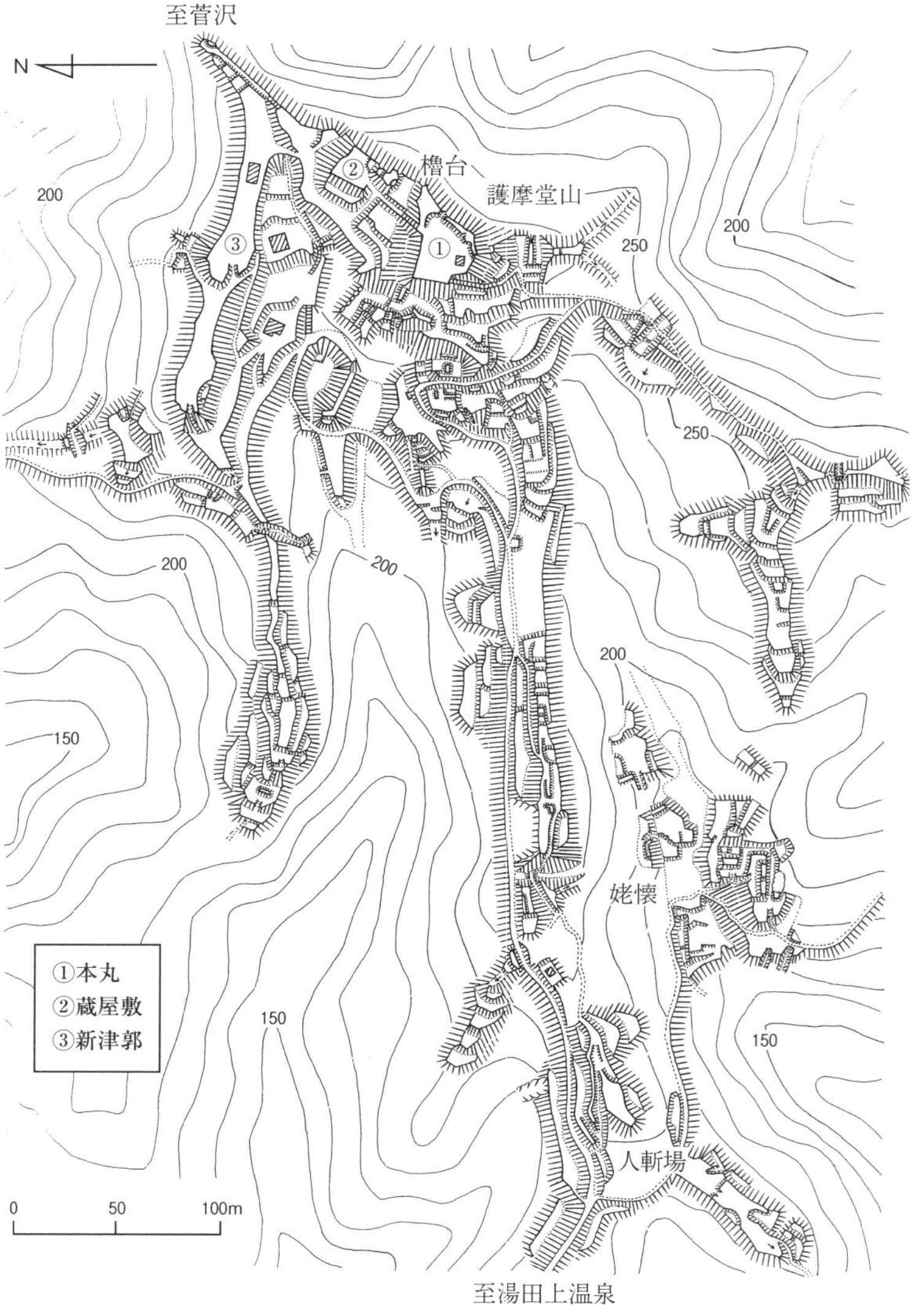

●—護摩堂城縄張図（調査・作図：鳴海忠夫）

虎口または枡形の内側に、土塁もしくは石塁を設けた蔀が二ヵ所にみられる。越後の山城で蔀土塁を設けた城は、猿沢城（村上市）・内ヶ巻城（小千谷市）など、少数例しか確認されていない。

石積みは、切岸や虎口側壁《そくへき》などにみられる。当初、この石積みは、近世以降にカマド石などに利用した護摩堂石の産・搬出のときに積んだものと考えていたが、石切場から離れた切岸《きりぎし》や虎口側壁にも認められたので、山城にともなう遺構と考えられる。護摩堂山は全山岩山の護摩堂石の産地で、容易に石を利用できることから、切岸や虎口に石を積んだのであろう。

【護摩堂城主平賀氏】　平賀氏は、清和源氏《せいわげんじ》源頼義の孫盛義《もりよし》を祖とし、ここから新津氏や金津《かなづ》氏が分流した。鎌倉時代の初め、地頭《じとう》として信濃国から金津保（新潟市秋葉区）に入り、その後金津保から田上に進出したものと考えられる。平賀氏が鎌倉時代の末までに田上に進出していたのであれば、護摩堂城は南北朝時代に平賀氏が築いたものと推定される。

平賀氏は、室町時代から戦国時代にかけて、上杉氏の越後支配の一翼を担って活躍した。応永三十年（一四二三）の守護方と守護代方で争った応永《おうえい》の大乱のとき、守護方の中条房資《ふさすけ》が平賀氏支援のため、一族を護摩堂城に入れて、田上原（田上町）などで守護代方と戦った。享禄《きょうろく》・天文《てんぶん》の乱では、平賀氏は本庄房長とともに上条《じょうじょう》定憲に味方した。天文四年（一五三五）、長尾為景方の三条城主・山吉政久と戦っていた平賀氏を支援するため、本庄氏らの阿賀北衆《あがきたしゅう》が護摩堂城に在番《ざいばん》した。

天正六年（一五七八）三月に始まった御館《おたて》の乱では、護摩堂城主の平賀左京亮《さきょうのすけ》重資は上杉景虎、その子惣左衛門は上杉景勝に味方し、重資は同年六月十一日の居多浜《こたがはま》（上越市）の戦いで討死にした。この頃、三条城（三条市）主の神余《かなまり》親綱が逆心したので、景勝方の千坂《ちさか》景親が護摩堂城から出撃して、神余氏の守る三条城を攻撃した。つまり、景虎方の平賀家臣の守る護摩堂城は、これより少し前に千坂氏らに攻略されたものと考えられる。

【平賀氏以後の在番衆】　御館の乱後の天正九年十一月、景勝は蒲原地方の南部を固めるため、甘粕《あまかす》備後守景継《かげつぐ》を護摩堂城将《じょうしょう》に命じた。景継は、天正十一年八月に五泉城（五泉市）将に転出した。天正十四年二月、景勝は新発田《しばた》攻めに備えて護摩堂衆に対し、「三ヵ所之寄居《よりい》、門・橋・道具」の普請《ふしん》を命じた。この時、護摩堂城は大掛かりな城普請が行なわれた。

護摩堂城には甘糟景継のほか、千坂《ちさか》対馬守長親《ながちか》と千坂一族の石塚喜右衛門利次《としつぐ》、上田士の福島大炊介季重《おおいのすけよししげ》らも在城したという。これ諸士の在城年代は不明であるが、御館の乱から乱後の一時期に在城していたものと推定される。

慶長五年（一六〇〇）の越後一揆《えちごいっき》では、上杉方の一揆勢が古城となっていた護摩堂山を占拠して立て籠もり、三条城や栃尾城（長岡市）攻撃の機会をうかがっていた。

【参考文献】高橋義彦『越佐史料』巻三〜六（名著出版、一九七一）、鳴海忠夫「新潟県田上町護摩堂城跡について」『北陸の中世城郭』第二〇号（北陸城郭研究会、二〇一〇）

（鳴海忠夫）

お城アラカルト

黒田秀忠と黒滝城

福原圭一

天文十七年（一五四八）から翌十八年にかけて、古志《こし》郡の栃尾城にいた長尾景虎（のちの上杉謙信）は、黒田秀忠と争い、秀忠を一族もろとも滅ぼした。一般的には「黒田秀忠の乱」と呼ばれるこの戦いは、若き景虎がその名を越後国内へ知らしめるターニングポイントになったと評価されている。

抗争相手の黒田秀忠は、長らく蒲原《かんばら》郡の黒滝城主（西蒲原郡弥彦村麓）であるとされていた。古くは布施秀治『上杉謙信伝』が「長尾家の重臣黒田和泉守秀忠叛《そむ》きて新山（三島郡）黒滝（西蒲原郡）の二城に拠り、国内復《また》乱る」と記し、近年の『増補改訂上杉史年表』でも「黒田秀忠は上杉房能《ふさよし》以来の譜代の家臣で、長尾為景に近侍して一門の末葉に加えられ、黒滝城の城主であった」と書かれている。

ところが、二〇〇八年に紹介された高野山清浄心院《しょうじょうしんいん》所蔵の「越後過去名簿」には、次のような記載がある。

忍叟善勝《にんそうぜんしょう》　府中黒田和泉守タメ立之
天文十六　七月十五日　　逆

別の部分には「春日山黒田和泉守」とあり、いずれにせよ黒田秀忠の本拠が黒滝城ではないということを示すものであろう。実際のところ、黒田秀忠が黒滝城を本拠としていたことを裏付ける史料は皆無で、江戸時代に書かれた地誌などを調べても、黒滝城と秀忠のつながりを物語るものはない。

城を研究する以上、城主を特定したい欲求に駆られることはあるが、安易に伝承などへ依拠してしまうことは慎むべきだということを、この事例から学びたい。

【参考文献】布施秀治『上杉謙信伝』（歴史図書社、一九六八）、池享・矢田俊文編『増補改訂版上杉史年表　為景・謙信・景勝』（高志書院、二〇〇七）、山本隆志「高野山清浄心院蔵『越後過去名簿』（写本）」（『新潟県立歴史博物館研究紀要』、二〇〇八）

下越

『越後国瀬波郡絵図』の平林城（「加護山古城」及び山麓の館をさす。米沢市上杉博物館所蔵）

●上杉家重臣小国氏の居城

天《てん》神《じん》山《ざん》城《じょう》

〔新潟市指定史跡〕

〔所在地〕新潟市西蒲区石瀬字城平他
〔比　高〕約二二五メートル
〔分　類〕山城
〔年　代〕一四世紀～一六世紀末
〔城　主〕小国政光、小国刑部少輔、小国実頼他
〔交通アクセス〕北陸自動車道「巻潟東IC」から、林道をへて登り口まで車で約二〇分、登り口から徒歩約一〇分（林道は冬期間通行止）。

【陸上交通の要衝】　新潟市の南西部に位置する天神山城は、小国《おぐに》氏の居城である。小国氏は、南北朝時代に越後南朝方、室町時代から戦国時代に上杉家の重臣として活躍した。

天神山城跡は、石瀬《いしぜ》集落西方の標高二三四メートルの天神山にある。東麓の石瀬集落は、集落内で北陸道と日本海に面した間瀬集落からの石瀬峠越えの脇街道が交わる交通の要衝にあった。東側には矢川が流れている。

城主の居館《きょかん》は、俗称「陣屋敷《じんやしき》」に比定されている。陣屋敷は一一〇×七〇メートルほどの区域で、矢川に向って緩やかに傾斜した段丘先端部にある。ここから、珠洲《すず》焼や瀬戸《せと》・美濃《みの》焼、土師器《はじき》、青磁《せいじ》、白磁《はくじ》などの中世陶磁器が出土・採集されている。陣屋敷の西側からは、大手道《おおてみち》と考えられる「牛道《うしみち》」が山城へ通じていた。

石瀬の集落は、天神山城の城下町と推定され、町の付く地名や短冊型の地割《じわり》が認められる。集落内には、小国氏とゆかりの深い真言宗青龍寺《しょうりゅうじ》や曹洞宗種月寺《しゅげつじ》、小国氏の墓と伝えられている五輪塔《ごりんとう》が存在している。また、北東の谷を隔てた標高一七〇メートルの松ヶ岳には、天神山城の支城と推定される松岳山城跡（新潟市西蒲区）がある。

【天神山城の構造】　天神山城は、天神山々頂部に本丸以下の主要な郭《くるわ》群を配置した主郭《しゅかく》地区と、北側中腹の水源地を備えた武者溜《むしゃだま》り地区（戦《いくさ》のときの出撃にさいして、将兵を待機させておくために設けられた場所）から構成され、要所に土塁《どるい》や堀切《ほりきり》、畝状空堀《うねじょうからぼり》、虎口《こぐち》、桝形《ますがた》などを構えている。

山頂部の主郭地区は、尾根に沿って郭を一直線上に配置し、六条の堀切で区画している。中央部の本丸は、外縁に低

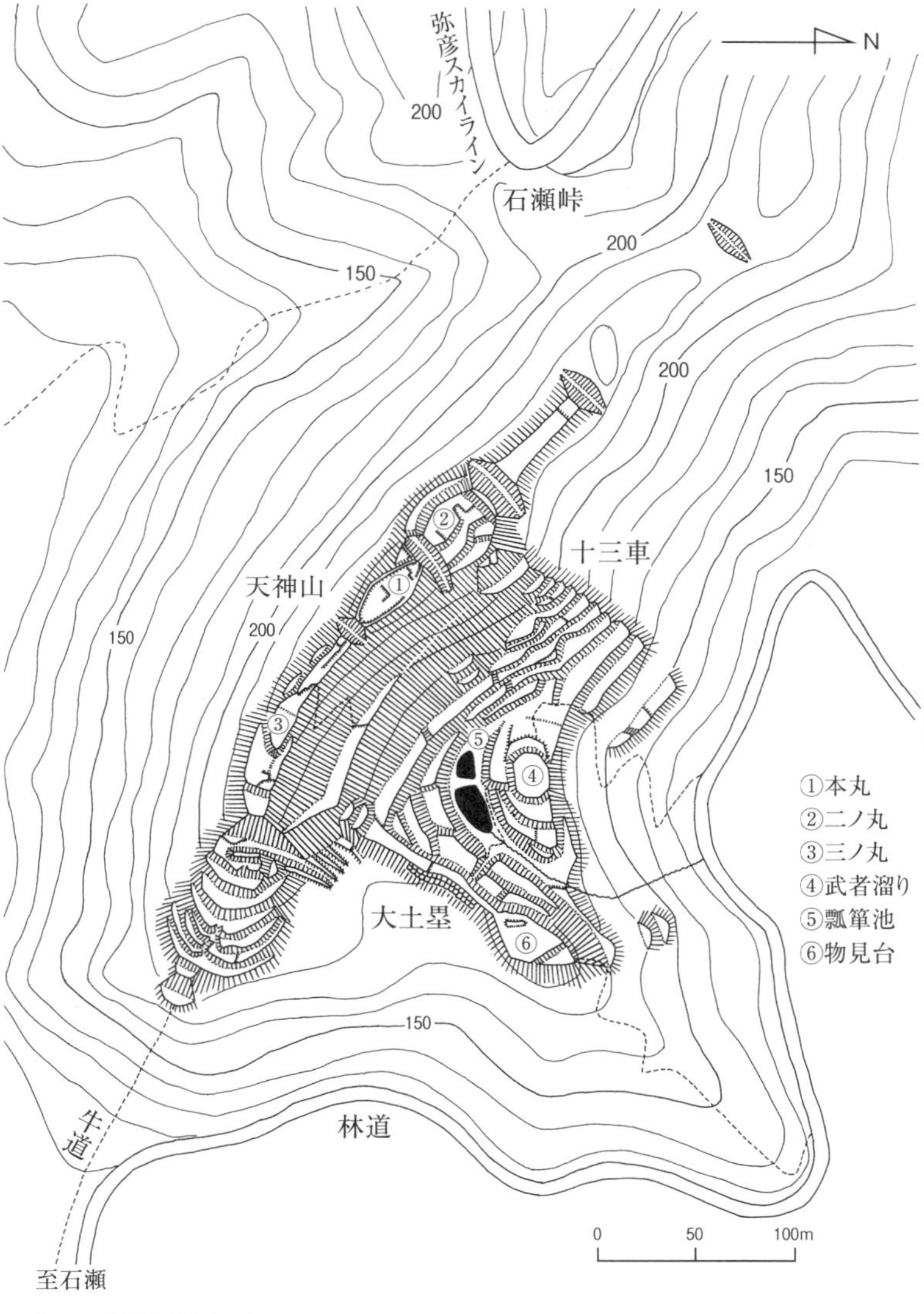

●—天神山城縄張図（調査・作図：鳴海忠夫）

い土塁をほぼ全周させ、両端に虎口を構え、北側虎口の内側に内枡形を設けている。本丸の北西に配置された二ノ丸は、内部を小さな段で数区画とし、西端に高さ六メートルの土塁を築いている。二ノ丸の北東部には、外枡形状の小テラスがあり、ここから下の武者溜り地区にかけて、「十三車《じゅうさんぐるま》」と呼ばれる一〇段ほどの腰《こし》郭《ぐるわ》を設けている。

三ノ丸は切岸《きりぎし》で三つに区画し、北側の斜面に腰郭、東端に堀切、堀切と接した北側斜面に三条の畝状空堀を構えている。堀切の外側には、半円状の腰郭を一〇

●—天神山城の本丸

●—天神山城址碑（本間雅晴中将筆）

段ほど桟敷《さじき》状に配置し、ここから大手道と推定される「牛道」が東麓の石瀬集落へ下っている。

本丸北側の中腹に位置する郭群は、武者溜りと推定され、中央部の一段高い郭に本間雅晴《ほんままさはる》中将筆の「天神山城址」の石碑がある。南側の「瓢箪池《ひょうたんいけ》」は重要な水源地で、今でも満々と水をたたえている。池にはモリアオガエルとサンショウウオが生息している。瓢箪池の東側には、長さ約八五《メートル》の大土塁が築かれており、その外側に大ぶりの石がはめ込まれている。また、大土塁の突端部には、物見台《ものみだい》状の郭が設けられている。

天神山城は、それほど大きな山城ではないが、郭を一直線上に配置した連郭式《れんかくしき》の構造と、一〇～二〇《メートル》にもおよんだ大切岸《おおきりぎし》、土塁・堀切の多用、畝状空堀の配置、明瞭な虎口・桝形施設に戦国期山城としての特色が認められる。

【小国氏の石瀬進出と発展】 小国氏は、小国保《おぐにのほ》（長岡市小国町）を本領として、一族は早くから弥彦荘《やひこのしょう》の一角に進出し、城を築いたものと考えられるが、築城の年代を示す史料はない。正応三年（一二九〇）に弥彦神社の神官に小国彦八が登場するので、この頃すでに石瀬に進出していたものと考えられる。

南北朝の動乱が発生すると、小国政光《まさみつ》は天神山城を拠点に越後南朝方として活躍している。小国氏は南北朝の動乱後、本領の小国保を失ったものの、石瀬周辺は確保し、静かに好機の到来を待っていた。明徳四年（一三九三）七月、小国三河守らは蒲原津《かんばらのつ》（新潟市）と五十嵐保《いからしのほ》（三条市）を占領し、小国氏の健在ぶりを誇示している。享徳三年（一四五四）の「中条房資《ふさすけ》記録」には、「黒滝・小国」とあり、黒滝城（弥彦村）と密接な関係にあった。

戦国時代に入ると、小国三河守・同入道・同刑部少輔《ぎょうぶのじょう》らが登場し、上杉家に属している。永正十年（一五一三）二月、三河守は越後一之宮弥彦神社の維持に努めており、弥彦神社の経営に深く関わっていた。天正三年（一五七五）の「上杉《うえすぎ》家軍役帳《けぐんやくちょう》」によれば、刑部少輔は一二五人の軍役を負担する上杉家中では大身《たいしん》の武将であった。この刑部少輔の時代に、城の拡充と整備を図った可能性が高い。

【御館の乱と実頼の小国氏入嗣】　天正六年（一五七八）三月に始まった御館《おたて》の乱では、石見守が城主で、多くの内紛を抱えながらも上杉景勝に味方した。天正八年六月、天神山城は和納《わのう》城（新潟市西蒲区）などに拠った上杉景虎方の激しい攻撃にさらされたが、上田衆《うえだしゅう》の安部弐介《あべにすけ》らの救援で危機を脱出している。御館の乱では、城をめぐって両派の激しい攻防があったことから、この時期にも普請《ふしん》を行なって、城の強化を図ったものと考えられる。

乱後の天正十年十一月、景勝は与板城（長岡市）主直江兼続の弟与七《よしち》（実頼）に、鎌倉時代以来の名族小国氏を継がせた。また、天正十一年十月、景勝は基盤の固まらない天神山城に、上田衆の清水内蔵助を派遣している。小国氏を継いだ実頼は、天正十五年に小国氏を大国《おおくに》氏に改めた。

文禄三年（一五九四）の「定納員数目録《じょうのういんずうもくろく》」には、大国但馬守分として、軍役《ぐんやく》五四二人半、知行《ちぎょう》定納高《じょうのうだか》九〇四一石二斗とみえ、天神山城は上杉氏の番城《ばんじょう》であった。慶長三年（一五九八）の上杉景勝の会津国替《くにがえ》にともない、実頼もこれにしたがったため、天神山城は廃城となった。

【参考文献】高橋義彦『越佐史料』巻二〜六（名著出版、一九七一）、岩室村史編纂委員会『岩室村史』（岩室村、一九七四）、新潟県『新潟県史』資料編三〜五（新潟県、一九八二〜八四）、鳴海忠夫「天神山城と小国氏」『長岡郷土史』第二七号（長岡郷土史研究会、一九九〇）、鳴海忠夫「天神山城跡」『吉田町史』資料編一（吉田町、二〇〇〇）

（鳴海忠夫）

●軍事交通の要衝を抑えた上杉氏の番城

黒《くろ》滝《たき》城《じょう》

〔弥彦村指定史跡〕

〔所在地〕弥彦村麓字要害他
〔比　高〕約二三五メートル
〔分　類〕山城
〔年　代〕一四世紀?～一六世紀末
〔城　主〕山岸秀能、山岸尚家
〔交通アクセス〕北陸自動車道「三条燕IC」から、林道をへて駐車場まで車で約三〇分、駐車場から徒歩約一〇分（林道は冬期間通行止）。

【軍事交通の要衝】　弥彦荘《やひこのしょう》の南西部に位置する麓《ふもと》集落は、集落内で猿ヶ馬場《さるがばば》峠越えの北陸道と寺泊《てらどまり》・渡部方面からの脇街道が交わっていた。黒滝城は、この街道を抑えることができる軍事交通の要衝に築かれている。

黒滝城跡は、麓集落西方の標高二四六メートルの城山にある。城山からは、東方に弥彦荘の南部、北方に北陸道の要衝猿ヶ馬場峠、西方に日本海・佐渡ヶ島を展望することができる。城主の居館《きょかん》は、麓集落内の小字「館《たて》」「楯《たて》」にあり、ここから黒滝城を通視することができる。集落内には、黒滝城主志田《しだ》入道《にゅうどう》が開基したと伝えられている曹洞宗興善《こうぜん》寺がある。また、北方約三・五キロには越後一之宮弥彦神社（弥彦村）、南方約一・二キロには越後最古の寺院と伝えられている真言宗国上《こくじょう》寺《じ》（燕市）がある。

【黒滝城の構造】　黒滝城は、城山々頂部に本丸を構え、北側に二ノ丸、南東に三ノ丸を配置し、ここから東側へ下る山腹と西側へ延びた尾根に多くの郭《くるわ》を造り出し、要所に土塁《どるい》や堀切《ほりきり》、竪堀《たてぼり》、虎口《こぐち》などを設けている。本丸からもっとも下の郭までの高低差は、七〇～八〇メートルにもおよび、極めて立体的な構造である。また、西方の剣ヶ峯には砦がある。

本丸は「天神郭《てんじんぐるわ》」と呼ばれ、司令塔のごとく二ノ丸・三ノ丸よりひときわ高く屹立《きつりつ》している。西側に土塁を築き、土塁の上に天神様の石祠《せきし》がある。土塁が西側にだけ設けられていることは、防御施設としての役目ばかりでなく、冬の季節風である北西からの強風を意識して築いたものと考えられる。二ノ丸は本丸の北側、三ノ丸は本丸の南東に大きく張り出し、それぞれの郭の北東隅に虎口を構えている。

　これらの主郭群《しゅかくぐん》を中心として、東側へ下る山腹には大小一〇数段の腰郭《こしぐるわ》を設けて守りを固め、北東部の突端に「大蓮《だいれん》寺曲輪《じぐるわ》」、南東部に「吉伝寺曲輪《きちでんじぐるわ》」という寺院名を持つ郭を配置している。腰郭は、敵の侵入を防ぐ防御施設としての役目ばかりでなく、有事のさいに兵が駐屯する武者溜《むしゃだま》りでもあった。また、北側の中腹には「一之木戸《いちのきど》」「二之木戸」の地名が残されており、城下からの虎口が構えられている。

　二ノ丸東下の郭には、「桜井戸《さくらいど》」もしくは「桜清水」と呼ばれる直径約六㍍の大井戸があり、落城のときに財宝を沈めたと伝えられている。また、三ノ丸の東下には「鷲沢《わしざわ》の清水」、桜井戸の東下には「竜ケ沢《りゅうがさわ》の清水」と呼ばれる豊かな湧き水があり、山城に不可欠な水便《すいべん》がよい。

●—黒滝城本丸の土塁

●—黒滝城の堀切（箱堀）

　本丸の西側は、剣が峯砦まで馬背状《うまのせじょう》の尾根がつづき、この間に大小六条の堀切と二ヵ所の竪堀、南側の小尾根に多くの腰郭を設けて、西方からの敵の侵入に備えていた。この付近に「門口《もんぐち》」という地名があり、ここに渡部集落（燕市）方面からの門が存在していた。

　標高二九〇㍍にある剣ケ峯砦は、黒滝城の詰ノ城《つめのしろ》としての性格を持ち、ここから南西に佐渡へ渡る港がある寺泊を眺望することができる。

【出土遺物】 多目的保安林整備事業のため、平成四年（一九九二）度から二ヵ年計画で、弥彦村が黒滝城跡の整備を行なった。この整備事業で掘り返された土の中から、多くの遺物が出土した。遺物は珠洲焼《すずやき》と越前焼、瀬戸・美濃焼、土師器《はじき》、瓦質《がしつ》土器《どき》、青磁、白磁、青花《せいか》、石臼である。総点数は百数十点を数える。遺物の年代は一四世紀から一六世紀までのものであるが、主体となる年代は、一五世紀から一六世紀までの二世紀である。また、分水良寛《ぶんすいりょうかん》史料館（燕市）には、江戸時代の天保十二年（一八四二）に黒滝城跡から出土したといわれている陣鐘《じんがね》が展示されている。このように豊富な遺物が出土するということは、実際城内での生活があったことを示し、多くの

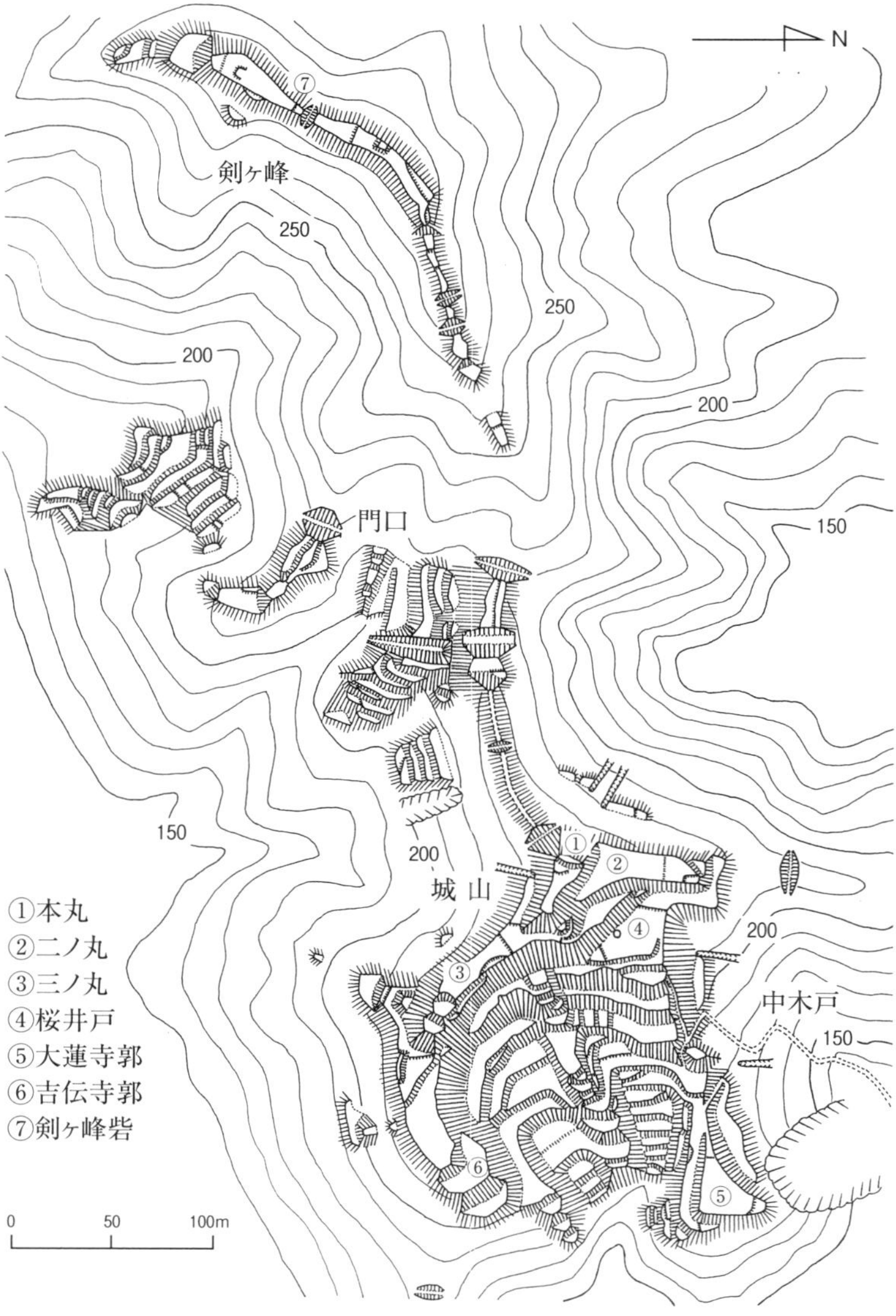

●—黒滝城縄張図（調査・作図：鳴海忠夫）

建物と施設の存在が推定される。

【城の始まりと城をめぐる合戦】　黒滝城は、南北朝時代に天神山城《てんじんざん》（新潟市西蒲区）に拠《よ》った小国氏が築いたと伝えられているが、これを裏付ける史料はない。享徳三年（一四五四）の「中条房資《なかじょうふさすけ》記録」に、「親父寒資《ふゆすけ》之代、黒滝・小国謀《む》叛《ほん》於企《くわだ》テ京都於逃下ル」とみえることから、一五世紀の初め頃にはすでに築かれていたものと考えられる。ただ、城跡から一四世紀代の遺物が出土していることは、城の始まりが伝承のように南北朝時代までさかのぼる可能性を示唆している。

永正四年（一五〇七）八月、守護代長尾為景が守護上杉房《ふさ》能《よし》を攻めて自害させたのをきっかけに、越後国内で七年におよぶ戦乱、永正《えいしょう》の乱が発生した。永正の乱は、越後国が戦国下剋上《せんごくげこくじょう》の時代に突入した大きな事件であった。この時、黒滝城でも城をめぐって合戦が行なわれている。永正七年六月、当初黒滝城は上杉顕定《あきさだ》方の八条《はちじょう》修理と桃井《ももい》一族が守っていたが、まもなく長尾為景方が奪回したらしく、夏戸城《なつどじょう》（長岡市）の志駄《しだ》源四郎が黒滝城に入り、ここから渡部城（燕市）へ出撃して勝利を収めている。

【山岸氏と御館の乱】　永禄年間（一五五八～七〇）頃から山岸氏が居城した。天正六年（一五七八）に始まった御館《おたて》の乱で、出雲守光祐と宮内少輔秀能《くないのしょうひでよし》、村山善左衛門慶綱の父子は、上杉景勝に味方して黒滝城の守りを固めている。翌七年十月、山岸父子は景虎方の神餘《かなまり》親綱の追討《ついとう》に先立って、渡部城で神餘方と戦い、これを撃退した。天正八年六月、神餘方に対する黒滝城の前進基地、鴻巣要害《こうのすようがい》（燕市）の城普請《しろぶしん》を完了している。

文禄三年（一五九四）の「定納員数目録」に、中務少輔尚家が黒滝城代《じょうだい》として越後侍中に名を連ねており、黒滝城は上杉家の番城《ばんじょう》であった。尚家は、上田衆深沢和泉守尚重の二男で、景勝の命令で嫡子の残る山岸家の名跡《みょうせき》を継承した。また、同目録に「黒滝之城ト云、初ハ竹俣被差置《たけのまたにさしおかれ》、其後山岸右衛門、同中務《なかつかさ》被差置候」とあり、山岸氏以前の黒滝城には、阿賀北の国人領主《こくじんりょうしゅ》竹俣氏の一族が在城していた。慶長三年（一五九八）、景勝の会津国替《くにがえ》にともなって廃城となった。

【参考文献】高橋義彦『越佐史料』巻三～六（名著出版、一九七二）、新潟県『新潟県史』資料編四～五（新潟県、一九八三～八四）、鳴海忠夫「黒滝城跡」『まきの木』第五八号（巻郷土資料館友の会、一九九二）、鳴海忠夫「黒滝城跡」『吉田町史』資料編一（吉田町、二〇〇〇）

（鳴海忠夫）

●会津領小川荘支配と越後口の拠点

津《つ》川《がわ》城《じょう》

〔新潟県指定史跡〕

〔所在地〕阿賀町津川字城山
〔比　高〕約七〇メートル
〔分　類〕山城
〔年　代〕一三世紀?〜一七世紀初頭
〔城　主〕金上盛備、北川平左衛門尉、藤田信吉、鮎川帯刀、岡半兵衛尉重政他
〔交通アクセス〕磐越自動車道「津川ＩＣ」から登り口の駐車場まで車で約五分、駐車場から徒歩約二〇分。

【水陸交通の要衝】 小川荘《こがわのしょう》の中心地であった津川は、阿賀《あが》野川《のがわ》とその支流常浪川《とこなみがわ》の合流地に開け、早くから阿賀野川には人や物資などを運んだ河川交通が発達していたものと考えられる。また、ここには越後と会津（福島県）を結んだ街道が通っていた。

津川城跡は、津川市街地の北方、阿賀野川と常浪川の合流地に突き出た麒麟山《きりんざん》北西の標高一二〇メートルの城山にある。別名「狐戻城《きつねもどしじょう》」「小川城《こがわじょう》」ともいう。城主の居館《きょかん》は、常浪川を隔てた対岸の「城小路《じょうこうじ》」付近にあったと推定されている。

津川城のある小川荘は、越後国蒲原《かんばら》郡に属していたが、平安時代末の承安二年（一一七二）に、城長茂《じょうながもち》が会津の慧日寺《えにちじ》に寄進したため、以後慧日寺領となった。鎌倉時代以降は、芦名《あしな》氏が支配するところとなり、ここに一門の金上《かながみ》氏を入れた。

【津川城の構造】 津川城は、城山の山頂部に本丸、その南東部に二ノ丸を構え、西側の阿賀野川・常浪川の合流地と南東麓に屋敷状の郭《くるわ》群を配置し、要所に土塁《どるい》や石垣、堀切《ほりきり》、竪《たて》堀《ぼり》、虎口《こぐち》、桝形《ますがた》、門などを設けている。また、東方の麒麟山々頂部にも、物見台《ものみだい》状の郭と土塁《どるい》、虎口《こぐち》などがある。

本丸は南側に向けて三段階とし、各郭には建物の礎石《そせき》と推定される石が点在している。上段の郭は、東隅と南側中央部に虎口を構え、東側に「麒麟山城阯碑」がある。中段の郭は、下の郭を取り囲むように両端を土塁状に突出《とっしゅつ》させている。下段の郭とその下の腰郭《こしぐるわ》の南側斜面には、割石《わりいし》と自然

石を積んだ高さ一〇《メートル》ほどの高石垣《たかいしがき》が築かれている。また、石垣の東側には門が構えられていた。この門は、対岸の居館《きょかん》からの大手道《おおてみち》に当ることから、大手門と推定される。大手門脇の土塁の側壁《そくへき》にも、石垣が積まれている。

本丸南側の高石垣の下には、井戸を備えた水ノ手郭があり、西端に外桝形を構えている。水ノ手郭西下の阿賀野川と

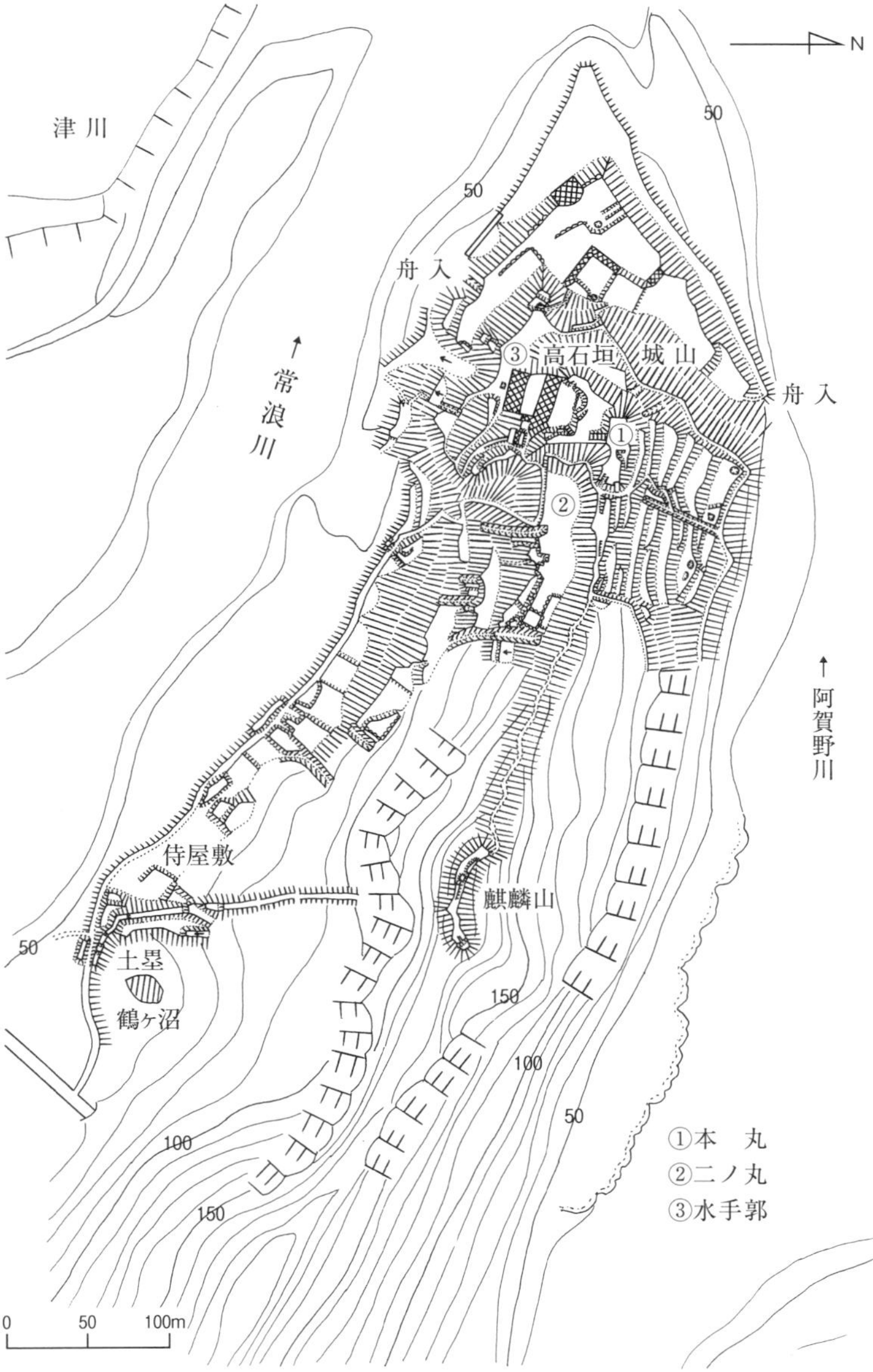

●—津川城縄張図（調査・作図：鳴海忠夫）

常浪川の合流地には、広い空間を持つ屋敷状の郭が展開している。各郭の切岸には、自然石を積んだ石垣が築かれている。ここには、対岸の居館と連絡した舟着き場があり、ここから本丸・二ノ丸へ屈折した大手道が通じている。

本丸の東側は、堀切を隔てて小さな郭を配置し、ここに金上稲荷が祀られている。この東方約二五〇メートル《メートル》の麒麟山々頂部には、物見台状の小さな郭があり、東端に虎口、その下に外桝形状の小さな郭を設けている。

二ノ丸は、本丸の南東部にある大きな郭で、南側中央部に下の腰郭からの虎口を構え、外側に外桝形を設けている。東端に周囲を石積みとした櫓台《やぐらだい》、中央部と東端に竪堀を掘込んでいる。二ノ丸の南側斜面と竪堀の側壁には、自然石を積んだ鉢巻状《はちまきじょう》の石垣がみられる。

本丸・二ノ丸の南東麓には、「侍屋敷《さむらいやしき》」といわれている郭群と、土塁に守られた門が二ヵ所存在しており、東端の門が搦手門《からめてもん》と推定される。搦手門の土塁は、北側の麒麟山々頂部に向け、緩やかに屈折しながら一七〇〜八〇メートル《メートル》にわたって斜面をのぼっている。立ち上がりの土塁である。

【高石垣と鉢巻石垣】 津川城には、いたるところに石垣が築かれている。中世越後の山城では、本格的な石垣を積んだ城はないことから、注目される遺構である。

石垣は本丸の南側と二ノ丸の東側、水ノ手郭西下の郭群に顕著にみられる。本丸南側の石垣は、腰郭をはさんで二段積まれている。割石と自然石が混在した野面積《のづらづ》みで、いずれも高さ一〇メートル《メートル》ほどの高石垣である。二ノ丸東側の石垣は、東端にある櫓台の周囲と切岸《きりぎし》の上部、竪堀の側壁などに、割石と自然石を鉢巻状《はちまきじょう》に積んでいる。水ノ手郭の西下にある郭群の石垣は、各郭を区画した切岸の側壁に、割石と自然石を混在して野面積み状に積んでいる。その中で、本丸南側の高石垣は、下から見上げると壮観《そうかん》である。

高石垣と鉢巻状の石垣には、年代差があるものと考えられる。高石垣は蒲生《がもう》氏の時代、鉢巻状の石垣は少し年代がさかのぼる芦名氏の時代に築かれたものと推定される。

【城の始まりと金上氏】 津川城は、建長四年（一二五二）に芦名氏一門の藤倉《ふじくら》盛弘が麒麟山に狐戻城（津川城）を築いたと伝えられている。藤倉氏は会津坂下町（福島県）の金上に居館を持っていたので、金上《かながみ》氏を称した。以後金上氏は、戦国時代末まで、芦名氏の宿老《しゅくろう》として、政治の中枢《ちゅうすう》をになって活躍した。応永二十一年（一四一四）から、芦名氏と一門の新宮《しんぐう》盛俊が対立して、小川城（津川城）などで合戦が行なわれている。この時、金上氏は芦名氏に属したものと考えられる。応永二十六年六月、芦名氏は盛俊の立て籠もる小川城を攻めて攻略した。

永正七年（一五一〇）六月に越後守護代長尾為景は、芦名家臣の松本源蔵の手引きで狐戻城を攻めた。城主の金上盛信らは、城に立て籠もって防戦し、これを撃退した。永禄七年（一五六四）、小川荘で芦名家臣の小沢通隆が謀叛を起こしたが、金上盛備《もりよし》がこれを鎮圧した。永禄十年四月頃、武田信玄と通じた金上盛備らが菅名荘《すがなのしょう》（五泉市）に攻め込み、神戸《かんど》・雷《いかづち》の両城（五泉市）を占拠した。

●—津川城の高石垣

御館《おたて》の乱の天正六年（一五七八）九月、上杉景虎に味方した小田切《おだぎり》孫七郎らは、金上盛備のもとで白河荘《しらかわのしょう》安田（阿賀野市）に陣《じん》を張り、上杉景勝方の水原氏や下条《げじょう》氏を攻めている。天正十年二月、盛備は芦名盛隆と連携する景勝の使者林泉寺住職と対面している。そのいっぽうで、新発田城（新発田市）に拠って景勝と対立している新発田重家を支援している。天正十五年五月、盛備は重家を支援するため津川城に入り、城を固めている。天正十七年六月、盛備は伊達政宗と戦って討死、芦名義広は佐竹氏のもとへ逃れたため、芦名氏は滅亡した。

【金上氏以後の津川城主】 天正十八年に蒲生氏郷が会津の新領主となり、津川城に北川平左衛門尉を入れて、小川荘の支配に当らせた。慶長三年（一五九八）に蒲生秀行が移封《いほう》になると、そのあとに上杉景勝が入った。景勝は藤田信吉を津川城代とし、荘内支配と越後口を固めさせたが、信吉は慶長五年に津川を脱出して徳川家康のもとへ走った。信吉の去った津川城には、鮎川帯刀《あゆかわたてわき》が入って城の守りを固めた。

慶長六年八月、家康は景勝から会津を没収し、同年九月に蒲生氏を会津に再封《さいふう》した。会津に入った蒲生秀行は、岡半兵衛尉重政を津川城主とした。寛永四年（一六二七）、蒲生氏に代わって会津に入った加藤嘉明は、江戸幕府の命で津川城を破却《はきゃく》したため、津川城は廃城となった。

【参考文献】 伊藤正一「津川城」『日本城郭大系』七（新人物往来社、一九八〇）、東蒲原郡史編さん委員会『東蒲原郡史』資料編二（東蒲原郡史編さん委員会、二〇〇五）

（鳴海忠夫）

●会越国境を抑えた境目の城

雷《いかづち》城《じょう》

〔所在地〕五泉市夏針字雷山
〔比　高〕約三一七メートル
〔分　類〕山城
〔年　代〕一六世紀
〔城　主〕村田秀頼、菅名綱輔、丸田定俊
〔交通アクセス〕磐越自動車道「安田IC」から登山道のある川内集落まで車で約三〇分、川内集落から徒歩約一時間。

【会越境目の地】　菅名荘《すがなのしょう》の南部を占める川内郷《かわうちごう》は、標高三六〇メートルの沼越峠《ぬまごえとうげ》を境に会津領の小川荘《こがわのしょう》と接していた。川内郷の中心部に位置する雷城は、南方の仙見川《せんみがわ》を隔てた標高五九〇メートルの神戸山《かんどやま》にある神戸城（五泉市）とともに、この沼峠越えを抑えることができる会越境目《あいえつさかいめ》の城であった。

雷城跡は、夏針集落東方の標高三七七・九メートルの雷山《いかづちやま》にある。雷山からは、菅名荘の大半を眼下に収めることができる。城主の居館《きょかん》は、西麓を流れる仙見川右岸の河岸段丘上にあった。館は北側の宮沢と南側の城ノ沢で区切られた一〇〇×五〇メートルほどの区域で、西側に虎口《こぐち》、北側に土塁《どるい》がある。

【雷城の構造】　雷城は、雷山々頂部に本丸を構え、北側に二ノ丸、西側に三ノ丸を配置し、北西と北東、南西へ下る尾根に、郭《くるわ》や土塁、堀切《ほりきり》、竪堀《たてぼり》、虎口、桝形《ますがた》を設けている。

本丸は一〇〇〇平方メートルほどの広さがある。北東部を出隅状に突出させ、西側から北側にかけて土塁をめぐらし、西側と北側に虎口を構えている。西側虎口と北側虎口は、いずれも内側に内桝形を設けている。二ノ丸は内部を小さな段で三区画とし、南西隅に虎口・内桝形を構えている。本丸・二ノ丸の西側にある三ノ丸は、堀切と竪堀で区画され、北東隅から二ノ丸虎口へ屈折した城道《じょうどう》が通じている。南側の竪堀は、全長九〇メートルという長大な堀である。途中で分岐してＹ字状となり、所どころで緩やかに屈折している。

北西尾根は、標高三三〇メートルの地点にある郭を中心として、ここから西と北、北東へ下る支尾根に郭や堀切、竪堀、虎口などを設けている。堀切の一部に土橋《どばし》が認められる。北東尾根は、途中で二股に分かれるが、ここに郭と土塁、堀切、竪堀、虎口、桝形などを配置している。北西へ下る突端付近の郭には、土塁に囲まれた内桝形がある。南西尾根には、郭と土塁、堀切を設けている。この尾根を下って行くと、麓に城主の居館《きょかん》がある。この尾根が大手《おおて》である。

雷城は、縄張《なわばり》が東西七五〇《メートル》、南北七五〇《メートル》にもおよんだ大規模な山城である。おびただしい郭の造成と堀切の多用、明瞭な虎口・桝形などに、戦国期山城としての特色が認められる。とくに本丸と二ノ丸、北東郭群に構えた特徴的な内桝形から、天正年間ころに拡充・強化したことがうかがわれる。

●—雷城本丸の土塁

【雷城をめぐる合戦】 雷城は会越境目にあるので、早くから築かれていたものと考えられるが、これを示す史料はない。史料に登場するのは、永禄十年（一五六四）である。同年四月頃、関東に在陣していた上杉謙信の隙《すき》をついて、会津の芦《あし》名《な》盛氏が家臣の小田切《おだぎり》弾正忠らを菅名荘へ侵攻させて、雷城と神戸城を占領したが、まもなく上杉方が奪回した。天正六年（一五七八）三月に始まった御館《おたて》の乱当初にも、上杉景虎の要請に呼応した芦名方が雷・神戸両城を襲撃している。

【雷在城の城将】 謙信時代の永禄年間から天正年間の初め頃は、村田大隅守秀頼が居城していた。その後、菅名《すがな》氏が在城した。菅名氏は室町時代から菅名荘に在地し、その本拠は菅名城（五泉市菅出にあったとされるが、位置未詳）といわれている。また、菅名氏の本拠を、柄沢《からさわ》城（五泉市）または馬場館（同）とみる向きもある。

菅名但馬守綱輔《つなすけ》は、御館の乱では上杉景勝に味方し、天正八年四月に景虎方の守る加茂城（加茂市）を攻囲している。綱輔は、この頃すでに雷城に在城していたようである。乱後は景勝の越中攻めに従い、帰国後は新発田重家に備えている。綱輔は、天正十年八月の景勝の新発田攻めに従軍し、九月頃放生橋《ほうしょうばし》（新発田市）の戦いで討死した。菅名綱輔の没後、雷城には丸田周防守が入った。丸田周防守は、文禄五年（一五九五）に直江兼続から本堂山（五泉市）在城を命じられているので、この頃雷城は廃城になったものと考えられる。

【参考文献】 村松町『村松町史』上巻（村松町、一九八三）

（鳴海忠夫）

●下越後における上杉方の拠点

水《すい》原《ばら》城《じょう》

〔市指定史跡〕

〔所在地〕阿賀野市外城町
〔比　高〕八メートル
〔分　類〕平地城館
〔年　代〕一四世紀後半～一六世紀
〔城　主〕水原氏
〔交通アクセス〕ＪＲ羽越本線「水原駅」下車、徒歩二キロ。磐越自動車道「安田ＩＣ」から一〇キロ。

【水原氏の由来】 水原氏は、伊豆国に本願をもつ鎌倉御家人大見氏の流れをくむ一族で、白河荘を領した。ほかに安田氏（惣領家）、下条氏、堀越氏などが分出した。ただし、白河荘山浦の笹岡城には、上杉氏が入り、阿賀北《あがきた》における守護方の拠点となった。

【水原館】 水原館は、近代の水原代官所が重なっており、現在代官所が復元されている。地籍図から八〇メートル四方ほどの方形城館であったことがわかる。

昭和五十一年（一九七六）度に発掘調査が実施され、南堀の落ち際《ぎわ》から大量の遺物が出土した（水原町教育委員会、一九七七）。遺構は、杭などが散発的にみつかったのみである。遺物は、大量のロクロ成形土器、瓦器、珠洲《すず》陶、越前陶、瀬戸・美濃、各種貿易陶磁器など一四世紀～一五世紀を主体とするが、一六世紀代の遺物も定量含まれ、一部は一三世紀以前の遺物も認められる。

館跡および代官所は市の史跡に指定されており、代官所が復元整備されている。

【笹岡城】 笹岡城は、阿賀野市笹岡に所在する。独立丘陵の南西斜面に鑑洞寺《かんどうじ》・諏訪神社が建てられており、北側の六〇×四〇メートルの主郭《しゅかく》は学校建設およびその後の公園整備で破壊されている。周囲の田との比高差は二五メートルを測り、城域全長三六五メートルで、多数の郭《くるわ》群を配している。戦国期上杉方の阿賀北における拠点城郭であったといえる。主郭東側には、市指定天然記念物の「十郎杉《じゅうろうすぎ》」が聳《そび》えており、古来船繋ぎの杉とよばれていたという。

【戦国期の水原氏】

水原氏は、上杉景勝と新発田重家《しげいえ》との戦争において、重要な役割を果たした。天正十年（一五八二）の放生橋《ほうじょうばし》の戦いにおいては、水原満家が戦死し、水原家中が重家方につくという事態となった。その後、畿内の情勢との関係で一進一退がつづくが、天正十四年にいたって物流拠点の新潟・沼垂《ぬったり》が景勝方の手に落ち、翌年には水原城が落とされ、景勝方の戦略拠点となった。外堀を埋められた重家は、その年の十月に滅ぼされることとなった。

●—現在の水原城

【参考文献】水原町教育委員会『水原城館址及水原代官所址発掘調査報告書』（一九七七）、川上貞雄「城館址」『笹神村史　資料編一　原始・古代・中世』（笹神村、二〇〇三）

（水澤幸一）

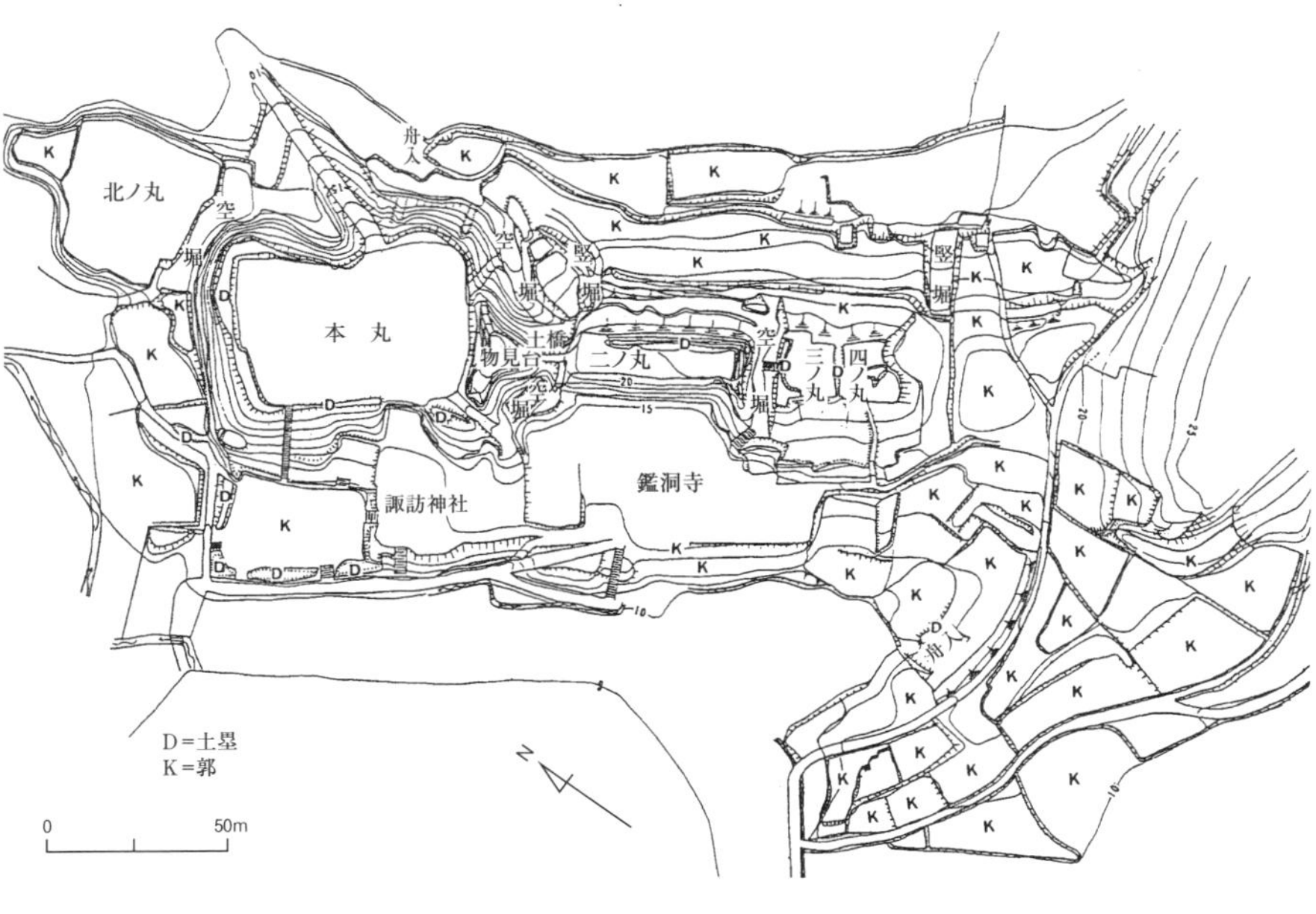

●—笹岡城全体図（川上，2003より）

●新発田重家終焉の地

浦《うら》城《じょう》

〔所在地〕新発田市浦
〔比　高〕八〇メートル
〔分　類〕山城
〔年　代〕一六世紀
〔城　主〕新発田氏（佐々木氏）
〔交通アクセス〕日本海東北自動車道「聖籠新発田ＩＣ」から九キロ。

下越

【新発田氏の由来】　新発田氏は、佐々木加地氏の系統をひく。戦国期には、新発田長敦《ながあつ》らが上杉景勝を助けて御館の乱を勝利に導いた。しかし長敦の病死後、弟の重家が家を継いだが、理不尽な論功行賞に怒り、信長と結び景勝に敵対するに至った。以下両者の六年間におよぶ交戦状況は、次頁表のとおりである。

　大規模な戦いである「放生橋《ほうじょうばし》の戦い」「八幡の戦い」の鍵となる城は、位置的にみて浦城である。

【浦城】　五頭丘陵北端近くの北西に延びる最高所標高九九メートルの「城山」尾根上に築かれている。平成元年（一九八九）にゴルフ場の看板が建てられ、主郭の下方まで道路が付けられ、西尾根および主郭《しゅかく》西側の遺構の一部が破壊された。

　主郭は、最高所の三五〇平方メートルほどの郭《くるわ》で、そこから北へと一六段にもおよぶ平坦地が配されている。北端は、堀切《ほりきり》二条で遮断され、外側の堀切は南東へと横堀様に一〇〇メートル延びて、主郭遺構群の防衛線となしている。主郭南尾根には、五段ほどの郭を配し、東側に五条の連続竪堀《たてぼり》、西側に一条の竪堀を穿《うが》つ。最前線の半月・三日月形の郭はやや塹壕状につくられる。南北二〇〇メートルにおよぶ。

　西尾根の遺構群は、主郭から堀切をへて、小ピークに郭群を配し、先端に五〇メートル・三五メートル長の二条の堀切で区切っている。東西は一〇〇メートル。

　主郭北端から北西に延びる尾根にも堀切五条を配し、先端の一五〇平方メートルの郭の周囲を二重に帯郭《おびぐるわ》がめぐらされてい

●—表　新発田重家・上杉景勝関連年表

天正 10. 9. 2 (1582)	景勝、新発田・五十公野間に陣を張る
9. 25	放生橋の戦い　重家、景勝を破り、水原満家等戦死、水原家中重家方につく
天正 11. 8. 18 (1583)	八幡の戦い　景勝が赤谷城へ兵を向けたところ、重家が追撃、景勝勝利？新発田・五十公野放火
天正 14. 1 (1586)	重家、笹岡城を攻めるも大室で敗れる
4	景勝方、新潟を攻める
7	景勝方、新潟・沼垂奪取
8. 26	五十公野放火
天正 15. 5. 13 (1587)	水原城陥落
8. 25	五十公野攻撃・放火
9. 1	新発田城攻撃
9. 7	加地城陥落
9. 14	赤谷城陥落
10. 24	五十公野城陥落
10. 25	新発田城陥落、池之端城陥落

る。さらに本郭群の前方・西側・西奥に横堀を配しており、西郭群との間の谷間への備えを厳重にしている。特に谷奥と中位の横堀は、南側を直行させて竪堀となし、L字形を呈させている。遺構範囲は一三〇メートル。この横堀（射撃陣地）は、コの字形の山容に抱かれた谷間に向かって配されており、戦国末期の様相を呈する。谷間にも何らかの遺構が存在した可能性が高い。

このように本城は、非常に技巧が凝らされた城であり、多数の郭群からみて大人数の人員を収容できたと想定される。新発田領中、最大最強の城ということができる。

【新発田戦争の推移】　本地域の城館群の問題点は、天正十年（一五八二）から天正十五年（一五八七）にかけて新発田重家と上杉景勝が断続的に干戈《かんか》を交わし、その後に上杉方が入ったため、その築造主体がはっきりしないことである。そこでまず、上杉景勝方と新発田重家方との戦況をみながら考えていくこととしよう。

最初の大規模な戦闘があった放生橋《ほうじょうばし》は、浦城の眼下に所在する。景勝が撤退に入ったところで、新発田勢が打って出て、景勝方の有力な武将である水原満家らが戦死している。そして、安田と新潟間の水原家中が新発田側についたことにより、景勝方の新発田攻めルートが安田・笹岡城から山沿いを取らざるを得ないこととなった。そのことは、天正十一年に新潟まで進出してきていながら、そこから進めず、三条まで戻って、五泉方面から進軍していることからも明らかである。

次いで、八幡の戦いは、景勝方が赤谷城を攻めようとしたときに新発田勢が城を出て、会戦となったものである。八幡は、浦城のすぐ北側に位置しており、五十公野《いじみの》との間にあた

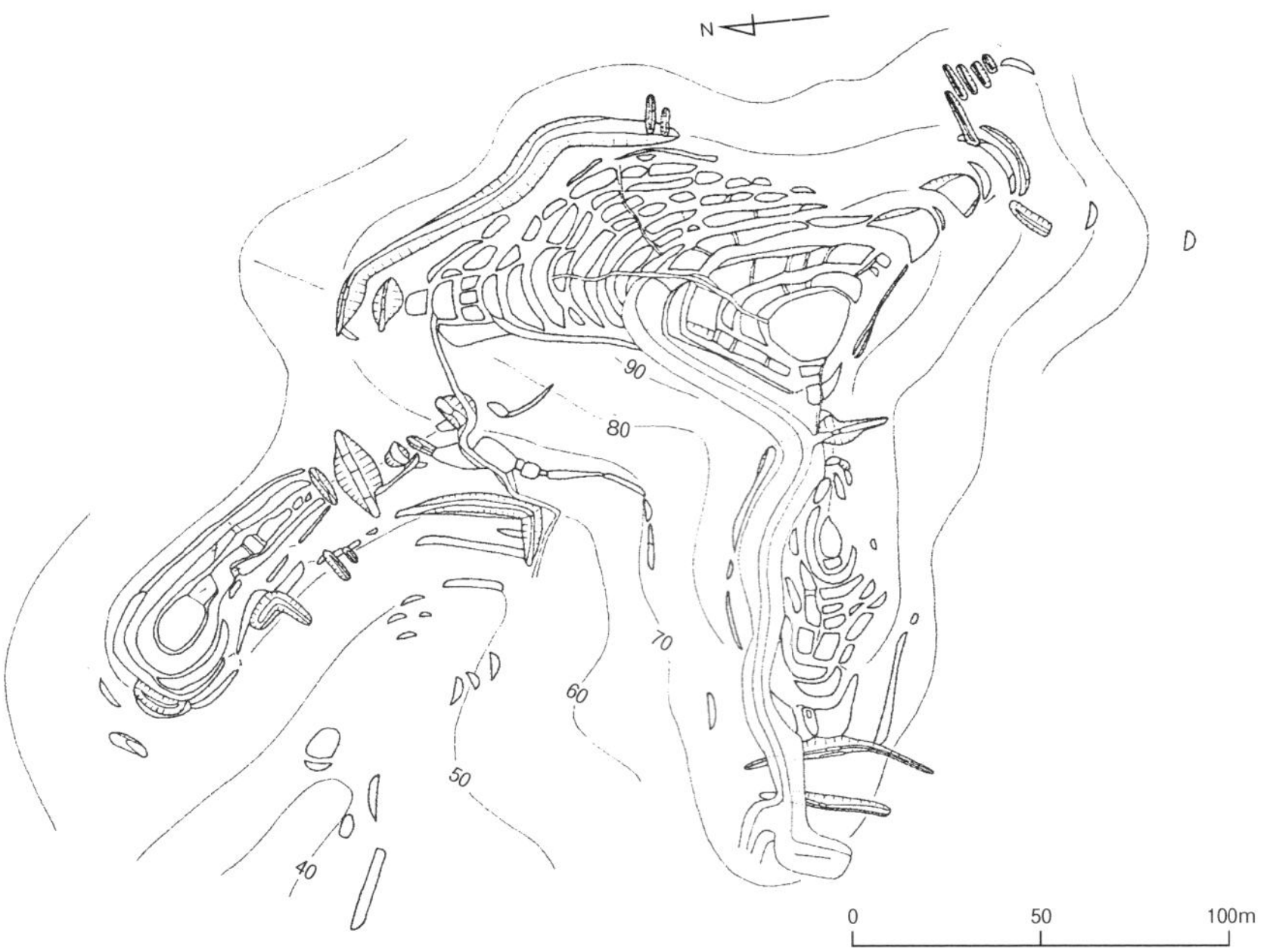

●—浦城（戦国後期新発田城）略測図（水澤，2009より）

る。浦城から軍勢が動くのを察知したため、攻撃を仕掛けたのであろう。赤谷城は、会津芦名方の最前線であり、物資支援の点で新潟・沼垂《ぬったり》湊と並び、戦闘を継続するのに不可欠のルートであったと考えられる。そして重家の命運は、天正十四年に新潟・沼垂を失ったときに尽きたといってよいであろう。

天正十五年には、五年ぶりに水原城を奪還して、後顧の憂いをなくし、五十公野・新発田城を攻めて、城兵を城内に釘付けにした後、新発田方に渡っていた加治川北の拠点である加地城を落とし、五十公野勢を孤立させた。次いで赤谷城を落として芦名方の支援を断ったうえで五十公野城を落とし、新発田城を裸城《はだかじろ》となした。翌日ついに五年越しの宿願である新発田城（浦城）を落とし、上杉・新発田戦争が終結した。なお同日には、浦城と対になる池之端城も陥落させている。池之端城（館）がこの時点まで落ちていなかったことからも両城の不可分の関係をいいうる。

前半に比べて最終盤には、五十公野城・新発田城が連日で落城している。諸城に分散していた軍勢を総動員することができたためであろうか。

このように初期の大規模な戦いである「放生橋の戦い」「八幡の戦い」の鍵となる城は、位置的にみて浦城であり、

●―浦城全景

新発田古城ではない。

【戦後処理】　戦後の城については、天正十六年（一五八八）以降、安田、赤谷、五十公野、笹岡、加地、新発田、中条、築地などが残されており、重家に勝利した景勝が加地城や新発田城に家臣を在城させている。そして文禄三年（一五九四）には、この内「笹岡」「新発田」のみが城として存続を認められることとなる。したがって、景勝方が浦城を接収し、手を加えている可能性があるが、乱の収束後に防備をさらに増強する必要性は低い。あるいは文禄三年段階までに、近世の新発田城にあたる場所に、上杉の城としての新発田城が築かれた可能性を考えることもできるが、石垣をもつ現在の新発田城は溝口氏入封以降のものであると考えておきたい。

このように新発田古城の出土遺物および浦城の遺構は、浦城こそが新発田重家が居城とした新発田城であったことを物語っている。

【参考文献】『新発田市史』上巻（新発田市、一九八〇）、水澤幸一「越後国加地荘の城館」（上）（中）（下）『新潟考古』第一五・一七・二〇号（二〇〇四・二〇〇六・二〇〇九）

（水澤幸一）

●新発田氏の古城

新《し》発《ば》田《た》城《じょう》

〔市指定史跡〕

〔所在地〕新発田市大手町
〔比　高〕九メートル
〔分　類〕平地居館
〔年　代〕一四世紀後半～一六世紀初頭・近世以降
〔城　主〕新発田氏（佐々木氏）・溝口氏（近世）
〔交通アクセス〕JR羽越本線「新発田駅」下車、徒歩一・五キロ。日本海東北自動車道「聖籠新発田IC」から四キロ。

【新発田氏の由来】　新発田氏は、佐々木加地氏の系統をひく。戦国期には、新発田長敦らが景勝を助けた。長敦の病死後、弟の重家が家を継いで御館《おたて》の乱を勝利に導いたにもかかわらず、理不尽な論功行賞に怒り、信長と結び景勝に敵対するに至った（五十公野城参照）。

【近世新発田城】　新発田城は、慶長三年（一五九八）加賀大《だい》聖寺《しょうじ》から溝口秀勝が六万石で入り、以後一二代二七〇年余りにわたって新発田藩領を治めた近世城郭である。ただし、本丸の北方で絵図に古丸と記された二ノ丸地内に新発田氏の居館があったとされる。規模などは、まったく不明であるが、第8地点から中世後期を主体とする遺物が多数出土しており、その伝承を裏付けた（新発田市教育委員会、一九九七）。遺物は、青磁、白磁、青花、舶載天目《はくさいてんもく》、瀬戸・美濃、珠《す》洲《ず》、越前、笹神《ささがみ》、風炉《ふうろ》、土器などが出土し、一四世紀～一五世紀代の遺物が主体である。時期的にみて、本地点の付近に方形城館が築かれていたものと思われる。

この中世新発田館については、遺物からみて一六世紀後半代にもまったく使用されていなかったとはいえないものの、遺跡の主体が一六世紀前半以前であることは確実である。越前擂鉢《すりばち》もその多くが一六世紀前半のものであり、瀬戸・美濃の出土状況とも共通する。したがって、これまでの新発田城の調査区近辺に新発田長敦・重家がいた物証はない。

さらに、奥山荘・小泉荘や加地荘内加地・竹俣領の本拠の変遷からみれば、ひとり新発田氏のみが、平場の城に固執し

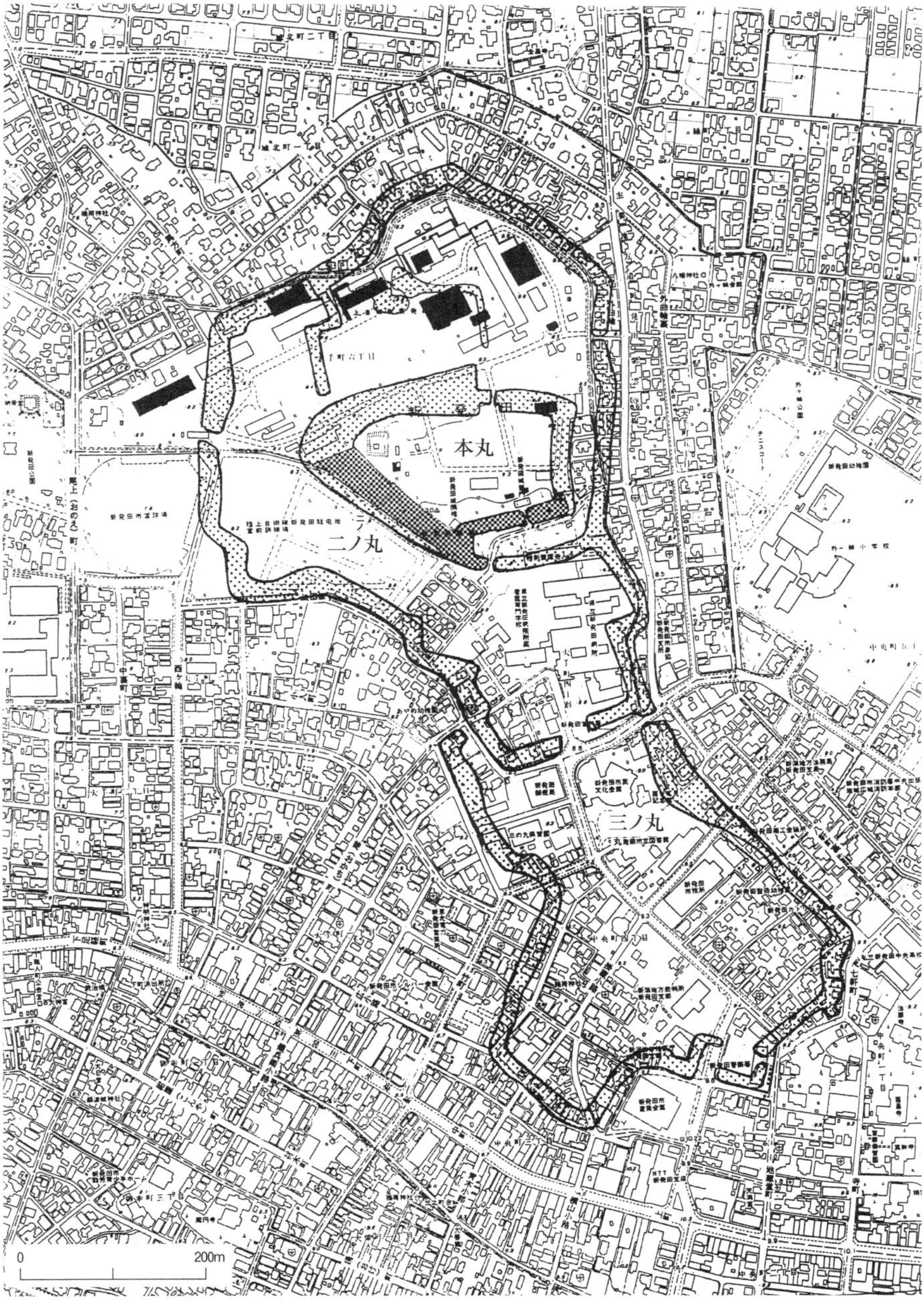

●—近世新発田城全体図（新発田市教育委員会提供）

●—春の新発田城

下越

ていたとは考えがたい。もちろん砂丘に居館を持つ奥山荘築地氏や、山のない白河荘水原氏の居館などの例もあるが、鉄砲が使用されている時期に平場の居館があれほどの景勝の攻撃に耐えられたとは思えない。

翻って新発田領内の城をみていくと、五十公野城・升潟山城が五十公野氏の城であることは動かないであろうから、不相応に手が加えられている山城の浦城こそは、新発田重家が拠った新発田城と考えるべきものと思われる（浦城参照）。

【新発田城の現状】　現在、本丸および二ノ丸北部に自衛隊駐屯地が置かれ、自由に出入りできないが、表門・旧二ノ丸隅《すみ》櫓《やぐら》（重要文化財）～石垣・堀の一部が公開されており、辰巳《たつみ》櫓・三階櫓も発掘調査をへて整備が進んでいる。城下町の範囲は東西一・六キロ、南北二キロほどとなるが、三ノ丸とともに市街地化している。

【参考文献】『新発田市史』上巻（新発田市、一九八〇）、新発田市教育委員会『新発田城跡発掘調査報告書Ⅰ～Ⅸ』（一九八七、一九九七、二〇〇一、二〇〇四、二〇〇八、二〇〇九、二〇一〇、二〇一二、二〇一三）、水澤幸一「越後国加地荘の城館」（上）（中）（下）『新潟考古』第一五・一七・二〇号（二〇〇四・二〇〇六・二〇〇九）

（水澤幸一）

お城アラカルト

日本海と貿易陶磁

水澤幸一

日本海沿いの城館を掘ると、貿易陶磁器を目にすることが多い。もっとも多いのは、中国産の青磁・白磁で、青花《せいか》磁や黒釉《こくゆう》陶がそれに次ぐ。さらに朝鮮産の陶器が中世後半には一定のシェアを持つようになってくる。もちろん国産の水甕《みずがめ》・擂鉢《すりばち》といった陶器や国内唯一の施釉《せゆう》陶器である瀬戸・美濃陶もそれにともなう。また焼き物以外では、漆器もよく用いられている。このように我々が城館を発掘すると、当時の地域の頂点に立つ階層が用いていた道具、なかでも毎食使う食膳具である椀皿が出土するのであるが、この様相は、地域によってかなり異なっている。

日本海沿岸地域では、一一世紀に入ると白磁が博多をへて流入し始め、一二世紀末には主体が青磁に変わり、元末明初のかの地での動乱期にはいったん落ち込むものの、一四世紀末以降は、一五世紀にかけて大量に青磁等がもたらされている。

この一五世紀代を中心とした青磁の大量流入は、日本国内のほかの地域ではあまりみられない現象である。本地域では、貿易の中心が博多から琉球に替わったこの時期においても貿易陶磁器の流入量に関してあまり影響を受けていないのである。かえって、全国に青花磁が出回る一六世紀中葉以降においては、流入量を減らしている。これは、一六世紀の初頭頃を境に、貿易船が銀を求めて泉州の堺まで直接入ってくることと一連の現象である。

このように日本海は、北の幸や特産品を求めて多くの物品が往来した交通の大動脈であり、各地の城館出土の陶磁器は、それを運んだ人々の存在と地域における城館遺跡の求心力を如実に表している。一片の陶磁器は、歴史の証人である。そのかけらを手にもつとき我々は、それが海の向こうで焼かれ、多くの思惑に抱かれながら、最終的に遺跡で壊れて埋もれ、さらに現代に掘り出されたことに対して万感の思いを感じざるを得ないのである。

●新発田氏と運命を共にした城

五十公野城《いじみのじょう》

〈所在地〉新発田市五十公野
〈比　高〉二〇メートル
〈分　類〉山城
〈年　代〉一六世紀
〈城　主〉五十公野氏
〈交通アクセス〉ＪＲ羽越本線「新発田駅」下車、徒歩三キロ、日本海東北自動車道「聖籠新発田ＩＣ」から六キロ。

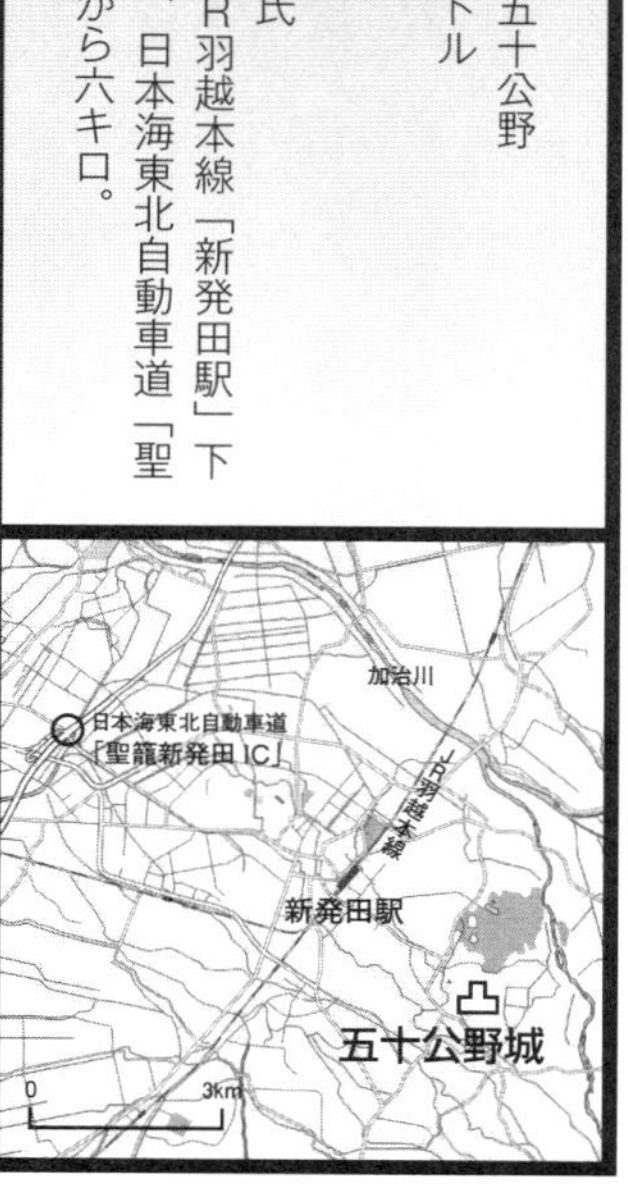

【五十公野氏の由来】　五十公野氏は新発田氏の支族で、加地《かじ》氏の系統をひく。戦国期には、新発田長敦《ながあつ》の弟の重家が家を継いでいたが、長敦の病死にともなって、重家が新発田本家に入り、五十公野には娘婿の三条道如斎信宗《さんじょうどうにょさいのぶむね》が入った。重家らは、景勝を助けて御館《おたて》の乱を勝利に導いたが、理不尽な論功行賞に怒り、信長と結び景勝に敵対するに至った。

【五十公野城】　本城は、五十公野丘陵の南端近くの西側に延びる最高所四四メートルの尾根先端に築かれている。五十公野氏の居城と考えられている。尾根上に広い郭をもち、その西方にも堀切に区切られた郭をもつ丘陵が一二〇メートルほど延びていたことが知られるが、その後、市立東中学校建設にともない削平された。また平成二年（一九九〇）には、生活環境保全林整備事業にともなう林道工事で主郭《しゅかく》から東方の堀～土塁《どるい》の一部が壊されている。なお、昭和五十七年（一九八二）に主郭西端近くに「五十公野城址」碑が建設されている。

現存遺構は、尾根上のＬ字形の大きな平場を中央の土塁で区切り、さらに東端および北辺に土塁を配する。この土塁に挟まれた六〇〇平方メートルほどの東方部分が主郭にあたると考えられる。そして西方の一一〇〇平方メートルほどの部分が、それに準ずる居住性の高い郭《くるわ》である。この両郭は、主郭の東方および西郭の北辺に直方体形虎《こ》

●―五十公野城跡碑

口《ぐち》が設けられており、戦後に上杉方の手が入っている可能性が高い。主郭東方には、幅一五㍍におよぶ巨大な箱堀《はこぼり》が穿《うが》たれており、さらに山側に一二㍍の箱堀がつづけて設けられている。さらに、L字形の内側谷部および南側の斜面に大きめの郭群が認められ、失われた西側丘陵を併せて考えれば、非常に多くの人員が収容できた城であるということができる。ただし、この程度の小規模な城郭では、景勝の攻撃に耐えられたとは考え難いため、同じ五十公野山塊の北方に位置する升潟《ますがた》山城と連携してこその五十公野城と考えられよう。

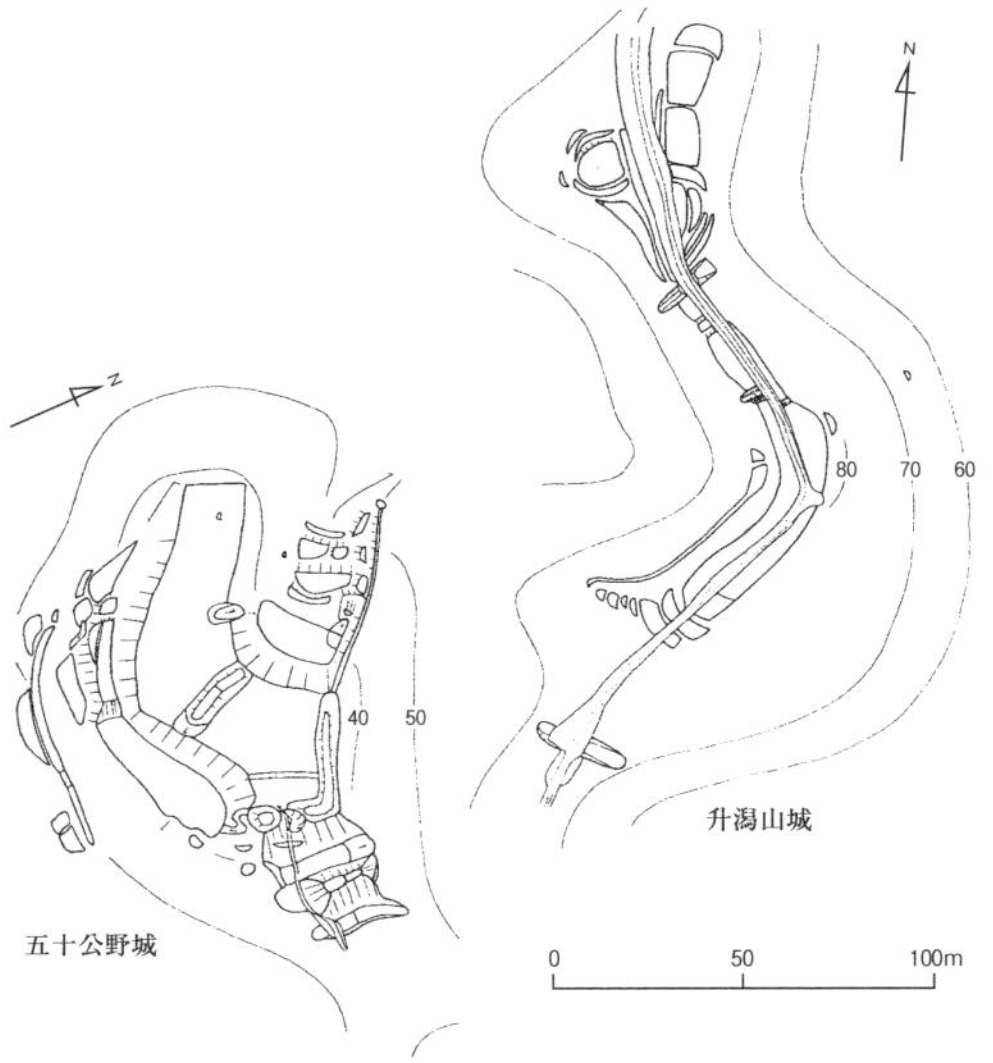

●—五十公野城・升潟山城略測図
（水澤，2009 より）

なお平成二十七年（二〇一五）に五十公野城の西側に位置する五十公野館の発掘調査が実施されており、室町時代以降の遺構・遺物が出土している。城の範囲に関する重要な知見が得られたことになる。

【升潟山城】　本城は、下新保《しもしんぼ》集落北方の加治川に面した最高所八〇㍍を測る尾根上に位置している。城跡は、昭和六十三年の林道工事で未調査のまま、縦に真二つに断ち切られている。南方および主郭の一部は盛土であるため遺構が残っている可能性もあるが、大部分の切土工事部分は、取り返しがつかない。堀切《ほりきり》は、四条が認められる。尾根筋は比較的平坦で、主郭は八〇〇平方㍍以上にもおよぶ。北方にも比較的大きめの郭群が認められ、かなり居住性の高い城であったと考えられる。五十公野城が西側に対する備えとすれば、本城は東側ににらみをきかせる機能を分担していた一体的な城と位置付けられよう。

【五十公野氏の命運】　五十公野氏は、天正十年（一五八二）以来、新発田氏と命運を共にし、景勝勢に攻められ天正十五年（一五八七）に滅亡した。

【参考文献】『新発田市史』上巻（新発田市、一九八〇）、水澤幸一「越後国加地荘の城館」（上）（中）（下）『新潟考古』第一五・一七・二〇号（二〇〇四・二〇〇六・二〇〇九）

（水澤幸一）

●竹俣氏の城館群

竹《たけ》俣《また》城《じょう》館《かん》

〔所在地〕新発田市上三光
〔比　高〕二〇〇メートル
〔分　類〕平地居館・根小屋式城館
〔年　代〕一五～一六世紀
〔城　主〕竹俣氏（佐々木氏）
〔交通アクセス〕日本海東北自動車道「聖籠新発田ＩＣ」から一〇キロ。

【竹俣氏の由来】 竹俣氏は、佐々木盛綱から連なる加地一族で、櫛形《くしがた》山脈以東の加治川右岸で三光《さんこう》川以南を所領とした（加地城を参照）。庶子家の独立は、一五世紀代より認められるが、文献上に現れてくるのは、一六世紀代となる。

【竹俣領の城館】 竹俣氏の遺構群が密集するのが、三光川左（南）岸の三光地区である。東西三キロの範囲に、居館《きょかん》群として、西から楠川館、三光館、宝積寺《ほうしゃくじ》館、岡塚館、東城館があり、その東尾根上に竹俣城、南東尾根上に竹俣新城が所在する。方形館である楠川館、三光館、宝積寺館が西方の平野寄りに位置し、不整形で地形を生かした岡塚館、東城館が谷奥に近い立地をとる。ただし後者も主郭《しゅかく》が方形を呈する。

各城館で発掘調査が実施されているのは、三光館と宝積寺館のみであり、ほかの居館は遺構が判然としない。よってここでは、両居館と遺物を表面採集した東城館、竹俣の両山城について記すこととする。

【三光館】 上三光・下三光地内に所在する東西一〇〇メートル南北八五メートルのややいびつな方形館と想定されており、昭和六十二年（一九八七）に堀の北東部分などが調査されている。発掘調査面積は、五六平方メートルである。さらに北東部に副郭状の六〇メートル四方ほどの高まり（畑）が存在する。堀の規模は、幅六メートル深さ一・二メートルほどで、郭《くるわ》内は調査されていない。東堀に土橋《どばし》が確認されている。遺物は、青磁、白磁や瀬戸・美濃、珠洲《すず》、越前などが出土している。本館の主体的時期は、堀底からの大窯三段階の折縁皿、珠洲よりも越前が多いこと、青花

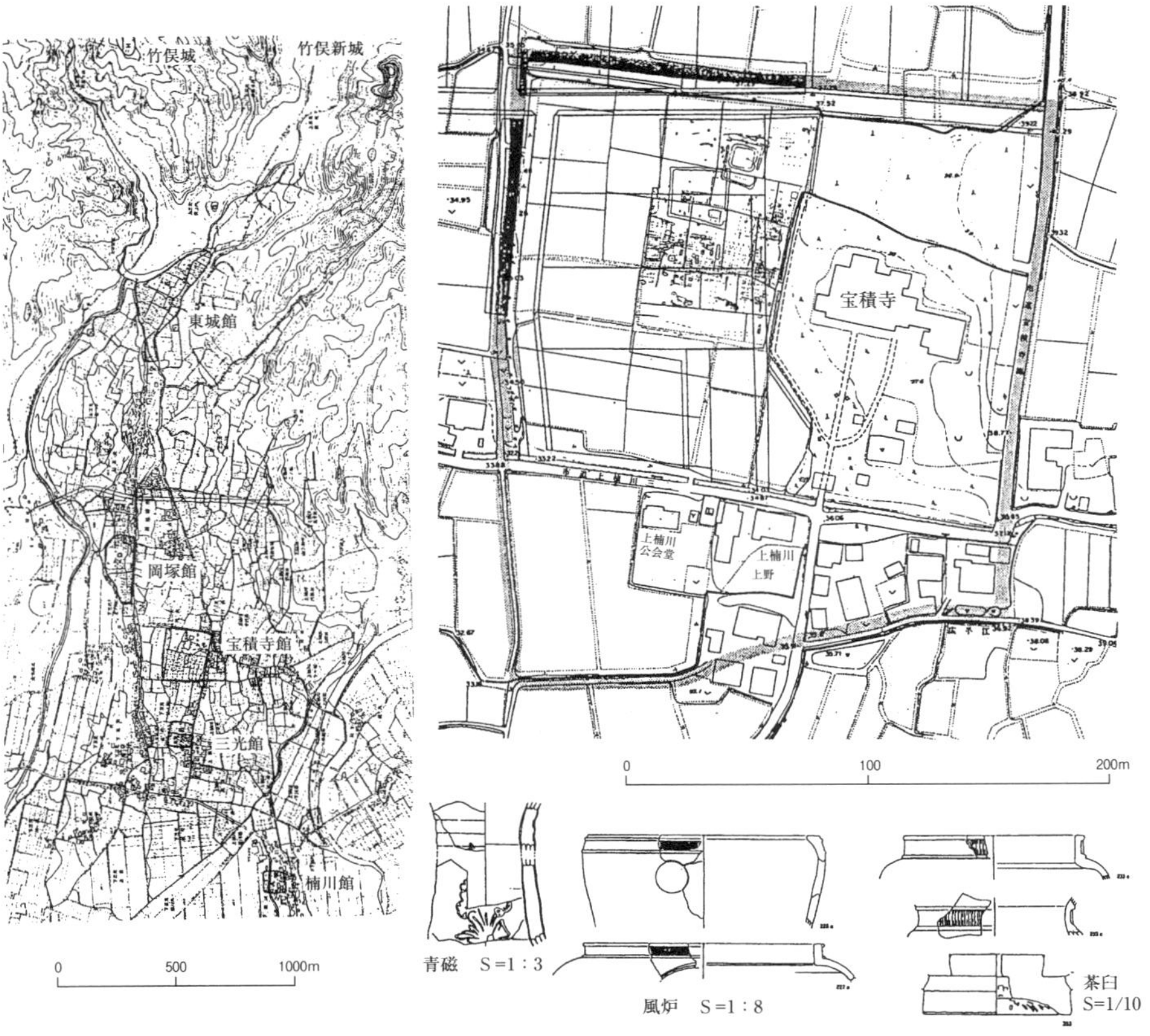

●—竹俣氏の城館・宝積寺館（新発田市教育委員会，1990より）

碗E群の出土などから一六世紀代にあるものと思われる。

【宝積寺館】　上三光・上楠川地内に所在する東西二〇五～二二五メートル南北二二〇～二七〇メートルの不整方形館と想定されており、昭和六十三年に北堀の西半分および西堀の北半分、郭内の北西部分などが調査されている。調査面積は、八六五九平方メートルであり、その内五七三七平方メートルが郭内にあたり、全体の七分の一にあたる。右の三光館とは二〇〇メートルを隔てるに過ぎないが、少なくとも調査部分は、遺物から同時期に存在していた可能性は低い。

堀の規模は、幅六メートル深さ二メートルほどで、堆積《たいせき》土から土塁《どるい》の存在がうかがえる。郭内からは、掘立柱建物五一棟がみつかっており、方形溝に囲まれた建物もある。

遺物は、青磁、白磁、青花、船載天目《はくさいてんもく》、瀬戸・美濃、珠洲《すず》、越前、笹神、風炉《ふろ》、土器《かわらけ》、石硯《せっけん》、茶臼などがある。一四世紀後半～一五世紀代の遺物が主体を占めるのに対し、一六世紀代の遺物はほとんど認められない。

●—宝積寺境内竹俣氏供養塔

したがって館の年代の下限は、報告書でも指摘されているとおり、竹俣清綱《きよつな》が長尾為景《ためかげ》方に敗れ、会津へ落ち延びた永正四年（一五〇七）、あるいは赦されて父の三十三回忌を宝積精舎で営んだ永正十三年（一五一六）頃のことと思われる。

ただし、調査区以外の部分については不明であり、部分的に使用されていた可能性を全く否定するものではない。

【東城館】 現況では、めだった遺構は認められないが、三光川西岸に築かれた不整形居館である。長辺五〇〇㍍で幅二〇〇㍍の三角形状を呈する。川向いの尾根上に竹俣城があり、館の南方の尾根伝いに竹俣新城が築かれている。外に三光川の対岸に竹俣防塁と護法山宝積寺跡がある。

なお、主郭《しゅかく》とされる地点に昭和十五年に立てられた「東城館跡」の石碑があり、その付近から一五世紀代の遺物片が認められた。これらから本館の存続年代は、一五世紀にさかのぼり、一六世紀代まで維持されていたと推測される。

【竹俣城】 東城館の南東奥一㌔の尾根上に築かれている。鉄塔のある地点から遺構が始まり、最高所の標高二八四㍍の地点まで三〇〇㍍、さらに南方まで一〇〇㍍を測る。数多くの堀切《ほりきり》、片切堀、竪堀《たてぼり》、横堀で覆われており、東半では尾根を迂回する城道が設けられている。遺構群の比高差は五〇㍍程である。特徴的な普請《ふしん》として、五条におよぶ片切堀がある。特に西側に集中して設けられており、南西の谷から登ってくる城道に対応する堀底道および防備に関するものと考えられる。①郭《くるわ》に「滴水城」碑が立てられており、これも東城館で述べた昭和十五年（一九四〇）の一三基中の一基と思われる。また、①郭の西方に径五㍍ほどの円形の落ち込みがあり、井戸跡である可能性があろう。

【竹俣新城】 東城館の東奥一・二㌔の尾根上に築かれている。最高所の標高は二〇〇㍍で、尾根上にコの字状に二八〇㍍にわたって、遺構が認められる。遺構群の比高差は、四〇㍍程である。竹俣城に比して規模が小さい。主尾根の西端は、前後二条の堀切底を連結して周回路を設けるという特徴的なつくりとなっている。さらに、そこから最高所の東側へは、堀切を越えた地点から城道を全周させ、さらに鉢巻状にローリ

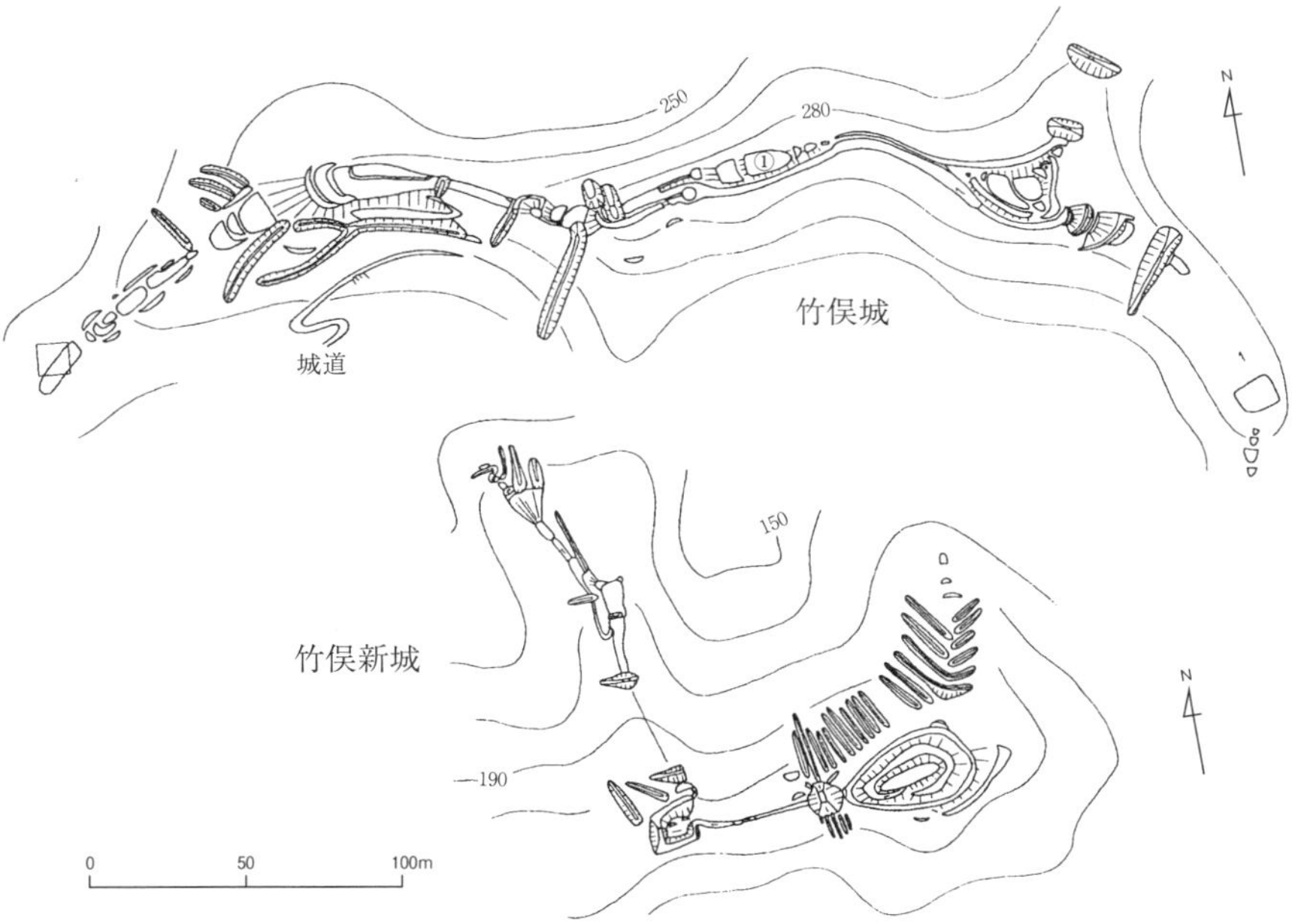

●―竹俣城・竹俣新城略測図（水澤，2006より）

ングして主郭へ到る構造となっている。特徴的な普請としては、主郭西側の堀切の南北に連続竪堀が穿《うが》たれていることである。南側に五条、北側に一三条ある。そして北尾根を区切る二条の堀切へとつづき、さらに東側四条、西側二条の片切堀がある。したがって北~北西斜面には、実に一七条の竪堀が集中的に掘られていることとなり、谷筋からの進入を拒んでいるようにみえる。しかるに主郭の規模は、たかだか一〇〇平方㍍に過ぎず、外に人員を収容できる郭もほとんどない。なお、最高所の郭の西寄りには、件の「岩谷城」碑が立てられている。

【竹俣氏の行末】　このように、竹俣氏の戦国期の城館としては、領主館として竹俣城、竹俣新城、東城があり、谷の前面に家臣団屋敷や寺院などが存在していたと思われる。

竹俣氏については、謙信・景勝を支え、越中魚津城での討ち死にを乗り越え、新発田重家の乱にも与同しなかった。その結果、佐々木加地一族唯一の生き残りとなった。

【参考文献】『新発田市史』上巻（新発田市、一九八〇）、新発田市教育委員会『三光館跡・宝積寺館跡』（一九九〇）、水澤幸一「越後国加地荘の城館」（上）（中）（下）『新潟考古』第一五・一七・二〇号（二〇〇四・二〇〇六・二〇〇九）

（水澤幸一）

●加地氏の本城

加《か》地《じ》城《じょう》

(所在地)新発田市東宮内
(比　高)一五〇メートル
(分　類)山城
(年　代)一六世紀
(城　主)加地氏(佐々木氏)
(交通アクセス)JR羽越本線「加治駅」下車、徒歩四キロ。日本海東北自動車道「聖籠新発田IC」から八キロ。

【加地氏の由来】　加地氏は、近江源氏《おうみげんじ》佐々木氏の末で、源頼朝擁立にさいして功績のあった佐々木盛綱《もりつな》が加地荘を領したことにより、後に加地氏を名乗るようになる。鎌倉初期の奥山荘を舞台に勃発した城氏の幕府への反乱にさいしては、上野にいた佐々木盛綱が越後へ駆けつけて鎮圧した。このときの戦いの様子が、『吾妻鏡』建仁元年(一二〇一)四~五月条に記されている。このおりの城資盛《じょうすけもり》の姨母《いぼ》坂額《はんがく》御前《ごぜん》の奮戦は、後世まで語り継がれている(鳥坂城参照)。

この後、承久の乱において佐々木信実《のぶざね》は、北陸道方面軍に合流時に京方の藤原信成《のぶなり》家人の深匂家賢《ふかわいえかた》が加地荘願文《がんもん》山に立て籠もったところを追討しており、「関東武士が官軍を破るの最初なり」と記されている(『吾妻鏡』承久三年〈一二二一〉五月条)。

その後加地氏は、南北朝期の動乱時には、北朝方の「大将」として佐々木加地近江権守景綱《かげつな》が活躍したが、佐々木備前守時秀《ときひで》が南朝方に付くなど分裂がみられる。しかしおおむね在地で勢力を保ち、戦国期には竹俣氏、新発田氏、五十公野氏らの有力氏族を排出し、阿賀北《あがきた》の有力国人衆として戦国期越後を彩った。

【加地城の構造】　加地城は、一般的に櫛形山脈南端の要害山頂の山城を指すことが多いが、この南端の尾根尾根の先端には、西側から加地城、麓城、滝城が七~八〇〇メートル間隔で並んでおり、これら三城の総称とみなすべきであろう。以下、順に構造をみていく。

●―加地城全景

新発田市中倉～東宮内集落の裏山である櫛形《くしがた》山脈南端の尾根「要害山《ようがいざん》」上に築かれている。最高部の標高は一六五㍍を測り、そこから三方の尾根筋に郭《くるわ》群が認められる。城域は、①郭から南方が一五〇㍍、北東尾根が三〇〇㍍、北西尾根が二五〇㍍と広域にわたっており、加地領最大の城である。遺構の標高差は、八〇㍍におよぶ。郭は、最大の①郭が九〇〇平方㍍を超えており、次いで、②郭が七〇〇平方㍍前後、③郭が四〇〇平方㍍となり、居住性を備えていた可能性が高い。堀切《ほりきり》は一二条で、二重堀切が三ヵ所の尾根端に造られている。最大の堀切は、②郭の東方に認められ、幅一二㍍長さ五〇㍍を測り、中央に土橋《どばし》が設けられている。この土橋を渡り切り、北に折れるとさらに東に折れ、堀切底道を通って、主郭《しゅかく》側へと上っていくテクニカルな城道が認められ、その間、堀切両側の郭の守備兵に身をさらしつづけなければならない構造になっている。また、①②郭ともに、折れをともなう虎口《こぐち》が築かれており、さらに①郭は郭をへずに反対側に廻り込める構造を有していることから、最高所かつ最大の①郭が主郭にあたるものと考えられる。なお、②郭南隅の高まりは、現在西方の石動山に鎮座する藤戸神社が以前所在していた場所と伝えられている。

なお、北西端の堀切下三〇〇㍍の山裾に六〇㍍四方程の山

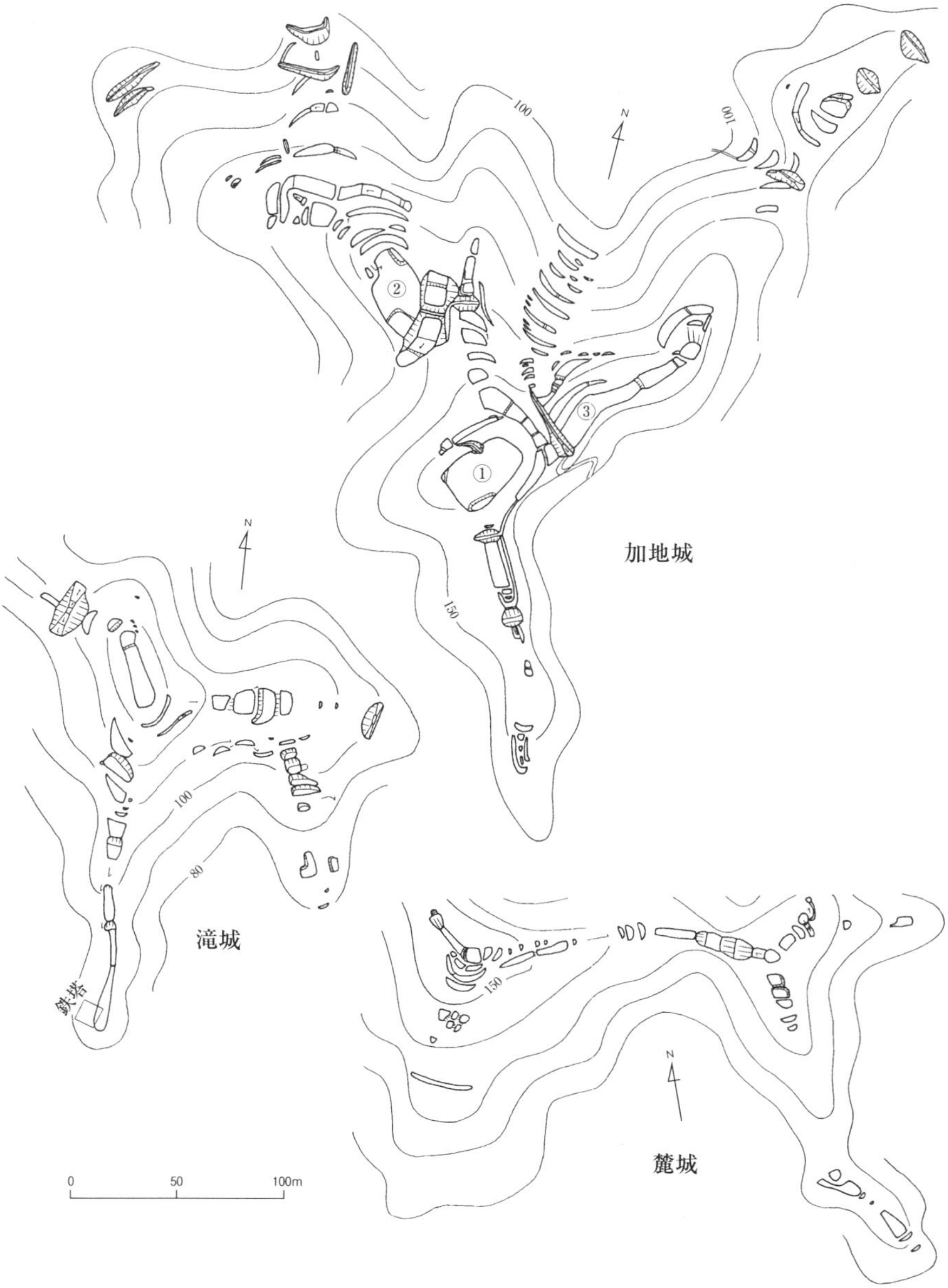

●―加地城・滝城・麓城略測図（水澤，2004 より）

麓居館が想定されているが、疑わしい。

【麓城】 新発田市麓集落の裏山である櫛形山脈南端の尾根上に築かれている。最高部の標高は一五七メートルを測り、その西方の一四〇メートルを越える尾根筋の二つのピークを中心に郭群が認められ、あたかも鶴翼のごとく遺構が展開している。城域は東西尾根上二二〇メートルの範囲を主体として、西から南に延びる南北尾根上六〇メートル（先端の平場をいれると一九〇メートル）、東から南に延びる南北尾根上一五〇メートルに遺構が認められる。遺構の標高差は、五〇メートル程となる。東西の郭群は、幅約三〇メートル近くの大堀切で区切られているが、外には西端に小さな堀切があるのみで、あまり厳重な城構えではない。西尾根を伝っていけば、加地城まで一キロ程であり、次の滝城とともに加地城の出城的な存在と思われ、東方に関する監視を主目的としていたものと思われる。ただし、両尾根に挟まれた谷の出口には、寺社が現存しており、その関係も考慮に入れるべきであろう。

【滝城】 新発田市滝集落の裏山である櫛形山脈南端の東向きの尾根上に築かれている。最高部の標高は一三〇メートルを測り、そこから二股に分かれた尾根筋に郭群が認められる。城域は、西側の城尻の大堀切から主郭までが六〇メートルで、そこから南北尾根上一六〇メートル、東西尾根上一一〇メートル、さらに東西尾根から派生した南北尾根上一〇〇メートルに遺構が認められる。遺構の標高差は、五〇メートル程となる。背後の大堀切は、幅一四メートル深さ六メートルと大きいが、外には東端に堀切があるのみで、外には南北尾根に三連続の段切りが施されているのみで、上の麓城同様あまり厳重な城構えではない。西尾根を伝っていけば、麓城まで九〇〇メートル、加地城まで一・四キロ程であり、両城と密接な関係をもつものと思われる。

【加地氏の行末】 加地氏は、戦国期、新発田氏らとともに阿賀北の有力国人領主として君臨していたが、新発田氏・五十公野氏・竹俣氏とはやや歩調を異にし、謙信・景勝とはやや距離をおいていたようである。それは謙信の後継者争いの御《お》館《たて》の乱時に、加地春綱は芦名氏の誘いに応じて景勝の敵対者景虎側に一時付いたことからもうかがえる。そして、この時、沼垂《ぬったり》湊・蒲原《かんばら》津を失い、竹俣氏・新発田氏の風下に甘んじることとなる。その後、新発田重家の乱時には、加地城を奪われたものの家名を存続させたが、上杉家の会津国替え前年の慶長二年（一五九七）、加地尚孝が景勝より勘気《かんき》をこうむり、加地家は断絶することとなった。

【参考文献】『新発田市史』上巻（新発田市、一九八〇）、水澤幸一「越後国加地荘の城館」（上）（中）（下）『新潟考古』第一五・一七・二〇号（二〇〇四・二〇〇六・二〇〇九）

（水澤幸一）

●鎌倉・南北朝・戦国と使われた城

鳥《とっ》坂《さか》城《じょう》

〔国指定史跡〕

〔所在地〕胎内市羽黒
〔比　高〕二三〇メートル
〔分　類〕根小屋式城館
〔年　代〕一二世紀後半・一四世紀中頃・一五世紀中〜一六世紀
〔城　主〕城氏・中条氏
〔交通アクセス〕JR羽越本線「中条駅」下車、徒歩三キロ。日本海東北自動車道「中条IC」から五キロ。

【城主の変遷】　鳥坂城は、見晴らしのよい尾根の先端に築かれた山城とその南側の山懐に抱かれた山麓居館部からなる。

鳥坂城が最初に文献に現れるのは、『吾妻鏡』建仁元年（一二〇一）条に記載される越後平氏の城家が最後に立て籠もった地としてである。このおり、女性の身ながら鎌倉幕府軍相手に百発百中の弓の妙技をみせた坂額御前《はんがくごぜん》の活躍は歴史に名高い。ただし現存する遺構は、ほとんどが一五世紀以降に中条氏によって築かれたものであると考えられるが、これも中条房資《ふさすけ》が残した記録に、南北朝期に父祖が立てこもったこと、自身が享徳二年（一四五三）に再興したことが記されている。三時期にわたる使用が文献によって判明する稀有《けう》の事例である。なお、天正六年（一五七八）の御館《おたて》の乱時には、中条家の本城である鳥坂城が同族の黒川氏によって乗っ取られているが、当主中条景泰は春日山城詰めで不在であったため、ナンバー2の築地資豊が天正七年に取り返している。

【鳥坂山城】　山城は、櫛形山脈の北端の尾根上に築かれており、中条領の北端に位置する。遺構は主に標高二二〇〜三一〇メートル間の尾根筋四〇〇メートルの間に認められ、山麓と最高部との比高差は約二三〇メートルを測る。尾根が西から南方に屈曲するのに合わせて、主要な登り口の一つである沢を包み込むように築かれている。北方の斜面は険しく、南斜面は比較的緩やかで、遺構も南方に多い。かなり普請《ふしん》の手が加えられており、中条氏の本拠にふさわしい威容を誇っている。堀切は、六条が認められ、もっとも山上の堀切6は、幅一六メートル、長さ一一

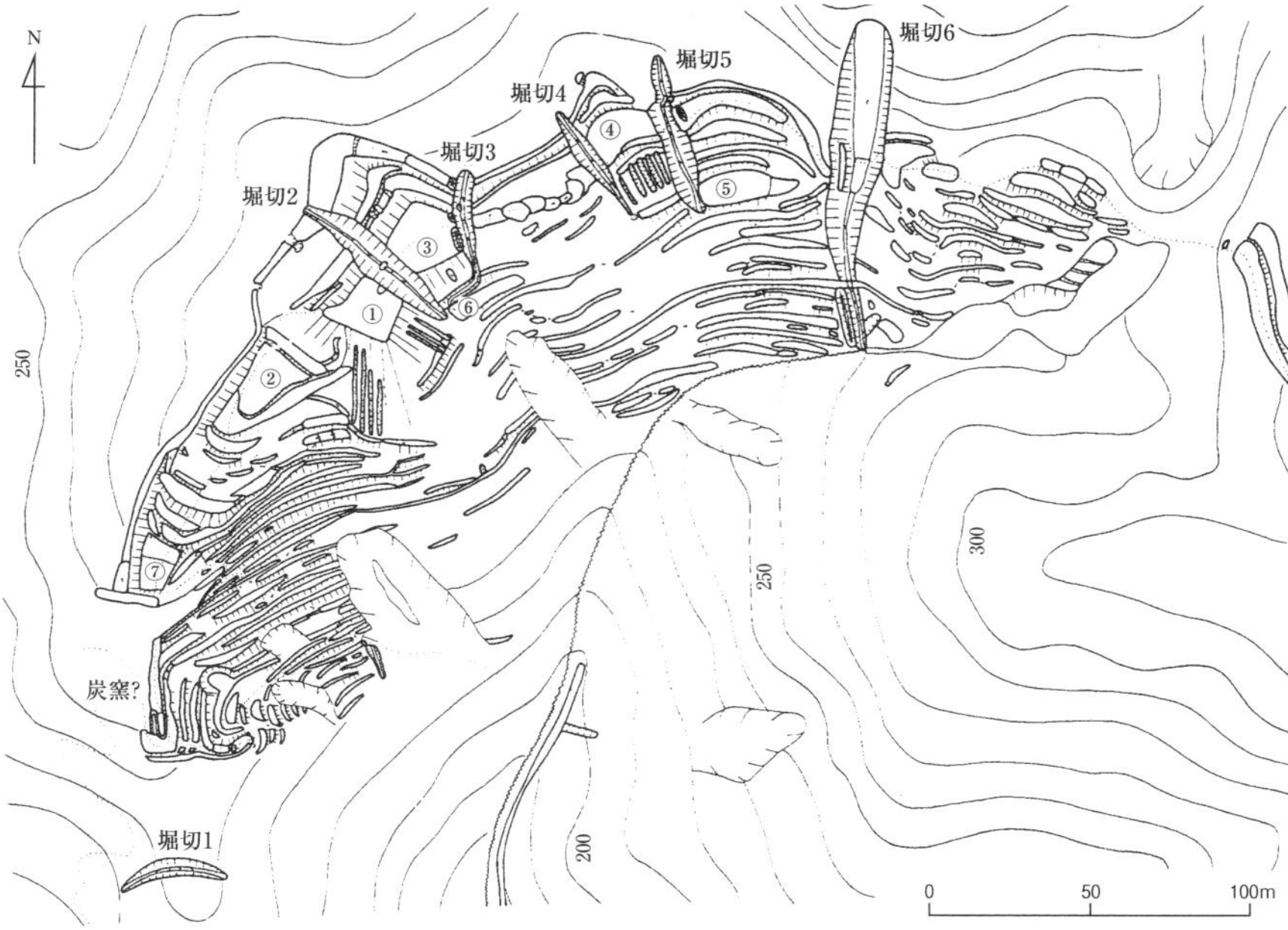

●—鳥坂城山城部略測図（水澤，1996より）

〇メートルにおよぶ。主要な郭《くるわ》は、尾根筋に配されているが、大規模なものではない。①郭と④郭の南方には竪堀《たてぼり》群をともなっている。本城で特徴的なことは、南斜面に認められる段切群で、②郭下で二〇段以上、④郭では一五段におよぶ。さらに、堀切6の東側にも郭および段切群が認められることから、ある時期以降の拡張が考えられる。

時期については、①郭に展望台を建てるときにわずかに調査が行なわれているのみであるが、表採遺物から少なくとも一五・一六世紀に使用されていたことが想定でき、文献とも一致する。なお、昭和五十九年（一九八四）に奥山荘城館遺跡として国史跡指定をうけている。

【鳥坂城宮の入館】　山上の郭群と一体をなす、標高七〇メートル程の南麓に築かれた郭群である。いわゆる根小屋《ねごや》式城郭の居館部分にあたる。また、本居館群から段丘端に築かれている羽黒館跡までの段丘中位面は、空間的に一体をなすものととらえられ、城域は谷間全体と考えられる。居館群は、南半部が田地となっており当初指定地よりはずれていたが、確認調査の結果、居館群部分の追加指定が実現した。山林部分の土塁《どるい》は良好に遺存している。

一九〇頁の図をみていこう。1郭は、凸形をしており、面積は五〇〇〇平方メートル程度である。前方（南）の土塁が削平さ

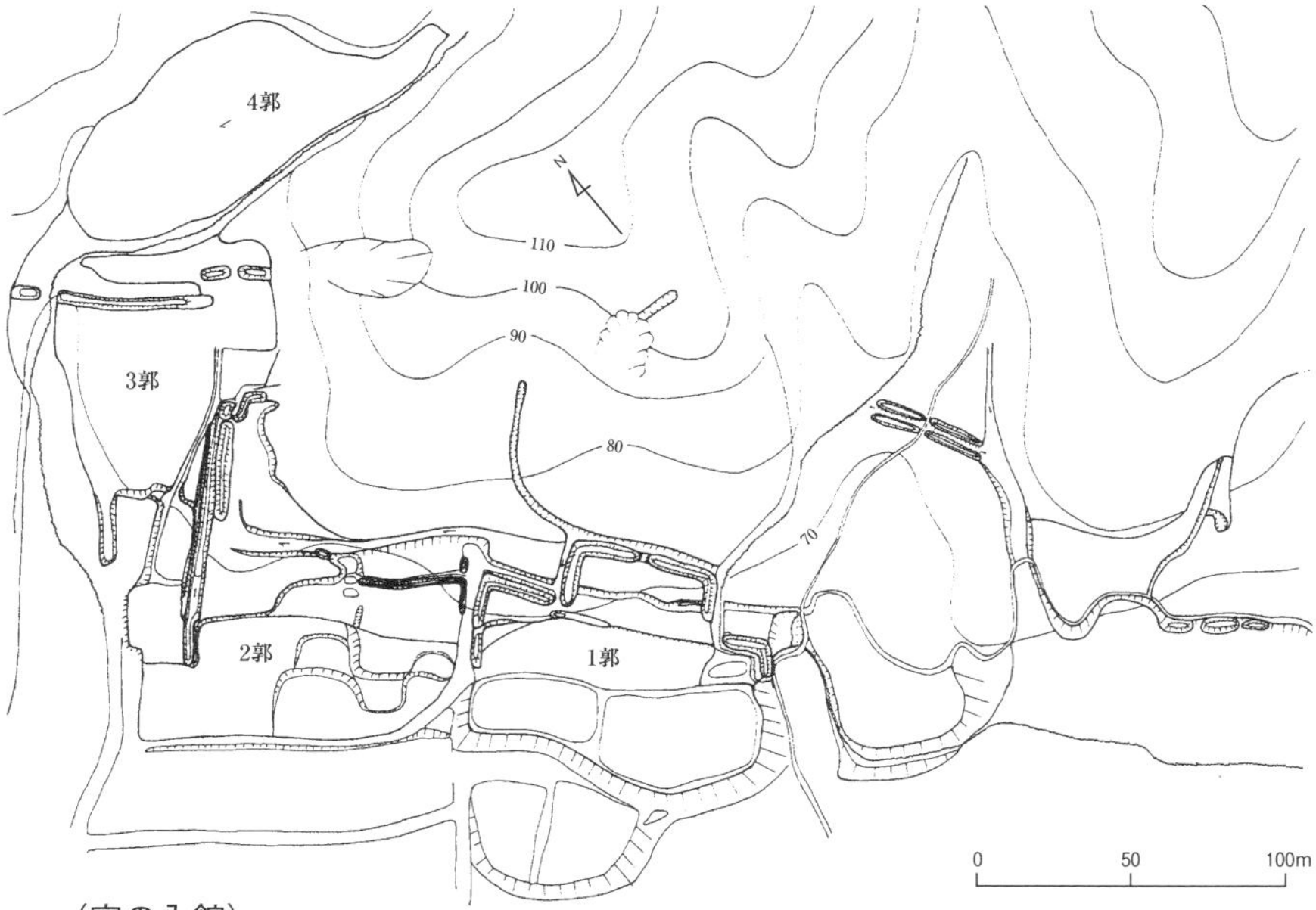

（宮の入館）

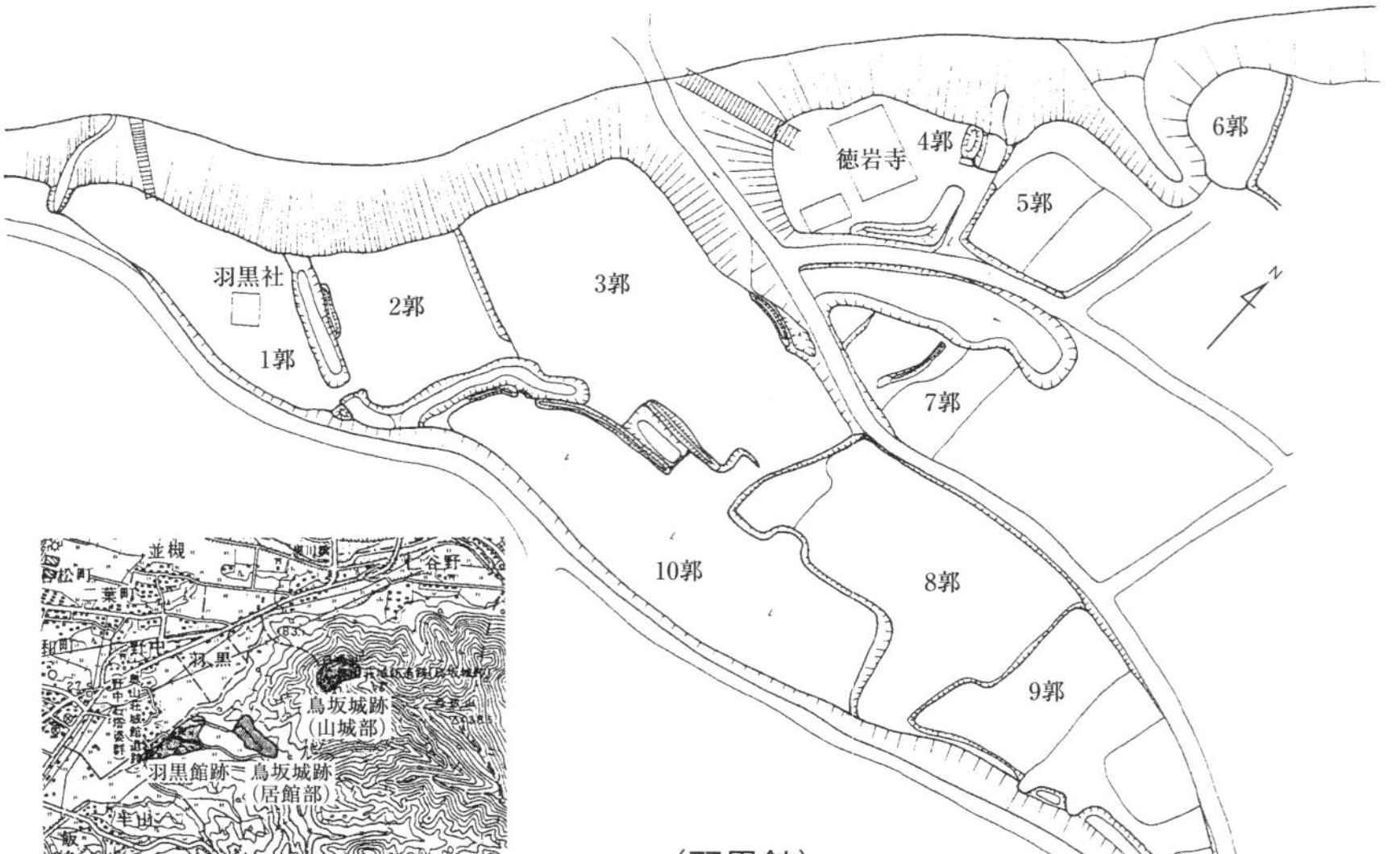

（羽黒館）

●—鳥坂城山麓居館略測図（水澤，1996 より）

れているが、後方の土塁は良好で、範囲は明瞭である。2郭は、1郭の西側の郭で、五〇〇〇平方メートルほどを測るが、いくつかの部分に分割されると思われる。3郭は、2郭の北方奥に位置し、三〇〇〇平方メートルほどの平坦地である。西側を谷川、東側を堀（道）・土塁で、後方（北）を食い違い土塁で防御している。なお、1郭と3郭の間の山裾には通路が認められる。3郭の後方には谷川が流れ、そこから東側へとなだらかな傾斜地である4郭がある。なお、1郭の東方には、宮の入コースという登山道があるが、1郭から奥へ八〇〇メートルほど入った地点には、二重の土塁が築かれており、当時から山頂部への登り口であった可能性が高い。さらに東方の山裾にも、遺構は伸びているが、土塁はともなわない。

本館内の確認調査では、戦国期の遺物が出土しているが、一部一二世紀代の遺物も出土しており、注目される。

【鳥坂城羽黒館跡】　鳥坂城跡の谷の入り口を塞ぐ地点に位置する館跡で、標高四五メートル程の段丘端に三五〇メートル以上にわたって築かれている。段丘下の標高は、三〇メートル程で天然の要害といえる。本館跡は、当初中条氏の庶子羽黒氏の居館であったと思われるが、応永の大乱をへて、中条氏の支配下に置かれたと考えられる。鳥坂城跡の大手門的存在として位置付けられよう。土塁については、一部が遺存しているだけであるが、堀は明瞭に認められる。

前面に6郭が位置し、1郭に羽黒社が、4郭に徳岩寺が建てられている。現状は、境内地の外の大部分は畑となっているが、5・7郭は田地、6郭は山林となっている。9郭の東方は、田地であるため明確ではないが、郭がつづいている可能性もある。確認調査の結果、珠洲《すず》甕《がめ》・擂鉢《すりばち》、越前擂鉢、青磁、白磁、青花磁、瀬戸・美濃、粉挽臼《こびきうす》などがあり、一五〜一六世紀の年代観が与えられる。

なお、宮の入館と羽黒館の間の山裾には道路遺構がつづいており、中間に土塁・堀をともなう寺山館も存在している。

【鳥坂城の整備に向けて】　中条家の城館については、平場の鎌倉期の坊城館・室町期の江上館、そして戦国期の鳥坂城と三時期の本拠地がすべて国指定史跡として保存されているという全国的にみても稀有の事例である。前二者の整備が終了したため、現在は鳥坂城の整備の準備を進めているところである。中世の奥山荘の世界をぜひ体感していただきたい。

【参考文献】　水澤幸一「越後国奥山荘の城館」『新潟考古』第七・八号（一九九六・一九九七）、水澤幸一『奥山荘城館遺跡』（同成社、二〇〇六）胎内市教委『市内遺跡』Ⅱ・Ⅲ・Ⅵ（二〇〇八・二〇一〇・二〇一四）

（水澤幸一）

●大量の陶磁器をもつ方形館

江《え》上《がみ》館《やかた》

〔国指定史跡〕

〔所在地〕胎内市本郷町
〔比　高〕一八メートル
〔分　類〕平地居館
〔年　代〕一四世紀末～一五世紀末
〔城　主〕中条氏（三浦和田氏）
〔交通アクセス〕JR羽越本線「中条駅」下車、徒歩一・二キロ。日本海東北自動車道「中条IC」から三キロ。

【中条氏の由来】　中条氏は、越後三浦和田氏が奥山荘を三分割したおりに胎内《たいない》川以南の地を譲られた家系である。惣領家として最も豊かな地を受け継いだものと思われる。中条氏は、鎌倉後期には北条氏に圧迫されて、所領を失うに至るなど苦難の道を歩んだ。しかし南北朝期を迎えると足利尊氏に従軍し、駿河での薩埵山《さったやま》合戦において酸苗《かたばみ》紋を家紋として与えられるなど活躍した。越後応永の大乱時には、中条庶子家の羽黒氏を討って（一四二七年）、要害《ようがい》の地を抑えつつ在地支配を進めた。このおりの当主である中条房資は、享徳三年（一四五四）に記録を残し、享徳二年には山城である鳥坂城を復興したことを述べている。戦国期には守護の催促に応じて関東へと出兵し、戦国期阿賀北《あがきた》の雄として戦国領主に成長した。

胎内川を挟んだ黒川家とは同族でありながら紛争が絶えず、永享十二年（一四四〇）には合戦し、明応九年（一五〇〇）の本庄氏の乱においては中条朝資《ともすけ》が討ち取られている。そして天正六年（一五七八）には、御館《おたて》の乱にともなって中条家の本城である鳥坂城が黒川氏によって乗っ取られているが、当主中条景泰は春日山城詰めで不在のため、中条家ナンバー2の築地資豊が天正七年に取り返している。しかし、吉江家からの養子であった中条景泰は、天正十年実父や中条家中の面々とともに越中魚津城で織田勢のために討ち死にしたため、その後の動乱期には、築地氏が在地を預かることとなり、秀吉による会津国替《くにがえ》を迎えることとなった。

【江上館跡の構造】　江上館は、奥山荘の国人《こくじん》領主中条家の一五世紀代の本拠地である方形城館である。扇端の平場に位置しており、方形の主郭に一五世紀後半に南北に馬出《うまだし》様の郭《くるわ》が附属する。特に北郭は、居住空間から急激に変化して土塁《どるい》が築かれる。

　主郭《しゅかく》内は、六〇㍍四方で、遺りのよい基底部幅一〇㍍の土

●—江上館遠景（胎内市教育委員会提供）

塁と、一五㍍前後の水堀がめぐる。堀は一㍍前後と浅いが、土塁は三㍍を超えている。土塁・堀を合わせてほぼ一町（一〇九㍍）四方の方形城館となる。プランで特徴的なことは、南北の虎口《こぐち》に折れをともなう構造を持たせていたことである。北虎口には蔀《しとみ》塀が、南虎口には櫓《やぐら》門が設けられていた。この折れ構造の出現は、これまでの定説よりもかなり早いが、関東などでもままみられることから、肯定されるものである（水澤二〇一四）。

　主郭内の遺構は、掘立柱建物六〇棟・井戸六基・区画溝・池状遺構・水溜め遺構・埋甕遺構・多数の土坑などがある。これらは、六時期の変遷を想定しており、最盛期は一五世紀後半代にある。建物規模は、二五〜五〇平方㍍の床面積をもつ建物が多いが、中央の第六号建物のようにコの字状を呈し、床面積三〇〇平方㍍を超えるものも存在していた。この建物は、儀式に用いられた建物で、前面に池が設けられていた。井戸は、北方中央付近にすべて集中しており、石組側のものと木枠のものがある。

　そして特徴的なことは、南北が塀で区切られ、さらに溝によって西側四分の一が区切られていることである。これらは、橋幅や郭内の建物配置などから考えると、北半分には褻《ケ》（日常）の生活空間が、南方には晴の空間が設定されていた

といえる。

【江上館の出土遺物】 遺物は、一五世紀代のものが主体で、館の廃絶は瀬戸美濃大窯の開始期まもなくの一五世紀末と考えられる。注目されるのは、越後北部の阿賀北の地に京都系の技法でつくられたてづくね成形土器皿がまとまって出土したことである。これらは、一部燈明《とうみょう》皿として使用されたものを除き、儀礼にさいして用いられたと考えられ、館の性格を考えるうえで重要である。また青白磁梅瓶（左頁図）、青磁八角坏・器台、黄《おう》褐釉《かつゆ》四耳壺《しじこ》、緑釉、瑠璃《るり》釉、舶載天目《はくさいてんもく》茶碗、李朝粉青沙器《ふんせいさき》梅瓶、漆塗《うるしぬり》天目、瓦器、信楽《しがらき》壺、茶臼などの娯楽・儀礼・室礼関係遺物、地鎮関連墨書資料（土器・石）、猿面《さるづら》硯《けん》・高級漆器、鉦鼓《しょうこ》などの高級器物を複数保有していたことは、国人《こくじん》領主の本拠地にふさわしい。なお、日本海沿岸という地域性から青磁を中心とした貿易陶磁器が大量に出土しており、日本海交易の活発さを物語っている。

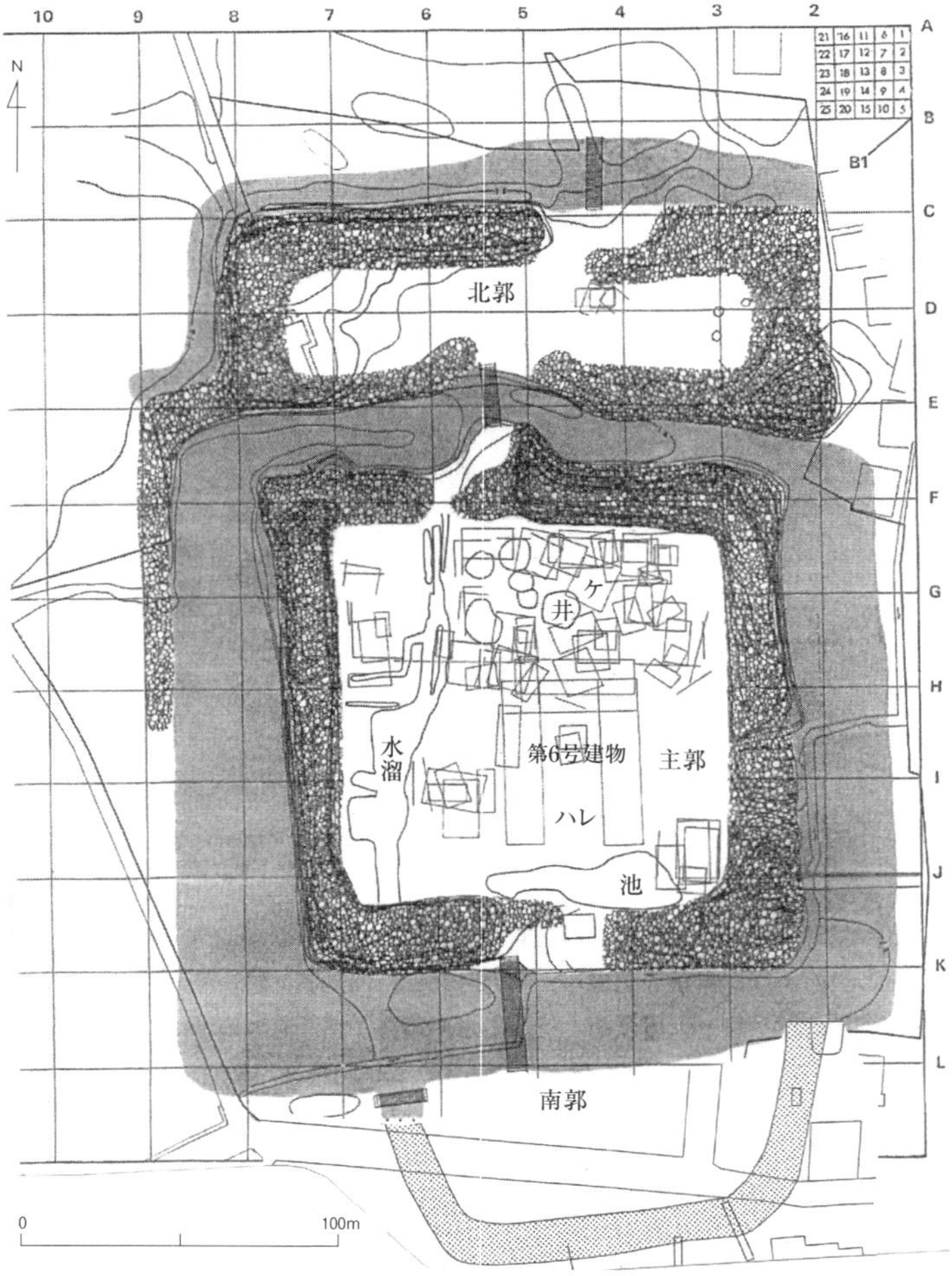

●―江上館全体図
（水澤，2009図と胎内市教育委員会，2012図を合成）

【江上館の周辺】 江上館の西～南方一帯には、政所《まんどころ》条遺跡群（下町・坊城遺跡）が広がっている。これらは宅地造成にともなって調査したものであるが、多くの成果が上がっているので、順にみていこう。

●―江上館跡主殿（第6号建物）発掘状況

〔下町・坊城遺跡A地点〕江上館の西方に隣接し、四〇×三〇《メートル》程度の溝に囲まれた石組井戸を伴う屋敷地二区画などがみつかっている。時期的には、一三～一五世紀代が中心で、掘立柱建物八四棟、井戸一七基に上る。両屋敷間には、道路跡も認められた。これらは館との位置関係から、一五世紀代段階では家臣団の屋敷地と考えられる。屋敷地の西方には、一二～一三世紀代を中心とする遺構・遺物がみつかっており、水源地より大量の木製品が出土した。

●―江上館出土梅瓶

〔下町・坊城遺跡B地点〕A地点の南西に位置しており、約五〇《メートル》四方の溝に囲まれた区画が南北二区画みつかっている。遺構は、掘立柱建物五八、井戸二基を確認した。北方の土坑から天文十八年（一五四九）・元亀元年（一五七二）銘の墨書板碑《ぼくしょいたび》が出土した。南方は、護摩杓《ごましゃく》（大杓）・護摩炉・金剛鈴・荘厳具の一部・五輪塔《ごりんとう》の火輪などを出土した一五世紀代の密教寺院の御堂がみつかっている。本寺院は、江上館と並存する。

〔下町・坊城C地点〕江上館の西南約四〇〇《メートル》に位置し、川辺に位置している。時期的には、一三～一四世紀代が主体であるが、中世を通じて生活が維持されていたものと考えられる。遺構は、掘立柱建物一〇七棟・井戸一二一基などがある。大量の土器皿と木製品などが出土し、特に漆器は一五〇個体にも上った。本地点は、川縁の物資の荷揚げ場＝市庭にあたると考えられる。

〔下町・坊城D地点（坊城館）〕江上館の南方二〇〇メートルに南北六〇メートル強で東西八〇メートル弱の鎌倉時代の地頭屋敷がみつかった。建物のほとんどが総柱建物で、東寄りに集中している。「波月条《なみつき》絵図」（重要文化財）に描かれた領主建物を彷彿とさせる。西側には遺構が少なく、広場的な空間であったと考えられる。井戸は八基以上あり、その中に石組側を持つ井戸がある。遺物は、館の北側を中心にてづくね成形土器が大量に出土している。青磁・白磁も多数認められ、長崎産の石鍋や東濃系山茶碗・皿も数点出土している。

●—江上館跡整備状況（胎内市教育委員会提供）

〔下町・坊城E地点〕C地点の川を挟んだ南西方に位置し、一二世紀前後の御堂および一六世紀頃の護摩炉《ごまろ》がみつかっている。御堂からは、大量の柱根および礎板が出土した。B地点の密教寺院との関連が注目される。

【江上館の整備】 江上館跡は、昭和五十九年（一九八四）に国史跡奥山荘城館遺跡の一つとして指定されている。平成三年（一九九一）～平成八年まで史跡整備のための発掘調査が実施され、それに基づいた史跡公園整備が平成十三年まで行なわれた。平成十四年度よりは、奥山荘歴史の広場として公開されており、奥山荘歴史館が併設されている。駅から一〇分の好立地であり、奥山荘探訪には、まず歴史館に立ち寄ってから各地点をみてまわるのがいいであろう。

【坊城館の整備】 発掘状況から、下町・坊城遺跡D地点の屋敷地は鎌倉後期の地頭屋敷であると考えられることから、平成十七年に史跡奥山荘城館遺跡への追加指定が実現した。その後六年間の整備をへて、平成二十六年より史跡公園として開園している。江上館とあわせて、鎌倉から室町まで歩いて三分で両者を比べられる。

【参考文献】 中条町教育委員会『江上館跡』I～V（一九九三～一九九七）、同『下町・坊城遺跡』II～VI（一九九七・一九九九～二〇〇一・二〇〇五）、水澤幸一『奥山荘城館遺跡』（同成社、二〇〇六）、水澤幸一『日本海流通の考古学』（高志書院、二〇〇九）、胎内市教育委員会『市内遺跡V』（二〇一二）、水澤幸一「平地の方形城館」『中世城館の考古学』（高志書院、二〇一四）

（水澤幸一）

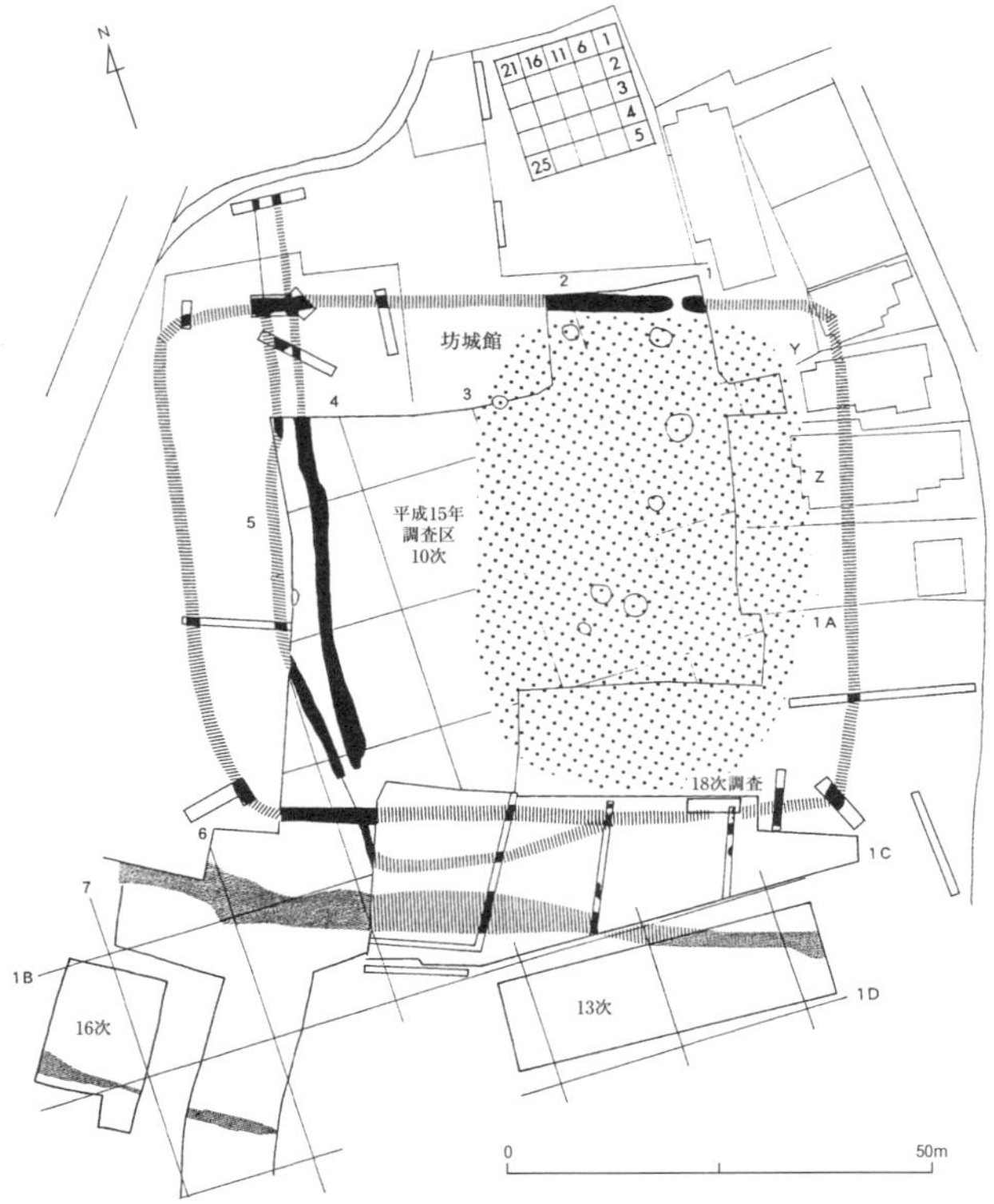

●—坊城館全体図（胎内市教育委員会，2012より）

●—坊城館整備状況（胎内市教育委員会提供）

●塁線に折れをもつ戦国前期の平地居館

古《ふる》館《だて》館《やかた》

〔国指定史跡〕

〔所在地〕胎内市十二天
〔比　高〕一三メートル
〔分　類〕平地居館
〔年　代〕一三世紀後半～一六世紀初頭
〔城　主〕高野氏（三浦和田氏）
〔交通アクセス〕JR羽越本線「平木田駅」下車、徒歩二キロ。日本海東北自動車道「胎内・荒川IC」から六キロ。

【古館館跡の由来】　古館館跡は、胎内川の右岸の扇端に位置しており、周囲には開墾可能な沖積《ちゅうせき》地が広がっていた。歴史的には奥山荘北条に含まれる。奥山荘は、地頭高井道円《どうえん》（三浦和田氏）によって建治三年（一二七七）に北・中・南に三分割され、北条は黒川氏に与えられたが、道円の弟義重《よししげ》の系統に北条内の高野条（郷）が割き与えられた。本館跡は、その高野氏の居館と考えられる。胎内市所蔵の重要文化財「波月《なみつき》条絵図」には、「高野市」が描かれており、高野条は市場をかかえた流通拠点であったと考えられる。

【古館館跡の構造】　郭《くるわ》内は、土塁《どるい》内で東西一〇八～一二〇メートル、南北五六～七二メートルを測り、郭内の面積は六七〇〇平方メートルにおよぶ。中央やや西寄りには、曹洞宗寺院の常光寺が所在しており、郭内はその境内となっている。西側の竹薮中には、土塁内側に沿って幅二メートル×長さ約五〇メートル程の溝が巡らされている。西南隅には寺の墓地がある。東側の空き地は、往時は畑地で、近年ゲートボール場となり周囲に溝が掘られたが、現在は駐車場となっている。

土塁は、南方切れ目脇の最高地で標高一六・八三メートルを測り、郭内からの比高差は二・五～三・八メートルと非常に良好で、ほぼ全周が非常に良好に残っている。土塁の基底部幅は、九～一一メートルに達し、南東隅の外側には堀のなかに突き出した平場が設けられている。特に注目されることは、南辺および西辺に屈曲をもたせた形状となっていることである。なお、南方の屈曲部西方には外堀へとつづく溝が設けられ土塁が途切れて

●—古舘館遠景（胎内市教育委員会提供）

いるが、当初からの形状かどうかは不明である。

堀は、現在田地となって埋没しているが、明治四十四年（一九一一）の地籍図にははっきりと表れており、現況でも北・東の堀跡は明瞭である。そして平成五（一九九三）・六年度の確認調査の結果、幅八～二〇メートル、深さ二・八メートル以上の規模であることが確認された。

虎口《こぐち》については、現在寺院への主要な出入り口となっている北方の道路は、近年土塁《どるい》を断ち割って付けられたものであり、それ以前の状況が不明であるが道の両脇の土塁状況からこの部分が虎口であった可能性は低い。次いで、南方の農道につづく部分については、後述の南郭との関係から元来の虎口であった可能性が高い。

【発掘調査による新事実】　平成五・六・十六年の確認調査の結果、館内は、当初西側の六〇メートル四方程度の館跡であったが、最終的に主郭《しゅかく》に東郭と南郭が附属する形態をとることが判明した。現状の基本形態は、主郭と東郭の間の堀の遺物からみて一五世紀中葉には穿たれ、一六世紀前半の内には埋没していたものと考えられる。これまで折れをともなう塁線は戦国後期一六世紀後半の所産と考えられてきたが、埼玉県杉山城跡等の発掘調査成果で明らかとなってきたように、越後奥山荘内の諸城館においても江上館などをはじめとして一六世紀初頭段階までに出現している。

【出土遺物】　長期の居住が想定されるため、郭内からは、大量の遺物が出土する。遺物の主体は一五世紀代で、下限は瀬戸美濃《せとみの》大窯一～二段階一六世紀前半である。土器はロクロ成形のものと一五世紀代の京都系てづくね成形があり、日本

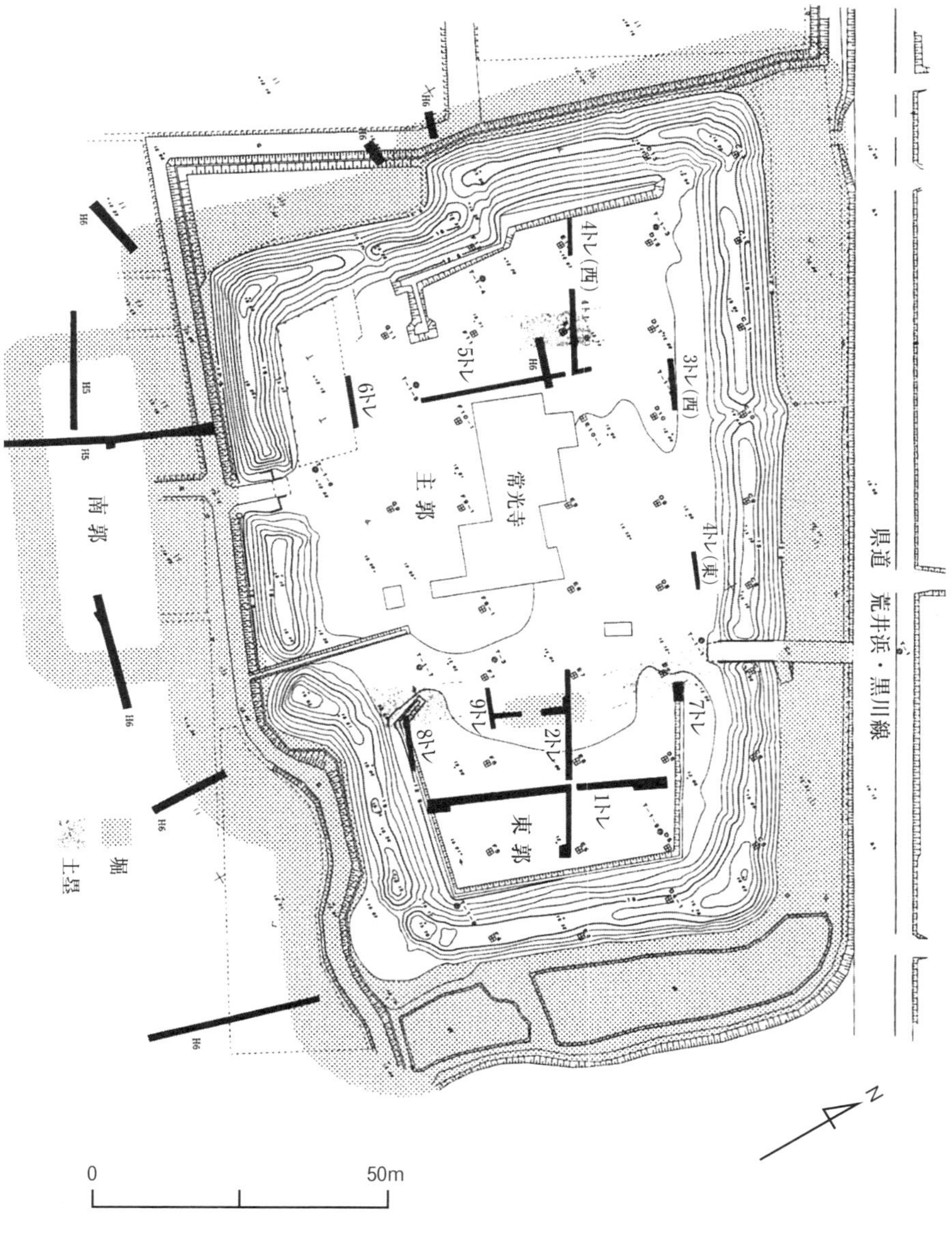

●—古舘館実測図（中条町教育委員会『胎内史跡Ⅳ』，2005 より）

海側の特性として多量の貿易陶磁器や珠洲《すず》陶が出土している。またわずか一五三平方《メートル》（郭内の約二％）という調査面積にもかかわらず、複数の舶載天目《はくさいてんもく》茶碗や黒色胎土の青磁碗、青白磁梅瓶《せいはくじめいぴん》・型押小壺、白磁瓶類、褐釉《かつゆう》貼付紋瓶、瓦器風炉《ふうろ》、羽釜《はがま》といった通常の館跡ではほとんど見ることのない最高級の珍奇な遺物が出土しており、居住者の豪奢な生活ぶりがうかがえる。特に黒胎青磁は、ほかに出土例をみない特殊な出土品である。さらに郭内の堀からは、皆朱《かいしゅ》などの高級漆器や下地に珪藻土を用いる広域流通品が出土し、こちらからも居住者の格がうかがえる。

なお、本堂西側の調査トレンチからは鎌倉後期の青白磁梅瓶や瀬戸美濃、常滑《とこなめ》・珠洲陶がまとまって出土しており、元来の居住地が西側にあったことが想定される。

●—主館と東郭館の堀断面

【高野氏の行方】　黒川氏が家督を惣領のもとに一元的に単独相続するようになる南北朝期以降、庶子家は家臣団化への道を選ばざるをえなくなる。

そして宝徳三年（一四五一）には伯父高野浜《こうやはま》北殿（四郎太郎）が黒川家相伝文書を持ち出して伊達領へ出奔しており、家中に動揺が生じていたことがわかる。高野浜と高野氏の関係は未詳であるが、文明十二年（一四八〇）という古舘館の最盛期に高野家の当主は、未元服の「馬場丸」であり（黒川氏実家中諸士連署起請文）、彼の代に古舘が現在の土塁を巡らすようになったものと思われる。そして一六世紀半ばには本館が廃されていることから、黒川氏の本拠地である下舘館跡の西側一帯に形成されている家臣団屋敷群へと居を移したものと考えられよう。

【参考文献】中条町教育委員会『町内遺跡』Ⅰ・Ⅱ・Ⅵ（一九九四・一九九五・二〇〇五）、水澤幸一『奥山荘城館遺跡』（同成社、二〇〇六）、水澤幸一「平地の方形城館」『城館の考古学』（高志書院、二〇一四）

（水澤幸一）

●家臣団屋敷が連なる城館群

黒《くろ》川《かわ》城《じょう》館《かん》

〔国指定史跡（山城部分のみ）〕

〔所在地〕胎内市下館
〔比　高〕二四〇メートル
〔分　類〕根小屋式城館
〔年　代〕一五世紀後半～一六世紀
〔城　主〕黒川氏（三浦和田氏）
〔交通アクセス〕ＪＲ羽越本線「平木田駅」下車、徒歩三キロ。日本海東北自動車道「胎内ＩＣ」から六キロ。

【黒川氏の由来】　黒川氏は、越後三浦和田氏が奥山荘を三分割したおりに胎内川以北を譲られた家系である。惣領家の中条氏と同じく鎌倉後期には北条氏に圧迫されて、本貫《ほんがん》の地（本籍地）の黒川のみをかろうじて保っている状態であった。しかし南北朝期を迎えると庶子家を抑えつつ在地支配を進め、戦国期には家中をまとめ、戦国領主に成長した。

川を挟んだ中条家とは同族でありながら紛争が絶えず、永享十二年（一四四〇）には中条氏と合戦し、明応九年（一五〇〇）の本庄氏の乱においては中条朝資を討ち取っている。そして天正六年（一五七八）には、御館《おたて》の乱にともなって中条家の本城である鳥坂城を乗っ取っている。

【山城の構造】　黒川城は、一五世紀後半～一六世紀にかけての城であるが、山城部分と山麓の居館群からなる。守護と守護代が争った越後応永の乱では、応永三十年（一四二三）頃に伊達氏の一族によって夜討ちされ、当主黒川基実《もとざね》が切腹させられていることから、ほどなく山城を構えるにいたったものと思われる。

山城は、本城の黒川城と前要害の赤坂山城からなる。

赤坂山城は、黒川氏の居館「下館館跡」の東を限る二重堀のすぐ南方、戸ノ裏沢をはさんだ丘陵端を上がった標高二〇〇メートルの尾根上に位置する。標高一八〇メートルのピークとその東の二〇〇メートルのピークを中心に小規模な遺構がのこっている。派生する四つの尾根上に堀切をいれており、南に延びる尾根を断ち切る堀切は、もっとも大きく、幅一二メートルを測る。堀切の

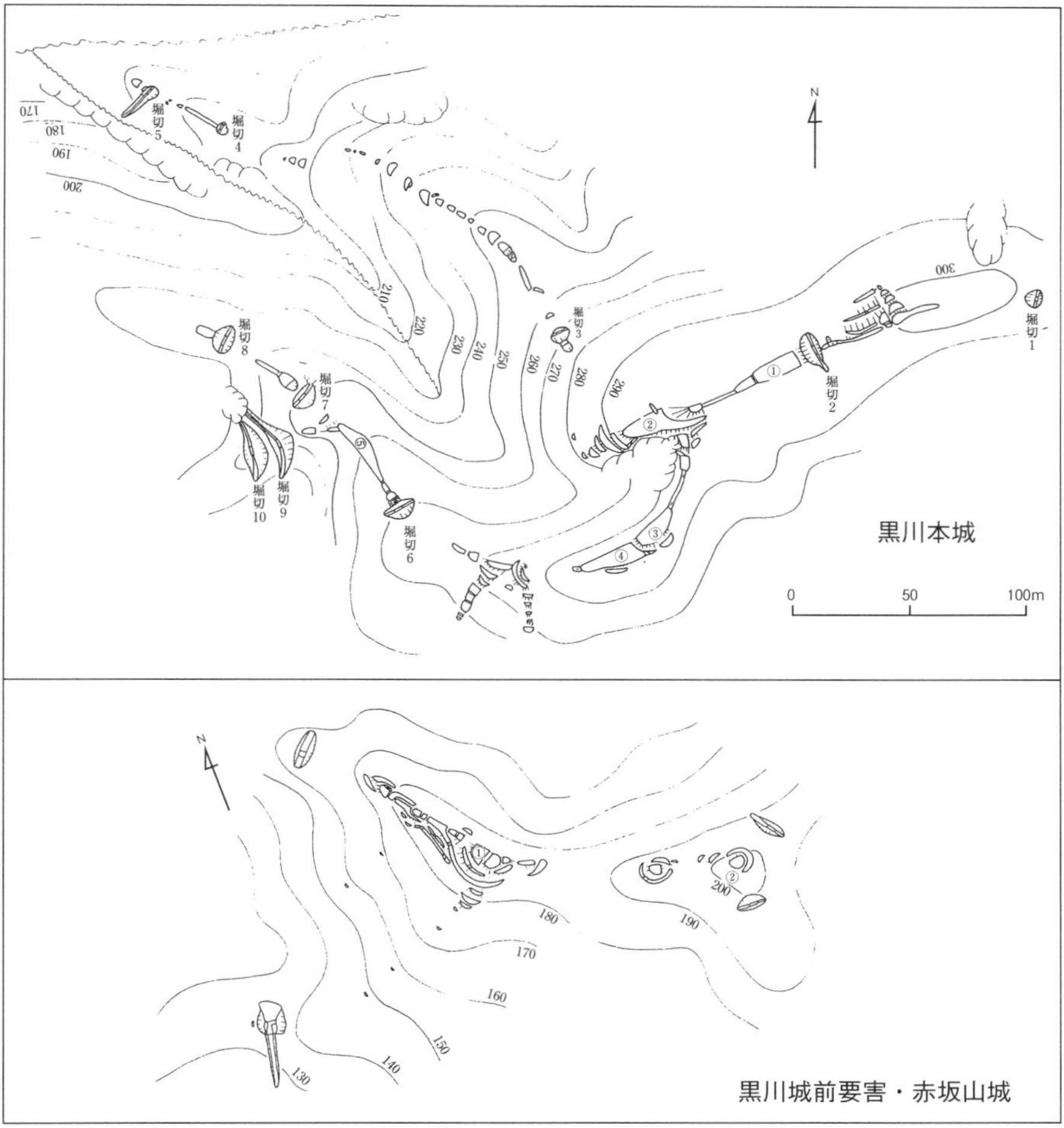

●—黒川城・赤坂山城略測図（水澤，1997より）

底面より、南へと掘り込みがつづいており、あるいは南方への通路かと思われる。本城は、尾根つづきの黒川城の前衛をなし、胎内川をはさんで中条氏の下赤谷城・鳥坂城と対峙する位置に築かれている。居館東方の監視および黒川城への通路の確保という重要な位置付けをもった城といえよう。

　黒川城跡は、標高一八〇～三〇〇メートル、東西四〇〇メートルにもまたがっている。ただし郭は、小規模なものが多い。遺構は、尾根が二股に分かれる部分を中心に築かれており、一〇条もの堀切が認められる。空間的には、Y字の付け根を中心とした堀切2・3・6に囲まれた中核部分、堀切6～10に囲まれた最前線部分に分かれる。中核部分には、二〇〇平方メートル程の郭が四つ認められ、Y字の付け根の②

郭が重要な機能を果していたものと考えられる。ただ、位置的には①郭が上方にあり、主郭《しゅかく》の位置を占めるのではないかと思われる。次いで前戦部分であるが、⑤郭の上下方に五条の堀切を穿《うが》ち、徹底的に侵入を拒んでいる。特に分岐する尾根の南側には、幅一〇㍍・長さ三〇㍍にもおよぶ堀切を二重に設けており、南方に対する構えとなっている。また堀切6の下方には、石積遺構も認められる。そして堀切3～5の間には、小規模な郭が連続し、堀切5に至って谷へと下っている。本城は、中条氏の鳥坂城と同じく、日常の居住空間が備わっているとは思えないため、あくまでも詰《つめ》の城として位置付けられていたと考えられよう。ただし黒川領内では、規模的に突出しており、国人領主黒川氏の持城にふさわしいところである。

●—胎内川と黒川城

【山麓居館群の構造】　山麓の館群は、その一部が調査されているにすぎないが、明治二十七年（一八九四）調整の地籍図などからその構造を復元してみよう。

まず、遺跡の範囲として、南方は胎内川の河岸段丘が南限と考えられる。北限は、東西を貫通する道路（現県道）前後と考えておくが、下館集落と重なっている東半部分は、道路が黒川館を貫いていることから館を北に迂回する元々の集落内道路を想定したい。東限は、以前の確認調査結果からみて大蔵《おおくら》神社～参道と考える。西限は、明瞭ではないが、ここでは大蔵神社と対置されたと仮定する長谷寺を想定しておきたい。したがって、上述の東西八〇〇㍍×南北二〇〇㍍ほどの範囲が戦国期黒川氏の本拠地と考えられる。

〔エリア①②〕　東端には、大蔵神社の参道を東限として、郭内東西約一一〇×南北約六〇㍍の館が認められる（エリア①）。土塁と堀を伴う堂々とした館で、規模及びもっとも上手にあることから、黒川家当主の居館（黒川館跡）と考えられる。また、西南側にも五〇㍍四方ほどの附属郭（エリア②）をともなう。このエリア②北方の館よりの道路が凸状に屈曲しており、この部分は虎口と考えられる。現状で館部分は、

●―黒川氏城館地籍図（胎内市教育員会，2008 より）

奥胎内へと向かう県道に分断されており、郭内に数件の家屋が存在していることから、遺存状態は悪いが、北辺の土塁の一部が現存している。

〔エリア③〜⑤〕　黒川館跡と次の坪頭館に挟まれた範囲である。エリア③と⑤の間に堀の一部が現存している。小字名《こあざ》は「上ノ町」であり、このエリアにもいくつかの屋敷跡が設けられていたと考えられよう。なおエリア④⑤を貫く南北道路は、崖下へと降りていく道路であり、直下には一四世紀中葉の阿弥陀《あみだ》三尊《さんぞん》三群板碑《いたび》が立てられている。この部分に胎内川の船着場の存在を想定したい。崖下に関連遺構が広がっている可能性もあろう。

〔エリア⑥〕　約八〇メートル四方の方形館（坪頭館）である。堀と土塁をともなう。南および西側の堀の一部が過去に調査されている。郭内の南東部分から墨書《ぼくしょ》板碑が出土している。南堀の南方には、現道とほぼ重なって並行する幅四メートルの道路が確認されており、エリア⑦とを隔てている。

〔エリア⑦〜⑨〕　エリア⑧は、郭内東西六〇×南北三五メートルほどの館（高屋敷館）である。字名《あざな》「高屋敷」である。文久三年（一八六三）の「黒川村耕地絵図」（黒川村教育委員会、二〇〇一）には、堀をともなう「たての内」と記されており、東側のエリア⑦は「ごてん」（御殿）と記されている。なお、この時点で東西道路は下館集落内へと迂回しており、黒川館を横切る道路は存在していないことから、その道路は、文久三年以降明治十一年（一八七八）までの一五年間の内につけられたと考えられる。なお、高屋敷館の東方の確認調査によって、東側に堀が認められたことから、附属郭がともなっていた可能性がある。

エリア⑨は、北方に近世の郷蔵が所在していることから、その部分に屋敷地などがあった可能性もあろう。

以上のとおり黒川氏城館遺跡群は、奥山荘北条の国人《こくじん》領主黒川氏の戦国期の本拠地であり、屋敷区画がなされて家臣団などが集住していた場所であったと考えられる。

本城を訪れるにさいしては、道の駅胎内のすぐ近くにある黒川郷土文化伝習館を見学してから城めぐりをされるのがお勧めである。

【参考文献】水澤幸一「越後国奥山荘の城館」『新潟考古』第七・八号（一九九六・一九九七）、黒川村教育委員会『黒川西館跡』二〇〇一年・同『黒川西館跡Ⅱ・Ⅲ　黒川館跡　黒川城跡』（二〇〇四）、胎内市教育委員会『黒川氏城館遺跡群』Ⅲ〜Ⅵ（二〇〇八・二〇一〇・二〇一一・二〇一四）、水澤幸一『奥山荘城館遺跡』（同成社、二〇〇六）、水澤幸一「平地の方形城館」『城館の考古学』（高志書院、二〇一四）

（水澤幸一）

お城アラカルト

方形城館の世界

水澤幸一

新潟は、方形城館が多数認められる地域である。筆者の方形城館の定義は、水堀《みずぼり》と土塁《どるい》をもつことで、周囲の方形堀幅がおおむね四メートル以上で虎口《こぐち》部分を含めて途切れていないこと、内部で土器儀礼を行なっていることなどである。後者は、発掘しないと判明しない事項であるが、土器儀礼の存在により、京都（鎌倉）を中心とする政治秩序のなかに組み込まれていた物的証拠として重視している。そしてこのような外観は、遺跡の状況から地域のトップに立つ領主のみに許された形態であり、それが身分表象でもあったと考えられる。

方形城館の成立時期は、橋口定志の指摘どおり一五世紀第1四半期以前にさかのぼる事例を見出し難いことから、第2四半期以降の所産で、多くは一五世紀後半に普請《ふしん》され、段階的に土《ど》塁《るい》の規模を大きくしていったものと考えられる。そして一六世紀初頭までの間に屈曲する土塁・堀や折れをともなう虎口《こぐち》構造を備えていたこともわかっている。これは、地域領主が家臣団を抱え込む動きのなかで、領主屋敷が土塁・堀を巡らせて、家臣団との差別化を図った結果が方形城館の成立につながったものと考えておきたい。

なお西日本では、方形城館が局地的な集中にすぎなかったのに対し、東北北部を除く東日本では国人《こくじん》領主以上のクラスが方形城館を構え、一五世紀末以降、多くは一六世紀に入ってから山城へと本拠を移動する。そして、その後も平場に残る方形城館は、守護クラスの公的な館と戦略的に特に必要となるもののみとなる。

すなわち平場の方形城館は、戦国前期から後期への移行期に築かれた特徴的な在り方を示す遺跡ということができる。

特に良好なかたちで残っている方形城館としては、本書所収の江上館・古舘館・大館館などがあり、ぜひ現地をご覧いただきたい。

なお小文では、意をつくせないため、興味がある方は、以下の拙稿をごらんいただきたい（「平地の方形城館」『中世城館の考古学』高志書院、二〇一四）。

●折れをもつ大土塁、巨大な山麓居館

平《ひら》林《ばやし》城《じょう》

〔国指定史跡〕

〔所在地〕村上市葛籠山
〔比　高〕一四〇メートル
〔分　類〕根小屋式城館
〔年　代〕一六世紀
〔城　主〕色部氏（秩父氏）
〔交通アクセス〕JR羽越本線「平林駅」下車、徒歩二キロ。日本海東北自動車道「胎内・荒川IC」から六キロ。

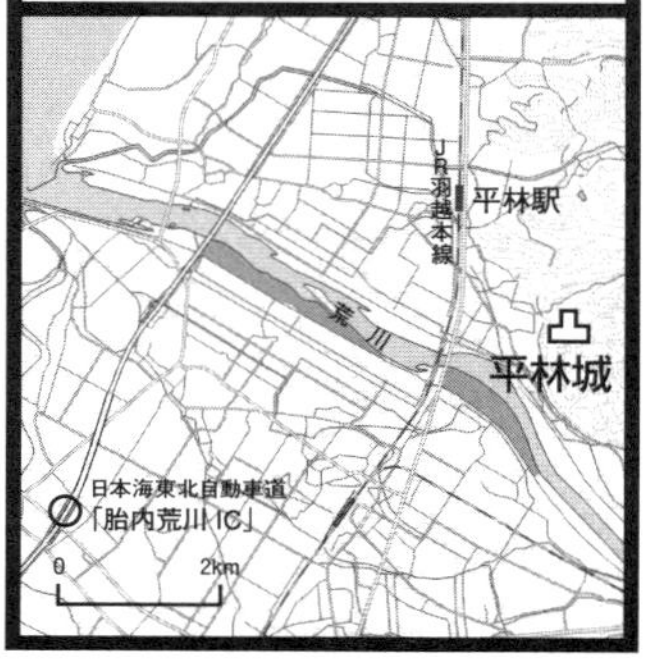

【概要】　旧岩船郡の大部分を占める小泉荘は、鎌倉時代に関東から秩父一族が地頭として入部した。その後、南方の加納は、色部氏が支配することとなり、北方の本荘は本庄氏が国人領主となった。なお、本荘には、小河氏、鮎川氏といった国人衆も所領をもっていた。

　平林城は、色部《いろべ》氏の戦国期の本拠地で、荒川を南に臨む山麓の居館《きょかん》部分と、山頂の山城部分からなる。両者の距離は、約一六〇〇《メートル》で比高差約一四〇《メートル》を測る。これは、ほかの事例に比してやや離れているかの感がある。色部領内では、南端近くに位置しており、一六世紀末の『越後国瀬波《せなみ》郡絵図』に描かれていることでも著名である。図には山麓居館に、矢《や》倉門《ぐらもん》や築地塀《ついじべい》、建物群が描かれており（二一一頁上図）、戦国末期の詳細な年中行事が記されていることで著名な「色部氏年中行事」の舞台となった。なお、一六世紀初頭までの本拠地は、古色部に所在する牧目館と考えられ、一部発掘調査が実施されている。

【山城部分】　山城は、標高二八一《メートル》の尾根の先端に築かれており、本城部分の「要害《ようがい》山郭《くるわ》群」と、その西下方の出丸《でまる》様の「物見《ものみ》山郭群」からなる（二一一頁下図）。遺構範囲は、最大三六〇《メートル》となり、国人《こくじん》領主の持城としては、さほど大きいものではない。

　要害山郭群は、尾根筋の郭群を最大として、南方に段状の郭を配する。主尾根筋は、三条の堀切で分断し、堀切2と3に区切られた範囲が中心となる。また傾斜の緩い南方の小尾

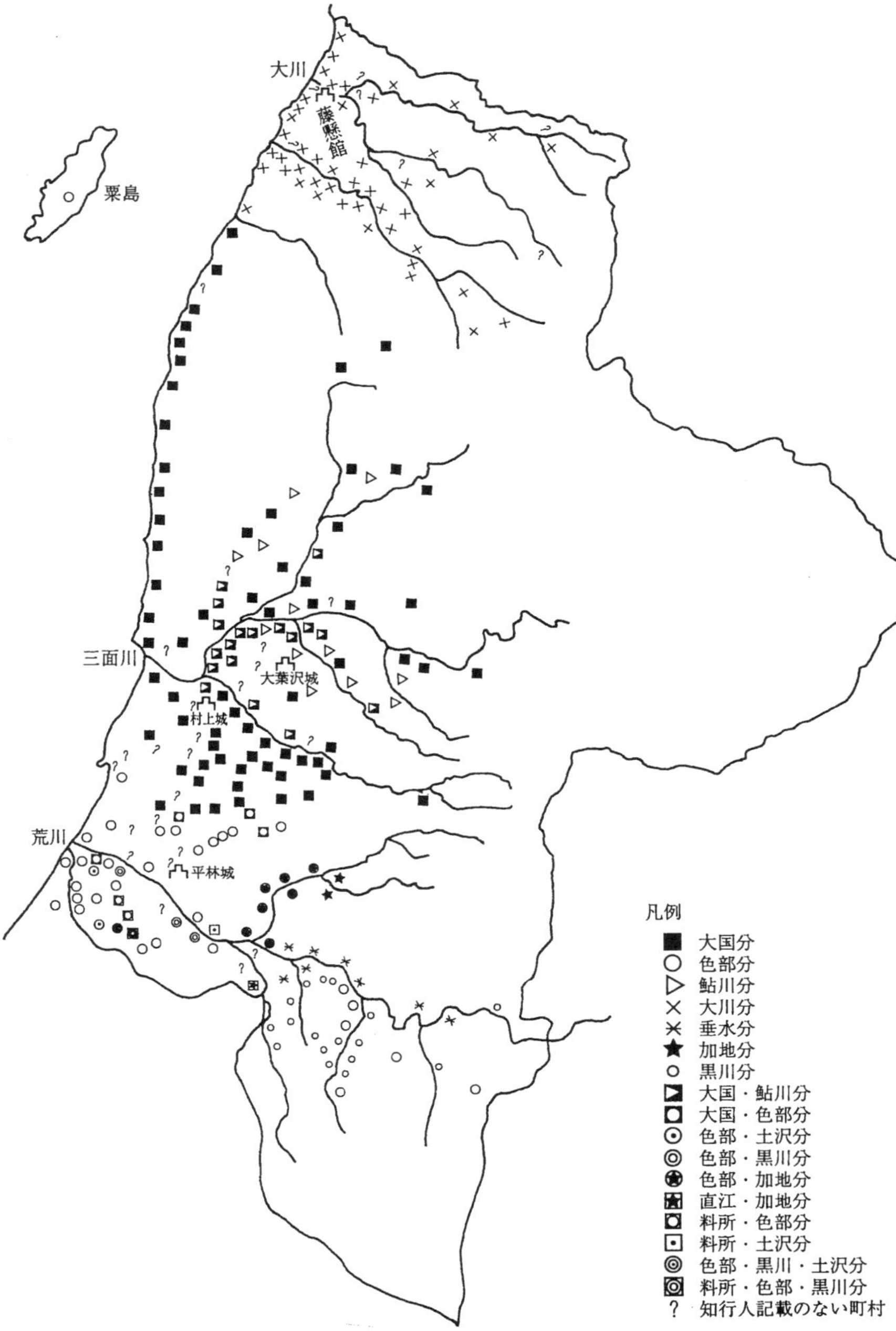

●—瀬波郡絵図からみた各領主の所領（『村上史　通史編1　原始・古代・中世』村上市, 1999 より）

根上にも段を配し、堀切4で区切っている。本郭群で特徴的な遺構は、堀切1から東方へと尾根を経由しない移動通路が整備されていることである。また、地形的な条件からくるものと思われるが、尾根上の郭群が比較的広いことも、本地域の山城ではあまりみられないものである。

物見山郭は、堀切5で要害郭と区切られ、要害郭の前衛をなす郭群である。西方と南方へと郭群が連続しており、西方は下方の首切り清水とよばれる平場へ、南方はのろし山へと続いている。

城道としては、現在登山道が物見山郭群の北方の谷筋を通っているが、これは堀切《ほりきり》を通過せずに要害郭へと至ってしまうため、後世に開かれたものと考えられる。大手としては、首切り清水から物見山郭群をへて要害山郭へと至るルートを想定すべきであろう。また搦手《からめて》としては、川辺集落方面の南方のルートが考えられよう。

なお本城は、永正五年（一五〇八）に奥山荘の中条氏などの攻撃によって落城したことが知られる。おそらく居館と要害の距離が離れ過ぎていることや、南方の川部集落方面の傾斜が緩いことから、寄手の攻撃に耐えられなかったものと思われる。そしてそれ以降、復興されたかどうかは、不明である。否定的な要因としては、竪堀《たてぼり》群など戦国期の築城技術が認められないこと、瀬波郡絵図に「加護山古城」とあり、建物が描かれていないことなどが挙げられる。ただし、要害山郭群の尾根筋の郭より南方へと降りる虎口《こぐち》様の小郭の存在や、絵図が示す時期が戦国末期であり、景勝段階の天正十五年（一五八七）以降の破却である可能性もあり、これらについては発掘調査をまつしかないところである。

【山麓居館の概要】 居館は、立地的には山麓の丘陵先端に位置し、滝矢川を北方の備えとしている（二一二頁上図参照）。また南方も、「壁の内堤《うちづつみ》」という溜池があることから、往時は湿地帯をなす堀の役割を果していたと考えられる。

そしてこの居館部分については、地形測量が実施されている。これによって、土塁《どるい》と堀によって三分された居館群が、はっきりと浮かび上がっている。これらは、色部本家とその家臣団の集住を示すものであろう。

最も上位（北方）に位置する郭は、殿屋敷とよばれている。郭内の面積は六五〇〇平方メートルに達する。現地を歩くと、中位に段があり、東西に二分されていることがわかる。そして本郭では、昭和四十九年および平成十一年度（一九九九）以来現在も継続して史跡整備のための確認発掘調査が行なわれている。殿屋敷郭の中郭側には、高さ約四メートル基底部幅一〇メートルの土塁と幅約一〇メートル深さ三メートルの堀が設けられていたことが判明した。また、南門および橋脚が確認されたが、この門は礎石《そせき》立《だち》であり、現在のところ県内ではほとんど例がない中世の礎石立建造物として注目される。なお、遺存していた橋脚基部に巻き付くように出土した木簡には、求道の菩薩である「善《ぜん》財童子《ざいどうじ》」の文字が認められ、色部領に特有の一四世紀代の板碑種子「ダ」（善財童子）と共通することから注目されると

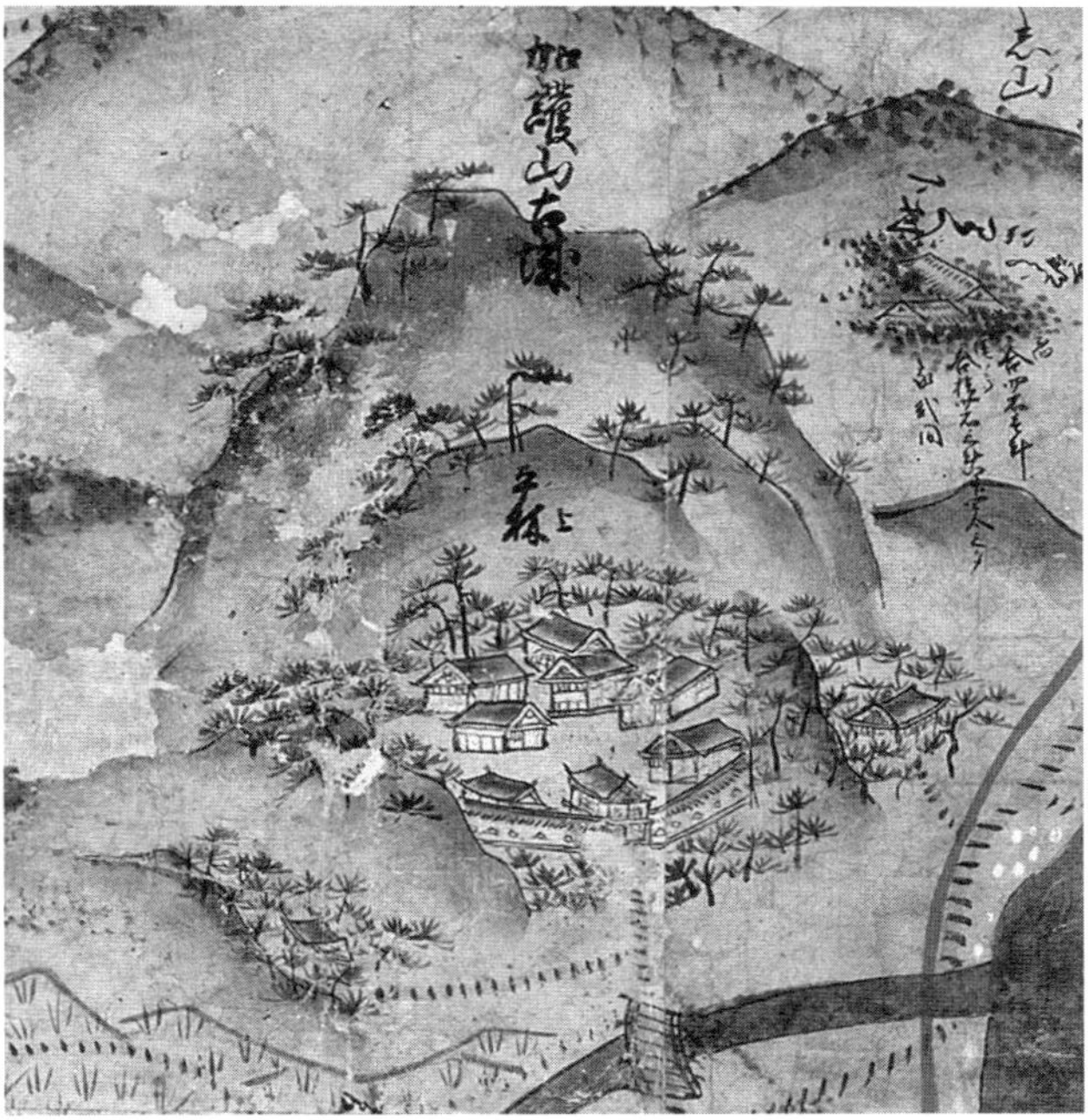

●—平林城図（越後国瀬波郡絵図より，米沢市上杉博物館所蔵）

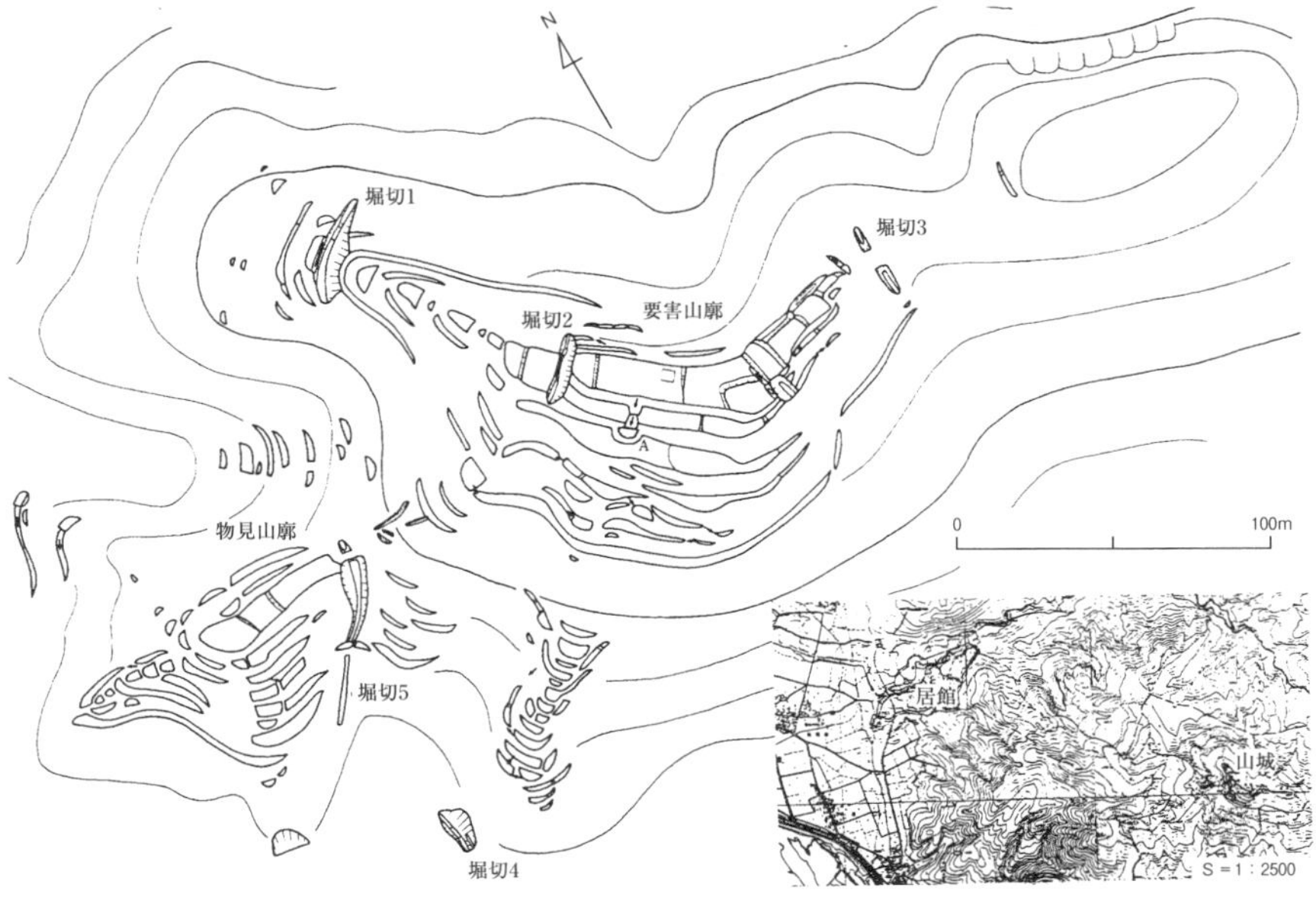

●—平林城山城部略測図（水澤，1999より）

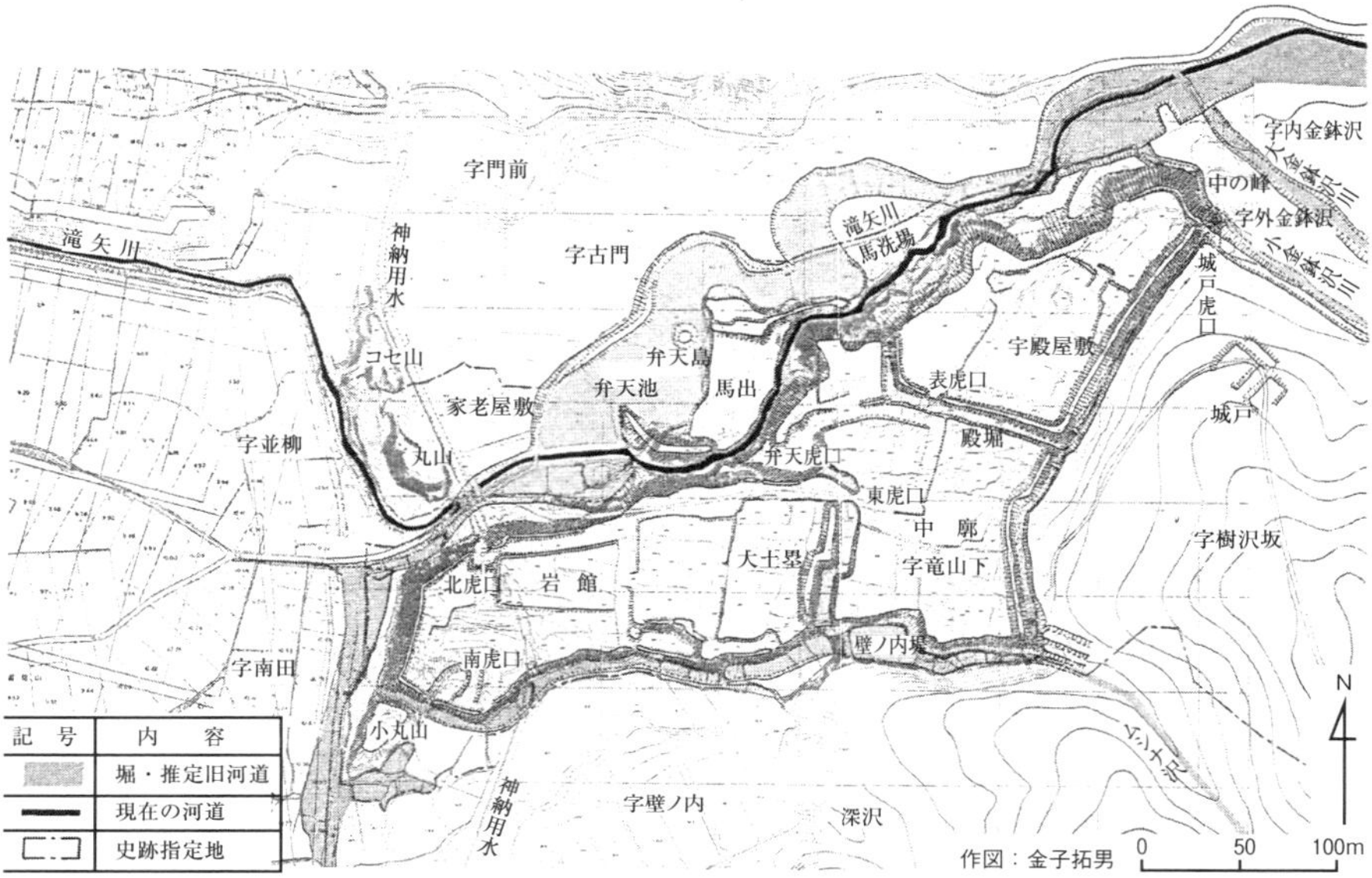

●—平林城山麓居館全体図（神林村，2001 より）

●—平林城大土塁・堀

ころである。

岩館郭は、最も先端の西側に位置し、東西二〇〇メートル×南北六五〜九〇メートルで面積約一万六〇〇〇平方メートルにも達する。中郭とは、大土塁で区切られ、郭内には井戸の痕跡もまま認められ、いくつもの区画に細分されていたことが想定できる。おそらく、家臣団の屋敷割がなされていたのではないかと思われる。

殿屋敷郭と岩館郭の間の郭は、特に通称がないが、整備計画書にしたがって中郭としておく。中郭は、約一万平方メートルで、岩館郭と同じく屋敷割がなされていたものであろうが、館内でもっとも標高が高いことから、領主空間であった可能性もあろう。

そして城道であるが、殿屋敷へと至る主要城道は、中郭の北西部（以下、西虎口とする）と、中郭と岩館郭を区切る大土塁の東方の堀底状の通路（以下、南虎口とする）がある。

西虎口は、中郭の北方部分で城道を守備できるとはいえ、岩館郭・中郭の大部分をへずに殿屋敷郭へと直通できるルートであり、大手と位置付けるには、検討が必要なように思われる。

対して、南虎口では圧倒的な大土塁を左手にみて堀底道を進み、途中に折れをともなう。構造的には、西虎口と同様の構造を有している。しかし防御というよりも、みるものを威圧するための土塁、中郭と岩館郭を両側に配するという位置関係からして、本虎口こそが大手《おおて》の役割を担っていたものと考えられよう。

【平林城の普請】 これらの大規模な山麓居館構築の契機については、新発田重家《しばたしげいえ》を討ち果たした報告に上杉景勝にともなわれて色部長真が上洛し、秀吉より豊臣の姓をもらったことがあげられる。よって、この天正十六年（一五八八）以後に大幅な改変が加えられたのではないかと想定したい。現在の平林城の山麓居館部分は、景勝の会津国替《くにがえ》の慶長三年（一五九八）までの約一〇年間の姿を今に残しているものといえよう。

【参考文献】 水澤幸一「越後国小泉荘加納色部条、平林城」『新潟考古学談話会会報』第二〇号（一九九九）、西澤睦郎「謙信と越後の領主」『定本上杉謙信』（高志書院、二〇〇〇）、神林村『国史跡平林城跡整備基本計画書』二〇〇一、神林村教育委員会『平林城跡確認調査概報』Ⅰ・Ⅱ（二〇〇三、二〇〇五）、同『牧目館跡発掘調査報告書』（一九九二）

（水澤幸一）

●謙信を迎え撃った城

村《むら》上《かみ》城《じょう》

〔国指定史跡〕

〔所在地〕新潟県村上市二之町
〔比　高〕一二〇メートル
〔分　類〕根小屋式城館
〔年　代〕一六世紀～近世
〔城　主〕本庄氏
〔交通アクセス〕ＪＲ羽越本線「村上駅」下車、徒歩二キロ。日本海東北自動車道「村上瀬波温泉ＩＣ」から一・五キロ。

下越

【概要】　越後国阿賀北の有力国人領主本庄氏の戦国期城郭で、同氏の天正十八年（一五九〇）の改易後、春日元忠が入った戦国期末の『越後国瀬波《せなみ》郡絵図』に「村上ようがい」として描かれていることで著名である。絵図には山頂の築地塀に囲まれた建物と山麓の柵に囲まれた建物群などが描かれており、絵図中最大の二五二軒という柵に囲まれた「村上町」も城下に展開している。

上杉氏の国替《くにがえ》にともない、近世には村上氏、堀氏、松平氏などが封され、享保五年（一七二〇）以後は明治維新まで内藤氏が治めた。遺構は、独立丘陵「臥牛《がぎゅう》山（お城山）」山頂・山腹および城下に認められ、近世には西側が現城下町と一体化して発展していったと想定されている。石垣は、山頂部を中心に残っているが、多くが近世後期のものとされており、みせる城としての用途が考えられている。城下町は、市街地化しているが、重要文化財「若林家住宅」をはじめとする武家屋敷が多数残っており、城下町の面影を色濃く残している。

なお、平成十一年度（一九九九）から山頂の石垣整備にともなう部分的な発掘調査が実施されている。

【戦国期の本庄氏】　越後永正の乱では、守護代長尾為景（謙信の父）に本庄時長《ほんじょうときなが》が反し、落城（永正四年〈一五九七〉）。天文の乱では、本庄房長《ふさなが》が伊達氏・中条氏に攻められて落城し、庄内へ落ち延びるおりに急死している（天文八年〈一五三九〉）。その後本庄領は、小河氏が乗っ取っていたが、天文二十年に房長遺子《いし》の繁長《しげなが》が小河長資を切腹に追い込み、領主に返り咲いた。

本庄繁長は、永禄十一年（一五六八）に武田信玄に呼応して上杉輝虎（謙信）に反し、城際《ぎわ》まで攻め込まれたが、十二年二月には和議を結んで降った。謙信亡き後の御館の乱では、景勝に味方し、新発田重家の乱でも景勝方についた。その後天正十六年（一五八八）には、庄内へと進攻し、繁長が養子を入れた武藤方と最上方が大浦城・一五里原で激突し、大宝寺城を落とし、越後勢が庄内を制圧した。これが当時、総無事令を布いていた秀吉の怒りにふれ、子息の武藤義勝は武藤家当主として庄内支配を認められたものの、繁長は天正十八年末に本領を没収され、奈良に蟄居《ちっきょ》となった（後に義勝も移封、庄内は景勝の直轄領となる）。その後繁長は、会津国替にともなって許され、上杉家中に戻っている。上の郡絵図は、繁長の蟄居後、上杉家の会津移封前

●—村上城図（越後国瀬波郡絵図より，米沢市上杉博物館所蔵）

●—村上城全景

●—村上城全体図（金子拓男，2002 より）

に作成されたものである。

このように本庄繁長は、戦国後期に活躍した代表的な越後武士であり、阿賀北の雄ということができる。

【戦国期の村上城】戦国期の遺構は、主に臥牛山の東側斜面に展開しているが、山頂部（標高一三五㍍）は近世城郭のため壊されたものと考えられる。西側については中世段階でどのようになっていたのかは、不明である。東側の田口地区は、裾を七〇〇㍍にわたる総構《そうがま》えの土塁《どるい》・堀がめぐっていたと考えられるが、大部分が国道七号線および沿線の商業施設によって湮滅《いんめつ》してしまっている。この総堀と山頂はいくつもの竪堀で結ばれており、自然地形と合わせて北から大きく四つの区画に分けられている。（二一六頁図）

北端は、北東尾根に最大の二〇〇〇平方㍍の郭《くるわ》が置かれ、その南側には小規模な段状郭が連なっている。

次いで中央の二つの区画は、二五〇〇～三〇〇〇平方㍍の大郭が連なり、ほぼ良好に遺存している。本城の中核をなす区域とすることができよう。なお、本郭群の下方と総堀の間にも同程度の屋敷区画があったものと考えられるが、開発により詳細不明である。

南端は、南東尾根を利用した郭群で、北端の郭群と同様の防御ラインをなしている。

以上のとおり本城は、本庄氏の主城としてふさわしい規模を誇り、多数の人員を収容できたものと考えられる。もとより発掘調査がなされていない段階では、はっきりしたことはいえないが、今後は計画的な確認調査が実施され、中世遺構と近世遺構を区別し、中世本庄氏の実態が明らかになることを期待したい。

【田口地区の発掘調査】戦国期の主要遺構があった田口地区においては、一九八八年に宅地造成にともなって発掘調査が実施され、そのおりに古石垣がみつかり調査後埋め戻された。出土遺物は珠洲《すず》・越前陶や青花磁、瀬戸美濃などが出土しており、戦国期に使用されていたことが確実視される。

【参考文献】村上市教育委員会『村上城跡　田口地区における発掘調査報告』（一九八九）、『史跡村上城跡整備基本計画　資料編』（村上市、一九九八）、『村上市史　通史編一　原始・古代・中世』（村上市、一九九九）、西澤睦郎「謙信と越後の領主」『定本上杉謙信』（高志書院、二〇〇〇）、金子拓男「村上城跡の遺構からみた中世の村上要害」「中世村上要害に関する追考」『新潟考古』第一三・一四号（二〇〇二・二〇〇三）、『増補改訂版　上杉氏年表』（高志書院、二〇〇七）

（水澤幸一）

●小山を背負う方形居館

大《おお》館《だて》館《やかた》

（所在地）村上市天神岡
（比　高）一六メートル
（分　類）平地居館
（年　代）一五世紀～一六世紀初頭
（城　主）本庄氏ヵ
（交通アクセス）日本海東北自動車道「村上山辺里ＩＣ」から一キロ。

【大館館の立地】　大館館は、門前《もんぜん》川の右岸に位置しており、北側に東から延びる尾根を背負う。現状では、西流してきた小谷《おだに》川が尾根を切って北側に回り込んでいるが、これは館の普請《ふしん》にあたって尾根を断ち切って流路を変えたものであろう。そして小谷川を東～北の堀とし、南～西側にも分流を設けて四方に堀を巡らせていたものと考えられよう。

また北側一キロには、「四日市」集落があることから、市場をかかえた流通拠点であったと考えられる。

【構造】　郭《くるわ》内は、土塁《どるい》内で東西八〇～一〇〇メートル、南北九〇メートルを測り、その面積は八四〇〇平方メートルにおよぶ。郭内は畑地となっている。

土塁は、北側を除き基底部幅約一〇メートルを測り、東西の北寄り、南辺の東半が部分的に遺存している。北側の土塁は、郭内から最大八メートルにもおよぶ高さを誇っており、自然の丘陵端を利用したものと考えられる。

堀は、田地となって埋没しているが、幅一〇メートルを超える規模をもっていたと考えられる。

虎口《こぐち》については、発掘調査の結果および地籍図を勘案すれば、南方に食い違い虎口が認められ、西方にもその可能性があろう。

【発掘調査】　平成十八年（一五三五平方メートル）・十九年（三八七八平方メートル）の発掘調査の結果、北側の土塁は、元々の尾根に二～三メートルの盛土がなされていたことが判明した。また北土塁の北側斜面には二条の横堀がめぐらされており、最も外側の

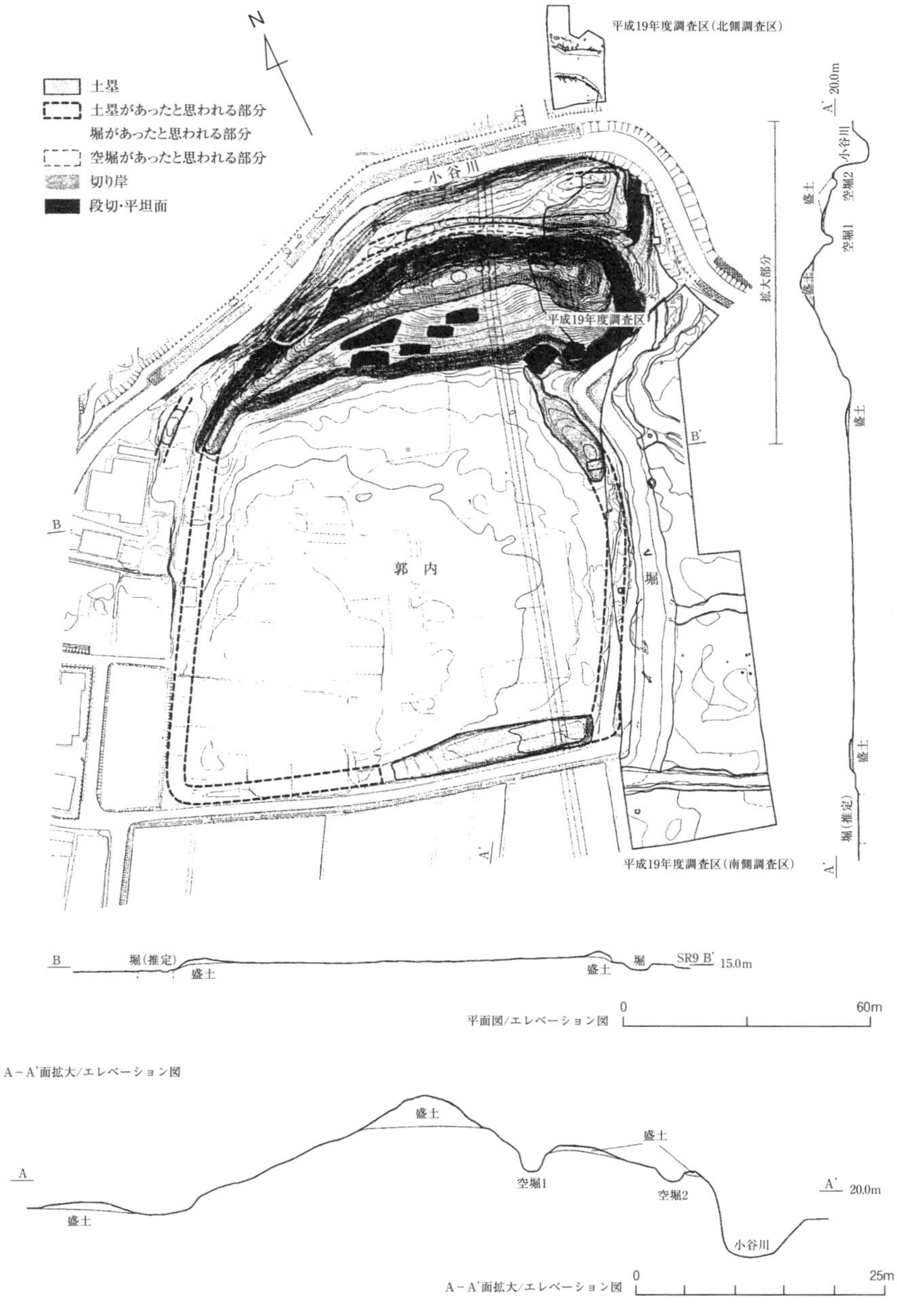

●—大館館全体図（新潟県教育委員会，2009 より）

●—大館館全景

小谷川を含めると三重の土塁・堀が設けられていたことになる。

堀は水堀で、七〜一〇メートル幅、最大深一・六メートルを測った。なお、土塁と堀の間に犬走《いぬばしり》状の段差が認められている。

【出土遺物】 館内の調査がほとんど行なわれていないため、堀から出土した遺物によって時期を推しはかるしかない。堀からは、多数の漆器のほか下駄など木製品や梵字墨書札《ぼんじぼくしょふだ》、青磁、白磁、青花磁、瀬戸・美濃、珠洲《すず》陶、瓦器、土器などの焼物、鉄鍋や銭貨などの金属製品が出土している。なお、一ヵ所のみ入れられた館内の試掘トレンチからは一五世紀代の遺物のみが出土している。現状では、遺物の主体は一五世紀代にあり、一六世紀代まで下る要素は認めがたい。

【館の主】 館形態からは、約一町四方の方形館を指向したものと考えられる。この規模は、国人《こくじん》領主級の規模である。また出土遺物のなかで、京都産土器や瓦器、大型鉄鍋の存在、皆朱《かいしゅ》漆器など赤色系漆器（左頁）の割合が高いことなどもそれを裏付けている。高級陶磁器が認められないが、これは郭内の調査が実施されていないことによるものであろう。したがって、遺物から想定される一五世紀代という年代と遺構規模から考えると、本館の主は、本庄《ほんじょう》氏・鮎川《あゆかわ》氏の二者の可能性が考えられるが、おおむね本庄氏に関連する館と考えら

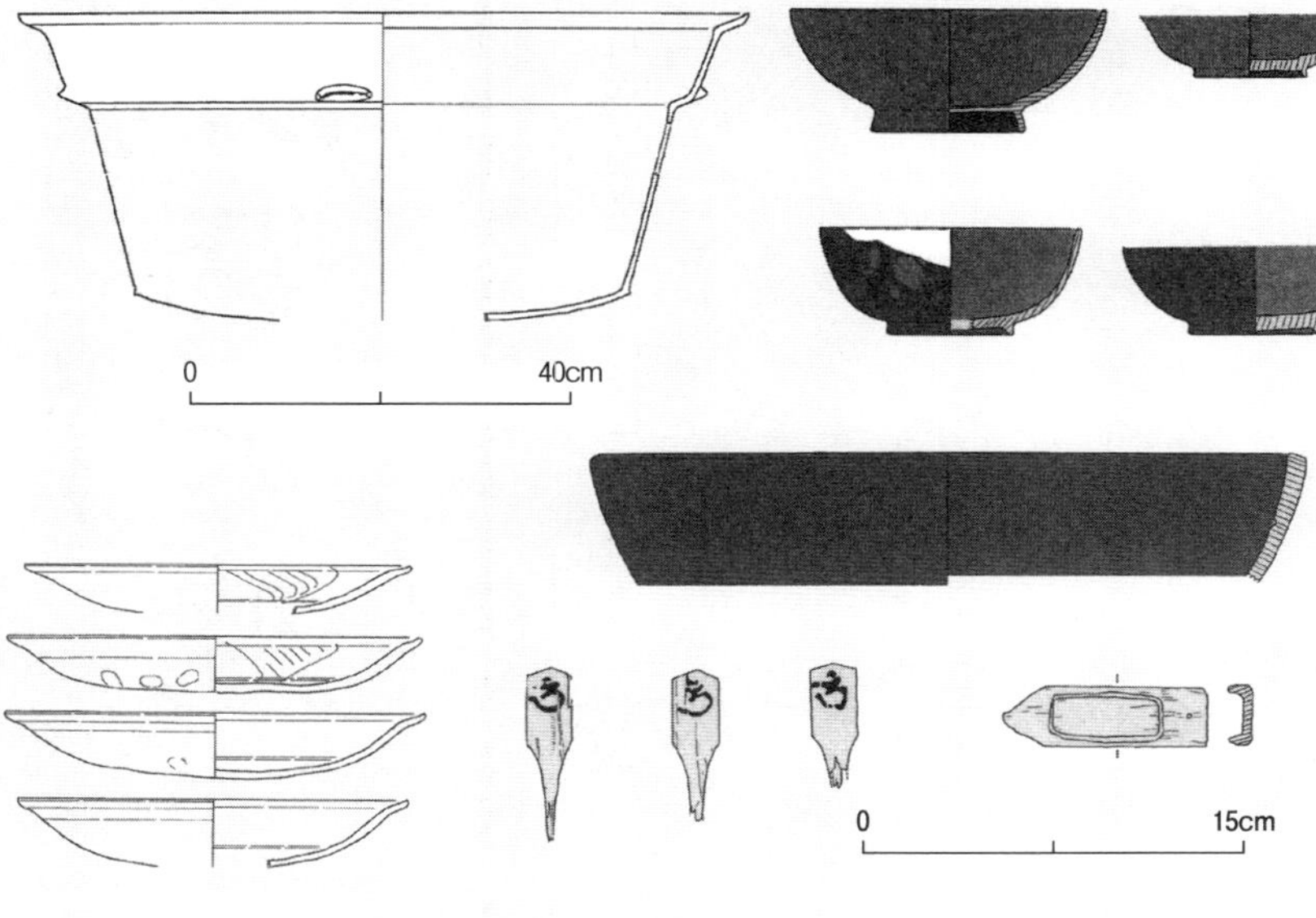

●—大館館出土品（新潟県教育委員会，2009より）

れることが多い。しかし直近の相川《あいかわ》集落が鮎川氏の名の由来と考えるならば、その関係も捨てがたい。そして鮎川氏は、永正九年（一五一二）に守護方に反しており、攻撃を受けている。これが大葉沢城への本拠の移動の契機となったかと思われる。

　最後になるが、大館館は、非常に良好に遺構が残っていた平地城館であった。しかし現在、高速道路によって東側が壊されてしまった。村上城という国史跡を考えるうえでも非常に重要な遺跡の一画が永遠に失われてしまったことになる。主郭内が保存されたのがせめてもの救いであるが、今後の指定などの方向性が望まれる。

【参考文献】『村上市史　通史編1　原始・古代・中世』（村上市、一九九九）、新潟県教育委員会『日本海沿岸東北自動車道関係発掘調査報告書』ＸＸⅥ・ＸＸⅧ（二〇〇八・二〇〇九）、水澤幸一『日本海流通の考古学』（高志書院、二〇〇九）

（水澤幸一）

●連続竪堀に守られた城

大《お》葉《ば》沢《さわ》城《じょう》

〔県指定史跡〕

〔所在地〕村上市大場沢
〔比　高〕五〇メートル
〔分　類〕根小屋式城館
〔年　代〕一五世紀後半～一六世紀
〔城　主〕鮎川氏
〔交通アクセス〕日本海東北自動車道「朝日三面IC」から二キロ。

【鮎川氏の由来】　鮎川氏は、戦国期小泉荘本荘《ほんじょう》に勇躍した一族である。三浦氏の末で会津芦名《あしな》氏から分かれ、新宮氏を名乗るが一五世紀前半に芦名氏に滅ばされた一族と関係があるとされている。その後一五世紀後半に小泉荘に鮎川藤長が現れるが、明応二年（一四九三）の本庄時長の守護への反乱後、藤長に小泉荘本荘を割いて、本庄氏を牽制《けんせい》するために大きな所領を与えられたのではないかと思われる。その後、永正九年（一五一二）には、守護代長尾為景に鮎川式部大輔《しきぶのたいふ》が反乱を起こしている。次いで享禄四年（一五三一）以降摂津守清長が活躍し、盛長へとつづいている。

　鮎川氏は、当初大館に居し、そして大葉沢城へと移ったと考えたいが、永禄十一年（一五六八）には本庄方に城を落とされ、笹平城に移っている。その折の城主は、鮎川盛長と三《み》潴長能《ずまながよし》であった。その後、鮎川氏と本庄氏は、天正六年（一五七八）の御館《おたて》の乱時にふたたび干戈《かんか》を交えているが、本庄氏改易後の文禄三年（一五九四）にも鮎川城は存続している。

【大葉沢城の構造】　長津川と山田川に挟まれた丘陵先端に築かれている。城は、宮山（標高八六メートル）と寺山（九四メートル）からなるが、後者はほとんど防御施設が認められないので、前者を主に説明する。なお寺山の麓には、鮎川氏の菩提《ぼだい》寺である普済《ふさい》寺が現存する。

　西側の尾根の先端に堀切《ほりきり》があるが、主要な遺構は、尾根から北へと下る大堀切に挟まれた三〇〇メートルの間に普請《ふしん》されている。尾根の北側斜面には大小の郭《くるわ》が配置され、現在一部が墓地となっている。本城の特徴は、南斜面に徹底的に施こされた連続竪堀群である。その数五〇条におよぶ。城主空間の北側斜面を防御するために背後を余すところなく施工している。

このように両側の竪堀の内側に屋敷群を配する在り方は、村上城（中世）に類似している。また、大規模な連続竪堀は、猿沢城の福立二二八頁上図を思わせる。連続竪堀は、次に述べる笹平城にもあるが、それほど顕著ではない。

【笹平城の構造】　本城の築城は、一五世紀後半以降と考えられるが、再興は右に述べたように永禄十一年、一六世紀後半である。その間、鮎川氏の築城は、大葉沢城に集中していたものと思われる。

永禄十一年以降鮎川氏の本城となった笹平城は、大葉沢城から東方四キロの長津川右岸の尾根上に築かれている。標高二三八メートル、山麓からの比高差一八〇メートルを測る。文献には、「将軍嶺」「庄厳」と出てくる。東西尾根に一キロ、中央から延びる南北尾根に四〇〇メートルの大規模な遺構《いこう》が築かれている。主に南北尾根に大きめの郭が並び、居住機能はこの部分に存在し

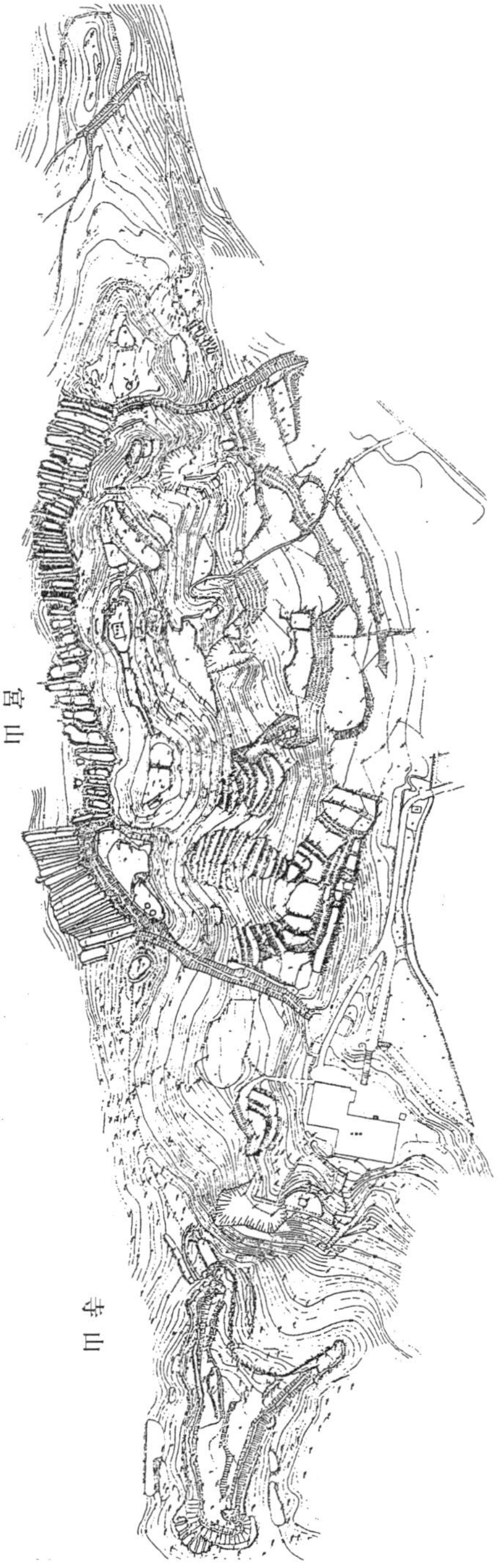

●―大葉沢城測量図（村上市教育委員会提供）

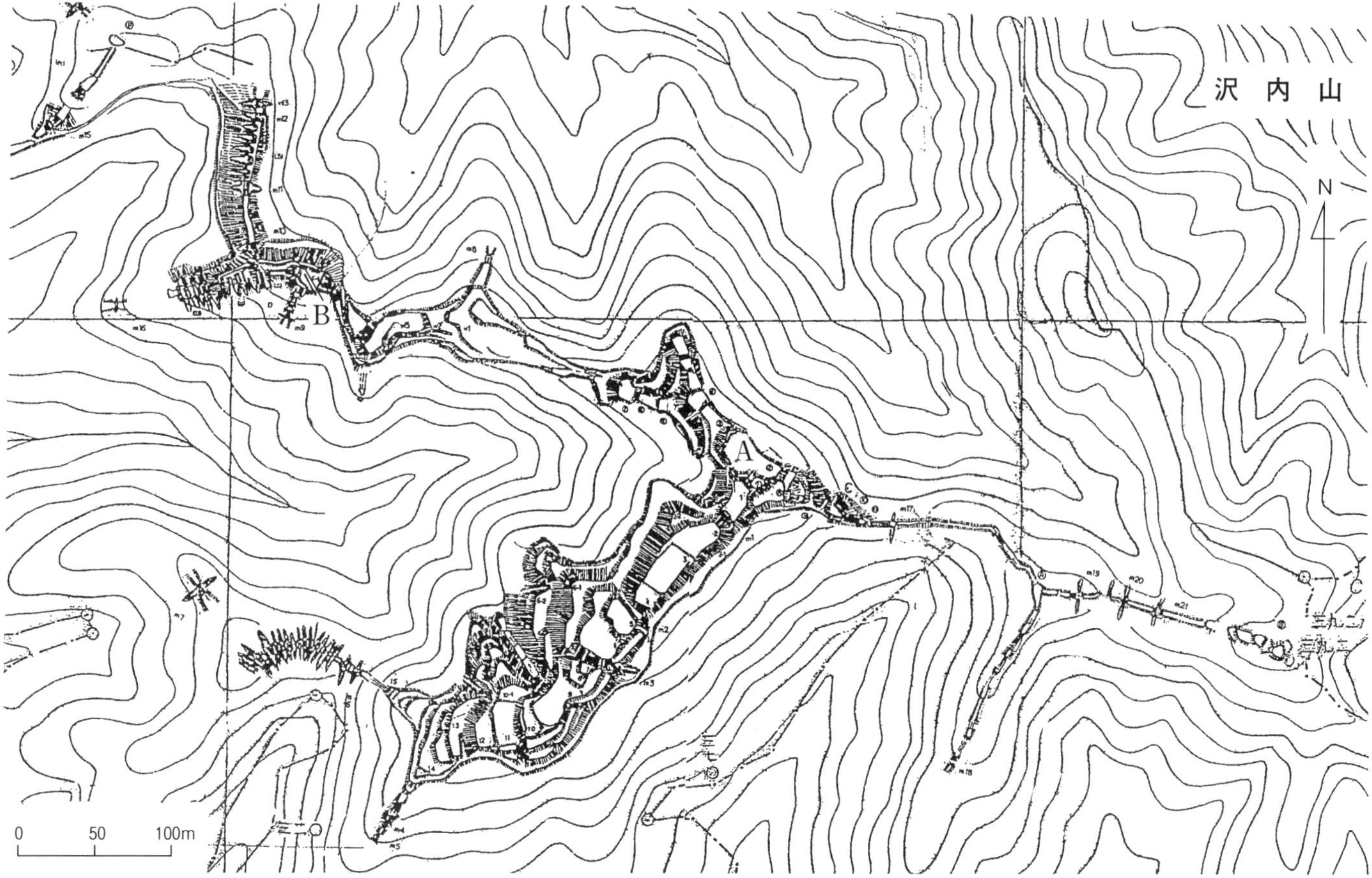

●—笹平城全体図（横山・田中，2007より）

ていたと考えられる。南北尾根の郭群から西側への尾根には一六条の小規模な堀切が連続している。なお、連続堀切は、西端の尾根近くに集中して施工されている。

笹平城は、一国人《こくじん》領主の鮎川氏の力量を超えて、本庄攻めのために守護（謙信）方が威信をかけて築いたものであり、その後の管理にも三潴氏がかかわっている。このように尾根上に大規模な城を築く例としては、中越の要刈羽《かりわ》郡の赤田城を想起させる。

●—連続竪堀群

【大葉沢城と笹平城】大葉沢城の構造は、本庄氏の村上城や猿沢城の遺構に類似するものである。大葉沢城は、永禄十一年の本庄繁長の乱時に落城し、ほぼ一年の間本庄方の手にあった。したがって、その間に大葉沢城を本庄方が改修して本城を特徴づけている連続堀切群を施工した可能性は少なくないものと思われる。もちろん一年後に大川氏が藤懸城に復帰したように鮎川氏も大葉沢城を取り戻したであろうが、この折りの敗戦は、より要害の地の必要性を鮎川氏に認識させたであろう。次に本庄氏と鮎川氏が戦闘に入るのは、御館《おたて》の乱時であるが、その折には城が落ちていないようであるから、おそらく笹平城に籠って本庄氏に対していたのではないかと思われる。そして文禄三年にも存続した鮎川城は、郡絵図に「将軍嶺」という記載のある笹平城のことであったと考えたい。

【参考文献】『朝日村史』（朝日村教育委員会、一九八〇）、『村上市史　通史編一　原始・古代・中世』（村上市、一九九九）、西澤睦郎「謙信と越後の領主」『定本上杉謙信』（高志書院、二〇〇〇）、伊藤正義「破城と破却の風景—越後国「郡絵図」と中世城郭」『城破りの考古学』（吉川弘文館、二〇〇一）、横山勝栄・田中眞吾「笹平城の調査」『新潟考古』第一八号（二〇〇七）

（水澤幸一）

●本庄氏のもう一つの城

猿《さる》沢《さわ》城《じょう》

〔国指定史跡〕

〔所在地〕村上市猿沢
〔比　高〕一九〇メートル
〔分　類〕根小屋式城館
〔年　代〕一五世紀後半〜一六世紀
〔城　主〕本庄氏カ
〔交通アクセス〕日本海東北自動車道「朝日まほろばIC」から三分。

【戦国期の本庄氏】　本庄領内では、早く鎌倉期から独立した小泉荘加納の色部《いろべ》氏を除き、一五世紀後半頃より一族から小河氏などを分出した。越後永正の乱では、守護代長尾為景《ためかげ》（謙信の父）に小泉荘本庄の本庄時長が反乱を起こした（永正四年〈一五九七〉）。天文の乱では、本庄房長が伊達氏・中条氏に攻められて落城し、庄内へ落ち延びるおりに急死している（天文八年〈一五三九〉）。その後本庄領は、小河氏が乗っ取っていたが、天文二十年に房長遺子《いし》の繁長が小河長資を切腹に追い込み、領主として返り咲いた。

本庄繁長は、永禄十一年（一五六八）に武田信玄に呼応《こおう》して上杉輝虎（謙信）に反し、城際まで攻め込まれたが、十二年二月には和議を結んで下った。謙信亡き後の御館の乱では、景勝に味方し、新発田重家の乱でも景勝方についた。その後天正十六年（一五八八）には、庄内へと進攻し、繁長が養子として入れた武藤方と最上方が大浦城・一五里原で激突し、越後勢が庄内を制圧した。これが秀吉の怒りにふれ、子息の武藤義勝は武藤家当主として庄内支配を認められたものの、繁長は天正十八年末に本領を没収され、奈良に蟄居《ちっきょ》となった。本書中扉の郡絵図の旧本庄氏居城の村上城は、その後に上杉家の会津移封前に作成されたものである。そして繁長は、会津国替《くにがえ》にともなって許され、上杉家中に戻っている。

このように本庄氏は、一族の小河氏や鮎川氏と抗争しながらも繁長の代にいたってようやく家臣団がまとまったものと考えられる。

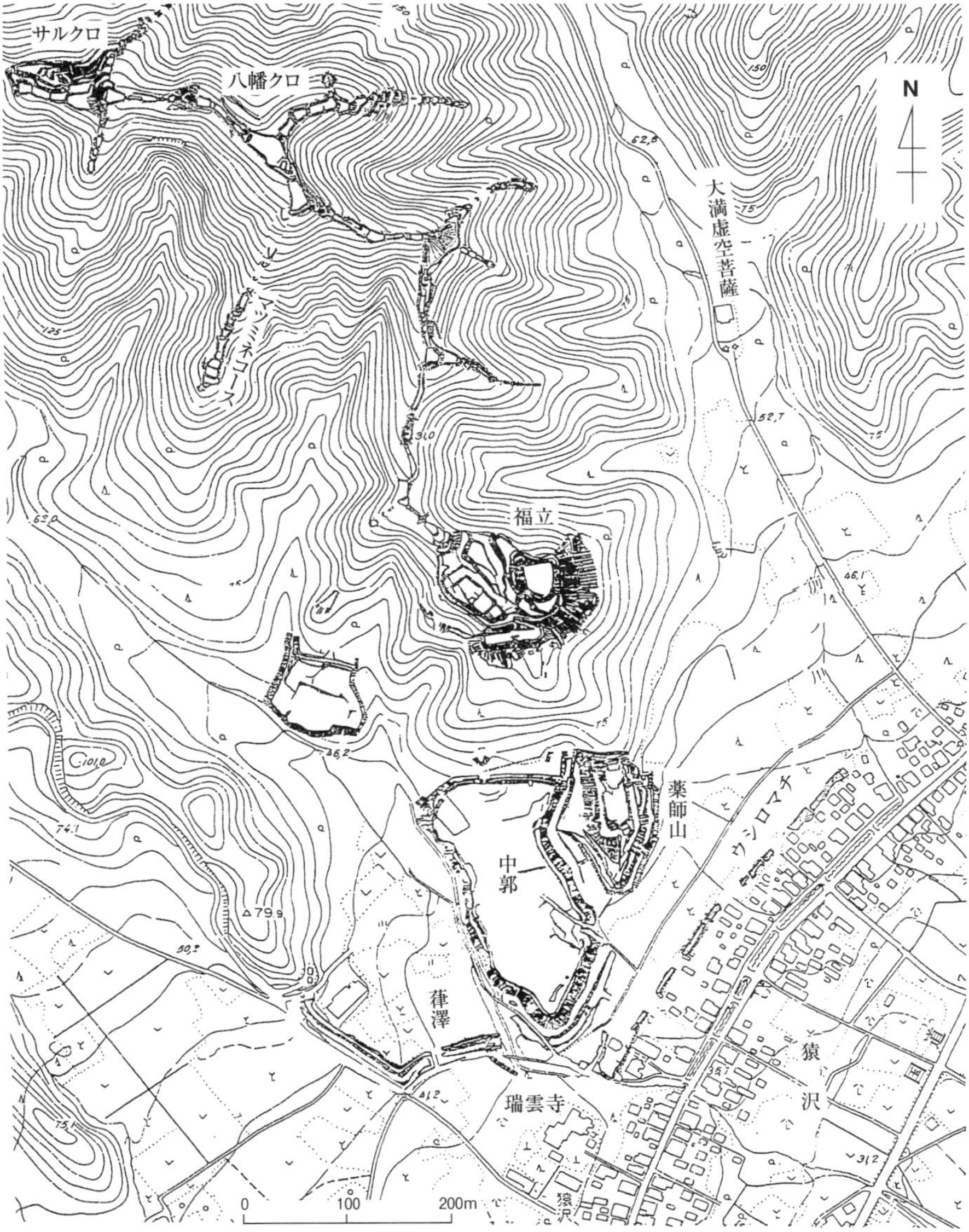

●—猿沢城全体図（横山・田中，2005より）

【猿沢城の概要】　本城は高根川と三面川の合流点より北へ三・五キロの高根川右岸に位置する。「本庄氏記録」では、永正五年（一五〇八）家督を房長に譲った時長が隠居した城という。前頁の図を参照していただくと城跡は、葡萄山塊の尾根の麓《ふもと》に居館《きょかん》「葎澤《むらぐざわ》」「中郭」「薬師山」をしつらえ、標高二四〇メートルの「サルクロ」「八幡クロ」、中腹の「福立」からなることがわかる。

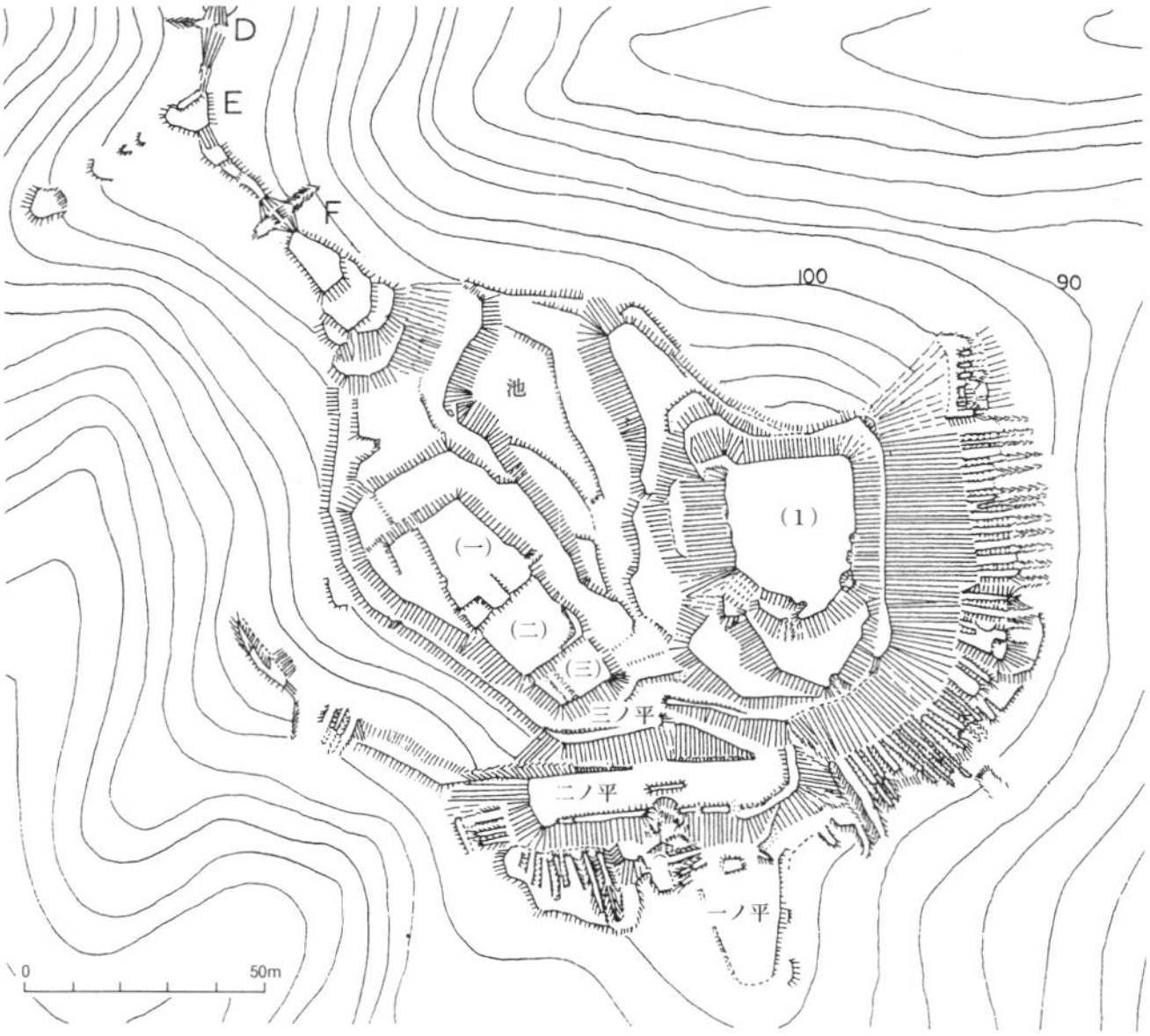

●—猿沢城福立略測図（横山・田中，2005 より）

　山麓居館は、西側に「葎澤」館があり、正面一〇〇メートル、西側一三〇メートルの土塁《どるい》・堀がL字形に築かれている。奥側と東の小川側には土塁はない。土塁内の平場面積は二万平方メートルを超

●—猿沢城山城からみた村上城

える。葎澤館の東側小川を挟んで築かれた「中郭」は、尾根先端を削平し、奥側に一三〇メートルの堀切《ほりきり》をめぐらせている。郭《くるわ》内は東西一〇〇メートル前後、南北二三〇メートルにもおよぶ。これまた二万平方メートルを超える巨大な空間である。周囲には土塁をめぐらせ、西側は小川、南〜東側には堀を巡らせている。中郭と小谷を挟んで東端にある「薬師山《やくしざん》」は、帯郭《おびぐるわ》をもつ小規模な山城遺構で、中郭を守るとともに南〜東方の監視を主たる役割とするものであろう。さらに中郭と葎澤館の間の小川を奥へ四〇〇メートルほど行ったところにも平場があり、福立と連携し、谷奥側を防御するための郭群となろうか。

なお、中郭から薬師山の前面、現集落の裏側に小規模な土塁が二四〇メートルほど断続的につづいている。位置関係から考えて、これらも一連の城郭遺構である可能性があろう。また、中郭南方の瑞雲《ずいうん》寺裏の墓地の北端にある小山も物見《ものみ》などの遺構である可能性を考えておきたい。

前頁図の「福立」は、中郭・薬師山郭より一〇〇メートルほど尾根を上がったところに築かれた山城遺構群である。尾根筋二〇〇メートル、幅一六〇メートルほどを測り、南〜東側に連続竪堀が四〇条以上めぐらされている。主郭《しゅかく》は七五〇平方メートルを測り、居住性を備えているものと思われる。

「サルクロ」「八幡クロ」は、福立よりさらに一〇〇メートル以上上がった尾根上に七〇〇メートルにわたって築かれている。本地点からは、村上城を視認することができる。

【猿沢城の主】 このような大規模な城は、戦国期の国人《こくじん》領主級のものとみて間違いない。村上城が本庄氏、大葉沢城・笹平城が鮎川氏とした場合、ここに出てこない領主として小河氏がある。小河氏は、上述のとおり天文の乱で本庄城（村上城）を乗っ取ったが、それ以前の小河氏の城はどこにあったのであろうか。小河長資は、本庄房長の弟であったが、小河という名乗りからみて現在の小川集落と関係があろう。小川は猿沢城や鮎川氏の大葉沢とも近いことから、乱時の同一歩調も頷かれるところである。また小河氏は、長基が永禄四年（一五三一）には本庄氏や色部氏と起請文を交わすまでに成長しており、そこへ本庄当主房長弟の長資が養子として入ったのである。したがって、築城は本庄氏にかかる可能性もあろうが、一六世紀前半には一時期小河氏が拠っていた可能性を考えてよいのではなかろうか。しかし山麓の巨大な居住空間をどのように考えるかが問題である。

【参考文献】『朝日村史』（朝日村教育委員会、一九八〇）、『村上市史 通史編一 原始・古代・中世』（村上市、一九九九）、横山勝栄・田中眞吾「フィルドノート猿澤城の研究」『新潟考古』第一六号（二〇〇五）

（水澤幸一）

●羽越国境の城

大《お》川《かわ》城《じょう》

〔国指定史跡〕

〔所在地〕村上市府屋
〔比　高〕一二〇メートル
〔分　類〕根小屋式城館
〔年　代〕一四世紀～一六世紀末
〔城　主〕大川氏
〔交通アクセス〕JR羽越本線「府屋駅」下車、徒歩二キロ。日本海東北自動車道「あつみ温泉IC」より一五キロ。

【大川城主大川氏】　大川氏は、出羽秋田で鎌倉初期に幕府に反抗した大河兼任《かねとう》の流れを汲むともいわれるが実態は不詳である。南北朝期に文献に現れ、大河将長《まさなが》は建武元年（一三三四）、後醍醐天皇の建武政府に反旗を翻したが、大河樺沢城を色部氏に攻め落とされている。その後北朝に属したが、今度は暦応四年（一三四一）、南朝方の庄内藤島勢に館を攻撃されて須戸まで退却している。その後の動向は不明であるが、謙信期の大川忠秀は川中島合戦で討ち死にし、その娘は本庄繁長《ほんじょうしげなが》の後妻で、千勝丸《せんかつまる》（義勝のち充長）の母であるとされる。長男の長秀は、永禄十一年（一五六八）の本庄の乱で謙信に従ったが、本庄繁長に城を取られ、庄内へと退いた。長秀は翌年の繁長の降伏により城へ戻るが、元亀元年（一五七〇）には大宝寺武藤氏に反逆した庄内土佐林氏に味方する。以後、大川氏の足取りは不分明となるが、「越後国瀬波郡絵図」には所領が書き上げられている。

　なお、この郡絵図には、「藤懸《ふじがか》り館《たて》」が描かれており、館下には「大川ノ町」と「高岩寺」が存在していた。

【概要】　大川城は、府屋城ともよばれ、瀬波郡絵図には古城を背負う山麓の居館《きょかん》を藤懸館と記している。山麓居館には、柵に囲まれた三棟の建物が描かれている。

　現地の遺構は、その居館部とその裏山の古館山、尾根上の高館山地区に大別される。

　居館部は、一〇〇×一〇〇メートルで北から見て奥がせばまる八〇〇〇平方メートルの大きな平場が先端にあり、下方の道路からは一〇メートルほどの段差がある（標高一七メートル）。本郭《ほんくるわ》に郡絵図の建物が存在していたのであろう。西縁南半に土塁《どるい》の痕跡がある。また、南西側にも比較的広い郭があり、奥側には小規模な郭群が普請《ふしん》されている。奥側は、湿地状となっており、水に困ることはない。さらに西側の横堀を挟んでも平場が広がっている。

●―大川城図（越後国瀬波郡絵図より，米沢市上杉博物館所蔵）

古館山地区は、標高六八メートル館部分からの比高差五〇メートルを測る。約二〇〇メートルにわたって普請がなされ、大堀切《ほりきり》（堀切1）で南北に分かたれている。北側の最上部の郭には掘り残し土塁が設けられている。奥側に一部埋没しているが二重堀切が設けられている。大堀切の南側には土塁をめぐらせる不整形な尾根上の郭がある。なお大堀切の堀底から東西には回廊状の尾根下をつなぐ通路がつくられており、特に西側は南端が崩れているが二〇〇メートルにもおよび、館からのバイパスルートとなっている。さらに東側の南半と西側の北側には土塁様の高まりが認められ、これは発掘調査が必要であるが、浦城（＝戦国後期新発田城）に顕著にみられる射撃陣地である可能性があろう。

高館山地区は、古館山地区の後方の二重堀切から二〇〇メートルほど尾根を登ったところから堀切が始まり、尾根上に四〇〇メートルにわたって築かれている。

最奥の標高一三九メートル、大川からの比高差は一三〇メートル。大きくは、三ヵ所の堀切（3～5）で遺構を二分している。奥の平場は七〇〇平方メートルにもおよび、この主郭《しゅかく》をぐるりと取り囲

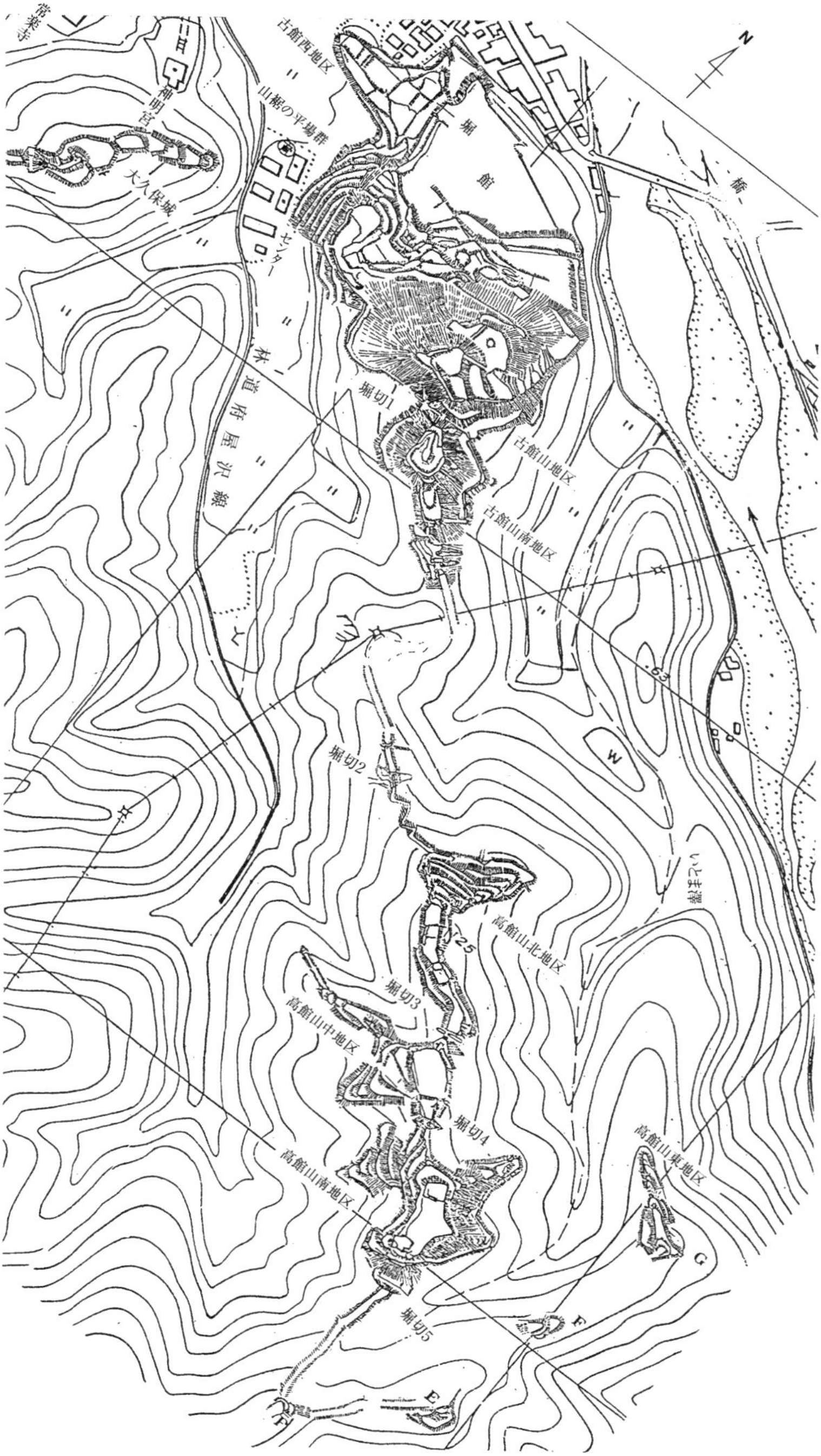

●—大川城全体図（横山・田中，2007より）

●—大川城藤懸り館

んで通路が設けられている。そして前方の尾根部にも七〇〇平方メートルの大郭が設けられている。この西側にも段郭が五段ほどつづく。堀切3の先には尾根を下りながら六段ほどの郭が並び、高館山郭の前衛部を形成する。

なお、主尾根の最奥の堀切から回り込んだ東側の尾根上にも小規模な郭群がある。

おそらく一五世紀代には、高館山地区を中心とした小規模な山城であったと考えられるが、戦国後期には、山麓居館に居住空間を移し、その直後の古館山地区にも山城を築いたものと考えられよう。その結果、大川城は、一キロにも及ぶ大川氏の本城となり、戦国時代を生き抜いていったのである。

【参考文献】『村上市史　通史編一　原始・古代・中世』（村上市、一九九九）、西澤睦郎「謙信と越後の領主」『定本上杉謙信』（高志書院、二〇〇〇）、横山勝栄・田中眞吾「『北越後大川城』（新潟県岩船郡山北町大字府屋）いわゆる『越後国郡絵図』のなかの城郭」『新潟県考古学談話会会報』第三二号（二〇〇七）

（水澤幸一）

佐渡

沢根城遠景（佐渡市教育委員会提供）

●水堀に囲まれた「村殿」の居館跡

青《あお》木《き》城《じょう》

〔新潟県指定史跡〕

〔所在地〕佐渡市新穂青木
〔比　高〕〇メートル
〔分　類〕平城
〔年　代〕一四世紀〜一六世紀
〔城　主〕本間氏か
〔交通アクセス〕両津港から路線バス（南線）で「青木」下車、徒歩約一五分。

【青木城の立地】　青木城跡は、国中《くになか》平野の東部、青木地区の西端、標高約一五メートルの地に位置する。同地区は小佐渡山地を源とする国府《こくふ》川が形成する扇状地の扇端部にある。国府川は、国中平野を南西流して真野《まの》湾に注ぐ佐渡最大の河川であるが、青木城は国府川が国中平野に向う出口地域の一角に立地している。

周辺地域には弥生時代の新穂玉作《たまつくり》遺跡（新潟県指定史跡）が分布しており、古くからの開発の痕跡を確認することができる。また、鎌倉時代には日吉《ひえ》社《しゃ》領の新穂荘《にいぼのしょう》が存在していたことも知られている。北陸道諸国では、近江国（滋賀県）の日吉社に所属し、海・河川・潟などの周辺に拠点を置いて交易などに従事する日吉神人《ひえじにん》と呼ばれる人々が活動していたが、日吉社領新穂荘の存在は、日本海交通と国府川を通じて、その活動がこの地域にもおよんでいたことを示している。青木城跡から南約一キロの地に、現在も日吉《ひよし》神社がある。

城跡周辺の現在の景観からは想像しにくいが、青木城は、海と河川の交通によって外界と結びつく地域の一角に位置したのである。

【往時を偲《しの》ばせる水堀】　城跡の規模は、東西約七〇メートル、南北約一二〇メートルの長方形の単郭で、湧水を利用した幅約一〇メートルの水堀に囲まれている。現在も水を湛えた堀の存在が青木城跡の最大の魅力であり、見どころである。堀の水は、江戸時代以降も用水として利用され、地域の生産活動の中でその生命を保ちつづけた。水堀といえば、城の防御機能の側面が注目されるが、用水機能の側面も注意が必要である。ただ、江戸時代以降の耕地化により、北と東側の水堀は埋められ、土塁《どるい》も南西側の堀端に残されるのみである。また、郭《くるわ》内も耕地化され、地名「城の内」に往時の痕跡が残されるのみである。なお、城跡からは珠洲《すず》焼や染付《そめつけ》などが出土している。

●—青木城跡

地名としての「青木」の初見は、南北朝時代にさかのぼる。康永三年（一三四四）、室町幕府初代将軍の足利尊氏が園城寺《おんじょうじ》に佐渡各地の地頭職を寄進しているが、その中に佐渡国青木保《あおきのほ》が含まれていた（『園城寺文書』）。園城寺による青木保支配の実態は、関係史料がなく不明であるが、観応二年（一三五一）に、青木郷（保）などを本間氏に渡すことが筑後守（不詳）によって命じられている（『佐渡・本田寺《ほんでんじ》文書』）。これによるならば、園城寺の青木保支配は長くはつづかなかったようである。本間氏は、相模国（神奈川県）出身の武士で、鎌倉時代以来、佐渡各地に所領を獲得し、南北朝時代以降は京都の将軍周辺での活動も確認されている。

●—青木城出土品
（珠洲焼壺　高さ 28.5cm
口径 14.5cm　同径 26.8cm
底径 10.6cm）

●─新穂城跡

青木城は、青木地区周辺を支配した「村殿《むらどの》」と通称される小領主の居館《きょかん》跡と理解されている。史料的な状況に恵まれず、城主を確定することは難しいが、文安五年（一四四八）の本間季直《すえなお》ら四名連署状（『佐渡・夷《えびす》本間文書』）の署判者に本間氏の同族とおぼしき「青木季高《すえたか》」の名が確認され、青木城との関係が推測されている。

【周辺の城跡を訪ねる】　青木城跡の周辺地域には、同様の形態と性格を有する城跡が分布している。

まず注目したいのが、下新穂《しもにいぼ》地区の新穂城跡（県指定史跡）である。青木城跡と同じく水堀に囲まれた中世「村殿」の居館跡と理解されている。東西一二〇メートル、南北八〇メートルの単郭で、幅約二〇メートルの堀は東南隅の湧水《ゆうすい》と河川から引き入れた水で満たされている。青木城と同様に、湧水を利用した幅の広い堀が最大の魅力である。城主については、文安五年（一四四八）の本間季直ら四名連署状に署判する「新穂有時《ありとき》」との関係が推測されるが、この城も関係史料に乏しく詳細は不明である。

ところで、新穂城跡がある下新穂の隣に舟下《ふなしも》地区がある。国府川の支流大野川に沿って展開する集落で、もとは舟代《ふなしろ》村と下《しも》村に分かれていた。この集落にも舟代城跡があるが、「舟代」という地名からも河川交通との関係をうかがい知ることができ、興味深い。

新穂城跡とともに注目したいのが北方《きたかた》城跡である。この城跡は、青木城跡と新穂城跡のおよそ中間点に位置し、国府川沿いに立地している。東西一〇〇メートル、南北一四〇メートルの規模で、四周を幅約一〇メートルの水堀がめぐり、堀の水は湧水によって満たされている。その歴史的性格も同様に「村殿」の居館跡と理解されている。青木城・新穂城・北方城は、極めて類似性が高い城跡群として、合わせて見学することをお勧めしたい。

　国府川が形成する扇状地の扇端部に位置し、湧水を利用した水堀を持つ居館跡。堀の水は、江戸時代以降も周辺の水田を潤す用水として利用されつづけた。国府川は大野川などの支流をあわせながらやがて真野湾に注ぐ。青木城周辺地域は、河川で日本海につながっていた。このようにマクロな視点で青木城を見るとき、その軍事的性格よりも、外界との交易、あるいは地域開発の拠点的性格が浮かび上がってくるように思われる。

【参考文献】新穂村史編さん委員会『新穂村史』（新穂村、一九七六）、新穂村教育委員会『青木城跡調査報告書』（一九七八）、田中圭一・山本仁『佐渡古城史』上・下（中村書店、一九八〇・八一）、山本仁『村の中の中世―佐渡ヶ島―』（郷土出版社、二〇〇六）、田中聡「南北朝・室町期における佐渡守護と本間氏」『新潟史学』六六号（二〇一一）

（田中　聡）

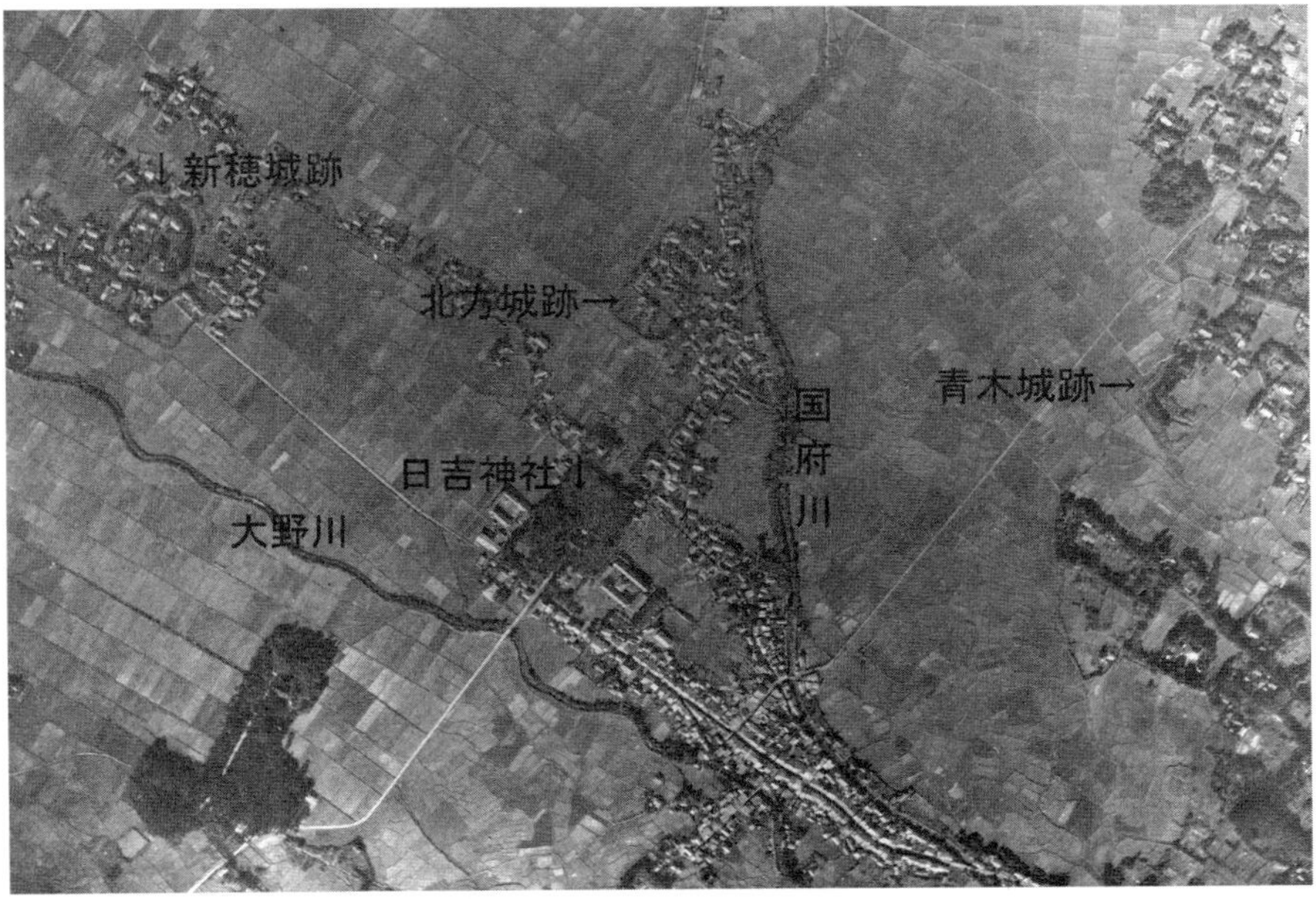

●—青木城跡・新穂城跡・北方城跡の立地状況（昭和27年の米軍空中写真に加筆）

●佐渡を代表する戦国の山城と城下町

羽《は》茂《もち》城《じょう》

〔新潟県指定史跡〕

〔所在地〕佐渡市羽茂本郷
〔比　高〕約八〇メートル
〔分　類〕山城
〔年　代〕一六世紀
〔城　主〕羽茂本間氏
〔交通アクセス〕両津港あるいは小木港から路線バスで「羽茂高校前」下車、麓まで徒歩約五分。

【羽茂城とその城下町】　羽茂城跡は、佐渡市羽茂本郷《はもちほんごう》東側の台地上に築かれた中世の山城跡である。本城・二ノ城・北ノ城・馬場跡などの跡を残し、本城跡には殿屋敷・奥方屋敷・五社《ごしゃ》城・荒神《こうじん》城・南ノ城などと呼ばれる遺構が観察される。独立した台地上に築かれた城であるが、湧水《ゆうすい》に恵まれ、殿屋敷と呼ばれるあたりには今も溜池が観察できる。

　昭和五十三年（一九八三）、羽茂城跡の一角で、道路工事にともなう緊急発掘調査が行なわれている。調査は城跡のごく一部、北ノ城の南縁とそれにつづく腰郭《こしぐるわ》について実施された。建物跡一棟のほか、青磁《せいじ》、白磁《はくじ》、染付《そめつけ》、珠洲《すず》焼、越前焼、常滑《とこなめ》焼などの陶器片、石臼などの石製品、鉄製品や鉄滓《てっし》（鉄のくず）が確認されている。このほか、開墾や砂防ダム工事などの機会に陶器（片）や古銭、石製品などが出土している。

　二ノ城の展望台からは、城下町が一望にできる。羽茂の城下町は、羽茂川の東側（左岸）に南北方向に連なり、全長は約五〇〇㍍におよぶ。中心の通りを挟んで東西に短冊状の地割が並び、南から北に向かって、上町・中町・下町がつづく。

　城下町の南端には、通称「弾正橋《だんじょうばし》」と呼ばれるところがあり、弾正橋の南には「平城《ひらじろ》」と呼ばれる区画がある。弾正橋で東西に分かれた道のうち、東に向かう道は、羽茂城の城坂口につながる。

　いっぽう、弾正橋を西に曲がり、羽茂川の西側（右岸）に

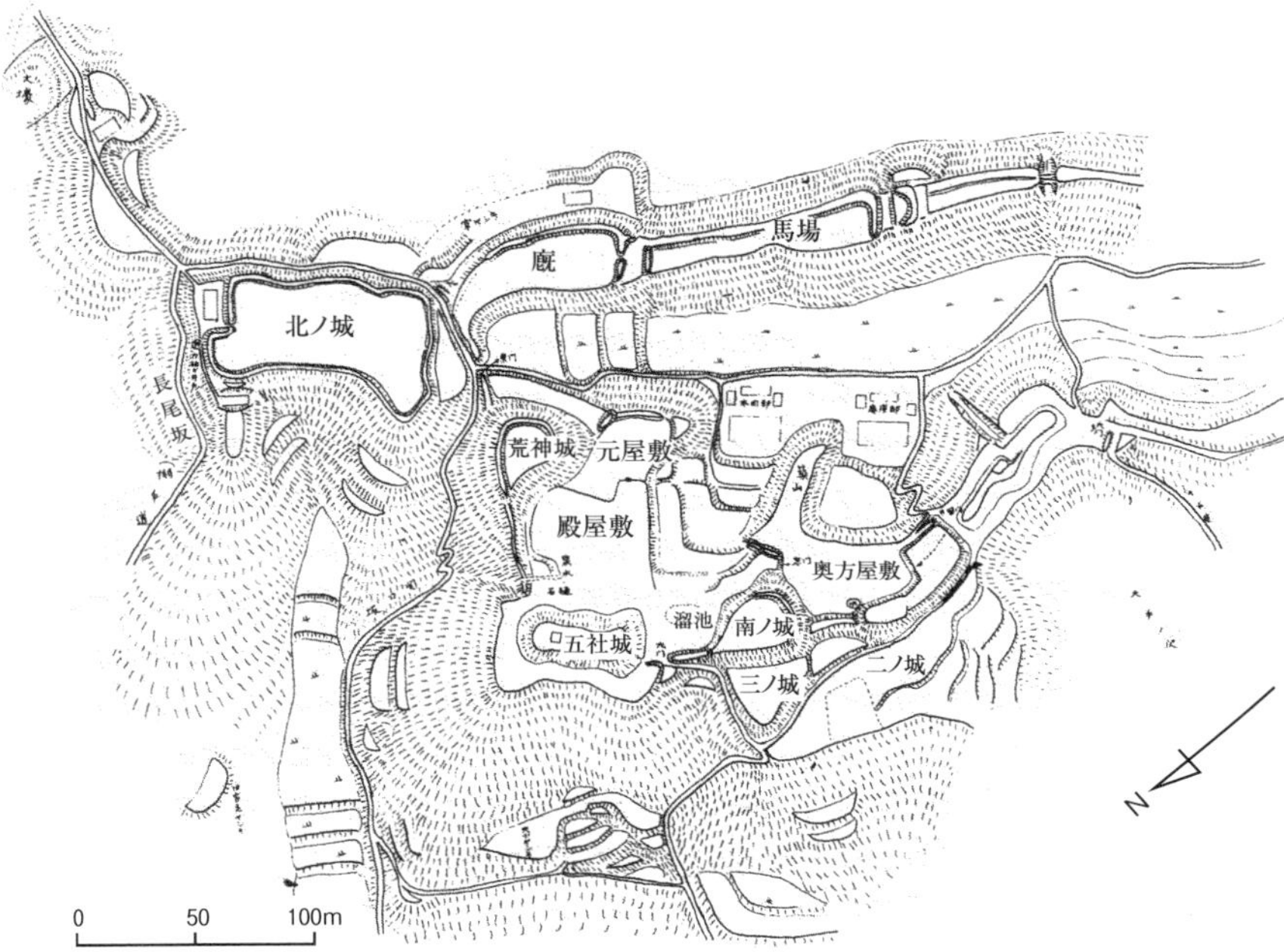

●―羽茂城縄張図（『古代中世の羽茂』 原図：伊藤正一）

出ると、羽茂城主の菩提寺大蓮寺《だいれんじ》（曹洞宗）に出る。同寺の本尊阿弥陀如来坐像の胎内銘《たいないめい》には、応永三十四年（一四二七）の年号とともに、大旦那《おおだんな》として本間対馬《つしま》入道真本《にゅうどうしんぼん》と嫡男左《さ》衛門尉重季《えもんのじょうしげすえ》の名が記されている。また、大蓮寺の隣には、応永三十三年（一四二六）の寄進状が伝わる菅原神社がある。寄進状には、大旦那として先ほどの本間真本とともに海老名弾正左衛門尉直国《だんじょうさえもんのじょうなおくに》とその子三人の名が記されている。弾正橋の名称は、この海老名一族にちなむものである。

【対馬守《つしまのかみ》を名乗る本間氏】 相模国（神奈川県）出身の本間氏が羽茂地域に勢力を扶植《ふしょく》したのは、現存する史料によると、鎌倉時代の末期にさかのぼる。正和二年（一三一三）の飯岡《いいおか》八幡宮の棟札《むなふだ》に大旦那本間対馬筑後房光賢《つしまちくごぼうこうけん》とあるのが初見である。本間光賢の名は、別の史料によって延元五年（一三四〇）まで確認することができるが、その後も「本間対馬兵《つしまひょう》部四郎《ぶしろう》（源貞久《みなもとのさだひさ》）」（康永四年〈一三四五〉、小比叡《こびえ》神社懸仏《かけぼとけ》銘文）、「本間対馬入道真本」（応永三十四年〈一四二七〉、大蓮寺本尊胎内銘）、「本間対馬守淳季《あつすえ》」（永正十六年〈一五一九〉、飯岡八幡宮棟札）という具合に、対馬守を名乗る本間氏の一流が羽茂地域に勢力を広げていた様子を確認することができる。

また、永享十一年（一四三九）、佐渡国宿根木浦《しゅくねぎ》の領有を

●—羽茂城跡出土品（明染付皿　高さ 2.0cm　口径 9.8cm）

めぐる訴訟で、「本間対馬守」が室町幕府から上洛を求められているが（『福岡県・宗像《むなかた》神社文書』）、この人物は、その名乗りと年代から、大蓮寺本尊胎内銘に出てくる本間真本かその嫡男左衛門尉重季に当たるとみられる。

羽茂城は、こうした「対馬守」を名乗る本間氏の系統によって営まれた山城と考えられる。砂防ダム工事にさいして羽茂城の関口坂から発見された越前焼の破片には、本間氏の家紋「十六目結《じゅうろくめゆい》」とも見える印が刻まれている。

【佐渡の戦国時代】　慶宮寺《けいくうじ》（真言宗）所蔵の大般若経の奥書に、大永四年（一五二四）から同七年までつづいた佐渡国中《くになか》の平野を舞台にした合戦が記録されている。羽茂（本間氏）の勢力と吉井《よしい》（藍原《あいはら》氏）の勢力が雑太《さわた》や久知《くじ》の本間氏と国中平野で繰り返し弓矢を交えたこの合戦は、同時代の人によって「前代未聞《ぜんだいみもん》の弓矢」（同奥書）と認識されたが、これはまさに佐渡の戦国時代の到来を告げる出来事であった。

この合戦は越後の上条《じょうじょう》上杉氏の介入でいったん終息するが、一度高まった軍事的緊張は、佐渡の諸勢力に対して次の合戦に向けての準備を迫ることになったと推測される。羽茂城とその城下町の整備は、こうした歴史的文脈の中に位置づけられるのであろう。

羽茂本間氏の菩提寺大蓮寺の伝えによると、同寺は三回の移転の結果、現在地に落ち着いたといい、その年代は天文三年（一五三四）であったという。本尊が阿弥陀如来であるところからすると、同寺はもと浄土系寺院であったとみられ、天文三年の移転は曹洞宗への改宗をともなうものであったとも推測されるが、この移転は、羽茂城および城下町の整備と一体的に行なわれたものとも考えられる。

佐渡に弓矢の時代が到来し、羽茂地域に勢力を広げていた羽茂本間氏は、山城を築き、城と羽茂川の間に川沿いの城下町を整備した。そして、羽茂川を西に渡った先に菩提寺大蓮寺を営んだ。これらは、羽茂地域における戦国の風景の出現と表現してもいいだろう。

また、地元には羽茂城主が出した判物《はんもつ》という様式の文書も伝えられている（『佐渡・石塚文書』）。年代は天文二十年（一五五一）で、内容は本間高季《たかすえ》が宿根木の彦衛門《ひこえもん》に対して舟宿《ふなやど》の権利を保証したものである。城主の出した文書の伝存は、羽茂城跡の価値を一段と高める要素として極めて重要なものである。

【羽茂城の終焉】　豊臣秀吉が越後の上杉景勝に佐渡平定を命ずるのは、天正十四年（一五八六）六月のことであった。天正十二年以降、羽茂と河原田《かわはらだ》の本間氏の抗争がつづき、これに対して景勝が調停を試みるという状況がつづいており、こうしたなかでの秀吉の命令であった。

景勝が実際に渡海するのは、天正十七年のことであった。景勝に臣従する本間氏もあったが、ついに羽茂本間氏はこれにしたがわなかった。景勝軍の攻撃を受け羽茂城が落城するのは、天正十七年六月十六日のことであった。

【参考文献】田中圭一・山本仁『佐渡古城史』上・下（中村書店、一九八〇・八一）、『羽茂城址緊急発掘調査報告書』（羽茂町教育委員会、一九八四）、『古代中世の羽茂』羽茂町誌第二巻通史編（羽茂町、一九八九）、田中聡「南北朝・室町期における佐渡守護と本間氏」『新潟史学』六六号（二〇一一）

（田中　聡）

●―羽茂城から見た街並み（左端円内に大蓮寺の山門が見えている）

●上杉景勝軍上陸の地

沢《さわ》根《ね》城《じょう》

〔所在地〕佐渡市沢根
〔比　高〕約三〇メートル
〔分　類〕平山城
〔年　代〕一六世紀
〔城　主〕沢根本間氏
〔交通アクセス〕両津港から路線バス（本線）で「沢根質場」下車、徒歩約一五分。

【崖の上の城】　沢根城跡は、貝類化石などの多産地として著名な沢根崖《さわねがけ》（佐渡市指定天然記念物）の上に立地する。城跡の南に接する長安寺《ちょうあんじ》（真言宗）前を通って崖の上に立つと、真野《まの》湾に沿って連なる沢根から河原田《かわはらだ》の町並みを見通すことができる。

この沢根城を世に知らしめている最大の要因は、豊臣秀吉から佐渡支配を命じられた上杉景勝軍が、天正十七年（一五八九）に上陸した場所だとされているところにある。景勝軍をこの地に手引きしたとされる沢根本間氏は、その後も上杉氏に仕え、江戸時代以降も米沢藩士の沢根氏として存続している。

城跡の南西方向の羽二生《はにゅう》地区には、沢根本間氏の菩提《ぼだい》寺と伝えられる曼荼羅寺《まんだらじ》（真言宗）がある。また、沢根地区には、もう一つの沢根城の存在も指摘されている。専得寺《せんとくじ》（浄土真宗）や白山神社の上の台地、「上の城」の地名を持つ場所である。前面が海で、海から城を通り北に向かう道は、戦国時代に開発された鶴子《つるし》銀山に通じている。ここも沢根本間氏の拠点の一つと考えられており、同氏と銀山経営との関係も推測されている。

しかし、沢根本間氏と沢根城との関係、あるいは沢根城そのものに関する良質の文献史料はなく、また、城跡の本格的な発掘調査も行なわれていない。そのため、沢根城の歴史的位置づけについては、そのほとんどが今後の課題であると言わざるをえない。

【上杉景勝の佐渡攻め】 天正十四年（一五八六）六月、越後の上杉景勝が豊臣秀吉から佐渡支配を命じられる。間もなく景勝は、本間与十郎を通じ、特に潟上《かたがみ》と河原田の本間氏に対して、今回出仕《しゅっし》しなければ秀吉の加勢を得て討ち果たすとの強い意志を表明している。このとき名指しされた潟上とは本間帰本斎《きほんさい》のことで、彼は間もなく景勝に臣従している。潟上本間氏も沢根本間氏とともに、上杉家中としてこの後も存続し、潟上氏を名乗ることになる。いっぽう、同じく名指しされた河原田本間氏は、ついに出仕することはなかったようである。現在、新潟県立佐渡高等学校が立地する場所が河原田本間氏の本拠河原田城であった。

天正十七年二月頃、景勝軍が板倉式部少輔《しきぶしょうゆう》を沢根の本間

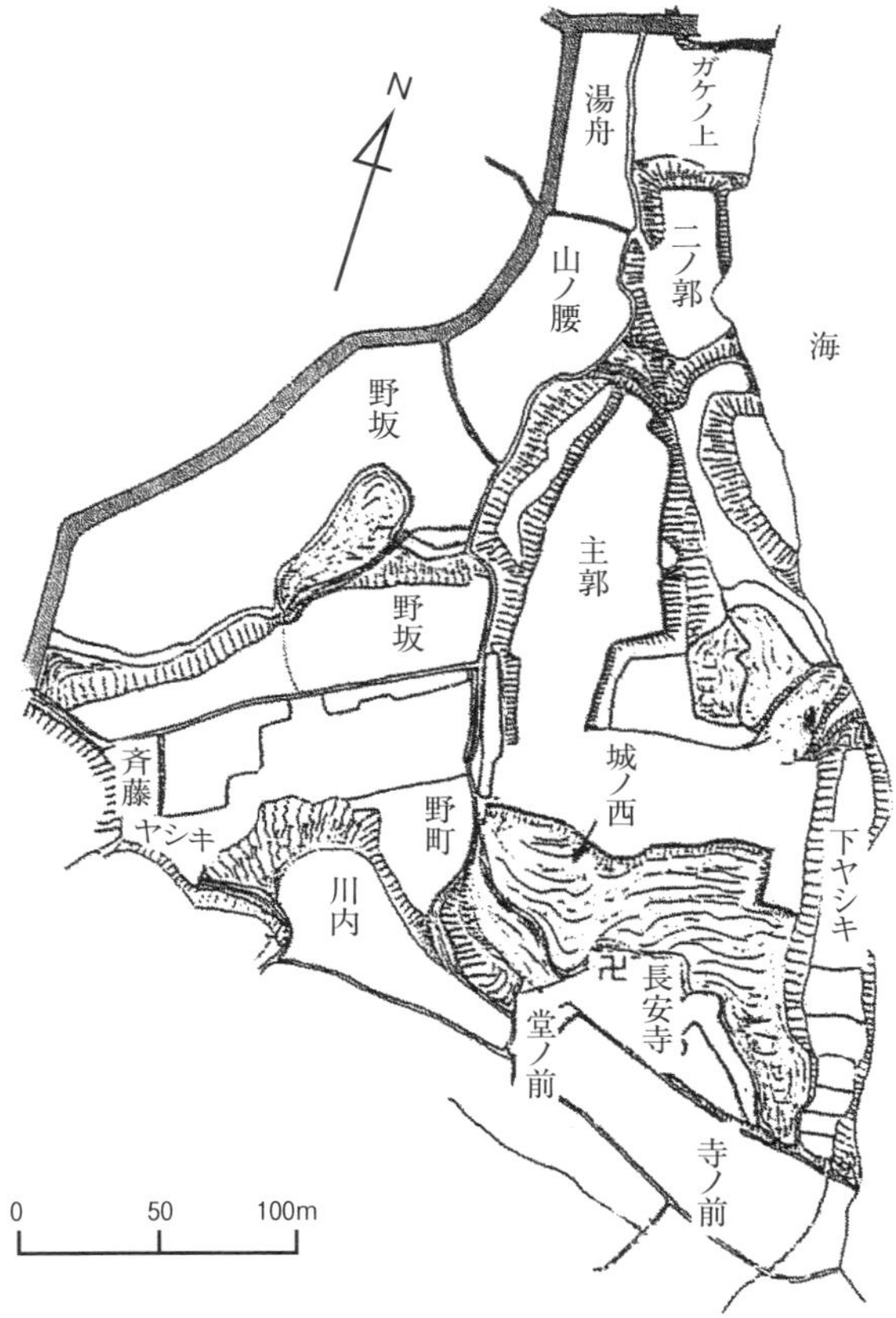

●―沢根城縄張図（『佐和田町史』）

●―沢根城（矢印部）

左馬助《さまのすけ》のもとに派遣しているが、ここに景勝にしたがう沢根本間氏の具体的な姿が確認される。同年四月には、冨永備中守《びっちゅうのかみ》が佐渡に送り込まれ、少なくとも本間対馬守《つしまのかみ》（高秀《たかひで》）と本間左馬助に対して忠節を求める内容の書状が送られている。本間対馬守は南佐渡の羽茂城主であるが、結局、この人物は景勝にしたがうことはなかった。

景勝に臣従する者、しない者——。佐渡の領主たちの決断を二分する状況が展開するなか、いよいよ景勝軍の本隊が佐渡に到着する。それは、天正十七年六月十二日のことだった。

景勝軍の到着の報に触れた潟上の本間帰本斎は、使者を派遣して対面を求めるが、景勝は十六日に予定されていた羽茂攻撃を優先し、その後の対面を提案している。十六日の羽茂合戦では、景勝に敵対する本間三河守一族十余人が生け捕られるなか、羽茂城は落城した。そして七月七日には、河原田表で合戦が展開し、景勝軍が勝利を得ている。景勝による佐渡攻めは、このように天正十七年六月から同年七月にかけて展開したのであった。

景勝軍の軍事行動が展開した地域には、配下の武士たちの乱暴狼藉を禁ずる景勝の制札《せいさつ》が出されている。現在、宿根《しゅくね》木《ぎ》・竹田村・目黒町《めぐろまち》などに宛てた合計七点（うち六点が原本）の制札が確認されているが、いずれも天正十七年六月付か七月付となっている。

【景勝軍本隊は南から北へ】　こうして佐渡は景勝軍によって制圧され、佐渡の領主たちのある者は滅び、ある者は上杉氏のもとで生き延びることとなった。前者の代表が羽茂本間氏と河原田本間氏であり、後者の代表が沢根本間氏と潟上本間氏であった。

●—河原田城跡（写真中央の校舎の見える丘陵部）

ところで、景勝による佐渡攻めについては、沢根城付近に上陸した軍勢が、まず河原田城を攻め落とし、そののち南下して羽茂城を攻略したという理解が一般に流布している。景勝軍の上陸地であることが、沢根城を著名にしている要因であることはすでに紹介したが、この点は、これまで述べた経過からすると、再検討が必要である。

すでに述べたように、六月十二日に佐渡に到着した景勝は、本間帰本斎に対して十六日の羽茂攻撃を伝えているが、これによれば、景勝上陸後の第一の攻撃目標は羽茂城だったと考えるのが自然である。また、これもすでに見たように、七月七日に河原田表の合戦で景勝軍が勝利し、配下の武士に感状《かんじょう》（戦功を賞して発給させる文書）が出されているが、これによれば、河原田城は羽茂城攻略後の第二の攻撃目標だったことになる。景勝の制札が六月から七月にかけて出されているが、河原田の妙経寺《みょうきょうじ》（日蓮宗）に伝わる制札だけが七月付であることは、河原田における最終決戦が七月であったことを裏付けるものであろう。

改めて順に並べると、六月十二日上陸、六月十六日羽茂合戦、七月七日河原田合戦、となる。景勝軍は南から北へ、佐渡の抵抗勢力を制圧していったのである。このように整理すると、景勝軍の上陸地としては、南佐渡（羽茂郡）のいずれかの地が想定されることになる。例えば、日本海交通上に位置づけられる小木半島の宿根木は、六月付の宿根木あて景勝制札が存在することを考え合わせると、上陸地の有力な候補地の一つといえるのではなかろうか。

【沢根城は景勝軍先遣隊の上陸地】「景勝公一代略記《かげかつこういちだいりゃっき》」には、五月二十八日、出雲崎《いずもざき》を出た景勝軍の先遣隊が沢根浦に着き、景勝の旗本が六月十二日に着岸、十六日に羽茂を中心とする佐渡勢との合戦があり、その後、河原田合戦があったと記されている。この記述を考え合わせると、景勝軍の佐渡攻めは、先遣隊が先に沢根に上陸し、その後、本隊が南佐渡に上陸したと整理することができそうである。

羽茂城を攻略した景勝軍本隊は、小佐渡《こさど》山地を越え、国中《くになか》平野に出たものと推測される。目黒町・竹田村あての景勝制札（いずれも六月付）は、景勝軍本隊の軍事行動の痕跡とみられる。そして、その先には七月の河原田合戦が待っていた。沢根城は河原田城の西方、直線距離で約四・五キロの地にあり、両者は睨《にら》み合うような位置関係にある。沢根城に結集する先遣隊は、本隊の到着以前から何らかの軍事行動を開始していた可能性もあるが、七月の河原田合戦では、南佐渡から北上する景勝軍本隊とは逆方向から合流し、河原田城を挟撃したものと推測される。

【参考文献】田中圭一・山本仁『佐渡古城史』上・下（中村書店、一九八〇・八一）、『佐和田町史』通史編Ⅱ（佐和田町教育委員会、一九九一）

（田中　聡）

執筆者略歴

伊藤啓雄（いとう　ひろお）　　1973年生まれ　柏崎市教育委員会

田中　聡（たなか　さとし）　　1968年生まれ　長岡工業高等専門学校教授

鳴海忠夫（なるみ　ただお）　　1950年生まれ　新潟県文化財保護指導委員

福原圭一（ふくはら　けいいち）　別掲

前嶋　敏（まえしま　さとし）　　1971年生まれ　新潟県立歴史博物館

水澤幸一（みずさわ　こういち）　別掲

編者略歴

福原圭一

一九六八年、東京都に生まれる
一九九二年、信州大学人文学部卒業
一九九六年、神奈川大学大学院歴史民俗資料学研究科修士課程卒業
現在、上越市総務管理課公文書センター上席学芸員

〔主要著書〕
『上杉氏分限帳』（共編、高志書院、二〇〇八年）、『定本上杉謙信』（共著、高志書院、二〇〇〇年）、『信越国境の歴史像—「間」と「境」の地方史—』（共著、雄山閣、二〇一七年）、『上杉謙信』（編著、高志書院、二〇一七年）

水澤幸一

一九六七年、滋賀県に生まれる
一九九一年、立正大学大学院文学研究科修士課程修了
二〇〇八年、文学博士（論文、新潟大学）
二〇一一年、日本考古学協会第一回奨励賞
現在、新潟県胎内市教育委員会生涯学習課参事

〔主要著書〕
『奥山荘城館遺跡—中世越後の荘園と館群』（同成社、二〇〇六年）、『日本海流通の考古学—中世武士団の消費生活』（高志書院、二〇〇九年）、『仏教考古学と地域史研究—中世人の信仰生活』（高志書院、二〇一一年）

甲信越の名城を歩く 新潟編

二〇一六年（平成二十八）三月一日 第一刷発行
二〇一九年（平成三十一）四月一日 第二刷発行

編　者　福《ふく》原《はら》圭《けい》一《いち》
　　　　水《みず》澤《さわ》幸《こう》一《いち》

発行者　吉川道郎

発行所　株式会社 吉川弘文館
郵便番号一一三—〇〇三三
東京都文京区本郷七丁目二番八号
電話〇三—三八一三—九一五一（代）
振替口座〇〇一〇〇—五—二四四番
http://www.yoshikawa-k.co.jp/

組版・製作＝有限会社 秋耕社
印刷＝株式会社 平文社
製本＝ナショナル製本協同組合
装幀＝河村 誠

ISBN978-4-642-08287-7